ASHINAGA
あしなが育英会

玉井義臣の全仕事

あしなが運動六十年

全四巻・別巻一

III あしなが育英会の誕生と発展

1994-2024

藤原書店

平成天皇・皇后両陛下
神戸レインボーハウスご訪問

両陛下、神戸レインボーハウスをご訪問。予定時間を大幅にこえて遺児たちをお励ましになった（2001年4月24日）

神戸レインボーハウス全景

両陛下に侍した玉井義臣

震災遺児“かっちゃん”の描いた「黒い虹」（1995年8月10日）

震災遺児を励ました阪神タイガースのヘルメット（2002年シーズン）

東日本大震災とあしなが運動

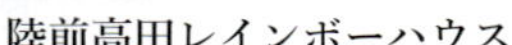
陸前高田レインボーハウス

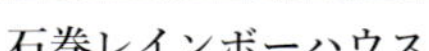
石巻レインボーハウス

仙台レインボーハウス

JR 大船渡駅で惨状に言葉を失う大学奨学生
（2011年4月14日）

「がんばれ一本松」
ぼくのお父さん　どこにいるか　みえないかな。
みえたら　おしえて　一本松　おねがいするよ。
（岩手県・小学校3年生。2012年4月）

「つどい」に全国から集まる遺児
（2009年8月12日）

遺児学生が街頭募金に立つ（2005年1月15日）

世界に貢献するあしなが運動

NY・タイムズスクエアで玉井義臣が街頭募金（2011年6月9日）

あしなが世界戦略としての「ハイチ地震遺児支援募金」（2010年1月17日）

9・11NY遺児とアフガン空爆遺児の交流（2002年8月10日）

インドネシア津波遺児と神戸震災遺児が別れを惜しむ（2005年8月15日）

アフリカよりエイズ遺児を招いた交流会（2001年8月10日）

秋篠宮皇嗣殿下、同妃殿下を
ウガンダ・レインボーハウスにお迎えする

秋篠宮皇嗣殿下、同妃殿下がエイズ遺児をお励ましになる（2012年6月13日、撮影：八木沼卓）

早稲田大学に合格したアフリカ遺児、
ナブケニャ・リタさん（2006年2月）

ウガンダのムセベニ大統領（中央）ご臨席の
レインボーハウス竣工式（2003年12月1日）

教壇の玉井義臣とウガンダ生徒（2010年10月5日）

総序　日本が世界に誇るあしなが運動とあしながさん

――『玉井義臣の全仕事　あしなが運動六十年』刊行にあたって――

母の輪禍に誓う自動車社会への敵討ち

大学生や専門学生らとボランティアのべ一万人が、毎年春と秋に、北海道から沖縄まで全国二〇〇か所の駅頭・街頭でご寄付を呼び掛ける街頭募金、ＡＣジャパンのＴＶ広告などで、あしなが育英会の知名度はあがりましたが、六十年にわたってあしなが運動に邁進してきた玉井義臣に関しては、あまりご存じない方も多いことと思います。

もっと言うならば、ほとんどの人は私の原点、今もなお、いや死ぬまで邁進しようと念じている動機をご存じではないし、それどころか、時にはウサンクサイ男と思われることもあります。そこで、その点だけはご理解いただきたいと、本文と重なる部分は多々ありますが、あしなが運動六十年の歴史と、私の全仕事をまとめたことをきっかけとして、初めに書くことをお許しください。

一九六三年十二月二十三日、私の母は大阪・池田市の自宅前で暴走車に轢かれ、一か月余り、治療らしい治療も受けずボロ雑巾のようになって死んでいきます。私は「母の敵討ち」を誓い、モータリゼーション全盛の時代に、筆一本で週刊誌、月刊誌に交通事故に関する被害者擁護、加害者厳罰化、救急医療の充実を訴えていきました。その訴えをきっかけとして、一九六六年三月から、当時、三〇％以上の高視聴率だったお昼のＴＶワイドショー番組「桂小金治アフタヌーンショー」にレギュラー出演、のちには制作者となって、交通事故の悲惨さを訴えていました。

私と交通遺児育英運動をすることになる岡嶋信治さんのお姉さんは、一九六一年秋、新潟県長岡で酔っ払い運転のトラックにひき逃げされ亡くなりました。その痛ましい事故をきっかけに、岡嶋青年は全国の遺児家庭を訪ねて、肉親の死の哀しみを共有しながら、実際に困っていることを聞きだしていたのです。

一九六七年七月、岡嶋青年は私を訪ねてきて、交通事故により働き手を喪って生活苦にあえぐ母子家庭が困っていること、「せめて高校だけは行かせたい」という母親のせつない願いをなんとかかなえたいというのです。その熱意に負けた私は、安定したジャーナリスト生活を捨てて、海のものとも山のものともわからない、社会運動――交通遺児育英運動にとびこんでいきました。

これが一九六九年の交通遺児育英会設立までの簡単な前史で、多くの交通遺児たちを、高校、専門学校、大学へと進学させたのです。それから四十余年のあしなが運動は、災害遺児、病気遺児、自死遺児と対象をひろげて、今では世界各国のＡＳＨＩＮＡＧＡにまで大きく成長しています。

つどい、学生募金そして、あしながさん

ここまでの成長を振り返ってみますと、「つどい」「学生募金」「あしながさん」がキーワードとなります。

まず「つどい」ですが、これは親を喪った交通遺児たちの孤独感、寂寥感をいかにして慰め、仲間づくり（連帯）の輪を拡げるか、という発想から生まれました。

その友人たちとの連帯感の中から、交通遺児のみならず、災害遺児、病気遺児、自死遺児と、遺児仲間への救

済活動を進めていきました。「遺児が遺児を救う」という、あしなが運動の根幹をなす考えが、「つどい」に集まった遺児たちの中からうまれてきたのです。

つぎに「学生募金」があります。

交通遺児育英会は発足しましたが、貸与する奨学金が絶対的に不足していました。なんとかしたいと思っていた時、救いの手は東北から伸びてきたのです。我々の窮地を知った秋田大学の桜井芳雄君が、大学祭で全国の大学に交通遺児育英資金の募金活動を訴え、一九七〇年秋には、第一回学生募金を街頭で繰り広げました。今も、春と秋の二回、街頭で募金をお願いしている「学生募金」は、あしなが育英会の財政的なバックアップとなっているのです。

大学奨学生（大奨生）たちの中から、自分たち交通遺児だけが進学出来て、同じように親を喪った災害遺児、病気遺児（のちに自死遺児も加わり、すべての遺児）にも進学の道を、という声が上がり始めました。「つどい」でも同じような声が上がり、全遺児救済への道が開けたのです。

財政的なバックアップと言えば、「あしながさん」を忘れるわけにはいきません。一九七八年ごろから、街頭募金の伸びが止まり、企業からの寄付額も減少してきました。そこで、広く庶民のやさしさに訴えようと、遺児である生徒、学生たちに進学の道をひらくための援助を、教育的里親として「あしながおじさん」にお願いしようと募集したのです。反響は凄まじく、多くのあしながおじさんの『無償の愛』が遺児たちにそそがれたのです。私たちは、この制度を「あしながおじさん」と命名しましたが、のちに、おじさんだけではなくおばさんも多く参加してくださったので、「あしながさん」で統一しました。

「あしながさん」の存在は、あしなが運動そのものの変革でした。親を喪い、ともすれば心を硬く閉ざしがちな交通遺児たちは、「あしながさん」からの励ましにより、受けたご恩をお返ししようと、交通遺児のみならず、災害遺児の進学を求めて立ちあがったのです。「あしながさん」の『無償の愛』なくして、今日のあしなが育英会は存在しなかったことでしょう。ある会合で、そんな感謝の言葉を申し上げたところ、「あしながさん」のおひとりからこんな言葉をいただきました。

「そのお言葉は、そのままそっくりお返しいたします。『あしながさん』になって、将来ある遺児たちと関わりが持てたことでどんなに幸福感を味わえたか、すばらしい経験ができたか、感謝するのは私のほうです」

不覚にも、私はこみあげてくるものが抑えきれず、ただ、その「あしながさん」の手を握り締めるだけでした。「あしながさん」こそは、遺児にとって『師』であるばかりか、この世の『善』を象徴していることをそれまで以上に強く感じたからです。

あしなが運動三人の大恩人

また、あしなが運動は多くの先達にも恵まれました。中でも、私が大恩人としているのが、交通遺児育英会初代会長にして日本商工会議所会頭、新日本製鉄会長の永野重雄さん。永野さんの財界後継者であり、かつあしなが育英会会長も引き受けていただいた武田豊さん。そして、血清学の世界的権威であり、東京大学医学部で長く後進を指導した緒方富雄名誉教授のお三方です。

永野重雄さんは、草創期のあしなが運動をさまざまな形で応援してくださいました。中でも忘れられないのが、「どこの馬の骨ともわからない玉井君が、皆さんからご寄付いただくのには『信用』がもっとも大切です。信用されるためには、事務所を永田町か平河町の一等地に置きなさい。会長・理事・監事には、だれもが知る財界人を起用し、名誉総裁には皇室からどなたかをお迎えしなさい」というアドバイスでした。そのアドバイス通り、名誉総裁に秩父宮妃殿下をお迎えし、会長は永野さん、常任理事に東京瓦斯社長の安西浩さん他七名を、監事には富士銀行会長の岩佐凱実さん他二名にお引き受けいただきました。

交通遺児育英会理事、二代目会長からあしなが育英会初代会長をお願いした武田豊さんは、新日鉄社長、会長と超多忙な財界生活の中、なんども交通遺児学生寮「心塾（こころ）」に足を運び、塾生たちに大脳生理学の見地から、

「目標を掲げると前頭葉が働いて、創造力が刺激される」

とハッパをかけてくださいました。

緒方富雄先生は幕末に蘭学塾「適塾」を開設した緒方洪庵の曽孫に当たる方です。慶応義塾創設者の福沢諭吉、西郷隆盛が唯一尊敬した橋本左内、近代日本の軍事制度を定めた大村益次郎など、有為な人材を生み出した適塾を例にあげられながら、先生は、

「玉井君、小さくてもいいから、遺児たちが切磋琢磨する人づくりの塾、昭和の『適塾』をつくりたまえ」

と、私に勧めました。その勧めを受けて、ほんとうに小さな塾が誕生し、「心、それが人間を人間とする」という先生の教えから「心塾」と名付けられたのです。

「心塾」では、あしなが育英会の理念ともいうべき、

「あたたかい心、広い視野、行動力を持ち、国際性を身に付けて人類社会に貢献できる人物を生み出す」

ことを目標として、塾生たちを鍛えあげます。

政官一部勢力の交通遺児育英会乗っ取り

あしなが運動六十年を語るうえで、避けて通れないのが、政官による交通遺児育英会乗っ取りの顛末です。この機会に、簡単ではありますが、どのような推移で起きたのか書き残しておきたいと思います。

「あしながさん」（当時はあしながおじさん）からの、無償の愛を受けて高校、大学に進学できた交通遺児たちの

間から、一九八〇年代になって、なにか恩返しをしたいという意見が出てきました。中でも多かったのが、災害遺児、病気遺児までも救済対象にしようという意見でした。私は、あしなが運動のひとつの成果として、この遺児たちの運動を見守っていました。

その結果として、一九九三年には、「災害遺児の高校進学をすすめる会」と「病気遺児の高校進学を支援する会」とが合併して、あしながおじさんのこれまでの無償の愛に応えようと「あしなが育英会」が発足したのです。

あしなが育英会は、交通遺児育英会の姉妹団体でしたが、発足当時から遺児救済に必要なものすべてが不足していました。貸与する資金も、事務所も、専属事務員も交通遺児育英会とは天地ほどの開きがありました。私は、あしなが育英会と交通遺児育英会の合併によって、これらの問題は解決すると考えましたが、交通遺児育英会発足当時からの仲間の多くは、せっかく軌道に乗った交通遺児育英運動を資金不足の危険にさらすと、この合併に反対しました。この間の事情は、第Ⅲ巻の序で詳述しますが、政治家、高級官僚たちからの乗っ取り工作もあり、私は交通遺児育英会を追放されたのです。

しかし、あしなが運動の火を消さずに続けてくることができたのは、「あしながさん」のご支援と、「つどい」や街頭募金などボランティア活動に睡眠時間を削ってでも動き回った若者たちの情熱のおかげです。みなさんのご協力が、交通遺児だけだった育英会を、私の願望通り、対象を災害遺児と病気遺児、自死遺児に拡げ、現在のあしなが育英会誕生へと導いたのです。

もうすこし詳しく説明しますと、阪神・淡路大震災の遺児たちが、深い心の傷を受けているのを見て、あしなが育英会は「心のケア」のため虹の家（神戸レインボーハウス）を建てました。神戸レインボーハウスには、天皇・皇后両陛下（現上皇・上皇后両陛下）が二〇〇一年四月二十四日にご訪問され、遺児たちを励ましていただきました。

また、自殺が多発する不況の時、自死遺児の「心のケア」を始めることにより、すべての遺児の進学と癒しを受けもつことが可能になり、支援する遺児数は初期のころの交通遺児数の一〇倍に達しました。国の支援など期待できない中、あしなが運動拡大を「あしながさん」の無償の愛が支え、みずからが遺児であったボランティア学生たちは遺児兄弟姉妹の心の友となり、街頭募金で育英会を〝発展〟させました。これがあの「交通遺児育英会乗っ取り騒ぎ」からの顛末です。天は、「あしながさん」、ボランティア学生、私たち運動家を見捨てませんでした。あしなが運動が素敵なことを、神も認めて支援してくれました。ありがとうございました。

世界に誇りうるあしなが運動

あしなが運動は早くから目を海外に向けていました。

一九七六年には、交通遺児育英会独自の大学である「ブラジル研修大学」設置を進め、ブラジル研修を実施したのです。ブラジルへの旅の中から高校奨学生たちは、多くの成長の芽を持ち帰りました。のちに大学奨学生も送り出し、だれもが一回りも二回りも大きくなって帰国しました。

一九九九年には、あしなが運動史上初の本格的国際支援であるコロンビア大地震激励募金を実施、翌二〇〇〇年には第一回の「国際的な遺児の連帯をすすめる交流会」を、阪神・淡路大震災の遺児らが中心となって行い、同じ哀しみを共有する遺児同士が、言葉や文化、宗教の壁を越え、心励まし合って元気を分け合いました。

その後、世界各国から、震災・テロ・戦争・エイズ遺児らを招いたあしなが育英会は、ウガンダのエイズ遺児たちとの交流を深めようと、ウガンダ・レインボーハウスを建設、今では「アフリカ遺児高等教育支援１００年構想」の根拠地として、世界各国高等教育機関にアフリカから俊英子弟を留学させる活動に入っています。

二〇二四年、世界で「あしながさん」を募集し、開発途上国の遺児たちをクリーンなリーダーに育てようという第一歩がはじまっているのです。

これまでの開発途上国支援は、ややもすると対症療法的に、ただ与えたらよいというスタンスに終始しました。「おなかを空かせてかわいそう」「着るものがなくて寒そう」といった見方が多かったのです。

たしかに、これは一面の真実ではあります。しかし、空腹や寒さより、もっと辛いのが絶望です。夢を、未来を考えられないとき、人は生きる気力を失います。あしなが運動は、そんな遺児たちに教育を受けるチャンスの扉を用意し、遺児たちには、その扉を叩く心意気を期待しています。開発途上国の俊英たちが、教育の力で国を再建するときまで、あしなが運動はゆっくりと、しかし確実に「世界のＡＳＨＩＮＡＧＡ」へ成長すると信じています。

世界に類を見ない、日本が世界に誇りうるあしなが運動を支えていただいた「あしながさん」、遺児諸君、これまで本当にありがとうございました。そして、これからもどうぞよろしくお願いいたします。

二〇二四年四月

玉井義臣

第Ⅲ巻の序　「れんたい」から「共生」へ

定期的に育英資金をご送付いただいているあしながさん、街頭募金でご寄付いただいた一日あしながさんら、多くの日本人のやさしさで進学できるようになった交通遺児奨学生たちから、自分たちだけが恵まれていていいのだろうか、なにか「恩返し」をしたいという声が聞こえてきたのは一九八〇年代に入ってすぐのころだったでしょうか。遺児たちの声の高まりは、一九八二年の「恩返し献血運動」、翌八三年の親を災害で喪った災害遺児たちにも進学の道をひらきたいという「恩返し災害募金運動」へと広がっていったのです。その結果、八四年には、あしなが運動の基本的な考えである、「遺児による遺児救済運動」が本格化し、遺児学生たちによる「災害遺児の高校進学をすすめる会」が結成され、全国で活発な募金活動が始まりました。遺児たちの自助運動は、流れを病気遺児にも向けました。交通遺児、災害遺児たちは連帯して病気遺児にも進学をと、「病気遺児の高校進学を支援する会」を設立するに至ったのです。

このような「遺児による遺児救済活動」を、苦々しく見ていた交通遺児育英会理事、内部職員がいました。それが、顕在化したのは一九八九年からでした。学生募金全国会議で募金の三分の一ずつを、交通遺児育英会、災害遺児の高校進学をすすめる会、病気遺児の高校進学を支援する会に贈ることを決めたのをきっかけに、「玉井追放」の動きが始まったのです。

当時、交通遺児育英会には、私を含めて二五名の理事がいました。そのうち、理事会への出席者は一〇名前後で、交通遺児育英会発足当時からの財界人理事は、ほとんどが委任状を提出していました。出席する理事たちは官僚ＯＢと全国各地の交通遺児を励ます会会長から構成され、その中で、災害遺児育英制度、病気遺児育英制度をすすめようとしていた私に同調した理事は岡嶋信治さんだけでした。あとの七〜八名は、理事会において、交通遺児以外の遺児救済活動は、交通遺児のみを対象とする交通遺児育英会の寄付行為に違反すると私を非難したのです。

論調は日を追うごとにエスカレートし、交通遺児のための寄付金を災害遺児、病気遺児の奨学金とすること、交通遺児の入塾を目的とする心塾に、災害遺児、病気遺児を入塾させたこと、これらは背任行為の容疑に当たるとして、私を追放しようとしてきたのです。

私はこれらの非難に対して、全国学生交通遺児育英募金（一九九〇年九月、「あしなが学生募金」に改称）は募金事務局が行っている活動であり、いただいた寄付金の用途決定に関して、交通遺児育英会とは別の独立した組織である募金事務局の独立業務であるから、募金事務局がどのような決定をしようと、交通遺児育英会はそれを妨げることはできないと反論しました。

交通遺児育英制度に奔走し始めてから三〇年、私は常に「世論」を味方として、あしなが運動を続けてきました。理事会で真っ向から反対された交通遺児育英会とあしなが育英会との合併推進全国大会を東京で開催し、多くのマスメディアから好意的に紹介されました。同時に、あしなが学生募金事務局は、武田豊交通遺児育英会会長、細川護熙首相に両育英会合併を陳情し、その合併を支持するとお答えいただきました。

しかし、社会運動の論理と、財団法人という組織の論理とは乖離していました。いかに、世論を味方に付けようと、いかに政財界トップのお墨付きを得ようと、財団法人交通遺児育英会の最高決定機関は理事会です。この理事会で多数を占められたら、私にはどうすることもできなかったのです。「政」と「官」を相手にした十年戦争は、これ以上続けると、遺児やあしながさんに迷惑をかけることになりかねません。結果として、交通遺児育英会から私が身を引くことで終わり、第Ⅱ巻でまとめた機関紙連載コラム「れんたい」も終わったのです。その後、奨学金貸与の大幅な遅れ、予定されていた遺児たちの交流の場「つどい」の中止、遺児学生たちの恩返し運動停止などが重なり、交通遺児育英会の機能はマヒしました。あしなが育英会の本格的な活動開始まで、少なからぬ迷惑を遺児諸君にかけることになったのです。事情はどうであれ、当時の遺児、あしながさんにはあらためてお詫びしたいと思います。

理事会主要メンバーである官僚ＯＢと彼らに与した全国各地の交通遺児を励ます会会長は、何が不満で災害遺児、病気遺児への育英制度に反対したのでしょうか。くわしくは、『あしなが育英会と玉井義臣』（筑波大学名誉教授副田義也著、岩波書店刊）に詳述されていますが、簡単に言うならば、文部省、運輸省、総務庁による次官クラスから課長クラスの天下り先確保にありました。

先述の、災害遺児の高校進学をすすめる会、病気遺児の高校進学を支援する会両会が、一九九三年四月に合併しあしなが育英会が発足し、災害・病気遺児支援活動が本格化しました。私は、発足当初のあしなが育英会には、育英資金が不足している、発足して二五年となる交通遺児育英会には、充分な資金と遺児育英のノウハウが蓄積されている、であるならば両会は合併するのが、遺児救済という目的のためには当然だと考えたのです。

当時、交通遺児育英会には三五〇億円という巨額の動産と、心塾という不動産がありました。交通遺児のみを対象としていたならば、充分な資産ですが、しかし、交通遺児よりはるかに多い災害遺児、病気遺児まで手を広げると、心もとなくなる、つまりは天下り先としての交通遺児育英会の存続を玉井は危うくしている、と彼らは心配したのでしょう。

また、当時の橋本龍太郎大蔵大臣（一九三七―二〇〇六。のちに総理）と私との確執にも副田名誉教授は触れていますが、ここではこれ以上述べないでおきます。ただ、一九九四年十月、ある週刊誌が私とともに、当時日本新党所属の衆議院議員山本孝史、藤村修両名を交通遺児育英会内部の内紛としてスクープ記事にしたのです。この事実とは異なる記事に、私たちは名誉毀損で提訴しました。

この裁判は、私たちの名誉が守られるかたちで和解となりましたが、裁判途中の証拠資料として提出された総務庁内部文書には、橋本大蔵大臣の「玉井を更えるべきである」（原文ママ）とあったことだけは明記しておきたいと思います。山本、藤村両議員は、交通遺児育英会〝乗っ取り〟を企んだ「政」と「官」の癒着を衆議院予算、文教委員会で取り上げて社会問題化しました。また、『週刊金曜日』は、一九九八年七月二十四日号で、総務庁による交通遺児育英会乗っ取りの内部文書をスクープ、裏には蔵相時代の橋本龍太郎総理の存在を示唆しました。しかし、これらの動きは、すべて遅きに失したのです。

あしながさんからの五百円玉募金、大学自動車部学生、遺児学生たちの街頭募金であつめた資産三五〇億円を奪われたことも、もちろん口惜しかったのですが、更に口惜しかったのが九千平方メートルの敷地に建つ「心塾」を奪われたことでした。故永野重雄交通遺児育英会初代会長は、ご自分の経験から「寮は巨木をつくる」と説き、故緒方富雄先生のアドバイスにより設立した遺児たちを鍛え上げる場としての心塾は、創立以来一六年、ようやく塾生にも、永野先生、緒方先生の教えが実り始めたころだったからです。

心塾では、巨木のような人間をつくるため、「読み書きスピーチ」を徹底的に鍛えて、若者たちの目を世界に広げました。百キロハイクや二昼夜ビバークなどで野性味を加え、重度心身障碍者施設のワークキャンプや、障碍児たちを招いたモチつき大会でやさしさを知り、募金で説得力と行動力を身につけました。塾名を「心塾」としたのは、緒方先生の教え「心、それが人間を人間にする」を忘れないためでした。これらはいずれも一朝一夕にできたものではありません。運動の同志である教官と遺児学生とが、時に手を携え、時に反発しながら作り上げたものです。

交通遺児育英会を追われ、あしなが育英会の狭い事務局で少数の職員と再出発を誓った時、正直、口惜しさでいたたまれない気持ちにあふれていました。しかし、古くからの仲間がいる、遺児学生がいる。なにより、あしながさんがいる。かつて、徒手空拳の青年だった私が、志を同じくする岡嶋信治さんと二人で交通遺児育英会を作り上げたときと比べれば、遥かに恵まれた状況の中にいることに気づいたとき、私の、あしなが運動をさらに進めていこうという決意はかたまったのです。

第Ⅰ部では、あしなが育英会のスタートから海外雄飛の現状までを、あしなが育英会機関紙『ＮＥＷあしながファミリー』連載コラム「共生」で、一九九四年から二〇二四年まで三一年間かけて書きました。この三一年間に日本は、阪神・淡路大震災、東日本大震災と、二度の大規模自然災害に襲われましたが、あしなが運動は屈することなく、遺児学生、あしながさんのご協力のもと、支援活動に全力を注ぎました。その結果、震災遺児たちの心のケアの本拠地となる、レインボーハウスが各地に建てられ、神戸レインボーハウスには天皇・皇后両陛下をお迎えするという名誉に浴したのです。

第Ⅱ部では、まずは、今、あしなが育英会が全力をあげて取り組んでいる、「アフリカ遺児高等教育支援100年構想」（AAI）についてのインタビューに答えることで始まりました。次いで、くどくなるのを承知の上で、不条理な母の輪禍とその死について語り、そこから始まった交通遺児育英運動、更には災害遺児、病気遺児、自死遺児から阪神・淡路大震災、東日本大震災の震災遺児育英運動について答えました。次いで、莫逆（ばくげき）の友と言うべき、故副田義也筑波大学名誉教授が遺児育英のために行った調査報告をまとめてみました。今、読み返すと、交通遺児育英会時代からあしなが育英会時代まで、四十数年にわたるあしなが運動の、柱のひとつが副田先生の調査報告だったことがよくわかります。最後に、副田先生を含め一五人のあしなが同志たちがそれぞれの玉井義臣像を語り、私はあしなが運動同志群像を書き、そして、あしなが運動半世紀の総括をまとめました。あしなが運動のこれまでと、これからをご一読ください。

二〇二四年七月

玉井義臣

玉井義臣の全仕事　あしなが運動六十年　Ⅲ

目　次

I

手塩にかけて育て上げた交通遺児育英会を政と官に追われ、「すべての遺児に高等教育を」をめざし、新生あしなが育英会が動き出す。あしながさん、遺児学生が玉井とともにあしなが運動をはじめたとき、阪神・淡路大震災が関西一帯を襲った。遺児救済に全力を注ぐ中、震災遺児の描く「黒い虹」に衝撃を受け、全震災遺児支援と心のケアを重視する新会則を、理事会で全理事承認のもとに制定する。

心を深く傷つけられた震災遺児の心のケアを目的とするレインボーハウス建設に向けて、黒柳徹子さんらが参加する「マザーグース・

コンサート」が開催された。震災遺児支援の作文集『黒い虹』に続いてがん遺児支援の作文集『お父さんがいるって嘘ついた』を発刊する。あしなが運動は、多くのあしながさん、遺児学生の協力を通して、日本人の心のやさしさを証明し、初の国際支援活動としてコロンビア大地震激励募金、トルコ、台湾への「震災遺児癒しの使節」派遣へとつながる。

第三章　長いお見守りがご視察実現に……………2000―2002

――天皇・皇后両陛下をレインボーハウスにお迎えする――

天皇・皇后両陛下（現上皇・上皇后両陛下）から、竣工間もない神戸レインボーハウスにご訪問いただき、遺児たちは励ましのお言葉をいただいた。同時期、学生募金が、長引く不況による自死の増大に伴い、自死遺児支援を初めて街頭募金で訴える。続いて自死遺児作文集『自殺って言えない』を発刊、社会に大きなインパクトを与える。また、「国際的な遺児の連帯をすすめる交流会」が発足、あしなが運動は国境を越えて、すべての遺児たちの連帯と共生を、全世界に発信した。

あしなが運動は、緒方富雄東大名誉教授の教えを受けて、「あしなが心塾」建設を新たに決定する。その竣工より一足早く、エイズが蔓延する世界最貧地域の一つアフリカ・ウガンダ共和国に、ウガンダ・レインボーハウスが竣工、「アフリカ遺児高等教育支援100年構想」が発足した。また、つどい史上初の「第一回インド洋大津波遺児らと日本の遺児のコラボレーション」開催と、国際化は急速に世界各地へと広がった。

竣工したあしなが心塾に、早稲田大学に入学したウガンダからの留学生を迎え、あしなが運動国際化が始まった。同時に、自助自立をモットーとする遺児の生き方を再確認する「つどいの原点復帰」が提唱され、愚直に善を求めるリーダー育成運動が国内で始まった。そのひとりでもあった、あしなが運動の先駆者山本孝史参院議員が、命を懸けて成立させた、がん対策基本法は日本憲政史上に燦然と輝いている。

遺児諸君に大学進学をあきらめさせてはならない。絶対にあきらめさせない。これは、あしなが哲学のひとつだ。必要とする資金は年間二五億円増となるが、学生募金、あしながさん募金、それに遺贈を広く呼び掛け、あしなが育英会は全力を挙げて、諸君を大学へ進学させる。遺児家庭の貧しさを知る諸君だからこそ、さまざまな不安もあるだろうが、まずは進学してから考えたらどうだ。そして、あしなが学生募金の創始者秋田大学生の志を引きついでもらいたい。

あしなが育英会は、奨学生となることで成長し、人生のチャンスを摑むことができ、よき社会人となって翔び立てる生徒学生を求めている。今は貧しく弱者の君たちでも、教育の力で実社会に生きる場所を見つけ、支えてもらったご家族、あしながさんへの感謝の念を忘れないでいてくれれば、それで十分だ。そして、つどいで世界の遺児たちと触れ合い、かれらを肌身で感じ、愛し、世界の今置かれている状況を、奨学生の君たちが感じたらこれに勝

動、全遺児への支援拡大と広がっていったのだ。この中でも、阪神・淡路大震災、東日本大震災で、震災遺児への支援活動は、あしなが運動の新局面を開き、日本人のやさしさを証明したのではないだろうか。

玉井義臣と共に、半世紀以上あしなが運動に関する社会学的調査を行ってきた副田義也筑波大学名誉教授は、玉井を「類まれな天才的社会運動家」とする。これは、市井の人びとからのやさしさを引き出す「あしながさん制度」「街頭募金」「つどい」「心塾」などにより、日本NGO史上、類を見ない多額の資金を集め、日本のみならず世界の遺児に高等教育への道を開拓し、送り込んだ実績があるからだ。

交通遺児育英会時代からあしなが育英会まで、六〇年にわたるあしなが運動の歴史に生きた玉井義臣を、その時その時で切り取った一四人の証言者が語りつくす。中でも法曹から福祉の世界に移った堀田力、マスコミの津田康、ＴＶから地方行政の世界に移った篠田伸二、そして長く玉井に仕えたあしなが育英会理事である工藤長彦と岡崎祐吉の描く玉井像は、それぞれの想いを鮮やかに反映している。

日本初の交通評論家として、ＴＶの人気番組「桂小金治アフタヌーンショー」コメンテーターから、企画制作まで担当していたころ、岡嶋信治と始めた交通遺児支援活動でスタートしたあしなが運動は、多くの仲間、あしながさん、遺児学生に助けられて今日を迎えた。当初、志を共にした仲間の幾人かは、運動の方向性が異なって、袂を分かつこととなった。しかし、彼らもまた初期ではあったが、あしなが運動の同志であり、ともに歩んだことは忘れられない。

玉井義臣の全仕事　あしなが運動六十年

III　あしなが育英会の誕生と発展　1994–2024

編集協力＝副田　護
　　　　　工藤長彦
　　　　　岡崎祐吉
製作担当＝藤原洋亮

I

第一章　あしなが運動のルネサンス

――病気遺児、災害遺児への「愛の手」――

1994–1996

一九九四（平成6）59歳　4・1災害遺児の高校進学をすすめる会と病気遺児の高校進学を支援する会が合併し**あしなが育英会発足**。**会長に武田豊**（新日鉄相談役）、**副会長に玉井が就任**。4・23、24、29、30第四八回学生募金、**寄付先をあしなが育英会に一本化**。二五一八団体参加。5・15第六回「あしながPウォーク10」を全国一五二会場で開催、参加者一万三八八八人。6・26あしなが育英会総会開催。10・22、23、29、30第四九回学生募金実施、二四八二団体参加。10・24毎日新聞社『サンデー毎日』が交通遺児育英会の内紛を三週連続で掲載。11・13第七回「あしながPウォーク10」を全国一五五会場で開催、一万六五五〇人参加。

一九九五（平成7）60歳　1・17午前五時四六分、**阪神・淡路大震災発生**。1・21第一回あしなが育英会臨時理事会で「**阪神・淡路大震災遺児奨学金特別措置**」を決定。2・10神戸市御影工業高校の一室を拠点とし、各学校へ遺児を訪ね歩く。2・15職員とボランティアで新聞発表の死亡者名簿をもとに犠牲者一七一八人の世帯を訪ねる「**震災遺児調査**」開始。2・18、19「震災遺児激励募金」を全国主要都市で実施。一億一六七七万円の募金と三千通の激励メッセージが寄せられる。3・16「震災遺児調査」結果発表、五〇四人の遺児を発見。参加ボランティア八八一人。3・26―27「震災遺児を励ますつどい」を有馬温泉で開催。4・1**あしなが育英会神戸事務所開設**。4・22、23、29、30第五〇回学生募金実施、一九六九団体参加。5・14第八回「あしながPウォーク10」を全国一二〇会場で開催、参加者一万二〇四六人。7・26―31あしなが「**山中湖のつどい**」**開催**。8・23―9・24震災遺児家庭二〇四世帯聞き取り調査、五七三人の震災遺児を確認。10・21、22、28、29第五一回学生募金実施、二二八三団体参加。「虹の家」建設を訴える。11・12第九回「あしながPウォーク10」を全国一四二会場で開催、参加者一万四一四二人。12・15震災遺児作文集『**黒い虹**』（廣済堂）**刊行**。

一九九六年（平成8）61歳　1・14「亡き愛する人を偲び話し合う会」開催。3・1『震災遺児家庭の震災体験と生活実態』発行。4・20、21、27、28第五二回学生募金実施、一七七八団体参加。5・12第一〇回「あしながPウォーク10」を全国一二〇会場で開催、参加者一万三一三四人。5・27―6・6「**心の癒し**」**調査団**を米国に派遣。7・26―31「山中湖のつどい」開催。8・9―20全国九会場で**高校奨学生のつどい開催**。10・13、16「心の癒し国際シンポジウム」開催。10・19、20、26、27第五三回学生募金実施、一七八八団体参加。11・10第一一回「あしながPウォーク10」を全国一一九会場で開催、Jリーグ選手三七五人含む参加者一万八九三六人。

闘う『ニューあしながファミリー』に

あしなが育英会の機関紙『ニューあしながファミリー』創刊号をお届けします（二号以後は『NEWあしながファミリー』）。

学生募金のキャッチフレーズではないが、「ガン遺児救済にまっしぐら、交通遺児は終わりました」――を、機関紙でも地を行くことになる。

昨日、病気遺児と災害遺児の大学奨学生八二人を対象に特別貸与生（月額五万円、一般は四万円）の選考をした。ワクはたったの三〇人。ほとんどが年収百万円以下で、生命保険も労災年金ももらっていない。泣く思いで三四人にしぼった。母の収入ゼロでも自宅通学だからと我慢してもらう。

交通遺児育英会では希望者全員に貸し、都市での下宿生にはこちらが借りることをすすめていたはずだったのに。これは一つの時代が終わり、病気遺児らの救済に大きな時代的要請があることを如実に物語っている。

『ニューあしながファミリー』の役割は、増え続けるガンを中心とした病気遺児らを一人でも多く進学させることだ。すべての遺児が平等に進学できるようになるまで、この機関紙はあらゆる障害と闘いながら進む先兵とならねばならぬ。

読んだ人みんなが元気の出る新聞にしたい。前の新聞で好評だった「なかま」「お母さん」「あしながさんから」「青い目のニッポン日記」「道標」などはそのまま残し、「れんたい」は「共生」とした。

両育英会の共同編集を一方的に解かれて、どれほど多くの読者が悔しい思いをしたことか。この新しい機関紙は、その悔しさを越えて、交通遺児も参加できる新聞にしたい。「れんたいの広場」がそれである。交通遺児のOBたちの「恩返し運動」で、災害遺児も病気遺児も奨学金を使って進学できるようになった。あしなが育英会の会員は、恩返し運動に参加した交通遺児全員である。すべての遺児と母親とあしながさんが、この欄でワイワイガヤガヤおしゃべりしたい。ご投稿を!!

僕の近況～。四月から、僕は天下の素浪人だ。二七年間かかって築いた交通遺児育英会の専務理事を、「官僚の乗っ取り」に抗議して辞任した。多くの方々から「玉井さん、止めないで」コールを頂戴した。「止めることは逃げることだ」とのお叱りも。だが一番悔しいのは僕自身で、逃げるのでも、敗けるのでもない、第二ラウンドを闘うのだ、と自らに言い聞かせている。

「民」の愛を「官」に奪われてたまるか。民のボランティア心、やさしさ、しなやかなタフさをもう一度結集して闘おうではないか。僕もサビついたペンをといで評論活動も再開したい。子らとより深くつき合いたい。六〇年の蓄積を病気遺児らに捧げたい。

毎日元気で、あしなが育英会に出てます。お立ち寄りください。

（一九九四・五・一〇記）

失業一か月、「毎日が日曜日」ならず

交通遺児育英会の専務理事を退任（非常勤理事）して、五月は「完全失業者」だった。「毎日が日曜日」でちょっとユックリできると思っていたら、どっこいそうはさせてくれない。毎日、あしな

が育英会の副会長として事務所に出て、仕事の指示やハンコ押しをする。

前の財団は四半世紀のノウハウの蓄積や資産も豊富で、僕が口出しすることはほとんどなくなっていた。だが今の団体は若くて、資金不足で、職員も新人が多いので、仕事が山ほどある。夜中まで働いている若手を見ていると、二〇年前を思う。

給料が出ないというのも緊張感がある。僕は大学を卒業してから交通遺児育英会の専務理事をやるまでの一〇年余、サラリーらしいものをもらったことがない。ジャーナリストの修業時代は、仕事は自分でさがし、半失業の連続だった。

母が交通事故で殺され、その憤りをペンに託したとき、やっとまともな文章が書けるようになった。交通評論家になって、テレビに出、雑誌に書いても、収入は不安定だった。でも、マスコミ各社と交通キャンペーンをやるやりがいは、何という目標もなく雑文を書いていたそれ以前とは天と地ほど違った。僕が人生で初めて輝き始めた時だったと思う。

今の僕は、あの頃ほど若くエネルギッシュではないが、病気遺児救済という大仕事を目の前にして、もう一〇年最後の力をふりしぼって頑張ろうと、興奮している。仕事があることはありがたいことだ。それが多少でも誰かのためになるなんて恵まれすぎている。嬉しい。

「朋(とも)あり遠方より来たる」。ブラジルから、飯野俊男君がネリー夫人と一粒だねのケンジ君をつれ里帰りした。学生募金の草創期、大阪で活躍し、二〇年前ストックホルムの環境会議で紹介された交通遺児の作文「車なんかなくなってしまえ」を指導した仲間である。

移住十数年、今では新聞も読め、奥さんとはポルトガル語で話すのだが、息子には日本名しかつけず、いつも日本語でしか話さない。週末は奥さんのきょうだい皆が実家に集り、食事しながらわいわい話す。羨しい。

読者の中に、あしなが育英会と交通遺児育英会が一緒の団体だと勘違いされている方がおられる。姉妹団体だけれど全く別団体である。誤解をとく意味で「Q＆A」欄をつくった。

また交通遺児育英会のいわゆる「内紛」報道で、イヤ気のさされたあしながさんもいらっしゃるようだが、OB吉村成夫記者が「内紛でなく、交通遺児から病気遺児まで救済を拡大しようというのと、縮小をはかる新理事長との路線の違いだ」と本質を鋭く切り取っている。ぜひ一読ください。

事務所で、夏のつどいの準備始まる。燃える楽しみ。

（一九九四・六・九記）

面接して、病気遺児はやはり貧乏

六月中旬、あしなが育英会で、病気遺児らの大学奨学生の在学採用試験を行った。彼らが純粋で、貧しいことが肌で感じられ、久し振りで緊張した。

二〇年前、交通遺児の高校生の大学予約の面接試験をしていて、余りの貧しさに驚いたものだった。採用も一期生五〇人、二期生一二〇人と少なく、涙をのんでほとんど落とした。

そのうちに交通事故の補償金がうなぎのぼりに上がり、自損事故遺児以外は豊かになったといってもいい。交通遺児育英会も資金が潤沢になり全員採用となった。面接していても両親のいる家庭よりも金銭的には困ってない子がいたりして、面接に気合が入らなくなっていたものだ。

だが、病気遺児は本当に貧しい。多分、お父さんが若くて頑健なため生命保険にもろくに入っていないところへ、ガンが突然撃つ。二度、三度、入退院をくり返し、手術したりするうちに、蓄えもなくなり、心身ともに疲れ切る。そして、死。

面接の前に、病気と交通事故で父母を亡くした職員のY君が自分史を語ると、受験生があちこちで泣いていた。父親が自殺した女子学生は「いままで誰にも言えずにいたが、ここでは話せるんですね」と、泣き顔が明るさを取り戻した。精神的には皆大変だ。そんな子らを約百人落とすのは辛い。

二〇年間、交通遺児の調査をしていただいてきた副田義也筑波大学教授に、もう一度「病気遺児調査」に挑戦していただき、世の人たちに訴えていきたい。

この一か月、よくタダ酒を飲ませていただいた。専務理事退任で失業者になった僕を励まし、もう一度頑張れ!!というのである。父の日にもプレゼントをいくつか戴いた。「元気を出せ」とお尻をひっぱたく一方で、「お体大丈夫ですか」と皆気にかけてくれる。

交通遺児育英会の民主化を求める運動も、「あしなが・つっかい棒の会」や学生募金事務局と奨学生OBが、主体的にかつ連帯して闘う姿勢を高めてきた。国会質疑も熱をおびる。僕が何も知らないところで静かにことは進んでいる。家貧しくして孝子出(い)ず、だ。二七年の運動はダテじゃない。僕は静かに座っていよう。目標はただ一つ、病気遺児も災害遺児も交通遺児もその他の遺児も、平等に進学できる環境をつくることだ。この理想のもとに皆で力を合わせて進もう!!

僕の退職金の一部で、「がんばれ!! ガン遺児応援団」(仮称)が発足する。ガン遺児といっても、すべての遺児に平等にというのは当然だ。ただ僕にとっては、亡妻由美がガンで早逝したことが忘れられない。お知恵をお貸しください。

さあ、もう夏のつどいだ。

(一九九四・七・四記)

全遺児共生のつどい、山中湖で

山中湖のつどいに新しい歴史が始まった。

「病気遺児のつどい元年」と僕はいいたいし、「全遺児共生のつどい」だともいえる。研修生である大学奨学生一年生は二六三人のうち、八割が出席した。病気遺児大奨生の採用人員を昨年度五四人からいっきょ四倍の二一五人に増やしたからと、交通遺児育英会が共同開催をやめたから、本会単独開催、病気遺児中心のつどいになった。

交通遺児育英会の夏休みのつどいは、なぜか全部中止になったので、僕らは交通遺児大奨生の上級生をボランティアとして、つどいリーダーに頼んだ。総合司会の東田健一君は、前あしなが学生募金事務局長で、つどい歴は高校時代を含め五回、プログラムのすみずみまで熟知するベテラン。他の交通遺児も各地区のリーダー的存在で頼もしい。

両育英会の合併はまったくめどが立たないが、山中湖のつどいが期せずして一足お先に「全遺児共生」を実践してしまった。結果は大成功だった。

富士登山は好天すぎてちょっときつかったようだが、ほぼ全員無事故登頂。「一生の思い出が出来た」と皆大喜びだった。

自分と家族の来し方、とくに亡くなった父（母）の死に至る病気、入退院、手術、告知、看病などの苦労、悩みなどを話し合う「自分史」。僕らは病気遺児と対面するのは、ほぼ初めてなので、すごく不安だった。

多分突然死の交通事故や災害とはまったく違う状況の下で、「死」を迎えているだろうと思えた。たとえば、ガンだと告知されても、母親は夫にも知らせていいか迷うはずだから、子には絶対言わない。父母の苦悩はほとんど知らぬままだろう。

でも、父の死と母の苦労を知らずに、「自分さがし」は出来ない。僕らも、交通遺児リーダーたちも、未知との遭遇に似て手探りで「自分史」に挑んだ。

思ったとおり彼らは父の死と母の苦悩はほとんど知らされていなかったが、交通遺児や災害遺児の先輩が熱心に話す自分史に涙し、学校で誰にも話せなかった自分と家族のことを心を開いて話し、ひとの自分史に聞き入り、感動していた。自立するために不可欠の「自分さがし」が大切なことを認識したようだ。

交通遺児たちと二十余年かかって蓄積したつどいのノウハウが、きっちり病気遺児と災害遺児たちに継承されそうだ。

全遺児が一緒になってつどいを楽しみ、いろいろ学べれば、というのが子らやあしながさんや僕らの願いなのに、一部大人の都合で「分離」の方向が決定したのは無念だ。

でも来週から始まる全遺児共生の高校生のつどいに、熱い血をたぎらせて全力投球しよう。

（一九九四・八・五記）

君には友・先輩・あしながさんがいる

猛暑の疲れ、出ていませんか。

僕は、八月、結構忙しく飛びまわった。山中湖の大学生のつどいを終えると、暑い夕凪ぎで有名な広島の江田島と、富士の麓の御殿場で高校生とつどいした。月末は四日間、全国の高三生と大学奨学生の予約面接。血圧が上下する中で、フーフーいいながら無事終えた。大丈夫。

高校生のつどいも、病気遺児と災害遺児が約八対二の割合で、リーダーは山中湖帰りの病気遺児大学生が主力だ。高校生は初参加で不安げ、大学生も初指導で緊張気味。それを交通遺児大学生の先輩がうまくさばく。二十余年の伝統はすごい。

子らは「自分を語ろう」で驚く。自分が一番苦労していて不幸だと思っていたのに、隣の子も向かいの子ももっと辛い思いをしているのに、明るく頑張っている。嬉しいショックだ。何だ、僕の苦労なんて。元気がでる。

友だちがいないつどいに出るのは不安だったが、ここにいる仲間は何でも話せるし、すぐ友だちになれた。学校では「父がいない」と絶対言いたくなかったのに、ここでは皆同じ境遇なので話が早い。でも傷のなめ合いではない。不思議だ。重い殻が脱げていく。

税金か、お金持ちの同情のお金だと思っていた奨学金は、学生募金とあしながさんの愛の結晶と聞いてびっくり。驚きは感動に、感動はやる気に変わる。あしながさんへの残暑見舞いを感謝を込めて書く。

一年生と面談する。「母は昼病院の栄養士を勤め、夜弁当屋で働き、夜の分は東京で学ぶ姉に仕送りしてます」

と語る、香川のMさんは看護科に通う。横浜のH君は航空機事故で亡くした父の顔は知らないが、テニス部で真黒に日焼けし「僕の理想は純愛です」とニッコリ。

大学一年のリーダーも成長し、班員に尊敬されていた。

わずか三泊四日で、子らは勇気づけられ、明るく、前向きになる。青春のしなやかさとたくましさに乾杯!!

大学予約の面接試験は辛い。落とす子を選ばねばならないからだ。筆記試験があるので敬遠する子も多い。最下位層でも、高校の評定値は四点台と高い。東大に入りそうな子も数人いる。皆素直でよく出来る。

貧しさは六月の在学採用の子より厳しい。母より「浪人はダメ」「国公立しかやれない」と言いきかされている子が多い。二〇年前の交通遺児の貧困を見る。東京の私大など夢のまた夢だ。あしなが育英会にも、誰もが東京で切磋琢磨できる学生寮「ニュー心塾」が必要だ。僕は面接しながら密かに夢を抱いた。

出願者三九三人、予約採用者二八四人（病気二三四人、災害五〇人）。何とも辛い。

あしなが学生募金の秋だ。きついけれどよろしく頼みます。

（一九九四・九・一二記）

「ファイトがん遺児育英募金」提唱

「ファイトがん遺児育英募金」——素敵なネーミング（愛称づけ）である。

きのう十月六日、岡山の日本癌治療学会総会で、鹿児島の産婦人科医の堂園晴彦先生と国立がんセンターの末舛恵一名誉会長が、学会所属の医師に呼びかけた。

堂園さんが「ガン遺児救済」を考えたきっかけだが、医師として多くのガン患者を見送り、「医師としてガン患者の死は治療の終了を意味するが、遺族にとっては新たな戦いの出発ではないか、医師は何もしなくていいのか」という疑問を抱いていた。

先生のお姉さんがあしながさんだったことから、自らもあしながさんになり、本会の病気遺児実態調査の数字を見て驚いた。十八歳以下の子供を持つ父親（二十五〜五十九歳）の死を交通事故死とガン死で比較すると、一九九〇（平成二）年の交通事故死は三九五八人で二〇年間でほぼ半減しているのに対して、ガン死は三万一二七〇人で一・六倍に増加している。しかもガン遺児は遺児の中で一番貧しい。こんな数字にショックを受けて、堂園さんは恩師の末舛先生に相談し、今回の呼びかけになったという。病院の窓口に募金箱を置き、医師やガン患者の家族、抗ガン剤のメーカーなどに募金を呼びかけたい。集まったお金はあしなが育英会で奨学金として使ってほしい、と言う。

うまくスタートするのを祈る思いで期待したい。お金だけでなく、ガン遺児、病気遺児への医師や社会の関心が高まれば、救済は急ピッチに進むし、ガン治療の質も向上するだろう。

病気・災害遺児の大学一年生が病気遺児のお母さんから聞き取り調査をした。父の死に至るまでの父母の辛さ、死後の母の生活の苦労、心配がはじめてわかったという子が多い。他の家庭を通して本当の姿を知るのも勉強だ。ご苦労様。

三〇年前、母が車に殺され、僕は二十九歳寸前で「歳を食った交通〝遺児〟」になった。だが母の無惨な死を目の当たりにして、犠牲者救済に立ち上がらざるをえない、憤りのエネルギーが僕をつき動かし続けた。そして、交通遺児の進学はほぼ完結した。

今、僕を静かに動かしているものは、亡妻由美の五年近い、ガンとの闘病である。若くして逝かねばならなかった無念さは、ガン遺児の父親と同じであったろう。「ガン遺〝夫〟」の僕は、この想いを大切にしたい。

秋のあしなが学生募金も準備たけなわ、夜の事務所はたくさんの学生で活気ムンムン。さあ、ガン遺児救済へまっしぐらだ。


（一九九四・一〇・七記）

こんな今こそ「負けるもんか！」

『サンデー毎日』とあの人たちの今回のスキャンダルキャンペーンは、僕らの三〇年の運動に泥をぬり、全遺児救済の歴史の流れをねじ曲げんとした。とくに、あの人の告発状は大阪地検に次いで、東京地検でも捜査に値しないとして受理されなかった。だが、告発制度を悪用して書いたS誌とA氏は書き得、僕らは切られ損になった。真実は法廷と、日本弁護士連合会の人権擁護委員会報道部会で明らかにされていくだろう。とはいえこのキャンペーンは有効で、街頭募金に立ったボランティア学生たちは「バイトで立ってるんやろう」と言われ、生卵をぶつけられるという、理由なき迫害を受けた。募金中を狙ったところも意図的で「病気遺児つぶし」と考えられる。今回の「事件」は大きな構図で視ないと、全体を見失う。

第一幕は、三月末の僕玉井の交通遺児育英会専務理事辞任の前後半年間。両育英会「合併」にあしながさんはじめ世論の圧倒的支持と、あの人たちの「玉井独走→寄付行為違反→背任」というだけの反対論。遺児救済の歴史をどう見るかが、大切なポイントになる。

新理事長就任。「官僚の乗取り」との僕の批判は迷惑らしい。だがわずか半年で事務局は制圧され、教育事業は骨抜きにされた。「あしながさん」を語るのは今タブーらしい。「理事長は官界ポストの不文律」と復刊機関紙にあるが、創立前史から関わる僕としてはそんな不文律は初耳だ。「無給」だとなぜ「官僚支配」でないのか解せぬ。

第二幕は、今度のネガティブキャンペーンだ。学生たちが街頭で流した「汗」を見たこともなく、あしながさんの「愛」と「心」を想像できない人たちだからこんな反社会的キャンペーンを平然と打てるのだろう。たとえ玉井・岡嶋という創業者を追い出し、藤村・山本両代議士にダメージを与えることができたとしても、病気遺児らの進学を危うくした計画的キャンペーンを世の人びとは許さないだろう。全遺児救済という大きな歴史の流れを、組織や個人が恣意的に曲げることはできない。

僕は中傷合戦、泥仕合をやるつもりはない。弁明の機会を与えられずバッサリやられたことに対して、歴史の真実を語っているのだ。

僕らは一時的な「雑音」に惑わされることなく、若者と庶民の愛と心と行動力が見事に開花し結実した「あしなが運動」を、病気遺児・災害遺児の進学が成就する日まで、誇りをもって継承発展させていくまでだ。王道を共に歩んでほしい。

冬の季節の今こそ、ＯＢ金木正夫医師が学生時代流行らせた「負けるもんか」コールを叫び、頑張る時だと決意している。

（一九九四・一一・二九記）

井戸掘りびとに帰る年

九四年もあと旬日を残すのみだ。僕の人生で一番苦しい年だった。四半世紀余、僕自身は自分の人生を無にして生きた。そして無数の若者と庶民によって「あしながファミリー」が誕生した。四万五〇〇〇人の遺児が進学した。日本のボランティア運動、ＮＰＯ運動の金字塔だ。

だが、長期にわたる反あしなが計画的キャンペーンの狙いは、「建設」でなく「破壊」であった。「あしなが」の四文字を抹殺する意図的破壊だ。

あしながさんへの「恩返し」の言葉を恐れ、山中湖の大学奨学生のつどいも、高校奨学生のつどいも、すべて中止された。高奨生からあしながさんへの卒業御礼状は廃棄された。海外研修大学も〝外人部隊〟が指導する。復刊機関紙は高松で印刷されている。『心塾十五年史』はまだ倉庫で眠っており、発送されない。労組ができて、労使が激突している。発足以来の出来事だ。交通遺児育英会は「誰のもの」か。これが世界に誇る国民全参加型のボランティア運動の末路なのか。

監督官庁は「私的自治の原則」をタテに動こうとしない。二六年前、育英会設立を決議した国会も世代交代で無関心である。マスコミも「内紛」という火中の栗は拾わない。

ならば、つくったものが動く以外、動く人はいない。もう考えている時ではない。三月以来、僕は沈黙を守っていたが、もう本当に時間がない。

頭に血がのぼっているのではない。単なる批判でもない。恨み節でもない。進行している事態を冷静に見ると、黙っていること、行動しないことが、汗と心を遺児たちに下さった広義の「あしながさん」への最大の裏切り行為だと思うからである。

こんな作文が届いた。

「玉井さんはお母さんの保証人です。私は二歳の時、中国の西安で玉井さんと会いました。きょ年心じゅくで七年ぶりで会いました。いつまでも、心のやさしい、私のそんけいする、みんなに好かれる足ながおじさんでいてほしいなと思います」

東京在住の小学五年生の中国少女、揺々ちゃんが学校の自由学習で、四月の『朝日新聞』「内紛」報道を読んで直後に書いたもの。父張暁良さんと母朱美珍さんは、共に天津大学の大学院日本語科卒業の秀才だ。

賢人にして大政治家、周恩来も天津大学卒業だが「井戸水を飲むとき井戸を掘った人のことを考えよ」と言っている。

僕らは今こそ、井戸を掘り続けてきた学生募金の若者や、あしながさんたちの思いが、そのとおり実現しているかを検証しなくてはならない。これは歴史に不可欠な作業だ。

二月還暦、ゼロ歳からの再出発だ。「ファイトがん遺児育英募金」をテコに、全遺児救済に猪突猛進したい。

新年会は八日正午、自宅で。

（一九九四・一二・二一記）

震災遺児と共に歩もう

神戸、芦屋、西宮と、阪神・淡路大震災の被災現場を視た。

声も出ない。僕のペンでは表現できない。テレビや新聞で知っていたのは、「知ってるつもり」になっていただけだ。木造家屋は信じられないようにペシャンコになり、大きな揺れで家が前の道いっぱいに移動したのち瓦礫と化して、道をふさいでいる。ビルもいたるところで傾いている。JRは高架分がすっぽり落下。

友人と僕は沈黙しつつ歩を進めた。何かしゃべることが、亡くなった人びとや被災者に悪い、そんな気分だった。カメラを向けるのもはばかれる。被災者を撮す気などなれない。一軒の家に父がいて、母がいて、子供がいて、おじいちゃんやおばあちゃんの人生があったはずだ。

瓦礫の上に花束が置いてあると、思わず合掌する。「全員無事。連絡先は」と書いてあると、ほっとする。被災者の中から「まぁしゃーない。命あったんやから」「死なんように、頑張ろな」という話し声に、こちらが勇気づけられる。

あしなが育英会では、一月二十一日の理事会で、学生募金OB会会長の今井靖さん（事務局長三回歴任）から「こんな時こそ震災遺児に奨学金を出したら」との提案があり、あしながさんの山田規矩子さんも「民間団体だから柔軟に対応すべきだ」との意見。資金難を考えると足がすくむが、特例措置に踏み切る。

あしなが育英会の発端は、交通遺児の高校生たちから、あしながさんの愛を拡げる災害遺児育英の恩返し運動だった。今困っている震災遺児に救いの手を差し伸べるのが先決だ。募金は苦労しながらやればいい。

高校、大学、専門学校の在学生に奨学金を出す制度を新設。今春、高校、大学へ進学予定の子らにも出願を延期する。

副田義也筑波大学教授の指導で震災遺児数を推計。「二一〇〇人以上」となる。

一方で、被災地の高校奨学生と大学奨学生、中三予約生四五人の安否を調べる。全員無事。S君のおばあさんが亡くなる。

あしながさん六七八人を新聞発表の死亡者（約四千人段階）と照合。恐れていたことだが、Kさんが合致。OBが現地で確認。家が壊れたから「あしながさん休む」の電話も入る。ケガをされたり、家を失われた人も多いはずだ。亡くなられた方々のご冥福を祈り、被災者の皆様に心からお見舞い申し上げます。

災害遺児の大奨四年、原島由紀さんが「阪神大震災遺児激励募金」を提唱。遺児だけでなく「今なにかボランティアをしたいと思っている全国の高校生、大学生に参加を呼びかける」と。大奨生もボランティアで大活躍してくれた。

震災遺児と共に歩もう。

逆境の時こそ頑張ろう。

（一九九五・一・三一記）

遺児捜しボランティア「ローラー作戦」

二月十八、十九両日の「阪神大震災遺児激励募金」は大成功に終わった。

初日、正午のＮＨＫニュースの第二項目で全国に流れる。

「経験、実力でボランティア中のボランティアである『あしなが育英会』。父親を失った生徒らの奨学金活動を、同じ境遇にある若者たちで生み育ててきた。大震災に彼らがじっとしているはずがない」

十九日、『中日新聞』のコラム「中日春秋」が、僕らの二八年間の遺児救済運動を評価し励ましてくれた。同時に、このボランティアの輪が広がり、日本が新しいボランティア社会になればという、春秋子の願いが読者に伝わってくる。

ちょっと面映ゆいけれど、参加してくださった励ます全会員、募金参加の学生さん、あしながさん（街頭募金支援者を含む）、遺児学生・高校生らが、四半世紀以上たゆまず積み重ねてきた学生募金、励ます会活動、つどい、恩返し運動、心塾などを認めていただいた喜びは、参加者一同が共有するものだ。

激励募金は、二月末日現在、計八一二〇万円で、阪神地区、東海地区、首都圏では硬貨がお札に変わり、数倍から一〇倍の入り方であった、という。

励ますメッセージも心打つものばかりで、プロ野球のＯＮ両監督はじめ、街頭で約二三〇〇通集まる。震災遺児を気遣う国民の思いが一つになった、といえる。

ただ、僕らの不安と焦りは日に日に大きくなっている。

本会が奨学金制度を新設して遺児の進学を願ったけれど、肝心の遺児のところへ特例措置の情報が届いていないようだ。教育委員会も学校現場も、「プライバシー保護」をたてに、なぜか協力をしぶっている。二八年前の交通遺児捜し当時と、行政の対応は全く同じだ。

このままでは「入学一時金」等の特例措置第二弾も、激励金とメッセージ配付も、空振りにならないかと心配だ。

そこで本会では、二月中旬から、神戸市に「ボランティア本部」を置き、山北洋二事務局長ら若手男子職員を交代して派遣し、遺児学生、一般学生、市民のボランティアと一日四〇人が班に分かれて、二十五～五十九歳の死亡者全員一四四五人の家庭について、「遺児捜しローラー作戦」を展開している。瓦礫の中を一軒一軒捜す困難は想像を絶する。さいわい西宮市、芦屋市などの担当職員の熱意で住民票の閲覧が許され、犠牲者と遺児の住所・氏名が次々判明してきた。

現場ボランティアを仕切っている早瀬昇君は、今や日本のボランティアの若きリーダーであり、二〇年前の励ます会の仲間だ。

ローラー作戦と並行して、学生らの遺児訪問始まる。「心のケア」の必要性は遺児学生が身にしみて知っている。「つどい」が待たれる。

二月六日、嵐の中で還暦。お祝いの会は辞退。ＯＢの宴には出席。何よりの励まし。年金（月額一八万円弱）申し込む。人生は死ぬまで「闘い」なのだ。

（一九九五・二・二八記）

あしなが運動のルネサンス

ボランティア七割が「初めて」、八割が「活動続けたい」――今朝の『朝日新聞』一面トップの見出しである。神戸市で七〇九人の面接調査をしたら①「男性」六割「女性」四割②「学生」六割「有職者」三割③ボランティア初体験六六・六％④動機で一番多かったのは「何か役に立ちたいと思った」四四九人⑤経緯は「友人らに誘われて」一四三人、「自ら申し込んで」一二五人⑥今後ボランティア活動を「したい」が七割、「したくない」一・三％など。

僕らあしながファミリーが震災後七〇日間に奨学金特例措置、激励募金、遺児ローラー調査、有馬のつどいと立て続けに活動してきたが、これを支え活動を実現させてくれたのはボランティアだった。

犠牲者一七一八世帯に、瓦礫でふさがれた道を一軒一軒回って遺児を捜すのは、あの被災現場の惨状と混乱を知ると、気の遠くなるような難事業だった。遺児学生が中核となったが、「市民の会」からその日指示を受けて来てくれたボランティアの社会人と学生の参加がなければ不可能だった。のべ八八一人のボランティアが行政の調査を越えた。

何でも「お上（かみ）」頼みの日本が変わり始めた。日本人の意識に変革の兆が見える。「ボランティア元年」「ボランティア革命」といわれている。

でも、本当に阪神・淡路大震災が日本人の心を変えたのか。日本には大昔から「孔孟の教え」が伝わっており、「惻隠（そくいん）の情」という言葉がある。川に子が落ちれば、誰もが助けようとする。泳げなくても。この人間の自然の情を指す。

日本人はボランティア活動になじまない、それはキリスト教徒のような宗教心がないからだとの説があり、僕も経験上そうかなと思っていた。でも今度、ボランティアの応援を受け、『朝日』の世論調査を読むと、これは違うぞと思わざるを得ない。

直後、神戸で会ったボランティアも被災者も「人間むきだし」のやさしさがあった。他人のことに口出ししないのを美徳と思っている都会人が、こちらの戸惑いや一言にやさしく反応し声をかけてくれた。瓦礫のまち神戸が、日本で一番やさしいまちになっていた。これだ。

「人間は生まれながら悪い人はいない」という孟子の「性善説」と、「溺れている子を放っておく人はいない」という「惻隠の情」を、高校の漢文で習ったことを今思い出している。これがボランティアの精髄だ。いま川で溺れそうな震災遺児・ガン遺児ら災害・病気遺児が四〇万人以上いる。この子らが進学できるように、学生募金とPウォーク（一九九一年に始まった全国の奨学生共同参加イベント。参加者が一〇キロを歩き、その総計歩行キロ数に企業と市民が寄付をして災害・病気遺児奨学金とする。PはフィランソロピーPhilanthropy＝やさしい人間愛の頭文字）は「一〇億円募金」をスタートさせようとしている。

問題の本質は、「一〇億円」ではなく、神戸で呼び醒まされた日本人の「ボランティア心」を、どれだけ全国で呼び集め形にするかだ。遺児進学を通して、「ボランティア社会」「フィランソロピー社会」の建設を目指すとだ。コラム「共生」の真意である。

日本の社会福祉もあしなが運動もルネサンスを迎えた。だから、神戸事務所を新設した。

（一九九五・四・一七記）

読もう！『とってもくやしい』

「GW（ゴールデンウィーク）は寝てよう日」

二〇年ほども前、ある大新聞が交通遺児母子の〝レジャーなしのGW〟を大見出しで伝えた。阪神・淡路大震災遺児のGWは、「寝てよう」にも安心して寝る家もない。親戚が招いてくれて「お見舞いのお礼」が精一杯。

レジャーなど「行けない」「行く気にもなれない」。〝何もないＧＷ〟だった。

その頃、もう「神戸」は忘れたように、「オウム」一色の報道だった。ＧＷ中、神戸事務所は開けて、東京からも職員が行き、ボランティアの人びとと不明分の遺児調査を続けた。ひところ一日二、三百人も集まった市民ボランティアが一〇人を切る状態だ、と聞いた。

宮崎真一君（大四・交通遺児）が中心になって、震災遺児作文集『とってもくやしい』をつくってくれた。震災二か月後の有馬で、短い時間に書いてくれた子らの文は、痛々しい。

二八年前、交通遺児中島穣君（小五）の作文「天国にいるおとうさま」は全国の茶の間と国会までを揺るがせ、遺児救済を一気に進めた。その後、若い同志たちは各地で何十冊も作文集を発刊し、地元の子らの訴えが大人たちの胸をえぐった。

でも今度の本には違う悲しさがある。ついこの間、父が、母が、きょうだいが、おじいちゃんが、おばあちゃんが、亡くなった。家が倒れ、下敷になり、泣き叫んだ、寝れば夢に出てくる、そのことを書けというのは残酷だ（ごめんね）。

でも、すべての日本人が、いや世界の人びとも、この子らの心の底からのうめきを聴きとってほしい。一つの死がもたらす子、妻、夫、きょうだい、親の人生への波及は、いくつの言葉を重ねても表現できない。感性と想像力で、この子らの鎮魂の詩を読んでほしい。できればまわし読みして下さい。

山本孝史・藤村修代議士から衆参両院議員全員に配布。

あしなが募金、Ｐウォークとも、大雨と春の嵐とサリンに負けた。Ｐウォークは報道一社もなし。オウム待機のため。でも、ボランティアの新しい波は確実に芽を吹き始めている。「震災遺児五億円募金」はただ今「一億七五四万円也」。Ｐ＆Ｇ社の世界百五十数か国一〇万人社員と同社が四四万ドル寄付。あしながさんの輪、世界に。

ともあれ震災四か月走り続けた活動だが、一息いれて。息長くこの子らと共生していこう。夏休みには、子らにGWのような思いはさせないと、神戸で楽しみな企画が進行している。二〇万人ガン遺児の実態調査ご一読を。看護する母が一番必要としたものは「言葉と貨幣」（副田義也筑波大教授）。

（一九九五・五・三〇記）

父の「死に甲斐」

山中湖につどいの夏が来た。二一年目だ。最初に参加した交通遺児は今年四十歳。記念樹も、卒業生の成長を象徴するかのように、大きくなっている。

今年は、病気遺児、災害遺児、交通遺児など全遺児の大学一年生とリーダー二九二人の大集団となった。僕の推定では、交通・災害・病気の遺児の割合はごく大ざっぱにいうと一対一対八。山中湖に集まった遺児の比率もそれくらいの割合である。

ただ交通遺児は車や過失ドライバーという加害者がいて怒りや恨みがあるが、病気遺児は運命とか寿命で片づけあきらめてしまって「父の死の意味」を考えようとしない。これは問題だ。

また、病気遺児の全員が「両親のいる子と変わらない」と言った。「遺児」という言葉がもつマイナスイメージに無意識に抵抗しているのだろう。が、母親に父親の代役はできないのだから、母の手一つで育てられた子が違っていてもおかしくないし、それが悪いというより、両親のいる子より「人生を生き抜くバネ」（「遺児バネ」）

は強い、と僕は思っている。

だから、とくに病気遺児には「父の死」をまっすぐ凝視してほしい。僕は、母を交通事故で、妻をガンで亡くした体験から言えば、事故より病気の方が長い時間悩みつらい思いをするし、可愛い子を遺していく無念の思いもきっと大きい。その間、お母さん（妻）は看病しながら、告知・医療費・子の教育などさまざまな問題で悩まされ、心身ともクタクタになる。

このことを見すえてあげないと、父母の発病から死まで辛苦はムダになる。「死に甲斐がない」というものだ。それを考えることで、「自分がどこから来たか」「自分は何者か」を解き明かし、自我というかアイデンティティの確立に向う。君たちが一人ひとり「他人とは違う自分」を発見する旅の始まりだ。つどいの最重要ポイントである。

二一年前、大学一年生で山中湖のつどいに参加した、OB西本育夫米国ハーバード大准教授は、講演で「苦労しなさい」「耐えなさい、一生懸命やればできる」「周りを幸せにする人生を選びなさい」など素晴らしい人生論を語ってくれた。山中湖のつどいは脈々と生きている。

でも、「楽しくなければつどいじゃない」。心の友をたくさんつくり、あしながさんのことを考え、みんな一緒に人生を歩んでいこう。青春万歳！

交通遺児育英会で奨学金送金が約束の日から三週間遅れた。残念なことだ。でも本あしなが育英会は別団体で、こちらは異常なし、です。

七月九日の偲び励ます会（由美夫人を偲びつつ、玉井さんを励ます会）は盛会で、僕は遺児OBから玉井オッペケペー節を一節つくって頂き前より元気になった。報告書残部少々有、希望者お申し込みを。

（一九九五・八・四記）

'95夏、出会った素敵な若者達

この夏、たくさんの素敵な若者たちに出会った。

佐藤愛さん（高二）とは、阿蘇のつどいで面談した。父親は一昨年の秋、肝臓ガンで亡くなっているが、病名は知らせてもらえなかった。ガンと知ったのは手術の時だ。母親は目が不自由。残り時間が迫ってきた病室で、愛「頑張らないけんよ」、父「大丈夫、大丈夫」。最期のとき、母はただ泣くばかり。愛ちゃんは医師に礼を述べ、父に「お疲れさま。妹は私が守るけん」と言った。

愛ちゃんは国語の教師をめざしている。古文が好きで、今、対訳のお伽草紙を読んでいる。特進クラスで成績はいいが、壱岐の島から母と妹を残して福岡の大学に進学するのは、かなりの困難が想像できる。目をキラキラ輝かせながら夢を語るこの少女を進学させたい、と思う。

九五年夏、山中湖と阿蘇のつどいで六百人の高校生と大学生に、採用面接試験では来年進学する高三生四百人と出会った。神戸の震災遺児調査では二百人のボランティア学生の奮闘に感動した。

面接試験は辛い。四六五人の願書から書類選考で「落とし」、筆記と面接で落とし、三二〇人にする。本当に公平に不合格にすることなど、人間にやれることかと思う。親の亡くし方によって生活は千変万化する。成績だけでは決められない。人間を見るのも難しい。経済状況も数字だけでは計れない。

病気遺児が貧しいことだけは確かだし、成績のいい子が受験している。私大ダメ、浪人ダメと母に言われ、選択の幅は狭い。すべての子に奨学金は出せないのが悔しいが、せめて面接だけは丁寧にアドバイスをしたい。

それにしても、ああ、お金がほしい。この素敵な少年少女に奨学金で進学させ可能性を試させてあげたい。でも、こんな大変な子らと会い、話し、考えるから、あしなが運動の次へのエネルギーが生まれる。

神戸の夏もすごかった。震災遺児の第二回目のつどい開催。子らの心のキズが日に日に深くなっていることに大きなショックを受ける。神戸のまちはきれいになっているが、この子らは復興から放り残され、忘れられ、イラ立ち、荒れ始めている。

僕らは「七か月後の子らの心と生活」を追跡する家庭訪問を始めた。全国の学生ボランティアが何日も通い、親たちは時の経つのを忘れ心を開き話し続けた。話していて、僕らがこの信頼を裏切ることはできない、彼らがみな自立するまで神戸事務所は閉められないと思った。

僕は、この夏出会った千人の遺児の姿と、じかに話した百人の子らの心と、震災遺児母子の祈りにも似た願いと、ボランティアの若者たちのやさしく爽やかな行動を、決して忘れない。

遺児、ボランティアと共に生きるあしなが運動は、今確かに新しい時代に入った。みんな一緒に歩もう！

交通遺児の進学のためにと、いつも学生と街頭募金に立ってくださっていた、秩父宮妃殿下がご逝去された。暖かく気品に満ちた方だった。心からご冥福をお祈り申しあげます。

（一九九五・九・七記）

失われた愛は愛でしか埋められない

秋分の日の二十三日、二十四日の両日、神戸で、第二次聞き取り調査と、作文集づくりのため、のべ六三人のボランティアが震災遺児家庭を訪問した。

「かすみのつどい」で、カッちゃん（小学五年）が描いた「虹」に僕らは皆大きなショックを受けた。月も星も出ている夜空に虹の橋がかかっている。黄・青・緑の「黒い虹」（口絵参照）である。

マーちゃん（四歳）は天使のような美しい顔で笑う。だが、そのマーちゃんが伯母さんがちょっといないと半狂乱になり顔を床に打ち続けたり、ＴＶでニュース速報の音を聞くと「じしんやでー」と呼ぶという。カッちゃんもマーちゃんも笑顔の素敵さでは誰にも負けない。なのに、この絵と言動をどう理解すればいいのか。僕らは約三〇年間に四万八〇〇〇人の交通遺児、災害遺児、病気遺児と接してきた。僕らには「遺児の心は多少わかる」という自負があったが、正直なところ今、手さぐりの状態だ。

ただ、マーちゃんは坂井典子さん（病気遺児）との久びさの対面をまちわびていたし、有川さん母子は宮崎信一君（交通遺児）をまるで父親のように信頼している。訪問調査でも、他人に話したくもないことを「あしなが育英会なら」と、二八〇世帯中二百余世帯が快諾してくださった。ありがたい信頼関係であり、一月以来の遺児学生や全国のボランティアのやさしさのお陰である。

多くの遺児が経験した悲しみ、辛さ、苦しさを、震災遺児たちは小さな体と心に同時集中的に背負い、つぶされそうだ。僕らは全国のボランティアと共に、この子らの重荷をすこしでも肩からおろし、分けあって背負い一緒に生きていきたい。

奨学金も必要だし、住宅もお母さんの仕事もないと困る。でも、子らに一番必要なのは、深く傷ついた心を癒すさりげないやさしさであろう。

失われた愛は愛でしか埋められない、と僕は信じている。しかも、長い長い「時」が伴わなければならない。

僕が敬愛する友人の卜部文麿さんも、神戸で被災した。卜部さんは精神科医で、たくさんのがん患者の心の癒しを実践してきたその道の大家である。「エイズベイビーには薬より、看護師が絶えず抱くことが有効だった。日本人は抱くのはにがてだが、愛の表現としては抱くことが一番大切なのだ」と言う。

表の神戸は復興の槌音響き、まちはきれいになってきているが、その陰で遺児やお年寄りといった少数弱者は忘れさられ孤立化している。子らは小さなＳＯＳを発信している。絵であり、ことばであり、仕草であったりする。僕らがその信号をキャッチするアンテナを張り続けなければ見落とす。それは「見殺し」になりかねない。

「ろうきん」から二億三〇〇〇万円の寄付が決定。全国一一万労組・労組員などの心のこもったお金だ。嬉しい。僕らは神戸の六百人と真正面から取り組みながら、全国の四〇万の子らと共に生きてゆく。


（一九九五・一〇・四記）

心癒す「レインボーハウス」建設へ

ＲＥＭＥＭＢＥＲ神戸——心の傷深まる震災遺児と、神戸から起きたボランティアの波を忘れないで。

あしなが学生募金は好調だった。ボランティアの波は高校生と大学生に確実に拡がっている。街頭に立つ高校が増えている。二年前につくったボランティア手帳が好評だ。募金とPウォークに参加するとシールが一枚もらえる。もう七〇枚も貼っている高校生もいる。入試にボランティア体験を考慮する大学もでてきている。大学生にも神戸以来ボランティアの意識が高まっている。応援団の連盟が積極的に街頭に出て、鍛えたのどで訴えた。体育会の反応も回復。

Pウォークでは、企業や労組が動き始めている。NTTデータが千枚のトレーナーをつくり全国でボランティアウォークに参加。企業・労組の数は着実に増えている。

でも運動が盛り上っているのは、国民の誰もがちょっと忘れかけていた「神戸」を、遺児の悲痛な心の叫びを集めた『黒い虹』の作文で、大人はハッとしたからかもしれない。二〇四世帯の保護者へのインタビュー調査は遺児の心のキズが深まっている背景を浮かびあがらせ、いまさらながら大地震の爪痕のすごさを感じさせた。これらのマスコミ報道によって、遺児救済の思いが国民の心によみがえったのだろう。

あしなが育英会では、二つの遺児作文集、二百家庭の実態調査の事例と分析、ボランティア奮闘記などを単行本『黒い虹』（廣済堂出版刊）にまとめ、緊急出版する。これは五六九人の震災遺児と彼らを支える幾千幾万の学生ボランティア、何百万もの世界の支援者（寄付ボランティア）の血と涙と心と汗の結晶だ。

遺児親子のうめきにも似た悲しみ、辛さ、苦しさを一人でも多くの人に伝えたい。ぜひ読んでください。お申し込みは電話またはFAXで本会まで。

僕が編集しながら心を痛めたのは、子らの心のキズは放置するとますます深まり、その子の人格形成、人生に影響する、という専門家の警告だ。これは交通遺児のOB・OGを長くみていると肯定せざるをえない。

愛する者の喪失感が深ければ深いほど、話し合うことによって閉じがちな心を早く開かせることが大切だ。僕らは二十余年間のつどいの中での「自分を語る」で、心が解き放され、たくましく自助の道を歩む遺児たちをたくさんみた。米国でも似た試みがデイケアのダギーセンター（四二一頁参照）で成果を挙げている。

奨学金も大切だが、とくに小さい子らの心の癒しが急務だ。いつでも行けば遺児学生や大人のボランティアがいて、さりげなくケアし安心させてあげられる家「レインボーハウス」（樋口和広の提案）を建てたい。「黒い虹」を描いたかっちゃんの絵に、きれいな七色の虹が戻ってくるように。

（一九九五・一一・九記）

ガイコツの夢が消えるまで

「地震のあとで見たゆめは／こわいゆめでした／ぼくがへんなところに立ってて回りを見たら／ガイコツばかりで／だれかがちかづいてくる音がしました／それもガイコツでした／ガイコツが口からへんなこうせんをだしました／ぼくがしゃがんだのでこうせんはガイコツに当たりました／ラッキーとおもいました／でもこんどは当たりました／そして、いたかって／ぼくは死んだゆめを見ました／すごい、こわかったです」

八月の「香住のつどい」で書いた弘行君（小三）の作文だ。かっちゃんの「黒い虹」の絵と同じ様に、気になる。九月初め、僕は佐保恵子さん（災害遺児大学生）と市民ボランティアの水野勇さん（二十四歳）と同行して、弘行君一家をインタビュー調査した。

中三の姉潤子さんと小一の隆行君、そして四十歳のお母さん。母親の姉が同席。二時間から三時間、母親と伯母はとぎれることなく話し続けた。口調は明るいが、内容は深刻だった。

両親はその三年前離婚。父親は子煩悩だが、自営業がうまくいかなくなってから酒に溺れ、家の中は地獄だった。別れて姉(伯母)の住む神戸へ。肝っ玉母さんを絵にかいたような姉は、別れた妹の亭主も神戸で住まわせ、子らは休みには遊びに行き、せめて父子だけは復縁をという話がまとまった時の災厄。父親だけが文化住宅で一人死んだ。姉が義弟の死顔に「三人の子どもは私が面倒みるから」と誓った。

義援金は離婚しているからと、半額の二五〇万円。生活保護は直ちに打ち切り。伯母があしなが育英会を知り相談をかけ、僕らは当然実体重視で遺児と認め、激励金を贈った。行政のスキ間を埋めた。伯母(離婚。中三男子あり)が内職の元締めをやるたくましい女性なので、妹一家を同じ団地に引き取り面倒を見ている。母親は乳ガンの手術をし、調子は良くない。

これを書く前、神戸の弘行君のお母さんに電話した。「四日前、首のグリグリ取ったところです。また生活保護もらいます。姉ちゃんが勉強せんので、公立すべったら夜間行くしかありません。せやけど元気ださんとあかんから、頑張ります」。状況はちっとも好転してないが、元気が救いだった。

僕が聞いた話はたった一つだけだ。事実は小説より奇なりというが、単行本『黒い虹』には二百四世帯の震災遺児家庭の重く辛い話が詰まっている。僕らはそれを直視し凝視しなければならない。「心の傷」なんて言葉を軽々しく使ってはならない。想像力をたくましくして読み、愛の行動をとることが大切だ。

弘行君の夢にガイコツが出てこなくなり、かっちゃんの心に七色の虹がかかるように、新年は「虹の家(レインボーハウス)」建設に力を合わせてまっしぐらだ。よいお年を。

(一九九五・一二・六記)

宗ちゃん（一歳）にも「虹の家」を

「おめでとう」と言う気になれず、新年号でも「今年もよろしく」とさせていただいた。僕自身も賀状は欠礼し、恒例の自宅新年会は自粛した。

一周忌を前に迎えた震災遺児たちのお正月を想像すると、僕らも正月を祝えなかった。職員も同じ気持ちだ。神戸事務所の八木俊介君が、元旦早朝、東京の自宅から神戸に向かい、家庭訪問したのに僕は打たれた。

新年九六年は一月十四日、神戸での「偲び話し合う会」から僕らは全力投球する。

暮れの神戸、クリスマス会では、大勢の震災遺児と付き添いの遺族と出会った。たくさんのご馳走を子らは気持ちいいほどよく食べた。和太鼓も会場を元気にした。息子さんを亡くされ、遺児になった孫をかかえる牧師さんが「天国のお父（母）さん」の話をされると、小さい子も真剣に聴き入っているのが印象的だった。

僕はたまたま震災当時四か月だった宗一郎くんと会った。お母さんとおばあちゃんがいらした。宗ちゃんは一歳になったばかりなのに、顔が実にしっかりしていてちょこちょこ歩き回っていた。母の由利子さん（三十七歳）は明るく聡明そうな人だった。

由利子さんは大学を出て大阪で働いているとき、友人の紹介でミャンマー人のラッタさん（享年四十六）と結婚。夫は小さな貿易商を営み、妻は宗ちゃんがおなかに宿るまで働いた。地震の日は母子は滋賀県の実家に帰っており、夫は一人瓦礫の中で逝った。翌日は電車不通、駆けつけたのは十九日だった。

由利子さんの顔から突然涙が噴き飛び、流れる、何度となく。傍の祖母恒子さん（六十五歳）が話をつなぐ。「娘の夫は立派な人でね。孫もあんなふうに生きてほしい」。

今、親子二人、大阪の仮設住宅にいる。四月からは保育所に預けながら働くつもりだ。仮説も来年一月まで。辛いことは一杯あるが、これからの心配は宗ちゃんの教育のこと。相談相手はいないし、精神的な影響にどう対処するか。僕は思わず言ってしまった。「宗ちゃんが大学をでるまで僕らが保障します。僕が死んでも、遺児の先輩は五万人、あしながさんは無数ですから」。

ホラを吹いた気はない。零歳の宗一郎くんを襲った大地震を契機に、ボランティア元年が叫ばれた。僕らの三〇年の遺児救済運動も、当初は高校進学もできない貧困との闘いから、自然の流れのように精神的サポート（心のケア）へ。経験とノウハウを積んだ。だが、幼児から親までを含めたケアはとても手がまわらなかった。今はお金よりまず愛が必要である。

「偲び話し合う会」では今は亡き愛する人のことを誰に遠慮することなく話し、泣き、悲しみましょう。格好悪いこと一杯話しましょう。子らも言いたいことが実は一杯あるはず。急ぐことはない。心の癒しには時間がかかる。何でも言える場をつくるのが第一歩だ。

レインボーハウスをどうしても建てねばならない。日常的、継続的、長期的に親子と付き合うには。一人一枚「千円レンガ」をご寄進ください。

今年も僕は背筋をピンと伸ばして闘います。

（一九九六・一・八記）

立ち直りには「悲嘆」から「癒し」へ

愛する者を喪なうことは、この世でいちばん辛い。

わずか二〇秒の地震が、愛する人たちを永遠に引き裂いてしまった。親を亡くした遺児たちだけが悲しいのではない。最愛の夫や妻を失った人の喪失の悲哀も深い。いとし子を亡くした親の気持ちはもっと……。

阪神・淡路大震災六千余人の一周忌が終わった。僕らは五七〇人の遺児の親、きょうだい、祖父母など、運命（さだめ）のように生死を分け、逝かれた人の御霊に向って、「偲び話し合う会」を催した（一九九六・一・一四）。なぜ「霊祭」「鎮魂」といわなかったか。一言でいえば、亡くなった人より遺（のこ）された人びとの立ち直りを重視する気持ちからだ。「霊を慰める」よりも、「喪失の悲哀の癒し」に重点を置いたのである。遺族のうち何人が、あの瞬間愛する人を亡くし、その悲しみを誰に遠慮することもなく泣き叫び、哀しい思いを誰かにぶつけることができたか。母は子の前で、親に向って、一人きりになって思いのたけ泣くことができたか。子は父や母を失った悲しみをどこでどう表現できたろう。避難所、親戚の家、狭い仮設住宅、母子寮のどこに悲しみを爆発させる場があったか。

「悲嘆」という言葉がある。『広辞苑』には「かなしみなげくこと」とたった一行。僕らが建てようとしている「レインボーハウス（虹の家）」は米国では「悲嘆教育施設」という。

E・キューブラー・ロス医博（米国）は、三〇年来、ガンの末期患者の精神サポートや、さまざまな事件に遭って「生きづらい人々」（遺児、障碍者、離婚、倒産等）の心のケアをして世界的に有名である。彼女は、喪失の悲哀や、怒り、不安、無気力、恐怖感など心の傷を「癒す」には、思い切り悲嘆し、押し殺していた全てのものを「吐き出す」ことだという、悲嘆は癒しへの出発点なのだ。

僕の体験からすると、母の交通事故死の時は悲しみよりも怒りが勝り、ペンで行政の遅れを告発し、遺児救済運動の中で立ち直れた。妻のガン死はこたえ、親友にも同志にも言えず一人内にこもり酒を飲み、親しい記者から「腑抜け状態」「もう立ち直れないのでは」と言われた。遺児大学生もつどいの自分史で「吐き出し」、再生し、たくましく自助自立の道を歩んだ。

悲嘆から癒し、立ち直りへの過程は東西で同じであることがわかった。ただ幼児、小中学生へのケアは急務で、だからレインボーハウスが必要だ。ああ土地がほしい。お金がほしい。

読者に訴えたい。子らの心の傷は百人百様だ。『黒い虹』を読んで追体験してほしい。理解者を増やし、「千円レンガ」を一人でも多く買って頂きたい。神戸を思い年賀欠礼、超多忙で寒中見舞も返事も出せず。お許しを。奮闘努力しています。

（一九九六・二・六記）

母追い逝った裕子さんと遺された父子

二月二十二日深夜、訃報届く。訃報はいつも悲しいが、この電話はとくに辛かった。

神戸事務所の樋口和広君から、榎本裕子さん（享年二十一）の白血病による死亡と緊急の対応についてである。樋口の心の動揺が電話から伝わってくる。

お父さんの征治さん（五十二歳）には一月の「偲び話し合う会」でお目にかかり、裕子さんの時間がもう余り残っていないことを伺っていた。でもその悲しい事態がいざおこると、なおのこと辛い。征治さんのことを考えると、僕が妻をガンで亡くした時とほぼ同じ年齢なので、僕の胸は重苦しく詰まる思いだった。

単行本『黒い虹』のプロローグ「秋元一家物語」で、繊細な筆でファミリーの悲嘆と今とこれからの悩みを鮮やかに切り取っていた、樋口のペンがおかしい。自ら「心千千(ちぢ)に乱れて書けません」と。彼の裕子さん親子への想いを考えれば当り前だ。二、三アドバイスして一拍時間を置いてみたら、と指示。それが機関紙上、樋口の文になる。悲しい感動と辛く長い今後と、僕らの運動への示唆を与える。

阪神・淡路大震災で亡くなられた母八重子さん（享年四十三）はそれは素敵なお母さんだった。裕子さんが中学三年に病気が再発したとき「死にたい」ともらしたのに、八重子さんが言われた言葉とその晩の情景は、どんな秀作ドラマも及ばない。こんな素晴らしい母娘を喪なった征治さんと弟の隆宏君（十六歳）のことをまた想ってしまう。

父親は泣かない。いや人前では泣けない。日本ではそれは長く「恥」と考えられている。愛する人を喪なって悲しくない人などいない。敢えて言うと、一人前の男が人前で泣くことが許されない社会である。泣かずにじっと耐えるのが男の美学とされる社会だ。そんな教育を受けて育ったので「泣くすべを知らない男たち」である。弟の隆宏君は思い切り泣いたのだろうか。

お通夜でお父さんが尋問客を笑顔で迎えられるシーンがあるが、これは征治さんの心遣いだ。人の去った祭壇で友を抱いて号泣する姿に、僕は感動した。僕は妻が逝かんとする病室で、通夜や葬式の場で、正直に泣いたか。否(いな)。

僕の親しいジャーナリストで、結婚数日前の愛娘を交通事故で奪われた人がいる。それからは一年ばかり、毎晩近所に聞えるぐらい大泣きし、酒びたりだったという。彼は『遺された親たち』という本を上梓し、第二弾、第三弾を表し、「遺親」の悲哀と怒りを本にするだけでなく、全国に遺親ネットワークをつくって頑張っている。

僕らが進める「レインボーハウス」は、遺児や親が悲嘆を経て立ち直るのを目指している。学生募金の幹部たちは今週、神戸で家庭訪問し悲哀を共有し、虹の家募金をディスカッションする。これは「死」を「生」にかえる「悲嘆文化」の創造だ。

（一九九六・三・七記）

「心」見つつ子らと共に歩もう

平成八年度が始まった。

僕らが遺児救済運動を始めて三〇年目に入るが、今年は歴史的転換点の年になりそうだ。「奨学金貸与」プラス「心のケア」を両輪にして運動を進めてきたが、心のケアの車輪は奨学金の輪に比べるとはるかに小さかった。それが遺児たちの心の傷の大きさと深さと影響の深刻さがよくわかったので、二つの車輪を同じ大きさにしてあしなが運動をすすめたい。

「神戸だより」を読んでください。虹を黒く塗りつぶしたかっちゃんの兄剛君の話。父亡き後、チビッコギャング団のボスのような態度をとり、樋口和広君も手を焼いていたが、剛君が父の死をどれほど悲しみ捨てばちになってしまっていたか。その彼が心を開いていく課程が見事に描かれている。半面、現実から逃避して心の傷をかくす子も多く心配だ。震災後一五か月、家庭訪問を重ね、四度のつどいで仲良くなっていても、心の傷は見えにくいし、深くて癒しがたい。精神科医や小児科医、心理学者も、外国の文献で心の傷は紹介しているが、癒しのノウハウはもっていない。

樋口が剛君の凍った心を溶かしたのは、彼の鋭い感性とかやさしさ、つどいでの多くの経験にもよるが、周りに仲間がいてその子ら同士で溶け合っていく時間と場があったからだろう。いつでも集まれることができ、そこに気のおけない仲間やお兄さん、お姉さんがいることだ。家庭訪問だけでも不十分だし、文通だけでもダメ。暖かい安らぎの場であり、立ち直りのきっかけを与えられる方法が必要なのだ。それがレインボーハウスであると僕は信じる。日本初のケア施設なので手さぐりで進んでいくしかない。

九州の震災遺児のつどいも、読んでいて心がうずく。三人の幼い子を祖父母が引き取る。夕食は「刺身で一杯」だったのが、カレーとハンバーグになる。年齢の差は子らの将来に不安を抱かせる。一歳の由恵ちゃんが成人するまで二〇年かかる。方言の壁といじめ。親戚での気がね。「神戸に帰りたい」と言っても非難できない。レインボーハウスには高校生も入れる学生寮を併設せねばなるまい。

親からも子からも「もう限界」の悲鳴が神戸事務所に伝わってくる。僕らは三〇年も遺児親子とつき合いながら心の痛み、悲嘆悩みについて知らないことが多すぎた。今から着実に共に歩んでいきたい。

皆様にお願いです。『黒い虹』を読んでください。読者の輪を周辺に広げてください。まず子らの心の傷をご理解下さい。あなたの愛で剛君らが喪った愛を埋めてあげてください。虹のレンガで彼らにやすらぎと夢を与えてください。

僕らの会の憲法「会則」を変更して、全遺児親子に物心両面の支援をする理想に挑戦していく。ご理解、応援お待ちします。

（一九九六・四・四記）

レインボーハウス建設に遺児調査団アメリカへ

レインボーハウス建設の春のキャンペーンは今月十二日のPウォークで一応終わり、おかげさまで大きな成果をあげた。

実は心配していたのは、関西ではレインボーハウスについて何度も大々的に報道され知られていたが、東京発のニュースが皆無だったため、全国でどこまで震災遺児と結びつくか不安だった。でも、全国紙、地方紙、NHKほか民放の大半が取り上げ、学生募金が全国の街頭で二百万枚のビラ（払込用紙つき）をまいてくれたので、いっぺんに知名度が高まった。また、奨学金の募金はわかりやすいが、遺児の「心の傷の癒し」はどうかと心配したが、報道が浸透するにつれ多くの共感と賛同が得られホッとした。まだ毎日寄付が続くので確定数字は出せないが、概算で、「学生募金」「Pウォーク」で一億五〇〇〇万円、育英会への直接寄付は約二億円、計三億五〇〇〇万円で、建設費七億円の半分を達成。「虹のレンガ」を買ってくださった方々の数は、本会直で一万四〇〇〇人（含団体等）街頭での支援者は数えられない。この方々の「無償の愛」を知ったら、遺児の心の傷は、それだけでどれほど癒されるか。募金からもう子らへの心のケアが始まっているのだ。寄付者とボランティア学生に深く感謝したい。

六月からレインボーハウス・キャンペーンは第二ラウンドに入る。

土地さがしと設計図引きである。土地は神戸市に無償提供をお願いしていたが難航している。設計図を引くには設計思想を固めねばならない。そこで、昨日、遺児の心の癒し施設の先輩であるアメリカへ調査団を派遣した。

メンバーは職員三人、運動の中核団体（共に生きる会、学生募金、Ｐウォーク）代表と全国各地学生代表一〇人。一三人中一二人が遺児だ。

一六か月の神戸での遺児のケアをふり返り、三〇年間のあしなが運動を併せ考えると、親の喪失と遺児として育った共通体験を持つ遺児大学生（ＯＢ・ＯＧを含む）が癒しの担い手としては最適任だと思う。元祖的施設のダギーセンター（オレゴン州ポートランド）を主に、ボストン、ロサンゼルスの類似施設を見学。彼らが「遺児の目」で観、聞き、感じ、考えたことを、日本で最初の癒しの施設設計に役立ててくれ、キャンペーン秋の陣では各地で啓蒙運動に活躍してくれると確信している。航空運賃、ホテル、食事代、保険料など全費用で一人二〇万円弱の超ケチケチ旅行。大きな果実を期待してお許しを。

学生チーフ駿地真由美さんの言葉。「夜明けは見えないが、夜にだって星がある。手さぐりでもいいから光を求めて暗やみの中を一緒に歩きたい」。遺児学生を信じよう。

『朝日新聞』の「ＮＧＯ（非政府組織）特集」で、本会が先端的団体例として紹介された。「民の民による民のための」活動が評価された。胸を張って歩もう。

（一九九六・五・二八記）

「点」と「線」と「画」の癒しシステムを

この一か月、一番ショックだったのは窄美恵子さんのガン死である。潤子さんら三人の震災遺児が「孤児」になった。

昨年の二〇四世帯の訪問インタビュー調査で、僕らが会った一家が、また一段と悲嘆と生活苦のどん底に叩き落とされた。三人の子が、「共に生きる会」の学生を見ると笑顔でとびついていくのを見てホッとし、遺児学生がこの一年半やってきた活動の重さを確認できた。

遺児が孤児になり、孤児が祖父母を亡くすのをいつもおそれていた。窄さんの死をきっかけに孤児対策を充実していくのがあしなが運動の使命である。

嬉しいこともあった。アメリカに派遣したレインボーハウス建設のための米国癒しの施設調査団が、大きな成果をあげて帰国した。翌日の座談会での彼らの観察と感想の確かさに感心した。遺児であった体験、奨学生のつどいでの自分史語り、心塾でのカウンセリングなど多くのケア体験にもとづいて、ダギーセンターなど諸施設の癒しの手法を的確に判断し、日米の長短を把握していた。

僕らの手法は米国より優るとも劣っていなかったことを確認。ケアに当たるボランティアの層の厚さと養成法では日本に課題。米国では向こうからやって来る子しかケアしないのに対し、僕らはあくまで家庭訪問もしてケアの機会を拡大することを重視。ケアは、日本は遺児学生がやるので子らとの心のスキ間を瞬時に埋められる——などなど、どんなレインボーハウスを建てるのか、かなり見えてきた。

二四時間、三六五日、遺児が大人になるまでケアできる体制にするには遺児学生の学生寮（そこには遺児の高校生もいれる）、喪失体験者を中心にした学生・市民ボランティアの養成が不可欠だ。ケアする側は遺児の倍数は必要で、特定のボランティアに無理な負担がかかってはならない。

学生達が報告で指摘しているように、施設内部に医師、セラピスト、弁護士など専門家のボランティアも必要だし、ハウスという「点」だけでなく、学生ボランティアが震災遺児家庭を訪問ケアする「線」だけでなく、神戸のまち全体の「面」の中にある学校、病院、役所など関係機関の理解と協力のネットワークなしには、ケアは完成しない。またハウスでケアしても、社会や学校でいじめに会ったのでは何もならない。市民一人ひとり遺児の心の傷を理解し、彼らが喪った愛を埋めるやさしさが必要だ。

レインボーハウスは日本初の癒しの施設になるが、まだ建設までには難問山積である。建設費は目標の半分三億五〇〇〇万円が集まったが、神戸市からは土地の提供を先日断られた。

秋にかけてより多くの理解を求め、協力者を増やしながら、何としても来年度中建設を達成したい。運動に参加してください。

（一九九六・六・二七記）

「ヒデキがはじめて泣いた」

今年の「山中湖」は熱い爆発の連続だった。

富士登山は、大学奨学生二四六人の九九・二％（リタイア二人）が登頂を果たすという驚異的記録をつくった。「一人だときっと断念したが、班の仲間の励ましで無我夢中で登った」と、女子大生。頂上からの景色もよかったが、仲間意識が生まれる「時」の喜びが素敵だった。

奨学生のつどいの一番大切なプログラムは「自分を語ろう」だ。スタンツ（寸劇）で、西城秀樹を好演した「ヒデキ」こと上村正人君は言う。「つどいで、僕は変わった。自分の心の中にあったもやもやはどこかへ行ってしまった。人に弱いところを見せられない僕は、初めて人前で涙を流した。話しながら、聞きながら、悲しいのではなく、苦しいのではなく、ただ暖かい涙がほほをつたった。その涙は僕が生きていることのあかし（中略）。みんなと手をつなぎ合い輪になったとき、目を閉じて手のひらのずっとずっと奥の方からわき上がってくるぬくもりを感じとることができた。命あるかぎりつきることのないそのぬくもりを、これからもたくさんの人と共有していきたい」。

上村君は小学一年生のとき、東京の神社の戦没者慰霊式典に参加したお父さんは、境内でしょうぎ倒しの事故で頭を陥没骨折、二年入院後亡くなった。鹿児島有数の進学高校で応援団長を務めるほど、彼は頑張った。

僕らは、震災後、心のケアの重要性を再確認し、よりよい自分史語りをつくるため、半年以上前から輪読会や討論を重ね、今回のつどいに賭けていた。一〇班にそれぞれ職員を一リーダーとして張りつけ、六日間「共に生き」た。班員、リーダー、職員の一体感ができ、連帯と信頼がいい自分史語りを次つぎ生み、ヒデキがはじめて人前で涙するまでに心が溶け合った。

人生論も偉い名士よりOBからと、青野史寛君（三十四歳）に奮闘の半世を語ってもらった。中学で就職してくれと母親に言われ、そのお金はバイトで稼ぐからと説得し、歳をごまかし皿洗いをする。大学時代には父親の墓まで建て、優七つで大手一七社から内定をもらう痛快談で、大奨生はそのでっかい生き方に魅了された。OBも続々育っている。

会則変更の新時代にふさわしい、きめ細やかでスケールを広げた山中湖のつどいだった。

僕らは自分史語りの大成功で、レインボーハウスづくりに大きな自信をもった。森繁久弥さんら超有名スターら三〇人を超える虹の家チャリティにも力づけられる。二八年前、チャリティショーの司会をしていただいた吉永小百合さんや、菅原文太さん、渡哲也さんの変わらぬご支援も嬉しい。あとは土地探しだ。

来週から全国九会場のつどいで、高校奨学生と燃えたい。皆様も猛暑に負けず、お元気で。

（一九九六・八・二記）

心の傷深いがサポーター急増中

震災遺児の小中学生らと、お盆のあと山梨の国際自然大学校のキャンプ場の「共に生きる会」で過ごした。子らは新幹線とバスで到着し、四泊五日、河原のテントの中の、すのこの上で蚊に食われながら寝た。小川で泳ぐ、天女山に登る、温泉に入る、カレー・やきそば・おにぎりをつくる、傑作は小麦粉ねりから始めて、手打ちうどんを作ったことだ。

「共に生きる会」では、今までのやや受け身のつどいから、自分たちで何でもしていく「頑張るつどい」「自立のつどい」に転換すべきだと考えた。

職員ＯＢの桜井義維英副校長が、野外教育の老舗（しにせ）のノウハウと育英会のつどい経験を生かして、プログラムを考えてくれた。大自然の中で、遺児たちはへとへとになりながらも顔を輝かせ生き生き動いていた。小学生も中学生も自分が動かなければごはんも食べられないプログラムで、「自立」なんて難しいことばは別として、体が何かを感じる心地よい充実感と、仲間意識を楽しんだに違いない。

自立へのスタートは成功したが、絵を描いてもらうと、「どんな街に住みたいか」「自分のイメージ画」では、病院を自宅のすぐそばに描いたり、やたら「ウンコ（人間）」を描いたりして、分析に当るＯＧ半田結さん（筑波大技官）は一言「深刻です」と顔を曇らせた。子らのケアをねばり強く、愛情深く続けねば。そのためにさりげなく長く続けられるレインボーハウスは絶対必要だ、と再確認した。

この夏一番活躍したのは大学と専門学校の一年生奨学生だ。山中湖から高校奨学生のつどいで弟や妹たちのリーダーに。十数人を三泊四日預けられ、不安だったが一生懸命、愛をぶつけたら、帰る頃は一体感が生まれ、涙の別れとなった。大学生の心の中で何かがハジけたようだ。その感動は神戸の遺児家庭インタビュー調査に引き継がれ、ほとんど欠席もなく一年生二二〇人が参加。二時間から六時間に及ぶ重い話の聞き取り、悲しい興奮に打ち震えながら報告し、レポートを書いていた。遺児親子は、震災直後よりさらに孤立し、心の傷はより深くなっていた。

暑い、辛い、悲しい、しかし遺児たちの心のつながりに信頼と希望の芽ばえが見え始めた、長い長い暑い夏は終わった。いよいよ「震災遺児たちの今」を再度世に訴え、レインボーハウス建設のため、あしなが学生募金とPウォーク10で「あと三億円と土地確保」の秋の陣である。あしながファミリーが一体となって燃えよう。

女優の故沢村貞子さんは長くあしながさんだった。彼女を「母さん」と呼んだ黒柳徹子さんは「マザーグース（虹の家）チャリティーコンサート」（九七年二月）の司会者に決まった。オペラ歌手佐藤しのぶさんら八〇人が参加予定だ。今度のPウォークには「ビッグなサポーター」が全国で歩いていただける（十月七日発表）。少年たちが湧くだろう。夏の森繁さんらの呼びかけ以来、支援の輪は急拡大だ。

米国の権威二人を招く「癒しのシンポジウム」も乞御期待！

（一九九六・九・一一記）

米国で会った素敵なボランティアたち

ダギーセンター見学と、国際シンポジウムの二講師との打ち合わせのため、久し振りに訪米した。

一番の収穫は、「ボランティアとはこういうことだ」と、素敵な二人から教わり、新鮮な感動に打ち震えた。

一人はディーンさん。四年前に引退されているが、一一年間ダギーセンターでファシリテーター（遺児の悲しみや心のモヤモヤをうまく吐き出させるボランティア）をしている。

犯罪、自殺、自動車事故、病気などさまざまな原因で親を喪した子どもが、その時以来抱いている悲しみ、辛さなど心の重荷を取り除くことが「癒し」の第一歩である。二週間に一回一時間、一年間ぐらい通う。この日は、殺人や自殺で親を喪した十代の子ども一〇人と、同数のボランティアが、自己紹介から始めていた（ケアの方法は前回に詳報）。その前と後にボランティア同士のミーティングがある。前の会合はボランティアが職場や家庭の雰囲気をもち込まないで、純粋に子どもと向かえる心の準備のため。後の会合は本番での出来事を話し合ったり、反省しながらそこで見聞したことを外へ持ち出さないよう心を鎮める作業だ。だから正味三時間かかる。結果的には一人の子が「卒業」するまでマン・ツー・マンで面倒を見る。

ディーンさんは穏やかな表情でこう語った。

「働いているときは時間のやりくりが大変だった。仕事や家庭の問題は誰だって持っている。でも、帰る頃には安らぎの気持ちと生きるエネルギーが湧いてくる。ボランティアの私自身が〝学びつつある生徒〟だといつも思っている」「宗教はとくに関係ない。必要なのは人に対する思いやり、いわば愛だ。そして行動だ。私は、心の中のカンバスに自分自身の絵を描き続けてきた」

彼が「八歳のとき、父を電気ショックで喪した」と言ったとき、もう一つのボランティアの原点を知り、彼も今なお「喪の途上」にある、と思った。

もう一人の素敵な人は二回のダギーセンター調査団の通訳をボランティアでしてくださった、中島栄一さんだ。NYの大学を出て、五人の子を大学に上げて今は悠々自適、日本の知り合いに民宿を提供。海外ででっかく生きる日本人だ。阪神・淡路大震災のニュースを聴くや、翌日大工道具をかついで、両親のいる実家の芦屋に飛んできた。「愛と行動」だ。中島さん夫妻は滞在中すべての時間を僕らに捧げてくださった。

ダギーセンターでは二三〇人の子を五人の専従スタッフと百人のボランティア（五百人が登録）が支える。愛（親）を喪した子の心の穴を埋めるには五倍も一〇倍ものボランティアの愛を継続的に捧げ続けることが必要だ。日米ボランティアの質量の差だ。

でもPウォークに三百人以上のJリーガーが歩く。ボランティア社会への歩みは着実に進んでいる。

（一九九六・一〇・一一記）

死別と癒し、岡嶋さんのケース

レインボーハウス建設を発表し、募金に入ってもう一年になる。募金はともかく用地探しは難航のうえ、ケアの方法と設計も学ぶべきお手本が日本にないので日夜悩んでいる。

二五年間ハーバード大学で「死別の悲嘆と癒し」を研究しているJ・W・ウォーデン教授は「遺児の悲嘆は一年目より二年目の方が深く、少なくとも一〇年間はフォローアップ（追跡）しなければならない」という。僕らの経験では成人するまで、いや結婚するまでも相談相手が必要だとさえ思っている。

遺児を励ます運動を提唱したのは、岡嶋信治さんだ（一九六七年＝昭和四十二年春。当時二十四歳）。その年の夏、僕も参加。一〇人前後の若者のボランティア団体だった。あれから三〇年が経つ。

岡嶋さんと僕を結びつけたのは、彼が親代わりの姉に、僕は母に、交通事故で無惨な死に方をさせられたからだ。悲嘆の深さが僕らの魂を一つにした。

岡嶋さんは生まれたとき、すでに父親が病死しており、次々と兄や姉が若死にする。その姉は中学を出て働き、その送金で彼は高校に進む。高三の十一月(六五年)、姉は酔っ払いトラックの犠牲になる。生まれる前から悲運続きの中で、彼は「神と善行と良心」を信じて頑張った。その彼を悲嘆のどん底へつき落としたのだ。すぐ『朝日新聞』「声」欄で「神はいるのか」と、走る凶器への怒りを訴える。一三一通の励ましの手紙が届く。その一通一通に返事を書く。また返ってくる。その中に同じ高三の女子高生からの励ましがあった。

「残酷、あまりにも残酷な。岡嶋さん、勇気を出して下さい。絶対にへこたれてはいけないという意味で、(神は)若い私たちに岡嶋さんを仲間としてくだされたと思います。私たちの手で走る凶器を消していきましょう」。投書掲載三日後の日付がある。毎週のように文通が続く。彼から彼女、ヨシ子さんへの詩の一節。「生きる/夢はあの地に/あしたの空に/トランジットを携えて/山道を進む」。

卒業後、岡嶋さんは上京して測量技師に、ヨシ子さんは福島でバスに乗る。文通は続く。励ましの多くの方とも文通続く。六年の文通の中で彼は立ち直り「交通事故遺児を励ます会」を発足させる。そして、ヨシ子さんと結婚。彼は文通の中で励まされながら自分をすべて吐き出し、癒されていったといえる。

僕も今思えば、母の死を新聞やTVで怒りの評論をぶつけ、少しずつ癒していったのだった。しかし、コミュニケーション能力を充分もたない幼児、小中学生の悲嘆をどう癒せばいいのか。遺児学生の体験を聞きながら、試行錯誤するしかない。

孤児けんじ君が交通事故にあい意識が戻らない。なぜ悲劇が一人に重なるのか。

(一九九六・一一・二八記)

まだ「おめでとう」という気にならない。ましてや「遺児たちは一年より二年目が大変。問題行動が出てくる」(ハーバード大学ウォーデン教授)と聞いては、いよいよ身をひきしめてかからなければならない。

大震災から二年、僕らに休みはなかった。僕自身も十数年ぶりの全力疾走だったが、時々痛む腰に手を当て、ストレスと血圧を気にしながらだから、かつての半分位しか仕事はこなせないものの、久し振りで意欲は満ちあふれていた。

「あしなが運動」三一年目の理想

今年は岡嶋信治さんが交通事故遺児を励ます会を結成し、遺児救済に立たれて満三〇年になる。その年、僕三十二歳、岡嶋さん二十四歳の若さで、ボランティアの仲間は二十歳前後がほとんどで一〇人ほどしかいなかった。その秋、第一回街頭募金は東京・数寄屋橋と池袋で八日間一〇時間ずつ一人ないし二人立ちして三〇万円。これが種銭となり、今まで五万人の交通・災害・病気・震災遺児が高校や大学への進学を果たした。

家庭訪問調査は仕事を終えて夜行う。作文集『天国にいるおとうさま』で悲しい感動が爆発。オール・マスコミが支援して、国会も役所も動いた。今やってる運動は規模が大きくなっているが、さかのぼればこの「原点」に尽き、ボランティア活動のすべてがあった。

あしなが運動がかくも長く多くの人々の共感と参加を得たのはなぜか。被害者自らが立ちあがり、自らの苦しみと悲しさをエネルギーとし、問題を社会化して、多くの学生と市民に訴えたこと。被害者エゴ(交通遺児なら交通遺児だけしか考えない)におちいらず、恩恵を周辺に拡げ、政治の責任を追求しつつ、多くの支援者を得ていったこと。お金だけでなく、つねに「心」の問題を考え行動してきたこと。ユックリズムやフィランソロピーなど、あるべき人類社会の理想型を描き、哲学しながら運動してきたこと——などが基本だ。要するに、理想を高く掲げつつ、現実的問題を若者の情熱と行動で継続して歩んだ三〇年だった。

今年とり組むべき理想は、「すべての遺児に物心両面のサポート」である。募金はこの二年間、震災遺児に特化してきたが、本来の遺児奨学金の募集に戻していく。補償金制度のない病気遺児の奨学生採用の審査をしていて胸が痛む。

心のケアでは、レインボーハウス建設は待ったなしである。奨学生のつどいのようなスポットでなく、一日二四時間年中無休で、少なくとも神戸の子らが成人するまで二〇年間継続してケアする体制に、実はもうすでに入っている。その覚悟をし、ケアの方法技術を習得し蓄積しなければならない。神戸のノウハウが全遺児のケアに還元されるのはいうまでもない。親のケアも同時進行となる。

マザーグース・コンサートは爆発的人気でチケット完売。ご希望のあしながさんにご迷惑かけた。お許しを。永六輔さんと黒柳徹子さんの思いの深さに感激する。

ＣＭ　岡嶋・玉井出演で「あしなが運動三〇年と虹の家」。ＮＨＫラジオ「心の時代」一月十六・十七日、朝四時五分から四五分放送。

（一九九六・一二・二六記）

第二章　だから、あしなが運動は素敵だ　1997–1999

——あしなが運動は誰もが参加できる壮大な人間ドラマ——

一九九七年（平成9）62歳　1・15第二回「偲び話し合う会」を兵庫県農業会館で開催。全国六〇か所で「**神戸レインボーハウス」建設緊急募金**実施。1・21神戸レインボーハウス建設支援の「**マザーグース・コンサート**」開催、タレントの黒柳徹子らが参加。3・13―15「人生と職業について考えるつどい」開催。4・19、20、26、27第五四回学生募金実施。5・11第一二回「Pウォーク10」全国一〇六会場で開催。7・27―8・1「山中湖のつどい」開催。8・7―20の間、全国九会場で高校奨学生のつどいを開催。10・8「ガンによる家族喪失体験と心のいやし調査」結果発表。10・18、19、25、26第五五回学生募金実施、一五一一団体参加。11・9第一三回「Pウォーク10」を全国一一一会場で開催。**11・22―23第一回あしなが育英会「百キロハイク」**開催。12・15玉井、二〇年に及ぶ日伯交流で留学やサッカーなどに遺児を含む千人以上の若者の交流を行ったことに対しブラジル政府より「**リオ・ブランコ勲章コメンダドール章**」受章。

一九九八年（平成10）63歳　3・28「**あしながガン遺児WALK6000**」沖縄スタート、10・18東京・浅草寺にゴール。**4・1玉井、あしなが育英会会長に就任**。4・11震災遺児の日帰りのつどい開催。4・18、19、25、26第五六回学生募金実施。4・23「**ガン遺児家庭の生活史調査**」速報発表。5・10第一四回「Pウォーク10」を全国一〇一会場で開催。7・30―8・3「山中湖のつどい」開催。8・8―20の間、全国九会場で高校奨学生のつどいを開催。10・24、25、31、11・1第五七回学生募金実施。11・8第一五回「Pウォーク10」を全国一〇八会場で開催。12・1―31山手線一周一日一駅「**師走緊急ガン遺児募金**」実施。

一九九九年（平成11）64歳　1・9「**神戸レインボーハウス」竣工**。1・31―2・6の間、全国三〇か所で「**コロンビア震災遺児激励募金**」。**あしなが運動史上初の国際支援活動**。3・22―26米ダギーセンターによる**第1回「ファシリテーター養成講座」**。4・25、26、5・1、2第五八回学生募金実施。5・16第一六回「Pウォーク10」を全国九四会場で開催。**6・5第一回「カウンセリング講座」**開催。7・28―8・2「山中湖のつどい」開催。8・7―20の間、全国九会場で高校奨学生のつどい開催。8・16―19「震災遺児キャンプのつどい」開催。8・28、29、9・5全国四九拠点で「**トルコ震災遺児激励募金**」実施。9・26―10・3の間、全国四八拠点で「**台湾震災遺児激励募金**」実施。10・14阪神・淡路大震災遺児ら四人が**トルコ避難民キャンプで被災者と交流**。10・23、24、30、31第五九回学生募金実施。11・7第一七回「Pウォーク10」を全国一〇三会場で開催。

鵞鳥おばさん、ありがとう

年がかわってたて続けに三つの行事があった。

成人の日、阪神・淡路大震災死の三回忌に当たる「偲び話し合う会」を催す。今まで一回も行事に出られなかった方も五世帯七人が初参加。成人式に出ず、「会」で亡き両親に手紙を読んでくれた原田有香さんの出席も嬉しかった。潤子さん（高二）、弘行くん（小四）、隆明くん（小二）のきょうだいは震災で父を亡くし、母を昨年ガンに奪われ、いま施設で生活している。四、五回家庭を訪れ、子らもお母さんにも話をしていたので、とても辛い。レインボーハウスはこの子らの家庭にもしたい。

不参加の理由を見ると、「思いだしたくない」「早く忘れたい」「人前でまだ話せない」「けど行って話したい」という複雑な思いがビンビン伝わってくる。この方々こそ来て話し合い、涙し合い、さまざまな心のもやもやを「吐き出し」ていただきたかったのだが……。だが急ぐまい。

同じ日、昨年夏全国から神戸に集まり訪問インタビュー調査をした大学一年生の発案で、レインボーハウス建設の緊急募金をした。北の青森では吹雪の中で立った。「偲ぶ会」を終えて、神戸・元町駅前で立つ内田貴行君のグループのそばで小一時間居た。体の芯まで冷えた。若者は一直線で、元気だ。お疲れさん！

マザーグース・コンサート（春分の日、NHKテレビ乞必見）は違う感動で体がゾクゾクした。六四組一三〇人の歌手、俳優、作家、合唱団の少年少女らが、一人たった三〇秒前後の英国童謡を歌うために、三時間舞台に上がりっ放し。皆さん、リハーサルを入れて八、九時間、震災で親を亡くした子らの心の傷を早く癒してほしいと、レインボーハウス建設に協力してくださった。もちろん全員ノーギャラだ。もしギャラを正当に払うとしたら、このコンサートは採算上成り立たない。招待された神戸の子らには伝わったろうが、出演者のさりげない「愛」を、すべての震災遺児親子へつなぐのは僕らの仕事だと思う。

このコンサートを思いつかれた、「マザーグース」を翻訳された和田誠さんと作曲家の櫻井順さん。これぞプロの中のプロという、絶妙のトークで神業的に仕切られた黒柳徹子さん。名を挙げるとキリがないので失礼をお許しいただき、全出演者の皆さん。プロデューサー、ディレクターら制作スタッフ、調整で苦労された㈱大広さん。それに忘れてならない「お客さま」。遺児学生ら五〇人も完全ボランティアで支えてくれた。心から感謝申しあげます。特筆すべきは、キユーピー株式会社の全経費負担で、このコンサートが出来たこと。日本のフィランソロピー（やさしい人間愛社会）は階段を一段登った。愛と夢がいっぱい詰まったこのお金で、レインボーハウスを一日も早く建てたい。やります！

（一九九七・一一・六）

あしながボランティア劇の幕は下りない

「ＮＨＫラジオ『心の時代』を聴いて、元同僚から頼まれていた遺産を寄付したい」というありがたいお話が舞い込んだ。大きなお金である。

遺産を託した老婦人は「私生活では必ずしも恵まれず、東大を出た息子さんにも先立たれ、老後を一人でつつましく暮らされた」そうだが、遺産を民間の育英団体へと常々言っておられたという。代理人の方は、いろいろ調べたがなかなか決心のつく団体がなかった。そんなとき、一月十六日朝（四時五分から四時五〇分）の「あしながおじさんの歳月」（岡嶋信治・玉井出演）を床でうつらうつらしながら聴かれたそうだ。ピンとひっかかるものがあったらしく、翌日の続編は座ってメモを取りながら聴いてくださった。そして、早速資料請求をされ、よくよく調査された上でご寄付の運びとなる。「この運動のことはよく知らなかった」が、ラジオを聴いて感銘を受けたと言ってくださった。全遺児の奨学金とレインボーハウスに使ってほしい、と希望された。

僕らの遺児と共に歩む、いわゆる「あしなが運動」は今春で満三〇年を迎える。当時二十四歳の岡嶋信治さんが親代わりの最愛の姉を走る凶器に奪われ、多くの人びとの励まし（これこそ「癒し」といえる）のおかげで立ち直り、六年後、同じ境遇の遺児に励ましの手を差しのべようと呼びかけ、四畳半の下宿に若い一六人のボランティアが集まり「交通事故遺児を励ます会」はスタートする。一九六七年五月のことだ。七月、母を車に殺された僕は、彼の来訪を受け、以後〝二人三脚〟で進む。

この話は何度書いたことか。何度話したことか。でも、あしなが育英会の奨学生親子やあしながさんも比較的お若く意外にごぞんじないようだ。冒頭の篤志家も全然ごぞんじなかった。そこで、誌上再録させていただいた。ごくふつうの若者が一〇人ほどで始めたボランティア運動が、どうして五万人の遺児を進学させ、今、レインボーハウスを建てるまでになったのだろう。僕らはあの頃、多分ボランティアということばも知らなかったと思う。でも自慢話ではなく、客観的にみればボランティアの一つのピークをつくったといっていい。そして、これから気の遠くなるほどの子らに進学支援をしなければならないし、心の癒しという未開拓の分野に挑む。

振り返ると、あしなが運動は被害者が立ち上って訴え、大学生と遺児学生ら全国で若者が愛の行動をし、あしながさんが善意の寄付で応えた。その数は何百万、何千万人になる。壮大な人間賛歌のドラマである。しかも誰もが参加できる。そして、まだ幕は下りていない。日本は「ボランティア新時代」に入ったという。あしなが劇よ五〇年、百年続け、と思う。

（一九九七・三・七記）

林田事務局長迎え、本会一〇年目へ

あしなが育英会の新事務局長に林田吉司君（四十四歳。交通遺児育英会学生寮「心塾（こころ）」塾頭一九年勤務）を迎えることになった。両手挙げて歓迎だ。

レインボーハウスが九七年度中に着工、完成すれば、来春から遺児のケア活動が本格化する。

心塾は人づくりの塾で、朝六時から起き、体操・ランニング・掃除を三〇分でして、大学に通う。あいさつを重視というとまるで右翼のように聞こえるが、勉強も厳しく①週一回講演を聴き文章を作成する。②月二冊本を読み感想文を書く。③月一回三分間スピーチ演習――つまり「読み・書き・スピーチ」で自分の考えをもち、それを文章とスピーチで表現でき、かつ行動力のある人間「考動人」をめざした。海外体験もすすめ、男子学生は一年留学が普通だった。

僕は理想を説き、鼓舞する塾のオヤジだったが、現実の厳しさにくじけそうになる塾生を、慈母のごとく悩みを聞きアドヴァイスするのが林田塾頭だった。塾生は、皆、彼を尊敬した。皆すくすく育ち、卒塾生は四一三人になり、各方面で活躍し、いい家庭を持っている。あしなが育英会の男子職員一二人中七人が心塾の教え子、三人が心塾の同僚である。心塾教育全盛時代の同志である。しかし交通遺児育英会の新体制三年間で「心塾教育」は否定され「生活指導」だけでいいことになり、林田塾頭がいる意味がなくなった。

あしなが育英会は阪神・淡路大震災遺児と二年間つきあって、心のケア、心の癒しがもっとも必要なことがわかった。あしなが運動三〇年にも、心のケアの経験やノウハウが蓄積されているが、林田君が一番経験豊富であることはみなが認めている。

早速、レインボーハウスの設計小委員会は林田委員、樋口和広神戸所長代理、駿地真由美「共に生きる会」代表で組織され、建設設計四〇年の山田規矩子理事をアドバイザーに、心塾設計に参画した酒井茂さんら（日本設計）と会議に入った。二か月後には設計図ができる。

建設用地は有力候補が東灘区に二箇所あり、問題点をつめているところである。寄付もおかげさまで目標額を超え八億円となったが、土地購入となると不足する。いずれにしてもオープンすれば維持費もかかろうし、おカネの苦労はケア活動の難しさと同じようについてまわるのは覚悟の上だが、日本で最初の心の癒しをするセンターとして断固挑戦したい。

心塾から西田正弘君も入局してくれた。この三年間の苦労のなかで特に飛躍成長した彼と、一緒に運動できるのは楽しい。短大卒の新人の関根玲子さん、馬渡亜貴さん、期待しています。

山北洋二理事は、新しい募金ジャンルを開拓し、神戸のレインボーハウス建設に頑張る。

災害遺児の奨学金制度が小河光治君（本会課長補佐）らの活躍でできてから満九年、今春あしなが育英会は一〇年目に入る。

（一九九七・四・一〇記）

風船に空気吹き込み、共にGO!

編集長代理（デスク）が替わった。小河光治君だ。小河君はご存知、本会の前身「災害遺児の高校進学をすすめる会」の会長。あしながさんの恩返し運動を推進した交通遺児OBで、夫人も同じくOGだ。

小河君が書く本号トップ記事『「空気のない風船」背負って』は、四半世紀の機関紙の中でもとても暗くつらい話である。自殺した母、アルコール依存症になった父、学校生活がうまくいかなくなった明雄君たち三きょうだい。それを支える高齢の祖父母。やりきれない話だ。後ろ姿の写真も初めて。

でも、小河君は明雄君に真っ向から立ち向って、涙をこらえて書いている。「頑張ろうはダメ」――これが神戸の学習だ。高校奨学生のつどいで、リーダー役の大学奨学生や小河君らの胸に突きささった短剣だった。

でも読んでほしい。明雄君の生き方が変わってきている。前を向いて自分の足で歩き始め、一家に光が戻ろうとしている。「風船」に空気を入れるのは自分しかできないとしても、はじめの一息、二息、三息は誰かと一緒にやるのがいい。

全国には、死因は別としても親を亡くした子が約二六万人いる。病気遺児は交通遺児の一四倍、うちガン遺児だけで七倍。では、「一日に遺児は何人生まれるのか」。春のキャンペーンで、本会は厚生省統計をもとに新しい推計をした。びっくりした。ガン遺児だけで一日に七二人生まれ、交通遺児一〇人の七倍だ。そして、ガン遺児は圧倒的に貧しい。

震災遺児救済で二年間中断したが、いよいよ「ガン遺児に高校進学の夢を」のキャンペーン再開。全遺児完全救済への道のりは厳しく長いものになるが、「学生募金」「Ｐウォーク」の学生たちも職員も緊張しつつ、意欲的だ。主峰を登る気構えだ。

僕も久しぶりに関西と東海・北陸を担当することになった。募金では、大阪一、京都三、愛知四の計八か所の街頭でのボランティアの頑張りを見た。名古屋で、その日の募金を夜九時まで十円玉を一〇枚ずつ積み上げ数えている学生を見て、三〇年前の数寄屋橋の原点募金を思い出す。これこそボランティア募金の原風景だ。

Ｐウォークも初めて東京の中央会場を離れ、名古屋城会場に出た。ガン遺児だが大学奨学生ではない、森美佐紀さん（二十歳）が大会会長であるのが象徴的で、事務局も一般ボランティアが多い。参加者もＮＴＴなど企業・労組、市民のＰファンも多く、全国一の一〇五〇人が爽やかな五月のまちの新緑を楽しんだ。

合併号で書くことが多い。西先生ボランティアで就職相談。岡崎祐吉前デスクＮＹへ留学。ガン遺児作文集、お申込みを。

今年はあしなが運動岐路の年。心身をいじめて働きたい。

（一九九七・五・二九記）

子の涙、母の涙見逃さず

「君、奨学生なんだから、どうして高三のとき、大学奨学生になる予約試験受けなかったの」と、僕。彼女は顔を伏せ、目を真赤にし、やがて、「ここまでくる交通費がなかったんです」。涙があふれ出た。東海地方から東京まで来るお金が家にもなく、借りる相手もいなかったのだ。

佐喜さんのお母さんはリューマチがひどくほとんど歩けず、視力も極端におとろえよく見えない。障害一級だ。お父さんも高齢で体が不自由なので妻の介護もできない。月に入るお金は、生活保護の約七万円と、母の障害年金の約六万円だけ。佐喜さんは高奨生のつどいに三回出て、国語の先生になる夢を抱くようになり、私大に入学した。朝五時起き。両親の朝昼の食事をつくって、七時過ぎ家を出る。中一の弟もよく手伝ってくれる。大学は楽しい。でもバイトをすればその分、生活保護から引かれてしまう。後期の授業料のめどはたたない。面接でも久し振りにあう、やるせない貧しさだ。僕も一一人きょうだいの末子で、小学校しか行けなかった兄や姉が僕を大学にやらせてくれた。豊かな日本で、僕らはこの子らに夢を橋渡しせねばならない。

ガン遺児のお母さんへの面接調査も今年の最重点の仕事だ。

首都圏の和田さん（五十歳）は、夫を七年前肝臓ガンで亡くしたが、六年間は入退院の繰り返し。夫と自営業をしていたが、それからは一人で頑張った。夜は必ず病院へ。その日のことを夫に語るのが〝楽しみ〟だった。告知を医師に頼んだが、夫が繊細な人なのでやめようということになり、遂に知らせずじまいだった。知らせていたら子どもに思い出やメッセージを残してくれたと思ったりもする。辛いことがあると、帰りのタクシーの中で泣いた。そこしか悲しむ場はなかった。今は日曜ごとに墓の前で、声を出して夫に語りかける。子どものことばかり。子ぼんのうの夫だったから。その子が成人式を迎えると一つ目標が達成し胸に一つ穴があく。大学を卒業し、就職し、結婚すると……。和田さんは淋しげだった。

いままでの遺児の進学最優先から遺された妻や夫（母や父）の心の傷と癒しの問題にも立ち入り、一緒に考えていきたい。

もうすぐガンで逝った妻の九回忌がめぐってくる。僕自身、妻の最後の三年間の闘病を思い出すと辛いが、死後、人に話す機会もなかった。でも「話すこと」が「癒し」になるなら、その場と機会をつくっていくのが僕らの仕事だ。

阪神・淡路大震災以来、僕らは子らの奨学金も大事だが、親子への心の支えがもっと大切なことを知った。知った以上、僕らは皆でその難しい道を歩みたい。


（一九九七・六・一九記）

亡妻九年忌、癒し途上にあり

また、七月九日がめぐってきた。妻が逝って、満八年になる。その日、僕は由美のことを静かに想い起こそうとしていた。僕の本当の喪は明けたのか、癒しは終わったのか。

彼女と僕の日記、僕にくれた手紙、機関紙のコラムに短く書き続けた闘病記（看病記）、寄せられた子らやあしながさんのたくさんの文など、丁寧に読んだ。九月末出版する『ガン遺児家庭の看病自記』（仮題）に、ガンの妻を看取った僕も手記を載せる。

僕らがこの世の時を分け合ったのはわずか五年半である。由美は機関紙の同僚だった。僕らが結婚したのは、僕五十歳、由美二十五歳の秋だった。歳のひらきを僕は「神のハードル」と呼んだが、彼女の脊髄の頚（くび）の部分に腫瘍（ガン）が発見されたとき、僕は喜んでそれを跳び越えた。式は由美が卒業した高校の傍の神社で挙げ、心塾生が手づくりのケーキで心のこもった宴を開いてくれた。

ひとつ屋根の下で暮らしたのは一〇か月だった。細い頚髄の管に巣くったガンはどんどん大きくなり、首から下の神経を潰したので、腕がマヒして包丁はもてなかった。右手から右足へ。妻は日曜日の午後きまって「散歩しよう」と、三時間も四時間も不自由な足で歩いた。右足のマヒは左手に移った。「留守に転んだらひとりで立てないから」と、実家で療養することになる。半年後、肩を借りても歩けなくなる。ＯＢ西本育夫医博（慶応大教授）のはからいで即刻入院、手術が決まる。

「手術中の絶命もある」と西本君から聞き、僕らは悲愴な覚悟をした。手術前夜、病室を最後に出る僕に、由美は「あなた、愛してくれてありがとう」と微笑んだ。別れの言葉だった。七時間の手術は成功したが、神経はすべて潰れ、首から下は全く動かなくなる。自発呼吸も止まり、声も奪われる。二年余の厳しい闘病と看病。それでも、僕らは毎夕三時間、どれほど残っているか神しか知らぬ「時」を楽しく貪り食いあった。最期の時、「愛しているよ」というと、苦しみの中で「ありがとう」と笑った。僕らの別れだった。

僕は、一年腑抜けだった。状況が僕を仕事に向かわせた。燃えさかる災害病気遺児育英〝恩返し運動〟、Ｐウォーク、全遺児進学の流れに逆らう人達からの攻撃、震災遺児にレインボーハウスを、と次々押し寄せる仕事が僕の喪を中断した。「吐き出す」こともなく、僕の癒しはまだ途上にある。

この夏、ガン遺児の親御さんに遺児学生が聞き取り調査をする。親の癒しに気遣ってほしい。夏のつどいで思い切り吐き出し、心の友をつくり、ファミリーの癒しを考え、自らを助ける行動を期待している。秋にはレインボーハウスが着工するはずだし、本格的なガン遺児進学キャンペーンが展開される。

（一九九七・七・一七記）

レインボーハウスからガン遺児救済へ

神戸でレインボーハウスの土地取得と建設設計の概要を記者発表した。「心の癒し」の時代がいよいよ始まる、という実感。と同時に、人づくりの学生寮「心塾（こころ）」がスタートした時（一九七七年）のような、大仕事に立ち向う、緊張と武者ぶるい。身が引き締まる。

設計はまだ骨格だけだが、僕は最高の出来ばえだと思う。心塾で約二〇年、塾頭として遺児学生のカウンセリングをしてきた林田吉司事務局長と、神戸の子らを励ましケアしてきた「共に生きる会」の駿地真由美さんと樋口和広所長代理を中心に、三人の設計家、計六人の設計委員会で、四月から一八回も議論してきた成果である。土地も最高の条件で、比較的安値だ。子らが日帰りでき、学生らが京阪神の大学に通学できる、という二大必須要件を満たし、約四百坪の正方形で、駅まで徒歩八分。山北洋二理事の功績だ。

神戸市も、笹山幸俊市長が大変心配して土地探しに協力してくださったし、今後の支援も約束いただいた。二〇か月という余りにも長い土地探しで、ご寄付者と学生ボランティア、何より震災遺族にご心配をかけたが、理想に近い土地と設計と協力態勢の報告ができ、職員も随分キツかったがその分余計嬉しい。あとは着実に淡々と建設を進めるだけだ。

神戸に来る前、名古屋で「あしなが学生募金」の東海・北陸会議に出た。遺児学生ら二人一組で、一日にガン遺児家庭を二世帯訪問。親にインタビュー調査した結果を話し合っていた。「父・母のつどいもしてほしい」「ウソをつかない夫婦の約束だったが、告知できなかった」「ひとりで生きていくのは淋しい」など。学生らは二つの家庭と自分の母を考え、真剣そのものだった。

僕も、身につまされて聞いた。八月の三週間、僕は、八年前にガンで逝った妻由美の四年間の闘病と、両親らと僕の看病の記録を書いていた。あんなに心を込めて看取りをしたのに、いざ書くとなると、細かいことはほとんど忘れてしまっている。由美が字を書けなくなる前につけていた日記、病状の悪い時だけ記した僕のメモ、由美の恋文等を読み込み、必死に思い出す。すると、記憶は鮮明に甦った。思いもしなかった「愛」と「死」の発見もあった。二〇年ぶりに百枚以上の文章を書いた（第Ⅳ巻所収）。

秋いよいよ、一番多く、一番貧しく、一番進学に苦労している、ガン遺児の救済キャンペーンを本格化する。その実態を世に訴えるために、単行本を発刊する。僕の文もそれに入れさせてもらった。読書運動を拡げ、「ファイトガン遺児募金」に直進したい。

（一九九七・九・一九・神戸で）

読むことがガン遺児の夢に

「ガン遺児救済」キャンペーンの滑り出し絶好調だ。

十月一日、単行本『お父さんがいるって嘘ついた』（廣済堂出版刊）出版。初版三万三〇〇〇部。サブタイトルそのまま。「ガン・闘病から死まで遺族たちの心の叫び」である。〝三人に一人がガンで死ぬ〟身内にガンを体験しない家族はいない日本の今。「涙が出て胸がしめつけられ先へ進めない」「あのサインを見落としたからあの人は逝ってしまった」「ああもしてあげたかった。こうもしたかった」と辛い感想続々。

僕も体験から身につまされた。妻のことは何回か書いたが、実は長姉も肝臓ガンで死んだ。背中の汗を拭いたら黄色かった。次姉は乳ガン、次兄は前立腺ガンの手術をし、今も命を脅かされている。これが「三人に一人がガン死」の実例だ。でも、妻以外は五十歳を超えてからだったが、子が小さかったらどんなに大変か。看取るつれあいはガンと闘う夫（妻）と子にどんな「嘘」をつき、どんな「演技」をしたのか。逝く親の無念の思い。子らの悲しみ、遺されたもう一方の親（父か母）を待ち受ける苦労。

三〇年前、交通遺児作文集『天国にいるおとうさま』は、交通事故激増を背景に、爆発的に人びとの心を揺さぶった。この一冊が、若者を行動に駆り立て、街頭募金に。国民は遺児の涙をわが身に置き換え、ぬくもりの心をお金に託して支援した。若者の汗と庶民の心が交通遺児四万五〇〇〇人（奨学金三二〇億円）を進学させたのだった。

ガン遺児は交通遺児の七倍の約一六万人（毎日七二人生まれる）、他の病気遺児もほぼ同数いる。災害遺児を含めると、約四〇万人いるというのに、進学した遺児はこの一〇年間に、わずか七五〇〇人に止まる。

この数字をよくにらんでほしい。意味を考えてほしい。

あしなが運動は三一年目に入った。全遺児からすれば、一番少ない交通遺児グループの進学がやっと八割方すんだばかりだ。僕たちは五七三人の震災遺児にも、一六万のガン遺児にも、三〇年間に学習したすべてをぶつけて、物心両面の支援をしていかなければならない。たとえ五〇年、百年かかろうと。この子らが進学でき健やかに成長できるよう、一人でも多くの人がこの子らの涙声を心で受けとめ、親の無念と辛苦を想像していただきたい。ガン遺児作文集『お父さんがいるって嘘ついた』をぜひ読んでほしい。

秋の募金とＰウォークが終わった。札幌・仙台間の千キロを遺児たちが昼夜兼行でウォーク・リレーし、四国八十八か所を自転車リレーした。かつて学生募金に活躍したカップルの二世が、募金（大一）とPウォーク一千キロ（中三）に自主参加。あしながボランティア社会が一歩進んだ。

今時のいい若者たちに、一緒に拍手を送ってやって下さい。

（一九九七・一一・一八記）

元気で暖かい恩返し運動を

新年は一月十七日、レインボーハウスの地鎮祭と、「偲び話し合う会」に全力投球でまいりたい。

あしなが運動は三一年目だが、「ひと仕事一〇年」をたゆみなく積み上げて来た。

一九六七年、一〇人前後の若者ボランティアが遺児救済の旗揚げをし、二年後の六九年に交通遺児の奨学金制度を創った。七六年には大学奨学生が一年生から四年生まで出揃った。

七八年に人づくりの学生寮「心塾（こころ）」開設。厳しくも大らかな塾は多くの人材を輩出する。翌七九年「あしなさん」制度誕生。その無償の愛に感動して、交通遺児が「災害遺児にも進学の夢を」と「恩返し運動」を始めたのが八三年。病気遺児まで制度が広がり、両制度が合併して「あしなが育英会」となったのが一〇年後の九三年。遺児のあしながさんへの「恩返し一〇年」が咲かせた大輪の花があしなが育英会だ。心塾も力をたくわえ、開花の原動力となった。

神戸の子らの心の癒しだけでも、ゼロ歳だった男の子が大学を出るまで二二年かかる。子らに寄せられた全国のあしながさんの愛に応えて、心をこめて〝ふた仕事〟に取り組みたい。息の長い仕事だ。倍旧のご支援ご声援をお願いしたい。

九七年は「ガン遺児救済キャンペーン元年」だった。交通遺児の一七倍いるのに、進学したガン遺児は一〇分の一ほど。九八年は学生たちと、その貧困と悲しみを社会に知ってもらうため、何か「ドーン」とでっかいキャンペーンができないものか。新年の日本経済は真っ暗闇の予想が多い。恐慌的不況、大失業時代に……。国民みなが打ち沈んでいるときだけに、進学させていただいた遺児たちが、「元気」と「暖かい心」を呼び戻し、「活を入れる」壮大な恩返しキャンペーンを起こす予感がする。

僕自身は、九七年、超多忙充実の年だった。神戸とのピストンとレインボーハウス用地確保。ガン遺児救済本に一二〇枚の原稿執筆。腰痛と高血圧をかかえながら、精神的には張りを感じている。この一か月に三度講演・講義をした。母校の池田中学校（大阪）の五〇周年記念講演で「人生で大切なもの」。横浜商大で「日伯のかけ橋づくり」。慶応大学医学部で「医者と心」。中学生でも、偏差値最高ランクの医学部学生でも、言葉の選び方はあっても、人生の中で一番大切な価値について話せば、よく耳を傾けてくれ、心を動かせてくれた。僕自身が大いに教えられた。

ブラジル政府からの勲章も、日伯両国の多数関係者の〝ふた仕事〟の象徴として、僕が代表して頂いたにすぎない。

新しい九八年は、三〇年の蓄積を、学生たちの運動と執筆にぶつけたい。頑張ります。一緒に歩んでください。

皆様のご健勝ご多幸祈りつつ。

（一九九七・一二・一八記）

樋口和広の涙

また、あの男が泣いた。

まあ、よく泣く男だ。遺児奨学生のつどい、遺児の学生寮「心塾」での卒業式、仲間や僕らとの激論、震災遺児との運命的な出会いなど数え切れない。樋口和広は激情の人、愛情の人だ。でも、今度の涙ほど重い涙はない。一月十七日のレインボーハウス地鎮祭。本来なら準主役に近い彼は、座って式典を眺め、この三年、来し方を振り返って感動を共有するところだが、その日も二〇社近いマスコミ報道をさばいていた。その忙しい合間、彼は子らの姿を見て涙していた。

「久米宏ニュースステーション」「筑紫哲也　ＮＥＷＳ23」でも、テレビカメラは彼のきれいな涙を見逃がさなかった。樋口の三年間の苦闘苦悩を想えば、必然の涙だ。

阪神・淡路大震災の三日後の二十日、僕は樋口と田中敏に、神戸周辺の奨学生とあしながさんの安否確認のため出張を命じた。翌二十一日、震災遺児の特別奨学金制度を理事会で決定。二人は苦労して神戸にたどり着く。大学奨学生の原島由紀さんらと瓦礫の街をさまよう。声をのむ惨状と肌を刺す寒さ。寝る所もない。これが樋口の神戸三年間の初日だった。

その後のことは、この機関紙で克明に報じたので割愛するが、遺児捜しローラー調査、有馬温泉への遺児親子招待で、樋口は神戸を離れられなくなる。四月、喫茶店跡そのままを、改装もなく神戸事務所として開設。伊藤道男、八木俊介も常駐。駿地真由美さんら「共に生きる会」との心のケア活動は本格化し、夏の海水浴で前述の

「黒い虹」と出会う。全国遺児学生が神戸に集結しての訪問面接調査。「心の傷」の深さにショック。

「遺児の〝駆け込み寺〟みたいなものをつくれませんか」彼しか言えない発想だ。僕はすぐ賛成。OB吉村成夫朝日新聞記者が黒い虹と〝レインボーハウス〟構想に「これいけます」と記事に。十二月だった。それから、神戸市との土地をめぐるやりとりのあと、用地探しに難航々々のすえ入手。設計委員会の四〇回余の議論、募金々々々、単行本『黒い虹』販売合戦など、樋口抜きに「神戸」は動かなかった。

樋口は神戸永住を決心した。「癒し」は息の長い仕事だ。息子の宗ちゃんは震災のとき生後三か月だったが、この子が大学卒業する頃、樋口は五十を超える。一〇年ひと仕事、いやふた仕事もしてほしい。でも好漢、三〇キロは減量しないとね。

仕事は一人でやるものではない。しかし、核になる一人が命賭けで一〇年単位で打ち込まないと、絶対成就しない。僕の確信だ。職員一人ひとりが「ひと仕事」を見つけ創造していくかなたにこそ、全遺児救済の金字塔がある。三〇年、五〇年かかった。

今年も皆さんと頑張りたい。

（一九九八・一・二八記）

ガン遺児と共に歩むボランティアの祭典

長野オリンピックが終わった。あしながファミリーには感動的な「大事件」が起こった。金メダル五個のうち、二個をなんと「ガン遺児」が獲得。

清水宏保選手（スピードスケート）と、里谷多英選手（モーグル）。清水選手は高校二年のとき、「看病より練習をしろ」と叱咤激励するお父さんを胃ガンで亡くした。お母さんは合宿費用を稼ぐため建設現場で懸命に働いた。僕自身が偉いなあと感心したのは、優勝後のインタビューで「練習のとき何を考えてやるのか」との問いに、清水さんは「表彰台で僕の首に金メダルをかけてもらっている姿をいつもイメージしながら……」と言った。これこそ僕が二〇年間学生に「目標をもち続けて努力すれば成就する」という、心理学でいう「セルフイメージ」の神髄だ。彼は最大の味方は「金メダル・イメージ」の自分自身であり、敵も己自身であることを知っていた。だから、周囲のプレッシャーに負けなかった。

里谷さんは、我が親友清原瑞彦北海道東海大学の教え子だが、表彰台で帽子を脱がないと一部イチャモンをつけられたが、明るくあっけらかんとしているのに好感がもてた。日の丸を背中にせおうと、プレッシャーにつぶされる。父の遺影を胸に滑った里谷さんと、厳しい愛のムチを背にして滑った清水さん。

ガン遺児一六万余だけでなく、四十余万全遺児に夢と希望を与えてくれてありがとう。

震災遺児のレインボーハウスはいよいよ着工である。昨九七年度から「ガン遺児救済」キャンペーンを再開。遺児と親との「病」と「死」と「物心両面の辛苦」をまとめ、単行本『お父さんがいるって嘘ついた』を出版した。結果は見事失敗だった。日本人の三人ないし四人に一人がガンで亡くなるのに、なぜか無関心のようにみえる。このままではガン遺児は進学できず、遺児間の不公平不平等はますます進む。

僕らはキャンペーンに欠陥があるかもしれないと反省し、新企画で再挑戦することにした。三月末から十月中旬まで、全四七都道府県六千キロを歩いて、ガン遺児の実態を訴える。各県に学生中心の実行委員会をつくり、イベントは自由な発想にまかせ、各県固有の「訴え方」を創ってもらう。遺児学生と職員は黒子となる。向う三〇年、五〇年を睨んだ、各県自前の救済システムを模索してほしい。新しい若者たちのアイディアとやる気が遺児に「元気」を与え、全国各地に「ぬくもり」をもたらすだろう。沖縄発（3／28）、北海道発（5／16）、ゴールは10／18東京だ。

若者が創る「ガン遺児と共に歩むボランティアの祭典」である。まず参加してください。（一九九八・三・五記）

何でもあり「WALK6000」にご参加を

「胸がしめつけられます」

NHK熊本局アナウンサーの伊藤源太君――ご存知、Pウォークの全国委員長を第一回から七回連続務めた遺児OB。

ニュースを読んでいると、遺児の母の辛い話がしばしば出てくる。昼間フルタイム働いて、夜また居酒屋で皿洗いをする。合わせて月収は一二万円也。子どもが二人いるが、食べるのに精一杯。靴に穴があいている。母親はサラリーマン金融で「二万円だけ貸して下さい」「おばさん、二〇万円貸してあげるよ」。つい借りてしまう。靴のほかにセーターも買い与える。一二万円の月収では返せるわけもない。金利もつく。他の店でお金を借りて返す。多重債務。自己破産。この母のどこが悪いのか。三月、「がん遺児家庭の生活実態」を緊急調査した。母親の仕事での月収は一五万二五〇〇円で全国平均の三九・二%だった。熊本のお母さんは二つの職場で月収一二万円。ゴールデンウィークは「寝てよう日」だ。

四半世紀、副田義也筑波大教授と「母子家庭の生活実態」を調べているが、がん遺児母子はいま昭和四十年代の交通遺児家庭のように「絶対的貧困」にある。

あしなが育英会も例外ではない。不況は学生の街頭募金にも及び、減少一途。それでも会は、奨学金貸与・心のケアという大切な事業は堅持しつつ、人件費その他経費を節減して進む。

僕らは、三月二十八日、沖縄から、がん遺児と職員の「がん遺児救済六千キロの歩き旅」を始めた。まず、がん遺児たちの存在を知り、窮状を理解してもらうためだ。歩くのは時速四キロ。話し合う。声援を受ける。車をよける。雨中を歩く。草花を見る。暑い。しんどい。さまざまな出会い、ふれあい、感動。いやそうに歩いていた遺児が「明日も歩く」と志願し、三日目には活き活きした顔になり、感動を日記に書く。「元気」は自らつくりだすものでもある。

イベント隊は、地元学生を核に各分野の大人のボランティアが知恵と汗を出し合って、郷土芸能、コーラス、熱気球など多種多様の出し物で歓迎と激励。ウォーク隊の疲れもふっ飛び、一体感が生まれる。テレビ、新聞の報道で、翌日からサポーターの声援がふえる。慶応大学医学生の四年生百人丸ごと参加から、全国の医学生、看護生へ広がる。明日の医療にも期待をもたせる。

「ＷＡＬＫ６０００」は何でもありだ。誰でも参加でき、何でもできる。みなボランティアだ。その中でがん遺児に生きる勇気が生まれ、その県にぬくもりが残る。会の職員は黒子だ。

十月十八日、東京に、雪だるまのように転がって大きくなった「愛」が到着する。

あなたも参加して下さい!!

（一九九八・五・七記）

「官」は冷酷でも「民」の暖かさが嬉しい

この前、このコラム「共生」を書いてから、二月半が経つ。

僕らの運動も、国も、社会も、激動激震の日々だった。

平成六年三月末、僕は二七年間のすべてを打ち込んだ「交通遺児育英会」の専務理事を辞任した。監督官庁らが「災害遺児・病気遺児救済の合併」を阻止したからである。子らの幸せより、庁益を守ったのだ。僕はスタートしたばかりの「あしなが育英会」の仕事に専念した。僕は「追い出された」という認識はあったが、「玉井更迭」の五省庁合作の「天下り計画」がその四年前の二年十二月から練られ、それを橋本首相（当時蔵相）が「指揮」していたという「総務庁秘文書」を見たときは、驚きの余り声も出なかった。

五月十三日、十四日、このことが『朝日』『毎日』『産経』で報じられると、「あしながさんを辞めたい」との投書が『朝日』の「声」欄に載り、事務局には電話と手紙で抗議が殺到した。丁寧に説明して、ご理解は得られたが、黙ってあしながさんを辞められた人も多いと思い、あえて釈明の解説記事をつくった。

「天下り・乗っ取った」総務庁側は三五〇億円を握ってダンマリを決め込み、真面目にレインボーハウスで震災遺児の心を癒し、ガン遺児奨学金を集めるため「ＷＡＬＫ６０００」に必死に取り組んでいる、僕らが資金難にあえいでいる。何という国か。「首相関与の天下り計画」について、六月十一日の予算委員会で菅直人民主党代表の補足で上田清司議員が橋本首相に質したが、問題にすらされなかった。

四半世紀、学生が街頭で額に汗して訴え、庶民のあしながさんが善意を寄せてくださった、「愛の結晶」を官僚が何くわぬ顔して「頂戴」してしまう。この日本という国にボランティアの未来はあるのか。参院選では、政官財癒着に国民の鉄槌が下った。「正義は勝つ」と信じたい。

ＷＡＬＫ６０００では、職員は宿代と食事代抜きでガン遺児と共に、「托鉢(たくはつ)」キャンペーンをしている。「乞食(こつじき)」の心だ。迎えてくださる人びとの心は暖かい。拍手とエール、宿・風呂・食事。ガン遺児に「元気」を、社会に「ぬくもり」を。職員も六千キロ歩き終える頃には、タフでやさしさ倍増だろう。

故群司ひさゑさんと故守屋祥子さんの遺産寄付。ありがたいと共に、「死を新しい生につなぐ」気高い「生き方」に深い感動を覚える。合掌。

社会が腐敗堕落の暗黒の中で、新しい夜明けを感じさせる。

僕も、三十余年で最もキツイ運動を仲間や遺児、新しい同志と続けている。腰痛には参るが、十月十八日の東京ゴールまで頑張る!!

一緒にやってください。

（一九九八・七・二二記）

「自分」を語れば「自分」が変わる

親をなくした子らが幸せになるには、進学できるお金も必要だが、心の平安の回復がもっと大切だ、と阪神・淡路大震災以後、より強く思う。

あしなが運動三十余年、毎年「子らとのつどい」を重ねてきた。楽しいプログラムの中に、「自分を語ろう」

という気の重くなる時間を設けている。つどいはあしなが背英会の必須課目で、全員参加を望んでいる。だが、遺児同士が集められて何かするなんて真平御免と軽くサボる子もいる。いやいや来た子が帰りには、顔を輝かせて帰る。なにが子らを変えるのか。

一〇人から一五人の小グループになって膝（ひざ）つき合わせて話す。最初は班のリーダーから。大学生のつどいでは選ばれた上級生が、高校生の場合は大学一年生全員が、各地でリーダーとして皮切りの自分史を始める。「話し方モデル」だ。

親（大半が父）の死——何歳の時、どんな状態で（事故・災害、がん・心臓・脳いっ血などの病気、自死）、母の看病と父の闘病のこと、その間の不安、淋しさ、辛さ、最期のこと。父の死後、子と母の生活の変化——お母さんの嘆き、悲しみ、追っかけてくる生活苦と母の奮闘、親戚・近所の人・学校などでの冷たい目など。子らはいやだと思いながら、仲間の語りを聞いているうちに引き込まれていく。自分もそうだった。そう思った。自分ほど悲しい、辛い思いをした人間はいない。悲劇の主人公だと、半ば人生を投げていた。クラスの友は話してもわかってくれなかった。それ以来、じっと心の奥底にしまってきた。それがもっと辛い体験しているのに、明るく頑張っている仲間がいる。共感と驚きの中で、心の重荷がちょっと軽くなり、負けないように頑張ろうと、生きる希望と勇気が湧いてくる。目の色が変わる、顔が輝いてくる。何度見た光景だろう。

自分と家族の歴史を語る中で、「自分」がちょっとわかってくる。これからのことを話し合う中で、目標づくりが大切なことを知る。初めて会ったのに何でも語り合える〝心の友〟との「連帯」、がんばらなくちゃという「自助」の心が強くなる。「自分史語り」は自分探しの旅のはじまりであり、癒しの大事な作業である。子にも母にも避けられない仕事なのだ。

天下り官僚がつどいを中止して五年経つ交通遺児育英会と、わが育英会の決定的違いは子らの心のケアの有無だ。大人の都合で、子らの安らぎと生きる勇気の回復が遅れる。取り返しがつかないのが一番問題だ。お金より心の回復が先決だ。その理想に挑戦するレインボーハウスが年内に完工する。ご参加を！10／18の東京ゴールにもぜひ。

（一九九八・九・一七記）

がん遺児の歩き旅は無事ゴールしたが……

がん遺児たちの七か月の歩き旅がついに終わった。

三月末の沖縄は真夏。六月の北海道は肌寒かった。どしゃぶりの東北路。炎天下の一日三〇キロはきつい。子らは歩き続ける。がん遺児だけではメンバーがそろわないので、他の病気遺児も災害遺児も交通遺児も歩いた。期せずして全遺児が連帯して歩く全国六千キロの太い固い絆（きずな）ができていく。

今までは「点」のキャンペーンで東京か県庁所在地中心。訴えは全国津津浦浦まで行き届かなかった。こんどのは主要道路をがん遺児が村や町や市の点を結んで歩き「線」にし、マスコミが県に入り県を出るまで毎日報道することで、各県にがん遺児の理解者の「面」をつくりあげた。最大の収穫だった。

沿道で拍手を送り声援してくださった市民の方々、各地の学生実行委員会がセレモニーやイベントをつくり、行政の首長や職員、教育委員会、社会福祉協議会、郷土芸能や炊き出しなど市民の暖かい歓迎と激励が、元気な遺児たちをさらに元気づけた。報道されるごとに、応援歌は雪だるまのように大きくなった。大都市より地方の町、村で人情の華がぽんぽん咲いた。不況で苦しくても、人の心は冷えていなかった。ぬくもりは健在だ。何より嬉しかったのは、「元気になるようにエールを送ってほしい」と訴えるがん遺児自身が一番元気で、暑い日も嵐の日も明るく笑って歩き続けた。これで声援の輪が拡がった。

東京ゴールは台風一〇号のため七〇％雨の予報で、慶大生実行委員と僕らはがっくりしていたら、昼前に嵐は去り、秋の大法要と、江戸時代「奥山」とよばれた浅草寺西側一帯にできた、当時の町並みを再現したテーマパークでにぎわう浅草寺にゴールしたときは秋晴れに。勇壮な金龍の舞、遺児を励ます江戸の鳶（とび）の若衆の息を呑むはしご乗りの演技。ウォーク隊、実行委員、観客の二五〇〇人が一体になってがん遺児らの努力をたたえ、彼らの将来に大きなエールを送った。

東京のマスコミは二社を除いて新聞、テレビ、通信社が取材。全国に報道された。

僕の三二年のあしなが運動の中で一番長い、キツい、が手応えのある、大きなキャンペーンだった。応援していただいた全国の数多くの皆々様に心からの御礼を申しあげます。内輪の話で恐縮ですが、職員の苦労、しんどさも極限で、交通費だけで現地に行き、宿と食事はただでお世話になるという「托鉢僧（たくはつ）」の生活だったが、全員無事。新入局員の細見一雄君は個人最長の約一八〇〇キロを踏破した。ご苦労様。

終わった今、向寒一直線。失業率最高。遺児の母親に電話調査すると、弱者に特に厳しく、遺児家庭は消滅寸前。「月五百円玉一個のあしながさん」一万人を募りたい。子らがこんなに頑張ったんだもの。

（一九九八・一〇・二八記）

冬の季節が若者を強く美しくする

師走のJR山手線を、毎夕一駅ずつ立って、お母さんや弟や妹の辛い思いを代弁しながら、「五百円あしながさん」を募集しよう。卒業間近の募金リーダー藤堂智典君の提案は、十一月の終わり頃。あっけなく決まり、大晦日まで一周の計画は半ばまで進んでいる。でも、書くのと立つのでは大違い。雪こそ降ってはいないが、四時には陽は落ち一気に冷え込む。雨の日は声まで凍る。

あしなが育英会の財政は沈没寸前である。しかし、数字を見せられても、人間は動けるものではない。彼を駆り立てるものは、郷里の群馬で和服の内職をしながら、東京の私大を出してくれた母の姿である。「仕事は減り、きっと一日千円位でしょう」とつぶやく。「最近やっと母のことがよくわかるようになった」とも。この原点があるから、何十万人ものお母さんの姿が二重写しで見えるのだろう。

私が三分の一世紀近くこの運動を続けられるのも、交通事故で一か月余昏睡の母を看取り、妻がガンで二年余ベッドで死と対峙（たいじ）した思いを、忘れられないからである。

たしかに、あしなが育英会は最大のピンチである。三十余年前、一〇人くらいの若いボランティアが始めた活動が、秋田大生、大学自動車部員に引継がれ、遺児学生が中核になった。子らの悲痛な叫びが多くの人びとの心をとらえ、五万数千人の遺児の進学に花開いた。たしかに今は大不況で明るい話は少ないが、時代はいつも若者たちの正義感と理想と行動によって切り開かれ、それを心ある大人が応援する。すでに全国のあちこちに何人もの「藤堂」は出始めている。神戸は今底冷えのするような震災不況だが、学生募金は史上最高を記録。リーダー内田貴行君は、春、米国ダギーセンターに癒しの修行に出る。

厳しい時代には、強く美しい若者が育つ。人情はすたれるはずはない。人間が信じられる社会を私たちは創り続けてきた。

恐れることはない。子らよ。お母さん、安心して新年を!!

（一九九八・一二・一二記）

「黒い虹」が七色になるまで

レインボーハウスがついに建ち、動き始めた。

ご寄付いただいた方々、一番いい土地が手に入ったこと、設計会議では、酒井茂部長・山田規矩子理事などプロが仕事を超えて理想に情熱を傾け、共に生きる会の駿地真由美さん（京大大学院一年生）の遺児ならではの発想からできた「おもいの部屋」「母の胎内に入るような安心できるアプローチ」など、今はすべてに感謝したい。お金以外の、人びとの「愛」がいっぱいつまったレインボーハウスの誕生である。

かっちゃん（当時小四）が描いた「黒い虹」は有名になった。九時間も生きうめになっている間に、お父さんと妹と同じ瓦礫の下で、「別れ」をした思いを、誰が想像できよう。「黒い虹」はかっちゃんの悲しみと恐怖と不安の心象風景である。

震災四日後、神戸に飛び、被災現場を体験し、事務所開設後からも四年間、子らとつきあってきた樋口和広館長代行・チーフディレクターの「震災遺児は今」は、誰も振り向いてくれなくなり孤独感を深めている子らの姿である。ぜひお読みください。

この子らの癒しの道は長くて遠い。樋口君を中心に八木俊介、束田健一、細見一雄、菊池良一と伊藤寛の諸君が、試行錯誤を重ねながらも、遺児学生と市民ボランティアと三位一体となっていつの日か癒しの「レインボーハウス方式」を確立してくれる、と信じている。業務提携した、世界最初の死別児の癒しの家「ダギーセンター」（米国）所長のドナ・シャーマン博士は、竣工式で内之宮園枝さん（高二）の作文を、中島栄一さんの同時通訳で聞き、大粒の涙を流した。シャーマン所長はダギーセンターに通う少女リベカ・ヒューイちゃん（八歳。九六年十月母を亡くす）の絵をレインボーハウスにプレゼントした。彼女の虹は赤が鮮やかな七色の虹だった。僕はその瞬間、ダギーセンターの子らが描いた壁画を思い出していた。はじめはそこにも黒い虹が描かれていた。僕はびっくりした。それが時間の経過、癒しのトレーニングを受けて、七色の虹を描くにいたる絵巻物ふうの壁画であった。

リベカちゃんの「虹」は、僕らが追い求める世界である。レインボーハウスができて、週末は多くの親子が遊びに来ている。誰に遠慮することもなく、ホッとする居場所、安心できる場だと、僕らも嬉しい。いいすべりだしだ。

三月二十一日から五日間、ダギーセンターから講師を招き、「ボランティア養成講座」も開く。ご希望者はお申し込みを。また、「虹のかけはしさん」になって長く応援してください。一緒に歩きましょう。

（一九九九・二・二三記）

だから、あしなが運動は素敵だ

この五月から「遺児と共に生きる〝あしなが運動〟」は、三三年目に入る。三分の一世紀である。あのとき、運動を提唱した岡嶋信治さんは二十四歳、僕は三十二歳。仲間は、二十歳前後の勤労者、主婦、学生、高校生ら一〇人ほど。「ボランティア」という呼び名はなかった。

最初の募金は昭和四十二年の秋、数寄屋橋と池袋で朝の一〇時から夜八時まで八日間、一人か二人が募金箱を持って立った。岡嶋さんの声は二日目でガラガラ。よくお金が入った。八時になると、数寄屋橋交番の中の机で、十円玉を一〇個ずつ積み重ね、その日の合計金額を巡査に確認してもらい、ハンコをもらった。八日間で約三〇万円也。これが遺児進学募金の種銭になった。

若者たちのグループには東京都から募金許可が出ず、僕がレギュラー出演していた、現テレビ朝日の「桂小金治アフタヌーンショー」と朝日新聞社の〝保証〟で、やっと募金ができた。この募金は三十余年間の遺児進学募金を象徴している。いつも街頭に立つのは若者だった。岡嶋さんらから、東京の学生二人が夏休み中に全都道府県で街頭募金をする快挙（六九年）。六人の秋田大生の呼びかけで現在のあしなが学生募金が始まる（七〇年）。大学自動車部がバトンを受け、全国組織で大活躍。大学生になった交通遺児が立ち上がる。そして災害遺児と病気遺児の学生へ。むろん街頭に立つ学生の九割は一般のボランティア学生だった。その数は一五〇万人にものぼる。

募金箱にお金を入れてくださるのは、買物帰りの子連れの主婦に象徴される庶民だった。第二次石油ショックで財政ピンチになったとき、僕は長年温めていた「あしながさん募金」を呼びかけ、窮地を脱した（七九年）。募金箱に六〇億円を入れてくださった方々はのべ五千万人を優に超すし、あしながさんは二〇年間に五万人に達した。

こんな愛を燦燦と身に受けて、遺児たちは心開き元気に動き出したのが「恩返し運動」で、あしなが育英会を誕生させる。世のため人のために働くOBの先輩は枚挙にいとまない。第一期生の交通遺児は四十五歳。アルツハイマー薬開発のノーベル賞候補、不良債権の後始末と闘う弁護士、教育を一生の仕事と頑張る代議士、記者など。実はもっと誇らしいのは、約五万五〇〇〇人の遺児がこの奨学金で進学し、卒業してあらゆる分野で活躍し、家庭をつくり幸せになっていることである。これこそ一番のあしながさんへの恩返しだ。

新しい支援者の皆さま、遺児とお母さん、これが世界に誇れるあしなが運動なのです。続々生まれる支援者と遺児、運動はエンドレスですが、いつも未来に光あり、です。この灯を消さないで！

（一九九九・五・二二記）

夏だ、つどいだ、楽しくやろうよ

雨がよく降る梅雨ですが、ご被害なかったでしょうか。お見舞い申し上げます。

この機関紙が届く頃、ギンギンギラギラの真夏の太陽の下で、大汗かいてますすね、きっと。

思い出すのは去年の夏、がん遺児キャンペーンで、全国の遺児学生・高校生、ボランティア、職員全員で、「WALK6000」。皆、死にそうに汗をかいた。①沖縄スタート（3／28）熊本→福岡→広島→神戸（7／15）。②出雲→京都。③宮崎→四国四県→和歌山。僕は、三コースの大阪集結（7／18）を前に暑い浪花でうだっていた。

④北海道・稚内（6／6）↓札幌↓青森ときて、秋田↓盛岡途上。⑤新潟↓。⑥福井↓。10／18に東京浅草寺ゴール。六千キロ歩く汗をマスメディアは毎日のように報道し、「がん遺児」と「あしなが育英会」は市民権を得た。みんなみんな死ぬ思いだった。

秋の募金、Pウォーク――関心は寄付に結びつかなかった。年末には「あしなが丸沈没間近」を訴えたとき、一〇年間の寄付者が緊急募金に応じてくださり、春の学生募金では「毎月五百円玉一個のあしながさん募集」で暖かい庶民の心に火がついた。最悪の事態は避けられたように思える。六月からは奨学生の募集に注力している。遺児の進学を支援して高校断念者をゼロにするのが第一目標。PR不足のため万一にも脱落する子があってはならない。全力をつくす。

奨学金貸与と同じぐらい大切な事業は「奨学生のつどい」である。心のケアだ。三〇年遺児と接していると、子ら自身感じていないとしても、父親が亡くなってからたくさんの精神的負担を背負って生きている。

僕らは、夏休みに、大学・専門学校一年生全員が山中湖畔で、高校生らが全九ブロックで集まって、宿泊のつどいをやってきた。はじめはいやいややって来た子が、帰るときには元気によく笑い、仲間と別れを惜しんで泣いている。いったい何がおこったのだ！

新しくあしながさん、虹のかけはしさんになってくださった方には、彼と彼女らを変えさせるのが何なのか、不思議にお考えになるでしょう。「自分史」を話し合うことが、遺児の重い心の殻を脱ぎ捨てさせ、未来に向かってたくましく歩む力をつかませるのだ。僕らは場を提供するだけ。子ら同士が話し合ううちに自分で変わるのだ。次号で詳報したい。

お母さん、子どもがつどいにいくのをいやがったら、背中をちょっと押してあげて。新しい人生が始まりますよ。

虹の心塾で「読書指導」「三分間スピーチ」始まる。吸い取り紙のように吸収し成長する若者をみるのは痛快だ。

（一九九九・七・一五記）

遺児の自助活動、第二開花期に

遺児奨学生たちの「自助活動」が第二開花期を迎えた。遺児と歩む運動三分の一世紀のなかで、金字塔を打ち立てる予感がする。それほど今ダイナミックでエネルギッシュだ。

第一開花期は、一九八二（昭和五十七）年の交通遺児の高校奨学生たちが、夏のつどいで、あしながさんの〝無償の愛〟に打たれ、高校生でもできる「恩返し運動」をやろうと提案し、献血、災害遺児育英運動（八三年）に立ち上がった。交通遺児だけに奨学金制度があって、同じように突然に事故で亡くなる災害遺児にないのは不公平だ、同じ仲間ではないか、と考えた。その思いと提案に大学奨学生が賛同し、学生募金事務局が応援して、運動は世論の爆発的共感を得て一気に拡がった。予算づけをめぐってスッタモンダがあり、「災害遺児の会」が発足（八八年）。進学できた災害遺児が恩返し運動を継承し、「病気遺児にも進学の機会を」と訴え、交通遺児と共に運動し、六年後、病気遺児奨学金制度をつくり、両者が合体して「あしなが育英会」が誕生したのだった（九三年）。だから、あしなが育英会は、あしながさんの愛を社会に拡げようと、交通遺児と災害遺児の高校生と大学生が中心になって創り上げた自助活動なのだ。

奇しくも、昨年末、会が財政的絶対ピンチに陥ったとき、全国で奮闘したのも、病気遺児も加わった「全遺児」

であり、今秋のキャンペーンの代表も災害遺児と交通遺児の学生であり、精神は「全ての遺児に教育の機会均等を」という一点にある。これだけ遺児たちをしっかりさせ、志高く、行動的にしたのは「奨学生のつどい」である。あしながさんにも、お母さん方にも、この点だけはよくご認識いただきたいのです。

お父さん（またはお母さん）を亡くした子らは、悲しみ、苦しみ、つらさを心に溜め込み、悩む。引っ込みじあん、目標喪失、無気力などマイナス・イメージが表に出るのも自然です。それがつどいで「自分を語ろう」によって、心の重荷をおろし、信じられないほど前向きに変わります。この過程は本紙つどい特集でご自身の目と心でお確かめ下さい。

その後の遺児たちは「自助」の大切さを理解し実行する。自分がやらなければ勉強も、部活も、親孝行も一歩も進まない。肝心なのは、自分のことだけでなく遺児ファミリーのために行動することも知る。先に述べた歴史的な恩返し運動。募金とPウォーク。コロンビア、トルコ、台湾の震災遺児募金。トルコへの心の癒しのノウハウ移転も遺児ＯＢたちの蓄積だ。すべてつどいの成果だ。

別団体に天下った官僚ＯＢは遺児から「つどい」を奪った。

（一九九九・九・二二記）

二〇〇〇年は「国遺連」発進の年

あしなが運動が長年積み上げてきた「ケア・プログラム」が、この秋、トルコと台湾で、日本全国各地で、花開いた。

「心のケア」とか「癒し」という言葉がいま氾濫している。心のケアは偉い精神科医や心理学者、児童相談所や学校の先生方でないとやれない、してはいけないと思われているが、全くそうではないことが立証されたといえる。

昔、日本も貧しかった。豊かさを感じ始められたのは、昭和四十（一九六五）年代からだ。高度経済成長は自動車産業優遇政策を軸に進められ、その影で交通事故は激増し、救急医療の立ち遅れのため死ななくていい命が失われ、貧しい交通遺児が急激に「生産」されていった。

遺児救済運動を最初に提唱したのは親代わりの姉を車に奪われた岡嶋信治さん（一九六七年当時二十四歳）で、遺児を精神的サポートする意味で「励ます会」と名乗った。親が突然目の前からいなくなった子らの願いは、お米や進学より、ただただ親に戻ってほしいだけだった。

僕も車と行政の立ち遅れに母を殺され、死ぬまで昏睡の三六日間、それは辛い、苦しい思いを味わった。二十九歳寸前だった。ジャーナリストだったので、「人より車が上」という行政への憤りをペンにもちかえ、政治と経済を告発した。根底には母の愛への恩返しがあった。評論家として新聞・TV・ラジオで告発し、岡嶋さんとの二人三脚の「遺児を励ます会」活動の中で、僕の癒しはすすんでいったと思う。

遺児のお母さんの切なる願いが高校進学だったのでまず育英事業を先行させたが、子らを精神的に支えるつどいを重視した。喪失した親の「愛」は「お金」では取り戻せない。「愛」は「愛」でしか「心」でしか埋められない。

これが三十余年間の僕らの運動の基本姿勢である。

樋口和広君らレインボーハウス・スタッフが、トルコと台湾で、震災遺児の「心のケア」プログラムを困難の中で実施し、その成果が両国の人々に開眼と学習心を引き出した。「レインボーハウスを建てたい」「心のケアのノウハウを教えてほしい」と率直な反応を示してきた。遺児になったらすぐ「心」のケア、そして進学の「お金」が必要で、両者は不可分だ。大学奨学生の「山中湖のつどい」「高奨生のつどい」「母親調査」「街頭募金」はその考えを実践する「遺児のケアプログラム」だ。

二十一世紀には、国内の遺児だけでなく、国際的な遺児の心の連帯をつくりあげることを、歴史は僕らに求めている。人類社会の壮大なプランを、力を合わせて呼びかけ、築きたい。

ミレニアム（二〇〇〇年）は「国際的な遺児の連帯をすすめる交流会」（略称「国遺連」）発進の年である。

（一九九九・一一・一六記）

二十一世紀はあしながファミリーに追い風

二十一世紀は、日本にとっても、遺児親子にとっても平坦な道とは思えない。かといって、そう悲観することもない、と思う。

たしかに、二十世紀の経済成長は今は昔、日本は衰退の道をたどるだろうが、原因は高齢社会、硬直した経済・官僚・政治システム、国民の過度な萎縮などである。古い価値観やシステムが自壊し、ＩＴ革命やグローバリゼーションという「黒船」によって、旧体制が音を立てて壊れていく。

コンビニが百貨店やスーパーを駆逐している。二四時間営業が若者に受け、インターネットで本や玩具から自動車まで買える時代がついそこまで来ている。携帯電話で預金の移動が可能になり、手紙のやりとりや、観劇チケットや航空券の予約ができるようになる。コンピューター、携帯電話、ゲーム機でインターネットが使え、世界は時空を超えて一つになる。鉄鋼、化学、造船など重厚長大産業は落日のサバイバル戦争の真っ最中だ。勝ち組一社と負け組だらけという、弱肉強食の世界に突入している。

僕は、二月で六十五歳の〝老人〟に仲間入りする。役所から独居老人の調査が来たときはさすがにガックリ。コンピューターはおろか、ワープロも打てない敗残兵だ。四、五十代はＩＴ革命の犠牲者になりかねない。

でも、遺児家庭には宝物の「子ども」がいる。お母さんは僕同様先行き不安材料は一杯かもしれない。でも、東大を出て大蔵省や財閥企業に入れば一生安泰の時代は終わった。旧秩序は崩壊必至である。十九世紀末の蒸気機関の産業革命以来の技術革新がＩＴ革命で、学歴とか偏差値より柔らか頭が勝てるチャンスがめぐってきたのだ。遺児はおおむね貧乏で、子どもの頃からお受験にはほど遠い存在だった。馬鹿がいいというのではないが、貧乏人の稀少性は「買い」である。衰退する二十一世紀の中で、遺児の働き場はたくさんある、と僕は信じる。

悲観的すぎる二十一世紀予測の中で、発想を変えよう。脱落する人と活躍する人、没落産業と新規産業、斜陽の国と日出する国々。働き場は国の内外に山ほどある。何も失うものもない僕ら遺児にはチャンスの時代、「挑戦」すればいい人生が送れる時代の到来だ。

あしながファミリーでは、二十一世紀こそわれらの時代と楽観的前向きにとらえたい。何たって四〇万人以上も、可能性の固まりである遺児がいる。あしなが育英会は三分の一世紀の経験をもつわが国ＮＧＯ、ＮＰＯの先駆的存在で、ノウハウを貧しく心傷ついた世界の遺児に技術移転する使命がある。

僕の夢、大風呂敷ですか。時代の風はあしながファミリーに追い風だ。何もしないテはありませんよネ、皆さん！

（一九九九・一二・一四記）

第三章　長いお見守りがご視察実現に

——天皇・皇后両陛下をレインボーハウスにお迎えする——

2000—2002

二〇〇〇年（平成12）65歳　**4・6台湾版レインボーハウス「彩虹屋」オープン**。4・13自死遺児文集編集員会・あしなが育英会編、自死遺児作文集小冊子**『自殺って言えない』発行**。4・22、23、29、30第六〇回学生募金実施。5・14第一八回「Pウォーク10」を全国九六会場で開催。7・28―8・2「山中湖のつどい」開催。8・4―15トルコ・台湾・コロンビア震災遺児とコソボ戦争遺児来日。8・5―13**第一回国際的な遺児の連帯をすすめる交流会**（国遺連）開催。8・9―20の間、全国九会場で高校奨学生のつどい開催。9・17―10・8の間、**「あしながレインボーハウス」建設募金**を全国で実施。10・1―9第一回「台湾彩虹屋」ファシリテーター養成講座。10・21、22、28、29第六一回学生募金「**あしながレインボーハウス」建設訴える**。11・4―12・7ウガンダでエイズ遺児実態調査。11・12第一九回「Pウォーク10」全国一〇三会場で開催。

二〇〇一年（平成13）66歳　2・3―22の間、全国三五拠点で**「あしながインド・エルサルバドル震災遺児激励募金」**実施。4・21、22、28、29第六二回学生募金実施。**4・24天皇・皇后両陛下、神戸レインボーハウスご訪問**。5・13第二〇回「Pウォーク10」を全国八八会場で開催。7・27―8・1「山中湖のつどい」開催。8・7―12第二回「国遺連」を東京、兵庫県家島、神戸レインボーハウスで開催。8・9―20の間、全国七会場で高校奨学生のつどいを開催。10・12―14米ダギーセンターのドナ・シャーマン所長による「ファシリテーター養成講座」開催。10・27、28、11・3、4第六三回学生募金実施。11・11第二一回「Pウォーク10」を全国九二会場で開催。12・3**自死遺児学生らが小泉純一郎首相に自殺防止に関する陳情**。

二〇〇二年（平成14）67歳　**3・30阪神タイガースがヘルメットに「あしなが育英会」の名前を冠して二〇〇二年シーズンを通して支援**。4・16**初の自死遺児調査**結果発表。4・20、21、27、28第六四回学生募金実施。5・6**「ニューヨーク・アフガン遺児支援募金」**を全国三二拠点で実施。5・12第二二回「Pウォーク10」を全国八八会場で開催、**初めて海外遺児支援を打ち出す**。7・28―8・2「山中湖のつどい」開催。8・3―13の間、東京、兵庫県家島、神戸レインボーハウスで、第三回「国遺連」開催。8・9―20の間、全国九会場で高校奨学生のつどいを開催。10・4ウガンダ共和国ナンサナに**国際NGO「ASHINAGAウガンダ」事務所開設**。10・26、27、11・2、3第六五回学生募金実施。10・24**『自殺って言えなかった。』（サンマーク出版）刊行**。11・10第二三回「Pウォーク10」を全国九一会場で開催。

宇多田ヒカル・藤圭子と「暖かい心」

昨年ＣＤで一番の売り上げだったのは、宇多田ヒカルの「First Love」。米国ニューヨーク発のＲ＆Ｂ、日本人ばなれした音感を放つアルバムだ。

約三〇年前、ヒカルの母、藤圭子さんが、永野重雄さん（当時新日鉄会長。故人）に、ヒット演歌「圭子の夢は夜ひらく」の売上げの一部百万円を寄付してくれた。「十五、十六、十七と私の人生暗かった」で始まるもので、圭子さんの顔にも若いのにかげりがあった。ヒカルの歌を聴きながら、時の流れを感じ思いに浸った。

だがこの文のマクラに振ったのはそのためではない。永野さんは即座に色紙に「暖かい心」と書いて彼女にお礼を言った。僕はこの言葉に強くひかれた。遺児教育に役立てたかった。後日僕は、「広い視野」「行動力」を加えて、永野さんに揮毫（きごう）（毛筆で書くこと）して頂いた。学生時代心に残った言葉にwarm heart and cool headというのを、「冷徹な頭脳」を「広い視野」と置き換えた。そして何より社会を動かしていくのに「行動力」が不可欠という、僕の確信を加えた。以来「暖かい心、広い視野、行動力」は、遺児教育が期待する人間像として、会則でも事業目的になっている。

二月中旬、神戸のレインボーハウス「虹の心塾」で二人の塾生が卒業した。僕は色紙に三つのことばを書いてプレゼントした。習字は中学のとき「２」だったぐらいヘタくそだが、長い人生の目標としてしっかり歩んでほしいと、心を込めて書いた。世の中がどう変転しても、変わらない価値があるはずだ。どんなに競争が激しくなっても、暖かい心を失ったとき、社会はあちこちで綻（ほころ）びを見せ、その人はしっぺ返しをくって淋しい人生を送るだろう。若者の時に人生の普遍的価値を追求しないと人生を無駄にする、と僕は信じている。

「心、それが人間を人間にする」「人生の幸せは愛と仕事」――これも僕の信念だ。いずれ機会をみてくわしく書きたいが、受験戦争の勝者だったエリートが、官僚になり巨大企業の社員になったが、規制緩和やIT革命と激動する世界で、組織の崩壊の中で個の実力もなく右往左往し、家族にまで見捨てられている昨今である。

卒塾生の水江泉さんは老人ホームで、西川有希さんはコンピューター会社のSE（システムエンジニア）として働く。高齢社会とIT社会の先端的職場だが、進歩の早い職場で、生涯勉強でキャリアアップしていってほしい。そしてもう一方の手で、愛のある家族をつくって、両親が果たせなかった「愛」をしっかり築いてね。目標がぶれなければ長くかかっても夢は必ず実現するから。頑張って!!

OB・OGもよくやっていてくれて嬉しい。未来は明るい。

（二〇〇〇・三・二記）

勇気ある自死遺児の声生かそう

自死遺児の大学生が起ち上がった。一番ふれたくない父（母）の自死とそれからの自分と家族の思いを、作文集『自殺って言えない』で世に問う勇気ある行動を示した。

自死の問題は、三十余年、親を亡くした子らと向き合ってきた僕らも、とてもふれる勇気がなかった。頭では死因が何であろうと遺された子らには関係ないとわかっていても……。

作文集の反響はかつてないほど大きい。いますべての日本人がはっきりとまたばくぜんと抱いている「不安」

のアンテナにふれたからだろう。作文集発表に報道陣も過去最多で、作文を読んでくださった方々のお便りも迅速で深刻だった。編集した学生らの願い①「死なないで！」②仲間に「ひとりじゃない」③社会に「そっと肩を貸して」——は衝撃的に社会に伝わったと思う。悩み抜いて踏み切った彼らを讃え、お礼を言いたい。

ＴＶで精神科医の「自殺は大半うつ病なんです」のコメントにえらく腹が立った。こんな認識が「自殺を語ることはタブー」と偏見と差別の中で、遺族に忘れたくても忘れられない出来事を心に封印させてきた。これは明らかに誤った認識である。昨今の自死の急増は日本社会の構造変化に大きな原因がある。四十代、五十代の男性の自死が急増しているし、残念ながらもっと増加しそうである。

日本の経済成長を支えた四、五十代以上の男性は、休む暇もなく会社人間としてモーレツに働いてきたのに、気がついてみたらＩＴ革命とかグローバリゼーションとかで、「二十五歳以上はもう要りませんご苦労さま」と言われる。大企業の技術を根っこでしっかり支えてきた町工場が倒産する。価値観を完全否定された世代が何百万人もいる背景は見落とせない。

英国ではサッチャーが、米国ではレーガンが大なたをふるってリストラを断行し、経済は立ち直った。日本もその後を追っている。決定的違いは、欧米では転職は日常茶飯事で人びとはさほどあわてないし長年かけてつくった安全ネットもある。終身雇用、相互扶助を信じて働いてきた日本の中高年が「今日から競争、負けたものは退場！」と言われたら、どうなる……。政治、経済、医療、福祉、メディアにたずさわる人々は目を醒まし、対応を真剣に考えてほしい。心の安全ネット整備を。

最後に、物はしょせん物でしかなく、苦しいとき頼りになるのは家族、友、やさしい隣人である。経済は没落しても、やさしい社会を取り戻せば、人生は捨てたものじゃない。勇気ある自死遺児たちの問題提起を社会全体で受け止め、知恵を出し合おう。

レインボーハウスに『神戸新聞』から「平和賞」をいただく。支援者に感謝。台湾に「虹の家」オープン!!
（二〇〇〇・四・二八記）

「神戸新聞平和賞」と「これから」

地方紙の名門、神戸新聞社からレインボーハウスに、第五四回「平和賞」を頂いた。いわば東京に本社があるヨソモノへの、名誉と格式ある授賞だけに感謝し、虹の千円レンガご寄付者二万三千余人、虹のかけはしさん一万一千余人やすべての支援者の皆さまとともに心から喜びたい。

一九五九年一月十七日の阪神・淡路大震災からのあしながファミリーの動きは、今思い出してもびっくりの〝火事場のバカぢから〟だった。四日後に震災遺児に奨学金特例を決め、職員派遣。自転車で学校をまわって奨学金を使ってもらおうとしても遺児の存在すら把握されていず、夜は死者が運ばれる学校の講堂で働き、寒い教室で寝た。僕も一週間後、瓦礫のまちを歩いた。人影もない被災現場――ペチャンコにつぶれたもはや家といえない巨大な残がいに垣間見えるランドセル、転居先の立札、ま新しい供花、無人の商店街など。被災者の悲しみや苦しみ、つらさがびんびん体に伝わってきた。

遺児学生が続々神戸に集まり、現場を見、遺児の心を想像し、遺児さがしに瓦礫の中を一軒一軒歩き、五七三人を調べあげた。エネルギーの源は同じ遺児を想う心だった。そして、有馬温泉のつどい、文集づくり、海水浴のつどいでのかっちゃんの絵「黒い虹」に心の暗闇をみた衝撃。それが、昨年のレインボーハウス建設、ケアプログラムにつながる。心のケアは始まったばかりだが、死別児への早期ケアは私たちが三〇年経てやっと神戸の現場の遺児たちから学んだ「二十一世紀の仕事」である。

『神戸新聞』は「平和賞」の授賞理由として①遺児の心のケアの拠点レインボーハウスの開設②学生寮付設でボランティア活動の飛躍③トルコ、台湾の遺児との交流支援など海外活動――をあげた。

日本人は長い間、「物」の繁栄のなかで、「心」を感じたり気遣ったりする力を衰弱させてしまった。十代の犯罪の頻発は少年と親を責めるだけでは解決しない。今の大人社会と家庭での心の崩壊が原因だ。

縁あって、ある大学で一年生に「ボランティア論」の講義をした。ボランティアという言葉も定義も言わずに、交通遺児を励ます運動がどのように起こり、災害遺児・病気遺児・震災遺児・自死遺児に広がっていく過程で、一五〇万を超す学生の心を動かした遺児の作文やあしながさんの愛について話し、その心を想像させ、考えさせた。同じ目線で僕の人生論を伝えた。学生は目を輝かせた。大人は子どもにもっと自信をもって、お金や出世でなく、仕事、愛、心といった普遍的な価値を語るべきだ、と痛感した。

世界にはもっと貧しく、深く心の傷ついた子どもが無数にいる。もっと想像力をたくましくして、行動的に生きていきたい。

（二〇〇〇・七・一一記）

見えない「心の傷」を訴えよう

暑い長い仕事の夏だった。

高校奨学生は、つどいで自死遺児の胸の内や自分の心の傷について語り合い、全国に心の傷を癒す「レインボーハウス」を建てたい。まず全国の中心の東京にセンター的なモデルを建てようと、街頭募金を決議し、先日、各地の街頭で訴えた。

昭和五十八（一九八三）年の秋、はじめて「災害遺児にも高校進学の夢を」と高校生が立ちあがった。あしながさんの無償の愛を他の遺児にも分かち合いたい、その一心からだった。災害遺児の名簿などなく、高校生たちは新聞の縮刷版から災害や事故の犠牲者の住所氏名をさがし、家庭訪問した。不審に思われ水をまかれたのは、寒い夜だった。六年の努力が実って「災害遺児奨学金の制度」が誕生（一九八八年）。その六年後、災害遺児と交通遺児が力を合わせて病気遺児の奨学金もつくり、両者が合併して「あしなが育英会」となる（一九九四年）。自助の勝利だ！

新しい生命の誕生には若いエネルギーの爆発が不可欠だ。高校奨学生とそれをサポートする大学奨学生に二十一世紀へのあしながファミリーの夢を託したい。

ただ、僕らがやってきた奨学金は目に見えるものだから誰にも理解されたが、諸君がやろうとしているものは見える人にだけしか見えない「心」それも「心の傷（トラウマ）」の部分だ。これを誰にも分るよう訴えてほしい。

僕は、神戸で震災遺児とつき合い、この夏、コソボ、台湾、トルコ、コロンビアの遺児たちと「国遺連（国際的な遺児の連帯をすすめる交流会）」で、徳島の阿南のキャンプに行った。現地からずっと心のケアをしていた樋口和広レインボーハウス・チーフディレクターによると、そこで子らははじめて声をあげて泣いたという。泣くことは悲嘆を癒す第一歩であり、泣くことで殻が破れ、その想いを吐き出すことに続く。それには安心して泣ける、心を許して話せる「場」と「人」が必要なのだ。その後に七色の虹が心に懸かる。それが、レインボーハウスだ。

僕は母の交通事故死のときも、妻のガン死の時も枕頭に居ながら涙を殺した。号泣していたら、僕の癒しは違ったものになったろう。国により文化、宗教、躾などが違い、年齢、性別によっても行為は異なるが、悲しいときは泣く、辛いことを語ることがケアの第一歩だ。

大学奨学生の一年生たちは、八月末、神戸で五年後の震災遺児の保護者を訪ね、聞き取り調査をしたが、二重写しで自分の親の癒しがまだ途上にあることを知ったと思う。

秋、彼らは街頭で訴える、心の癒しの大切さを。爆発しよう。

（二〇〇〇・九・二七記）

機関紙二八四号、二十一世紀への旗印

二十世紀の機関紙最終号をお届けします。一九七二（昭和四十七）年三月創刊以来、二八四号を刻んだ。編集長はすべて僕が預かった。長い権力との闘いも、若くしてガン死した妻の看病も、同志と遺児とあしながさんがしっかり暖かく支えてくれたので、二十一世紀を迎えられる。深謝。

機関紙は、遺児と共に歩んだあしなが運動三四年の旗印である。目標に向かって前進する運動の目標であり、指針だ。

運動の主役は遺児と遺児を主体とする全国のボランティア学生であり、あしながさんと運動者である職員は黒衣（くろご）だ。前半は僕ら運動家が牽引車になったが、後半は遺児学生と遺児出身の職員が主導している。これが運動の誇るべき強みだし魅力だろう。

今世紀最終号は、僕が言うのも何だが、最も充実しているものの一つで、二十一世紀にやらねばならない「仕

事」を示している。乞御熟読。

一言でいえば、世紀末的な「自殺（自死）」と「遺児の心のケア」がテーマである。学生募金の徳丸政嗣リーダーはその論文で核心を厳しくついている。自殺の真の原因は「不況とリストラ・倒産」ではない。長く貧しい日本の歴史の中で、なぜこんなに多くの民が自殺に追いやられたか。政治家、官僚、大企業の長が何人自殺したか。自己中心的な冷たい社会が自殺を生んでいるし、家族の崩壊も傷口を拡げている。

あしなが運動は六万を超える遺児を進学させたが、数を誇ってはならないと自戒している。親を喪失して以来の子らの「心の傷」の軌跡をいつも考えてきたか、と自問する。一人の傷ついた遺児が死別以来の心の痛み、葛藤を吐き出すまでに、一〇回近くのつどいの自分語りでたどりついている。神戸の震災遺児と親の死亡直後からつきあい、レインボーハウスで日常的継続的にケア活動をしてはじめて、喪失直後からの心のケアが大切で、一〇年二〇年かかることもあることを実感している。

心の傷は目に見えない。想像力と感性がそれを受けとめる。自殺社会は、人びとが想う心と感じる心を失った悲劇である。僕らは子らの心の傷の深刻さを訴え、理解者を増やし、東京と各県にレインボーハウスをと、啓蒙活動を続けたい。二十一世紀の日本では旧体制（政官財癒着）が崩壊を始め、第三の力「ＮＧＯ（非政府組織）」「ＮＰＯ（非営利組織）」が大きくなる。僕らの運動はこの歴史認識を踏まえて進みたい。

樋口和広、岡崎祐吉両君がアフリカ・ウガンダのエイズ遺児と格闘している。僕らが子らを経済的に救うことは困難だが、心のケアを中心にスキル（技術）の移転は可能だし、使命だ。二十一世紀の国境のない世界で地球上の悲劇を知らんぷりはできぬ。

二十一世紀、あしながファミリーは心豊かに生きていこう！

（二〇〇〇・一一・二九記）

プロジェクトA－i・jiとTRH

「T点越え」ということばが事務所ではやっている。Tはタマイのことらしい。二十一世紀の幕開けで、若い衆もようやくその気になってきたようだ。若いといっても、遺児OBの男子職員は大半三十代で壮年だ。「一仕事一〇年」。ドッグイヤーのIT時代では、ラストチャンスかもしれない。

〝プロジェクトX〟が二つ音をたてて動きだした。一つは、アフリカのウガンダで春からエイズ遺児に対して心のケア、すなわちレインボーハウス活動が始まりそうだ。昨年秋、調査とケア活動を行った、樋口和広と岡崎祐吉の両人とも帰国後なんだか変だ。何かに憑かれたように思いつめている。

「ウガンダへ行かせてください。エイズ遺児をこのまま放っておけません」と、年の暮れのある日、遂に樋口が言った。どうやら向こうで二人で話し合って「プロジェクトA－i・ji（エイズ遺児）」の進言を決定したらしい。僕に話したものの、二人には越え難い壁があり、悩んだ。母親をどうする？　最低三年行くとなると婚期を逸す（?）、マラリア、エボラ出血熱、テロなど危険が一杯だ。

二人は悩みに悩んだ。そして出した結論。五月から半年、岡崎が活動拠点開設準備に行く間、樋口は旧宗主国の英国でウガンダ事情研究とスワヒリ語の勉強をして現地へ。行ってからの苦労と危険は計り知れないが、「職を辞しても」という決心に、僕は動かされた。樋口がピッチャー役、岡崎が日本でキャッチャーの二人三脚で、不退転の決意だ。鮮やかなT点越えではないか。僕は、人類的地球的視野で殉教者のような道を悩みながら選んだ二人に、僕自身も「職を辞しても」彼らを支える決心をした。あしながファミリー一人ひとりにとっても誇れることだ。

もう一つの二十一世紀的仕事は、昨年つどいで高校生山下正智君が呼びかけ、学生募金、Ｐウォークのバックアップで、全国に静かに広がっている「プロジェクトＴＲＨ（東京レインボーハウス）建設」だ。愛するものを喪失した悲嘆は当然のことで、泣き、語ることが癒しになる。恥の文化は日本では、人前での涙を禁じたが、封じ込めると心の傷になる。死別早期からレインボーハウスのような場所で心のケアを受けられる環境づくりが必要だ。ケアを怠ると、その子の人格形成やその後の人生に悪影響がある、と学者たちも言っているし、僕らの三十余年の経験でも同じ結論だ。神戸のレインボーハウスでも立証されている。

ＴＲＨの話をもってきたのは、一年ほど前、小河光治、柳瀬和夫、西田正弘の三人だ。これはお金の額も大きいし長期プロジェクトなので、僕の命の火の勢いと残りの時間からして無理と思い、「賛成だが、手は貸せない」と言った。本会のスタートになる災害遺児奨学金制度を六年間で創った小河だから、多少の波乱があっても完成する、と信じている。

五万人超のＯＢ・ＯＧたちは自立して、世のため人のために役立ちつつある。輝かしい二十一世紀をしばし高みの見物というぜいたくを楽しみたい。


（二〇〇一・一・三〇記）

逆境の時こそ次の舞台へのバネに

第三の人づくり塾「新塾」（東京）の塾生七人から、六十六歳の誕生祝いに流行の「ＵＮＩＱＬＯ」のフリースや靴下などをもらった。複雑な思いだ。

塾生たちは、築五〇年位のボロボロの木造の六部屋（家賃一二万円）に押し合いながら、「暖かい心・広い視野・行動力」「世のため人のため」をめざし、切磋琢磨している。もちろん〝冬冷房夏暖房〟我慢くらべの塾生活だ。学生募金事務局長で全国を指揮しつつ、生活費をバイトで稼ぎ、NHK記者をパスした徳丸政嗣君が塾生長だった。

〝複雑な〟と言ったのは、ユニクロ製品は貧乏な塾生たちでも何とか買える超廉価の中国製品だが、マクドナルドの半額ハンバーガーと共に、商店街を軒並み廃業に追い込みかねない。母子家庭は一層貧しくなる。

二十一世紀は、日本のすべての組織が制度疲労をおこし、頭に立つ人びとが責任回避でウソばかりつく。救い難いモラルハザード（倫理観の欠如）だ。経済は一言でいえば「過剰債務」、ひらたくいえば借金のしすぎ。国民は一三〇〇兆円近い、預貯金等金融資産をもつが、国と地方の借金である国公債発行高は六六六兆円。会社も借金づけ。庶民は住宅ローンや消費者ローンと浪費ぐせがつく。物を造るより金を使う危険な社会だ。老後は真っ暗闇。銀行が借金の取り立てを始めればいよいよ大倒産、大失業時代が目前だ。

四月から日本はそうなる。

僕らは四年前から、日本全国六千キロを半年余かけて歩きながらあしなが丸沈没回避のキャンペーンをした。僕は鬼になって、職員に托鉢行脚（宿と食事を自分でさがす）を強いた。各県で何十回かの新聞・TV報道があり、高校生・大学生遺児のひたすら歩く姿が清々しい感動を呼び、多くの市民が拍手した。それから三年、僕らは自ら血を流しながら、募金をし、自死遺児の訴えを文集にして世に問い、神戸レインボーハウス活動に全身全霊で打ち込んだ。外国で大地震がおこれば全国で街頭募金をして届け、震災遺児の心のケアをした。真面目に取り組んだ諸活動が、あしながさん、かけはしさんの支援者倍増となった。エイズ遺児支援も、東京レインボーハウス建設も、あしなが活動の歴史的必然だ、と思う。

母子家庭は、この大不況でどん底に叩き落とされるかもしれないが、その逆境を僕らは遺児学生と共に必死に支えたい。今年から高校生の奨学金を全員に貸し出す覚悟だ。幸いこの十余年間の貸付金がかなりの額返還されてくるので、それで希望者全員進学の夢を皆でむさぼり食いたい。貧しい僕らには逆境こそ次の光り輝く舞台への試練だし、強靭なバネとなる。

新世紀の初年度、ファミリーの誇りと自信を失わず元気で明るくやろう！

（二〇〇一・三・二七記）

長いお見守りがご視察実現に

天皇・皇后両陛下が、四月二十四日、神戸レインボーハウスにご訪問いただき、震災遺児、保護者、市民ボランティア、遺児大学生らをねぎらい、励まされた。

小さい子らには、両陛下がどういうお立場の方かよくわからないので、言葉もぞんざいで失礼があるかもしれないことをあらかじめお断りして当日を迎えた。子どもにプレッシャーをかけてはいけないからとのご理解はいただいていたものの、やはり子どもたちは結構大胆だったが、皇后さまはそれを同じ目線で受けとめ、一緒に遊んでくださった。皇太子さまごきょうだい三人を子育てされた様子を垣間見た思いがした。

私は常づね「喪われた愛は愛でないと埋められない」と書いてきたが、目の前にその世界が瞬時にできるのを見て、深く感動した。

実は、両陛下にお目にかかるのは三度目で、二回は私が主宰する、日本とブラジルの青少年交流の団体の代表として、東宮御所と宮中のお茶会に招かれている。お二人はその都度、私には「いつも遺児のお世話をありがとう」「交通遺児が災害遺児の奨学金をつくったんですよね」と、あしなが運動のことをよくご存知で、ご関心の深さがうかがえた。今回、レインボーハウスご視察が実現したのも、大震災以後遺児のことで胸を痛められ、遺児学生らの活躍と内外の多くの人びとの暖かい浄財でレインボーハウスが建ち、日本で初めての遺児の癒しの家として心のケアプログラムが行われていることを、とくに皇后さまは深いご関心をもって見守ってくださっていた。ありがたいことである。

この暖かい心とお人柄が、わずか一時間で遺児と保護者の今もポッカリあいている心の空洞を埋めてくださったのだ、と私は間近で確信した。三五年のあしなが運動史にすばらしいひとときを刻んでいただいた。

その頃、もう一つ嬉しいニュースが私のところに届いていた。ＯＢ西本征央（育夫から改名）君（四十五歳）が、アルツハイマー病を抑える遺伝子「ヒューマニン」（人格、人間性を取り戻す意）を発見し、『米科学アカデミー紀要』（五・二二刊）に載るという快報だった。東大―スタンフォード大―ハーバード大―慶応大と移るたびに研究を深め、遂に人類の業病治療をもう一歩のところまで追いつめた。環境ホルモン研究で世界的に活躍するＯＢ堀口敏宏君（三十七歳）も「ノーベル賞ものです」と賞讃した。

虹の心塾記念講演ではＯＢ村田治君（四十五歳）が見事な話をし感銘を与えた。遺児諸君、あしながさん、ぜひご一読を。

六万人遺児奨学生は全世界で健闘中だ！

（二〇〇一・五・三〇記）

ハングリー精神と礼儀正しさ

昨日、僕のケータイに米国から電話が入った。神戸から東京に帰る途上、歩きながら話す。

「米政府から一億六〇〇〇万円の研究費が決まりそうです。日本での教授職の話もありますが、もう四～五年はアメリカで研究します。誰か研究を一緒にしたいという後輩がいたら、私が厳しく指導させていただきます」

「ただし、ハングリー精神の持ち主で、礼儀正しい人に限ります。日本の若者はよく出来る人でも、アメリカ人に比べると〝淡白〟です。競争に勝ち残るにはハングリーでないとだめです。礼儀正しくない人は良い人間関係を築けません。外国人同士で信頼されるには礼儀が不可欠です」と、その人、ＯＢ金木正夫君（四十二歳。米ハーバード大医学部講師）は言った。専門は僕にはよくわからないが、常づね「ダーウィンを越えたい」と言っていたのが耳に残る。そしてこうつけ加えた。

「専攻は医学でなくても、工学でも理学でも農学でも、生物学に興味があって、試験管が振れればいいです」。僕は「ウーン」とうなった。言い当ててるではないか。いまの日本の若者のもの足りなさ。それは、その親たる日本人の姿でもある。そして子どもたちも。束の間の豊かさが、日本人が長く持ち続けてきた美徳を崩壊させようとしていないか。

今日、関東で梅雨明け宣言。長い熱く燃え盛る、遺児たちのつどいの夏到来だ。大学奨学生、専門学校奨学生の一年生全員の「山中湖のつどい」は、あしなが運動の新年度の始まりだ。職員は約一週間、寝ずに彼らと真剣勝負でぶつかる。一年中で一番しんどいが、穂がたわわに実るのを夢見つつ全力投球する。「遺児としての自分（遺児アイデンティティー)」を探す旅が始まる。仲間を合わせ鏡にして自分、親きょうだいを見、さぐりながら、「心の友」を得る。いわば子どもが大人に変わる瞬間だ。そして、誰のためにどう生きるか。仕事、愛、幸せとは。僕は一〇年間総合司会を続けたが、山中湖は肉体と精神の限界に挑む大仕事だった。それを初めて学生の金木君に委ねた。それを四年生リーダーが引き継ぎ、いま益々磨きがかかっている。山中湖の感動を大学生たちが「高校奨学生のつどい」に拡げてくれる。僕らはこのつどいの火を燃やし続け、金木君のいう「ハングリー精神と礼儀正しさ」を大切に育てたい。

岡崎祐吉君がウガンダから六人のエイズ遺児招待を決め、八月上旬、第二回国際遺児キャンプを開く。この子らにも愛を。

亡妻由美の一三回忌終える。愛と死を噛みしめ、「権力」との理不尽な闘いの日々であったが、皆さまに支えられて意気軒昂です。感謝申しあげます。

(二〇〇一・七・一一記)

ファミリーの危機を連帯・共生・自助で

「世界同時多発テロ」で、世界中の株価が暴落している。これで報復戦争になれば、誰も勝者はなく、世界中が物心ともに貧しくなる。

日本の遺児と世界の遺児、テロで遺児になった子らと、戦争でアフガンの避難民に遺児が生まれ、参加国の兵士の子らが親を失うかと思うと、悲しくて、辛くて、胸がしめつけられる。遺児になって幸せになる子なんて一人もいない。

ニューヨークのWTC（世界貿易センター）には、証券会社、銀行などのいわばエリートが勤めていた。でも、掃除のおばさんも、コーヒーショップのお姉さんも、保守管理のおじさんもたくさん働いていた。消防士や警察官も多数殉職した。これが、八〇か国、六千人とも七千人ともいわれる「犠牲者」（死者、行方不明者）の実態だ。悔しい。言葉が見つからない。あのニュース映像を何回も見た遺児の「どす黒い虹」はいつの日か晴れ、「七色」になるのだろうか。

世界中、親を亡くした子らは発言する言葉と術（すべ）をもたない。心の傷（トラウマ）も悲嘆も自らの内に閉じ込めて大きくなる。その先にどういう人生が待っているのか。

僕らは三〇年余、遺児と歩むなかで、子らのために何をなすべきか、何ができるかを学んできた。たどりついたのは、「連帯」「共生」「自助」である。

夏の高校生のつどいで、本田沙央里さん（大阪・羽曳野高校二年）が、「エイズ遺児への心の支援」を提案し、全国の仲間が応えて、九月十五日以降の土日のいずれかに街頭募金に立つことになっていた。そこへ十一日のテロ。遺児のことを思い無期延期とする。しかしテロの遺児たちも放っておけない。日本の遺児もぜんぶ救済できていないのに、蝶のようにあちこちハヤリの花に群がるのか、というお叱りの声が聞こえる。でもそれは違う。

一九六七年、交通犠牲者遺族の岡嶋信治さんと僕と、一〇人前後の若いボランティアの運動の、初めは交通遺児だった。そこに、「病気遺児を差別するのか」と批判の嵐。でも僕らは同族の交通遺児だけにこだわった。

ところが、あしながさんと交通遺児の高校生らが、僕らが行くべき道を示してくれた。八三年、あしながさんの無償の愛に打たれた高校生が「その愛を広げたい」と、災害遺児と病気遺児の奨学金制度を次々つくり、あしなが育英会が誕生。すべての遺児が平等になった（九三年）。

九五年、阪神・淡路大震災で、小学四年生で九時間生き埋めだった、かっちゃんの絵「黒い虹」が、僕らに、鉄槌を下した。間近でべったりつきあう幼児、小・中学生、保護者の心の傷と悲嘆は癒すべくもなく深かった。米国ダギーセンターに学んで、レインボーハウスをつくり、いつ来てもかまってくれる誰かがいて、安全で安心できる「家」が出来た。幼児から保護者の祖父母まで集い、癒しは進んでいる。タテの「連帯」が出来た。四〇万人以上いる日本の遺児の一大ファミリーだ。

僕らは、数えきれないほどの「遺児と歩む」景観と知識やスキル、何よりも哲学をもてた。これはあしなが運動の独占物ではなく、人類共有の文化資産だ。

エイズ遺児に生活費や奨学金は贈れないが、夏招いた六人のウガンダの子らが一日一食の絶望的な生活から、看護師になりたいと夢を語り、神戸の子らと手をとって笑い、泣いた。

二十一世紀、世界は貧しくなり、遺児ファミリーはさらに厳しくなる。この「連帯」と「共生」があれば世界の遺児にも、希望と夢が生まれる。

最後に日本の遺児とお母さんに――。一〇年前日本の不動産バブルの崩壊と昨今の米国のＩＴバブルの崩壊で、たとえ戦争はなくても、日本経済は一まわり縮小し、貧困の底に叩き落とされる。貧富の格差も拡がる。でもそれがなんだと思って、居直ってほしい。進学しよう。心の友をつくろう。お母さんと笑って暮らそう。心豊かに生きていこう。つどいに行けば「連帯」の暖かさが君を包んでくれる。あしながさんとの「共生」を、君は見ることができるだろう。そして大切な最後の切り札は「自助」だ。

遺児の大学生は街頭で、ファミリー生存の危機を一生懸命訴え、募金する。お母さんは二つも三つもの職場をかけもちして働いている。あしながさん、かけはしさんは不況のなかでもご寄付くださる。

「神は自ら助くるものを助く」というのは人生の真理だ、と僕は信じている。自助こそが幸せへの近道切符だ。

ウガンダにも貧しい仲間がいる。ニューヨークにも悲しみの中で耐えて生きる友がいる。皆が懸命に生きているのだから、君もお母さんと一緒に、「自助って生きてほしい」恐くないよ、ちっとも。
僕らは君たちの進学と心のケアを必ず守り抜くから。

（二〇〇一・九・二六記）

自死遺児が実名と顔を出した日

十一月一日、皇太子妃雅子さまが内親王愛子さまをご出産された。皇太子殿下、天皇・皇后両陛下のお慶びやいかばかりかと思う。

実は、昨春、皇太子殿下ご夫妻が神戸レインボーハウス視察のお申し出があったが、警備の難しさもあってか実現しなかった。そして今春の天皇・皇后両陛下のレインボーハウスへのご来所実現。震災遺児たちとのケアルームでの愛情にあふれたお遊びに、子らは祖父母と戯れるようにのびのびしていた。いつも思う「喪（うしな）われた愛は愛でしか埋められない」を強く感じた。両陛下も皇太子殿下ご夫妻も心から震災遺児や恵まれない子の将来を思ってくださっている、とそばで接して信じる。

二日、心からのご祝意を申しあげるため、東宮御所で記帳。

三日、自死遺児学生ら一一人と小泉純一郎首相に「自殺防止」を陳情する。デフレ・スパイラルによる大量リストラと倒産で、自殺者増加は必至だ。自死遺児たちは約二年のキャンペーンで苦悩の末、遂に覆面をぬぎ実名でテレビに顔を出して訴え始めた。運動進展と彼ら自身の自助自立への歴史的瞬間だ。苦衷を察するとともに、その勇気に敬意を表したい。かつてＨＩＶ訴訟は、川田龍平さんが実名で訴え急展開した。

首相も遺児らを激励するとともに、自殺防止の社会づくりに意欲を見せた。超多忙の首相が五分の陳情時間を割いてくれた。またそれに先立ち参議院本会議等で首相と担当大臣に「自殺統計の正月発表」を迫ったのも、自らも兄を交通事故で亡くし、大学時代から僕らの運動に参加し職員の道を歩んだ山本孝史議員だった。遺児と歩んで三十余年、ＯＢや学生がファミリーの長男長女として、母親や弟妹のために身を捨てて闘うまでに育っている自助活動の姿を見てほしい。

首相の答弁も一分程の短い中で一〇〇％ＯＫとはいかないまでも会見自体に誠意が見られたし、過去、佐藤栄作、田中角栄、福田赳夫、中曽根康弘、細川護熙各総理への僕らの直接陳情はことごとく実を結んだ。小泉総理の政策成果を期待する。

十二月二日、フジＴＶ放映のドキュメント番組「三人ぼっち」は見ていて辛かった。本紙で紹介した、両親を亡くした新藤朋美（二十歳）・尊明（十七歳）・敬子（十四歳）きょうだい〝孤児一年〟の奮戦記だ。けなげに頑張る姿が胸をしめつける。まだまだ僕らは力をつけないと。共生と自助を改めて誓う。

底冷えのする不況の中で、学生募金各地で好調。失業率最悪の近畿で過去最高。厳しい時、厳しい所で、人情は暖かだ。

新年、こんな時こそ心が安らぐ東京レインボーハウス建設に挑戦だ！

（二〇〇一・一二・四記）

レインボーハウスだから癒されていく

年末、年始、僕らを歓び嬉しくさせる大事件が二つあった。

震災から八年目に入る神戸で、遺児の「あやか」と「しんじ」が偲ぶ会を、今まで職員が司会していたのに代わって遺児家庭の長男長女となって、前向きに仕切ってくれた。

十二月、小泉純一郎首相に陳情する「ヤス」ら七人の自死遺児が実名を出し、カメラの前に立ち自殺防止を訴えた。三五年の遺児と歩む運動の歴史を塗り変える画期的な出来事だった。心のケアの革命だ。

僕が吉田綾香（当時小六。以下敬称略）にはじめてあったとき、彼女はまるで能面のように無表情で、一言もことばを発しない、暗い少女だった。あの朝、二階に寝ていた綾香と春奈（当時小二）は助かるが、階下の両親は即死。姉は父方の祖父に、妹は母方の祖父母に引き取られ現在に至る。当時、「死にたい。生きていても仕方ない」「勉強なんかしてもしようがない」と作文に書いた。ボランティア学生の菊池加奈子（現職員）は、陰のように寄り添って綾香を見守っていた。

つどいやクリスマス皆勤の綾香が心を開くのは、二年半後の海水浴のときで、はじめて親の話をする。「地震の前の晩、お母さんが二階に上がってきた、電気（灯）を消して〟おやすみ〟と言ってくれたん」そして菊池に「わたし、小さい子の面倒をみたい。勉強しようかな」と。彼女の自立宣言の瞬間だった。この二年半の心の闇との闘い、彼女の喪失したものを埋めてあげたいとするケア。つどいとレインボーハウスでボランティア学生、遺児仲間、職員の支えはさりげなく続いた、でも、状況を反転させたのは綾香自身だった。春奈も「偲ぶ会は悲しくなるからいや」と来なかったが、今年参加し、「春、国際科の高校を受験する。大学は米国に留学したい」と夢を語った。久しぶりに会う姉妹は仲良かった。

濱田信次（十八歳）も母親を亡くし、〝型どおりグレ〟たが、レインボーハウスで「お前だけは大学へ行かせる」との母の願いを思い起こし、自宅で猛勉強をして「大検」にパスした。春には大学生だ。

自死遺児の大学生「ヤス」らが二年間の心の葛藤と闘いつつ、実名で首相に訴えたことは、たくさんの自死遺児仲間を励まし勇気づけた。増加一途の自殺者防止の「直訴」は決意の表明だ。その勇気ある行動が他の自死遺児仲間を変え、感動の波が社会を変革していくと信じる。

二年前、相手の目を見て話せなかった小林秀行（大三）が今、報道陣にも堂々と訴える姿はたのもしい。何が彼らを重荷からときはなし立派に成長させたのか、ぜひ紙面を読んで、お考えくだされば幸いです。

しかし、ここに掲げたケースは遺児全体からすれば〝一握り〟である。レインボーハウスの近くに住み、来館の縁ができ、継続したケースに限られる。「黒い虹」の絵を描いたかっちゃんは一度も来ることができず、高校進学もできず、いまだに音信不通なのが歯がゆい。久保井康典や小林も東京の事務所にいつも通えたので自助自立できた。ちょっとご想像いただきたい。一瞬に家が倒壊し親子が瓦礫の下敷きになり、生死を別ける。生きている母が火災につつまれ死んでいくのを助けられなかった自責感を想像してほしい。五七三人の遺児は五七三通りの親との死別体験をし、五七三通りの心の傷を受けた。

この子らに、親が亡くなって悲しいだろうけど頑張って勉強しようね、と言ってもどれほどの効果があるか。恐怖は体の中に組み込まれ、親の死も受容できないまま、いずれ社会から忘れられ孤立する。震災遺児に目標、夢、希望をもって立ち向かわせるには、どれほどの時間がかかるか、理解してほしい。死別した親が母であれ父であれ、両親共であれ、喪失した親の愛を簡単に埋めることはできない。無気力になる。乱暴になる。不登校になる。

ごく自然の姿だ。その「愛」をどこで誰がどう埋めてやることができるのか。奨学金の前に、心の破壊の修復が大切なのである。

神戸レインボーハウスは、震災直後から現地指揮を執った樋口和広の「遺児の駆け込み寺を建てたい」という提案で、やっと三年前実現。心のケアについて貴重な方法、技術を遺児たちから学び蓄積した。ファシリテーター（癒しを促すボランティア）の重要性をさらに深く認識した。心がゆれたときなど何かあると、いつでも行くと、誰かがいてくれる。安全で安心な「家」――それがレインボーハウスなのだ。両親がいれば何でもないことに悩み、不安を感じ、いらだつ子らの「わが家」がレインボーハウスだ。愛の家だ。

全国どこに住んでいても、心の重荷に耐えられなくなったとき、遺児たちが駆け込める家があればどれだけ救われることか。米国では二〇年で二百か所のケアハウスができた。日本でも二つ目をと、「東京レインボーハウス」建設を今春からさらに全力をあげて世に訴えていく。

心の傷が癒され、夢、希望、目標がもてたとき、子どもたちの自助が始まり、自立する。「レインボーハウスだから癒やされていく」ご理解ください。

（二〇〇二・一・二二記）

外国人参加のPウォーク国際版を

新年度は、あしなが育英会にとって正念場の年となりそうだ。きっちりやれば大飛躍の年になるし、力を出し惜しむと運動は沈滞する。

まず第一に、心のケアを最重視したい。親と死別した子は、心にぽっかり空洞ができ、何も考えられず何もしたくない、心が、もやもやし、無気力になる時期がある。不登校や目標をなくし、非行化の危機にもなる。死別後できるだけ早く、レインボーハウスのようなところで心のケアを受ければある段階を経て癒される。その後自分で目標を持ち、自助できれば、見違えるほど成長する。「マイナス→中立→プラス」だ。神戸レインボーハウスでの貴重な学習であり、吉田綾香さんと濱田真次君が実証してくれ、私たちはレインボーハウス活動に大きな自信をもてるようになった。高校生・大学生・専門学校生ら奨学生らの夏のつどいと補完すれば理想的だ。

欲を言えば全国各地にレインボーハウスができてほしいが、私たちの力だけでは無理なので、あしなが育英会は日本のセンター的な、理想型の「東京レインボーハウス建設」に今年こそ全力投球し、新年度中に建設募金一〇億円（三月十六日現在高約四億八〇〇〇万円）をどうしても達成したい。国民が遺児の心のケアの重要性を理解していただければ大丈夫だ。

新年度重視の運動の第二は、海外の遺児を日本に招いての第三回国際交流会「国遺連」に、従来の招待国に加えて、9・11米国でのテロで親を亡くした子らとアフガンの遺児を呼ぶことだ。震災遺児高校生が提唱し、大学生も呼応し、街頭募金とPウォークは国際スペシャルになるので、あしなが育英会も全面応援する。数々の困難が予想されるが、「遺児には何の罪もない」「遺児同士が連帯すれば希望の萌芽が生まれる」のだから。

ホームページ英語版も完成間近。米国のG証券のボランティア十数人が応援してくれているのが共生の未来を示唆する。日本在住の外国人にもPウォークに参加してほしい。

第三の注力点は、未曾有の大不況大失業の日本経済の中で、母子家庭の生き残りを賭けて、奨学金制度の充実を計る模索をしたい。サバイバルは大変だが、昨年全国一失業率の高い京阪神で学生募金は史上最高だった。貧しい時は人の情は厚い。

募金に最大の努力をし、高校生は全員採用するし、予算も前年比五％増の一五億六〇〇〇万円（奨学生四二一八人に貸与）を計上。レインボーハウス学生寮（二食付月一万円）を東京にも増設したい。

成長の熟柿が落ちようとしているときは、貧しいけれど自助を重ね、ファミリーを支え前進させてきた遺児学生の出番だ、と思う。きつい運動になるが、遺児たちと国内外のボランティアとウキウキワクワクしたい。

（二〇〇二・三・一八記）

HOSHINOさんはGREATだ！

たかがヘルメットにあしながワッペンが貼られて、知名度が上がり募金が増えた、という社会現象ととらえないでほしい（口絵参照）。

阪神タイガースの星野仙一監督が選手とともにやろうとされていることは、教育改革であり、社会変革なのだ。星野さん自身、そこまで言われると何かむずがゆいと思われるかもしれないが。

僕らは三六年間で六万人遺児の進学を、〝あしながさん（定期的支援者）〟の応援で成就した。たくさんの子どもとつきあってきた。これは僕のゆるぎなき仮説なのだが、女の子はしっかりものだが、男の子は内弁慶で弱っちい。母親が男の子を可愛がりすぎるためか、父子関係で成立する男社会のイロハが足りないためか。

遺児らはクラスで父親の話題が出るのを避ける。下を向くか、早く話題が変わるのを待つ。ビクビクしている。世界中の遺児に共通している。

星野さんはこんな子らの弱気の虫を一発で取り除いてくださった。ご自身、お母さんのお腹にいるときお父さんを病気で亡くされた。貧乏で下駄箱も売ってしのいだこともあるとか。多分、肝っ玉おっ母さんがクヨクヨせず笑い飛ばして子育てされたのだろう。そういえば遺児救済の提唱者岡嶋信治さんも母の胎内で父を亡くしているのも縁だ。倉敷商高、明治大学と野球一筋。〝スポ根〟時代だから、毎日気合を入れられていたに違いない。星野少年は過激なまで男社会に耐え、大きくなった。

後年、星野さんの恩師である明大野球部島岡吉郎監督の講演を遺児たちにしてもらった。鉄拳もいとわず情熱で男のやる気と根性と能力を引き出す名将の姿は、そのまま厳父のオーラで、僕らは圧倒された。「島岡のオヤジのおかげでオレたちは野球でメシが食える」と弟子たちは言ったとか。星野さん、あなたは恩師島岡さんを超えんとされている。

遺児たちは、星野さんに握手してもらい、「勇気を持って前進しよう」「夢をもて」と言われて顔を輝かせた。もう下を向いてクヨクヨすることはない。ＴＶで見る全国の遺児も元気になる。星野さん、あなたは偉大な遺児の教育者だ。

またヘルメット・キャンペーンは企業の社会への関わりに革命をもたらす予感がある。僕の運動史は金集め一筋だったが、日本の企業は米国に比べ五〇年以上遅れている。税金を払った上になぜ寄付するのかというのだ。企業と市民の社会貢献が「やさしい人間愛社会」をつくるのに……。

星野さんはＣＭ料をとれるＴＶ露出度の一番高いところを、無料で遺児に開放した。日米の企業に追随の動きがある。星野さんのやさしさが国民の心を変え、企業マインドを変えるだろう。これが社会変革の側面だ。

二八年間連載くださった、バンドーンさんが休筆されます。暖かい忠告と友情に感謝します。

（二〇〇二・五・三〇記）

世界が「国遺連」活動に注目した日

遺児たちの熱い暑い夏、ＮＹ・アフガンの子らを中心とする国際交流会（略称「国遺連」）と、あしなが奨学生のつどいが、大成功のうちに終わった。

大人たちが理屈を言い張って争う間にも、子どもたちは、親をテロや空爆で失い「遺児であること」がお互いの魂を寄り添わせ、心を通じ合わせた。そこに多くの時は要しなかった。

失明寸前のＮＹのウォルターは、日本着の空港から集中する取材カメラにすっかり神経質になっていたが、アフガンの地雷で足をふっ飛ばされたサルダールは、その義足を見せながら声をかけ場を盛り上げた。昨年に続き二度目の参加のウガンダのロナルドは、各国の幼い遺児のお兄さん役で活躍した。言葉は互いに通じないが、世界共通の子ども行動言語でいつのまにか連帯を深めていた。報道陣から逃げまわっていたウォルターも、最終日のレインボーハウスで、亡き父との楽しい思い出を自ら語った。彼の母の胸には、アフガンの子がしっかり顔をうずめていた。

国内外のマスメディアの取材で、これらニュースは全世界を駆けめぐった。国家とか大人たちへの痛烈な批判でもあった。国際的な遺児の連帯の大切さを訴えられたと思う。主催した震災遺児の会の内之宮園枝と吉田綾香（三連続参加）、今年の呼びかけ人の川口和徳ら遺児仲間多数の恩返し運動は、世界に花を咲かせ始めた。

特筆すべきは、参加国の運動リーダーや母親から、あしながレインボーハウスの心のケアのノウハウ、スキルを学びたい、レインボーハウスを建てたいという希望が強くなったことだ。ウガンダでは政府があしながを国際

ＮＧＯに認証し、エイズ基金（世界銀行出資）から約五百万円（現地の価値としては巨額）の補助金が出た。ウガンダ・レインボーハウスは来年には建つ。

「国遺連」活動への応援歌は、外国から強くなっている。活動三年、あしながさんの海外遺児支援者も着実に広がっている。ありがたい。ウガンダの子らが、わずかばかりあげた小遣いを、買いたいものも何も買わず、授業料にしたい、母親に渡したい、いつの日か日本で勉強してコンピューター技師になりたいと。この声を、僕らは大切にしたい。僕らの支援対象のナンサナ村はウガンダのピンポイントにすぎなくても、たった二年で子らが夢をもって生き始めたことを励みに共生したい。三五年前、僕らも一〇人から街頭募金を始めた。理想と意思と行動が世界を変えていくと信じる。ご支援を！

日本の経済的没落が進む中、遺児家庭の貧窮は加速している。九月、生活実態調査を実施中。大奨・専奨一年生は家庭訪問し、保護者の声を十月下旬の街頭募金で代弁する。高卒の就職けわし。立ち向うのみである。

星野仙一監督、選手の皆さん、頑張って下さい。皆さんの背中を見ながら遺児も頑張ります。

（二〇〇二・九・一七記）

WALTER（NY）、FEROZ（アフガン）の握手

ＮＹのテロで父親を亡くしたウォルター君（十歳）と、米軍の空爆で父親を亡くしたアフガンのフェローズ君（十一歳）が、この八月初旬、多くの仲間と東京で出会い、兵庫の島でキャンプ。レインボーハウスで心のケアを受

ける。

あしなが育英会と神戸の震災遺児らが中心になって、海外の震災遺児、民族戦争の遺児、〝テロと空爆〟の遺児らを招いて仲良く遊び話し合う、ＡＳＨＩＮＡＧＡの「国遺連（国際的な遺児の連帯をすすめる交流会の略称）」活動は三年目にして、世界の「大人」達に大きな問題提起をする。

ウォルター君はお父さんの死亡後、三か月余で右目を失明、左目もかすかに見える程度だという。祖母が「私の目を」と言ったが、医師は「精神的ショック、心の問題から来たもので治療不可能」と。お母さんは「すこしでも目が見える間は、世界のすべてを見せてあげたい。奇跡を信じて」と日本からの招待を受け入れてくれた。周辺でいろいろ言う中で決心された、母親の勇気と行動力を尊敬する。ウォルター君はカウンセラーに会うことも拒んでいたが、岡崎祐吉職員が「僕も二歳で父を亡くし、親の顔も知らないんだ」と言うと、「ホント？」とうれしそうな顔をした、という。心のケアの入口は遺児同士の親との死別体験の共有に勝るものはないことを再確認した。

フェローズ君は、父を亡くした悲しみに生きる苦労が追い打ちする。井戸水を汲み市場に運び、コップ一杯二円の水を四〇度の炎天で売り歩き、一日の稼ぎは三〇円ほど。これで母と妹を養う。亡き父上はいつも彼に言っていた。「努力すれば必ず未来は開ける」。彼の夢は「医者になって貧しい人を助けたい」だ。

読者の皆さん、これが世界の遺児の一つの現実で、みんな必死に前向きに生きている。

あしなが職員のそれぞれ二度にわたるＮＹ・アフガンの調査招待活動は、文字どおり五里霧中で命賭けですらあった。身内だが、その辛苦をねぎらいたい。

9・11と空爆はどちらに理があるか簡単に断じられないが、戦争がおこると子供と女性が犠牲になることだけは、古今東西かわらない。僕らの国遺連活動は大砂漠の一粒か二粒の砂ほどの行為かもしれないが、世界の遺児が仲良くし夢に向かって前進してくれれば、世界は明るくなることを信じて運動をしていく。僕ら以外、遺児をテーマに純粋に動ける団体はないと自負しつつ。ご理解と応援をよろしく。

いよいよ「つどい」の夏本番だ。三五年間に六万遺児を進学させたのは、愛情のこもったお金であることを噛みしめたい。世界の遺児のことも考えさせたい。甘えずに「自助自立」が恩返しだと知らせたい。おかげさまで皆すくすく育っています。深謝。

（二〇〇二・一一・一二記）

大不況に負けず遺児皆奮励中

世の中、暗い、イヤな話ばかりだが、あしながファミリーの高校生や大学生らの生き方を見ていると、元気と勇気とやる気をこちらがもらえる。

高三生の竹之内明拓君――小六から器械体操一筋。中三では全国大会五位。特待生で高校へ。プレッシャーと戦いながら、耐えて練習に励み、心身共強靱になる過程に感動の拍手を送りたい。昨年春、肩の腫瘍の大手術で予選落ちしたが、筋トレで復活。大学への特待進学も決まり、北京オリンピックを目指す。真っすぐでくじけず、練習練習で体操の限界に挑戦する姿は爽快でまぶしい。父上は七歳のときクモ膜下出血で急死され、思い出はないとか。皆で応援するよ、明拓君。

つどいと世界の遺児の交流会で燃えた夏が終わると、九、十月は気になっていた「遺児家庭の生活実態調査」と「高三奨学生の就職状況調査」を実施。あしなが運動三五年間で一番苛酷な状況だ。

①お母さんに安定した働き口がない、②勤労月収は一三万六〇〇円で一般世帯の三五%。以前は四〇%前後だった、③三七%が生活保護水準の極貧層に没落している、④そして三世帯中二世帯は教育費に困っている。

もっと大変なのは来春就職希望の本会の高三生で①内定は三人に一人しかなく、②仕事もとても一生続けられそうな内容でなく、③お金がないので進学もできない。折角苦労して育て上げた母親の苦労や、〝あしなが〟の長年の努力が踏みにじられる思いだ。自殺増加と同様、これは政府の責任だから、来年三月までに何とかしてほしい。個人の努力や善意が大切にされる社会でないと、日本はおしまいだ。

しかし、この困難な状況の中でも、今年の大学・専門学校一年生三三五人の活躍は際立っていた。八月はつどいで高校生の自分史の聞き役をし、重い心を分かち合い元気とやる気を与え、九月には母親の聞き取り調査で、遺児家庭の苦悩を肌で感じた。このエネルギーを街頭募金にぶつけ、大声で母の訴えを代弁した。この懸命の姿が冷えきった景気の中で、多くの方々の暖かい愛を集めて、ほぼ前回並みの募金額を達成した。すごい。

自死遺児作文集『自殺って言えなかった。』(サンマーク出版刊)は、遺児自身が二年半をかけて、「自殺」への偏見、差別、迷信を打破すべく、誰も封印して語らなかったタブーに実名で挑戦した勇気と使命感あふれる行動の書だ。誇らしい。編集で黒衣を務めた、小河光治職員が米国ワシントンのNPOにデッチ奉公に旅立った。一年後を期待したい。

今年はやはり星野タイガースの年だった。社会貢献ははかりしれない。世の中も動き始めた。暗い世の中だから「一隅を照らす」人びとが増えている。

さあ、元気だしていこう!

(二〇〇二・一一・二五記)

第四章　百年の計には人を植えよ　2003–2005

——心、それが人間を人間にする、あしなが心塾建設へ——

二〇〇三年（平成15）68歳　3・2―24第一八回あしながロサンゼルス研修へ遺児学生五人を派遣。3・10―二〇〇四年3アメリカ、ブラジル、メキシコ、ベトナムへ一年間の**留学研修生として遺児学生五人を派遣**。4・26、27、5・3、4第六六回学生募金実施。5・11第二四回「Pウォーク10」を全国八三会場で開催、**ウガンダでも海外初で同時開催**。7・30―8・4「山中湖のつどい」開催。8・7―12第四回「国遺連」を東京、兵庫県家島、神戸レインボーハウスで開催。8・9―20全国九会場で高校奨学生のつどいを開催。9・13―23の間、仙台、東京、名古屋、大阪、福岡で遺児家庭訪問調査。10・25、26、11・1、2第六七回学生募金実施、**「あしなが心塾」建設を訴える**。11・9第二五回「Pウォーク10」を全国八八会場で開催。12・1**ウガンダ・レインボーハウス竣工式に本会名誉総裁に就任したヨウェリ・ムセベニ大統領出席**。

二〇〇四年（平成16）69歳　3・7―29第一九回ロサンゼルス研修へ遺児学生六人を派遣。4・17、18、24、25第六八回学生募金実施。5・9第二六回「Pウォーク10」を全国七九会場で開催。7・30―8・4「山中湖のつどい」開催。8・10―21の間、全国九会場で高校奨学生のつどい開催。9・10―19の間、全国七会場で一泊二日の遺児家庭訪問調査。10・23、24、30、31第六九回学生募金実施。11・14第二七回「Pウォーク10」を全国八七会場で開催。12・1『遺児家庭の生活実態と生活問題』調査報告書発行。12・17神戸レインボーハウスで『震災遺児支援活動一〇年史』刊行記者発表。

二〇〇五年（平成17）70歳　1・7―17第五回「国遺連」開催。1・8中越地震被災長岡市の小中学生約百人とあしなが育英会招致のトルコ、台湾、イラクなど一一か国・地域の災害、戦争遺児との交流会を長岡市で開催。1・10「**あしながインド洋大津波遺児募金**」を東京・新宿で実施。1・11「世界一一か国・地域子ども会議」を東京で開催。1・12**世界一一か国・地域の遺児が小泉首相を表敬訪問**。4・23、24、30。5・1第七〇回学生募金実施。4・30「JR列車脱線事故遺児支援募金」を東京と兵庫で実施。5・8第二八回「Pウォーク10」を全国八四会場で開催。7・30―8・4「山中湖のつどい」開催。8・1―15の間、第一回「**インド洋大津波遺児らと日本の遺児のコラボレーション**」開催、一六か国から百人参加。8・14世界一六か国遺児とあしなが育英会の連名で「**世界遺児共同宣言**」**採択**。10・15「**パキスタン地震遺児支援募金**」を東京・新宿で実施。10・22、23、29、30第七一回学生募金実施。11・3第二九回「Pウォーク10」を全国八七コースで開催。

親の死を生きるエネルギーに代えて

母と妻の死

あれから四〇年がたつ。

寒い一月下旬のある日の未明、交通事故で頭を強打され三五日間の昏睡のなか、モノのように静かに横たわっていた母が、動物のようなうなり声をあげ、体を二度三度激しくけいれんさせたあと、息を引き取った。母は貧農に生まれ、職人の父と結婚し、一一人の子（僕は末子）を育てたが、生涯苦労でなにもいいこともなく、無惨な最期だった。僕は救急医療と補償への政府の無策に強い憤りを感じた。享年七十四。僕、当時二十八歳。

後年、妻が脊髄の首の部分に腫瘍ができ、首から下は岩のように動かぬ状態になってしまった二年余を毎夜病院に通った。人口呼吸器をつけ声も出ない状況だったが、唇の動きを読みながら楽しい夫婦の会話を続けた。医者から「覚悟するように」と言われたのは、暑い七月初めだった。早暁、電話で起こされ病室に行くと、呼吸は荒くチアノーゼ症状を呈していた。「親と弟を呼ぼうか」「大丈夫」と、妻は気丈だった。両親が着くや、昏睡に入り、長い闘病に終止符をうった。妻二十九歳、僕五十四歳。ガン死覚悟の結婚だったが、僕はほんとうに参ってしまっていた。

僕の六八年の辛い二つの「死ぬ瞬間」との出会いだった。

『あしなが四〇年史』出版

副田義也・金城学院大学教授の一〇年がかり九百枚の労作『あしなが運動と玉井義臣――歴史社会学的考察』が、三月中旬、岩波書店から出版される。

副田先生は四半世紀、遺児家庭調査とあしながさん調査など四〇本以上担当いただき、遺児のことは僕より学問的にくわしい母子社会学の第一人者だ。

先生は「玉井の伝記だ」と言われるが、言うまでもなく、大河ドラマ「あしなが運動四〇年史」であり、主役は運動を僕とともに担ってくれた若い同志諸君（学生だった彼らも五十歳を超えた）であり、遺児学生諸君（最年長は五十歳近い）と、共感してくれ街頭募金に立った延べ数十万人の学生ボランティア達。何よりも親を亡くした数万の子らと遺されたもう一方の親たちだ。

むろん三十数年、あるいは街頭であるいは月々送金してくださった、数えることもできないほど多くの支援者。すなわち運動の冠（かんむり）になっている「あしながさん」お一人おひとりが主人公であることは忘れられない。昨年の阪神タイガースのヘルメットで、また新しい支援者がたくさん増えた。今やあしながさんは日本人が日本人であることを誇りに思える運動だし、全日本人参加型の世界に類を見ない社会運動だ。

亡き父の死の意味

冒頭、僕は母と妻の死に目について書いた。

四〇年の出来事は余りにも多く辛く苦しいことが少なくなかった。誰もがそうだったと思う。でも、その困難に立ち向かい乗り越え、次の苦労と取り組みながら「あしなが運動」を続けられたのは、僕の場合「二つの死」以外にない。運動や仕事のエネルギーは、人が避けられない「愛する人との別れ」、最も辛く厳粛な人生の出会いである「死」がもたらす、と僕は思う。僕は何度か心身共くずれそうになった。そのとき勉励のムチを打ってくれたのは「母と妻の死」と、その時の枕辺での誓いであった。それが「カタキは僕がとる」だった。

僕が、遺児の高校生や大学生らに「自分史語り」をさせるのは「父（母）の死の意味」を自分のなかで確かめる作業であり、それが「父（母）の分まで生きる」「（父（母）と共に）何をどう生きていくか」という目標と、達成へのエネルギーに代えると信じるからである。「死んだものは仕方がない。忘れてしまえ」は間違いだ。亡き父（母）を深く想像することが、父（母）と子の悲しい別れを生の糧になしうるのだ。

想像・目標・自助自立

神戸レインボーハウスで三〇人の成人式をした。僕は色紙に「Imagine（想像しよう）、Self-image（目標をたてよう）、Self-help（自助しよう、そして自立しなさい）」と書いた。

吉田綾香さんは両親を震災で亡くし、「死にたい。勉強しても仕方ない」と無表情で呟いていたが、今春保育士の夢を実現する。綾香さんだけでなく、この子らの行く先はなお厳しいと正直思う。でも心のケアを受け、喪の作業をすませ心の平安をとりもどし、自分の行き方を考えるようになれば、困難はあっても道は自ら拓ける。僕らはそれをサポートする。

二〇〇三年が明けた。経済も、政治も社会世相も暗いことばかりだ。でもそれがどうした。僕の生まれた三五年（昭和十年）は世界恐慌の余波で日本国中めしが食えず、移民に活路を見出す貧しい時代だった。戦争中も戦後も飢えとの闘いだった。今ウガンダの子らは、一日一食トウモロコシの粉のふかしたものを食べるだけで、小学校にも行けない。

遺児諸君、君らは人生で最も辛い親の死という試練を受けた。できないことは何も無い。と信じて生きてほしい。「切に想はば必ず遂ぐるなり」（道元）。
みんな一緒に生きていこう！

（二〇〇三・一・二三記）

「高卒就職難」をこう乗り切る

『おしん』の再放送が始まった。二〇年ほど前大人気で、世界五九か国で放映されたNHKのテレビ小説だ。明治、大正、昭和とまたがる〝女の一生〟だ。山形の山村の貧農に生まれ、七歳で米一俵の給料で一年間の子守り奉公に出る。雪の最上川を筏で下る、親子の別れのシーンが涙を誘う。苦労の始まりだ。

でも当時の日本としてはごく平均的な生活だった。僕の両親は義務教育は小学四年制で、父はすぐ金網職人の丁稚奉公に出て、二十五歳で店と所帯をもち、一一人の子どもができる。姉たちは小学校を出るなり奉公に出された。末子だった僕を大学に入れてくれたのは小学校出のため苦労した兄たちだった。そんな僕の家も極貧というのではなく、日本の庶民の平均像だった。

おしんが戦前、戦中、戦後の貧困と混乱を髪結い、露天商、行商をして懸命に生きスーパーマーケットを立ち上げる成功物語に人びとは自分の身の上を重ね拍手した。奨学生やOB・OG、若いあしながさんもぜひ「おしんの一生」を見てほしい。僕も見ます。

こんな話を長々と書いたのは皆さんに考えてほしいことがあるからだ。あの頃の貧乏人は小学校出でも、戦後ずっと経済が上昇基調で、一生懸命働けば、家を持てて、子には教育をつけ、年金も保障された。だが困ったことが起こった。折角あしながさんの暖かい心で高校に進学できた遺児が、今年最悪のピンチに立たされている。卒業しても仕事が激減して就職できない。かつての〝金の卵〟の就職内定率は全国平均七四・四％（一月末現在）で過去最悪を更新。工業高生でも八割程度だ。構造不況が定着し、工場が労賃の安い中国に移転しているのと、高卒の職場を大卒が奪っているからだ。

僕らは昨年九月から高卒就職組の内定状況を調査している。数字では全国統計と変わらないが、遺児家庭での状況は一般家庭の子よりはるかに厳しい。「学校の先生は〝もう自分で探してくれ〟とつき放す」「会社に落ちてやる気をなくし、これから受ける会社もない」「高卒では即戦力にならない」など。

おしんの時代は右肩上がりの経済で自助努力が実ったが、今は構造的な右肩下がりで、遺児高校生の就職難は遺児救済三十余年の中での最大最悪の問題だ。

春からの新年度、あしながファミリーが、一体となってこの危機に対応する覚悟だ。①高校奨学生は原則全員採用とし、大学進学を促す。②東京レインボーハウスに人づくりの学生寮「新心塾（仮称）」を併設増強し、生活保護でも進学できる環境を整える。③二〇〇三年度に土地を手当てし設計を始め、〇五年三月末竣工を目指す――。一刻の猶予もない。

米国がイラクに侵攻し、世界同時不況が憂慮される。

（二〇〇三・三・一九記）

苦しい闘いに様々な支えあって

副田義也先生の著書『あしなが運動と玉井義臣――歴史社会学的考察』は、僕にはとてもつらい本だ。冒頭の「母の交通事故」で、四〇年前の日々のことが一瞬にして蘇る。「ハハコウツウジコ」の電報を見たときの動転。病院に着くまでの地獄の想像。深夜、昏睡の母が片目を開いたとき交わした「敵討ち」の〝密約〟。手術と別れ。五〇万円に値切られた母の命。

一頁目から目がうるむ。字がかすむ。紙がぬれる。わずか一五頁読むのに、身も心もぐったりする。これが今でも僕をあしなが運動に駆り立てるモチベーション（動機づけ）だ。運よく交通評論家として交通被害者対策をTV、新聞で訴え、世論をバックに行政に迫り重い腰をあげさせる。だが、「官」と「政」を敵にまわしたのはこの時からだ。岡嶋信治さんと出会い遺児と共に歩む運命になる。

あしながさんの愛への恩返し運動で「災害遺児にも進学の夢を」と対象を拡げようとしたとき、行政と対立し、元首相の逆鱗にふれ「玉井を更えさせよ」の一言で「官・政連合」ができ、九四年春、僕は追放される。約三六〇億円の募金を残して。

追われた僕は交通遺児学生らがつくっていた「災害遺児の高校進学をすすめる会」に合流。遺児学生も職員も世論も災害遺児の進学を支えてくれ、九三年春には「病気遺児」まで対象を広げ「あしなが育英会」が誕生。苦しい闘いだった。九五年一月の阪神・淡路大震災で遺児学生達と市民ボランティアの遺児探しローラー調査、レインボーハウス建設に全世界から暖かい支援が相次ぐ。不況での自死遺児キャンペーン、星野タイガースのヘルメットキャンペーン、海外遺児と連帯する交流会と、遺児出身の職員の活躍で奨学生数とあしながさん、かけはしさんの支援は増え続け、心のケアは深みを増し、全遺児救済は着実に進んでいる。

ウソのようなマコトの話。先生から本書の企画を話されたのは一〇年前だが、僕は内容について一度も尋ねなかった。敬愛する天下の社会学者に「マテリアル（材料）である僕がとやかく言うのは非礼」と考えたからだ。初めて字を目にしたのは発売前々日の三月二十五日だった。

最後にお願いします。本を買って読んで下さい。四〇年に及ぶ運動の真実とあなたが大河ドラマの一人の主人公であることを確認してください。

（二〇〇三・五・二二記）

三副会長誕生の歴史的意味

あしなが育英会の副会長に三人の遺児ＯＢが就任し、会長である僕を補佐してもらうことが、先日の理事会で決まった。評議員にも二八人の遺児ＯＢ・ＯＧらを追加追認した。これで「遺児の、遺児による、遺児のための〝あしなが運動〟」の骨格がより明確になった。

二五年以上かけて、交通遺児母子の願いを御旗に、若者たちの理想と情熱と行動力をふり注いで完成させた「交通遺児育英会」は「官」「政」連合軍によって乗っ取られた。これは「寄付行為（定款。財団の憲法のようなもの）」を役所が作成した段階で、ビルトイン（仕組む）されていたのだ。理事長と常任理事を四省庁の事務次官が占め、補助金で首ねっこを押さえ、いつでも権力を奪う体制になっていた。僕は設立時からそのことを識っていたし、何回か役所は攻勢をかけてきた。それが守られたのは、圧倒的な（マスコミによる）国民の支援と、永野重雄会長（日商会頭）の政財界における存在感、石井栄三理事長（元警察庁長官）の正義感による。お二人が亡くなられると、攻勢は激しさを増し、手段を選ばぬものとなった。

それは書くのもおぞましいが、「平成三年五月六日、公文室長が橋本（龍太郎）大蔵大臣に呼ばれ、手紙（怪文書）を見ながら、『これでは手ぬるい。玉井を更えさせるべきである』との話が出た」。これが総理府の公文書に残り、国会で石井紘基代議士（故人）の質疑があり議事録にもなった。その数年前から怪電話、怪文書、週刊誌での中傷、告訴などに悩まされ続けていた僕には、大蔵大臣が怪文書を見ながら「手ぬるい、玉井を更えよ」というこの国は何なんだと。そのことばを利用したのは官僚だ。「勝てば官軍」か。

僕があしなが育英会の活動に専心することになってから、遺児学生と学生ボランティアのあしなが運動とあしながさん支援は、阪神・淡路大震災遺児のためのレインボーハウス建設活動を機に以前に増して熱する一方だった。

この一五年間、こんな理不尽と闘いながら、対象を交通遺児から病気・災害・自死遺児に進学支援を広げ、心のケアも高校大学の奨学生から幼児・小中学生にまで広げ、今やイラク戦争遺児・エイズ遺児など海外遺児との心の連帯運動を拡大している。担い手はあしながさんに育てていただいた遺児の大学生や高校生が中核だ。

こんな長い苦闘の歴史から、「遺児ＯＢの三副会長、二理事、一監事、八五評議員が誕生」した。上は五十歳の遺児ＯＢから新大卒まで。官僚は入れず、国の補助金は絶対受けない。

『あしなが運動と玉井義臣』第二刷決定。本を買って、読んで、熱くなって下さい。怒って下さい。

（二〇〇三・七・一六記）

今、なぜ学生寮「あしなが心塾」建設か

「いま阪神が優勝した！　星野さんと選手の皆さんの二年間の励ましに感謝して、祝勝会に切り換えよう！」母親の訪問調査と募金会議に参加していた関西と中四国大奨生ら約一五〇人は「ワーッ」と歓声をあげ、「六甲おろし」に変わった。

思えば、阪神のあしながヘルメットは伏し目勝ちの遺児たちの顔を明るくし、すぐ自慢となった。今年は全国の遺児が皆〝トラキチ〟だ。大きな癒し効果。あしながファンも新しい層に拡大した。星野仙一監督、ありがとうございます。子らは夢と勇気をいただき前進しています。

ただ、①今春の高卒就職率六八％、②高一生の母親の勤労年収一四〇万円の調査結果は、あしなが運動四〇年の最悪の数字でショックだったし、日に日に不安がつのる。収入が低いのはいつものことだが、一般世帯の三〇％となったのは極貧層のさらなる没落を意味する。かって〝金の卵〟と呼ばれた中高生が「使いものにならない」とレッテルをはられ、大学生と社会人がその職を奪う。遺児母子の努力を問題にするのは論外で、これは明らかに教育と雇用に対する政治の責任である。僕らはこの実態を世に訴え、憤りを形にせねばならぬ。かってキャンペーンで国民の支持を得、政治を動かしたように。怒り、訴え、闘おう！

一方で、①これから高校へ進学するのを全面援助し、②大学進学を促進する多面的な支援策を進めなければならない。高校生全員採用は既定路線だが、今年度より大学一年生を前年比一〇％増を決め、来年度の予約生も増員採用した。でもこれでは当面は資金手当てのめどはあるが、限度がある。

そこで東京に学生寮「あしなが心塾」建設に踏み切り、レインボーハウスに併設することにした。僕らには心塾で二五年以上の経験があり、現男性職員の大半は心塾生OBだ。八九年度には朝日新聞社から〝心塾教育〟に社会福祉費が与えられた。

特徴の第一は、生活保護家庭の遺児でも東京の私大に進学できること。月の寮費は一万円で朝夕二食付きだから、奨学金の五万円の残りで通学費、昼食代、教科書代が出る。歯ブラシ一本で入寮OK。授業料は日本育英会などの奨学金で何とかなる。

特徴の第二は、このところの教育と所得の二極分化ですっかり不利になった遺児たちを、あいさつ（礼）を重視し、「読み・書き・スピーチ」のカリキュラムで切磋琢磨させ「考動人（自分の感で考え行動できる）」をつくり、海外留学体験で「国際人」にする。僕は、塾長として四半世紀多くの人材が輩出した実績から、今こそ心塾の時代だと思う。甘さとなれあいと内向きの時代に、厳しく外向きに教育したい。賛同者に倍旧のご支援をお願い申しあげます。

（二〇〇三・九・二四記）

一生懸命な君を応援する

夏の山中湖の大奨生のつどいで映画『タイタニック』を観て一緒に考えた。時は第一次世界大戦の前、不沈といわれた世界一の超豪華客船がイギリス・サウザンプトンから米国ニューヨークへの処女航海中だった。一等船室の客は欧米の大金持ち、連日連夜社交の宴が開かれ、船底はアメリカへ移住する三等客だった。

放浪の若い画家ディカプリオと没落貴族の令嬢の恋がテーマだが、僕が言いたいのは違う。深夜、氷山と衝突する。救命ボートに乗る順番は一等客からだ。三等客の番になったときすでにボートはない。船客全員のボートは初めから用意されていなかった。彼らは救命胴衣だけ着け、氷の海に投げ出され凍死。これは日本の若者たちが置かれている状況に似ている。

若者の今の就職状況を、識者は「教育と所得の二分化」と分析するが、僕らは理屈を言っている暇はない。高三生の就職状況も大半が腰かけ程度のところが多い。二、三年で転職し、行きつく先は、〝氷の海で凍死〟につながる。安くて優秀な労働力、といえば二〇年も前は日本人のことだったが、今は中国をはじめ東アジアに目白押しで、日本の産業も工場移転をしている。日本の若年労働の質は落ち、人件費が高いので競争に勝てない。高校生（短大生・専門生もそうだと言われる）の実力が落ちてしまって使いものにならないから、大卒や社会人を即戦力として使わざるをえない、と採用する側は観ている。

この厳しい現実を直視したい。たしかに父の死が勉学の遅れに大きい影響をもたらしていることは僕らが一番識っている。だが言い訳はしていられない。就職を自分の力で果たすのはお母さんへの孝行だし、奨学生としてあしながさんへの義務だが、何より君自身の人生のためなのだ。僕らはそれを全面的に応援することを約束する。

頭の良し悪しは人生の全てではない。いや頭のいいのも一つの才能にすぎない。西本征央先輩は秀れた頭脳の持ち主だったが、彼が偉かったのは生涯「WORK HARD（一生懸命やる）」を貫いたことであり、億単位の人類を救う薬をつくるというモチベーションを持ち続けたことだった。僕はかつて唯の一回もクラスで一番にもなれなかった鈍才だが、あしなが運動では若い仲間と共に世界で唯一の運動体を創造した。西本君と僕は道は違っても互いに尊敬していた。

君も何かやりたいことを求めればきっと一生懸命になれる。東京と神戸の「心塾（こころ）」では、一生さびつかない業（わざ）

を磨いていこう。厳しさをいやがらず、七十歳まで働いて食っていける何かを身につけよう。WORK HARDは辛くなんかない。人生に勝つにはこれしかないし、必ずできる。

新しい二〇〇四年から心新たに。

（二〇〇三・一二・一六記）

心塾においでよ、一緒に人生ふくらまそう！

二〇〇三年は悲喜こもごもだった。

星野タイガースの快進撃と優勝に「夢に向かって前進せよ」と励まされた遺児たちは歓喜した。何と素晴らしい癒しだ。

晩秋、ＯＢで世界的な医師西本征央君、ガンで急逝。痛惜。

年が明け、〇三年度「朝日社会福祉賞」があしなが育英会に贈られるとの朗報。「災害・病気・自死遺児にまで育英制度を広げ、心のケアも震災遺児から自死遺児、さらに海外の戦争遺児、エイズ遺児と世界規模に広げた」。八九年度の同賞個人部門で「交通遺児の育英と心塾教育」が評価され不肖玉井が受賞した。これで、六九年以来のすべての遺児への育英と国内外の遺児に心のケアを広げたことが評価されたことになる。活動の中心はつねに遺児学生とボランティアで、そのエネルギーの源泉はあしながさんの無償の愛だった。だから言うまでもなく、本当の受賞者はみなさま方である。

でも喜んでばかりおれない。遺児を取り巻く環境は急激に絶望的に悪くなっている。高卒者の就職率六八％、母の勤労年収一四〇万円。危機ラインを突破した。受賞が峠の頂だとしたら、後は下り坂だ。「貧乏の谷底に真っさかさま」となりかねない。

〇四年、僕らのあしなが運動の大目標は東京に「あしなが心塾」を建設することだ（レインボーハウスと併設）。谷底に落ちる前に、大学に進学させ、自分でめしを食べられて、世のため人のための堂々の人生を送られる実力を心塾でつけさせたい。

先日、神戸の虹の心塾と東京の新塾（一〇人ほどの私塾）の成人式で、僕は成人者へのお祝いと、また自戒を込めて「人生は闘いである。モチベーションをもって、WORK HARDせよ」と説いた。僕はこれは人生すべてにあてはまる生き方の基本だと思っている。経済のグローバル（国際）化で厳しい優勝劣敗の世界が現出したが、それはまた敗者復活〝七転八起〟の可能な世界である。一度敗けたら投げてしまうのでは、人生八〇年時代がもったいない。長期、中期、短期のセルフイメージ（目標）を持続し、自助を重ねれば必ずチャンスは再来する。こうしたい、こうありたいと念じ続ければ成功の女神はきっと君に微笑む。人生七〇年、僕の信念だし、哲学だ。

星野仙一監督の「夢に向かって進め」も、クラーク博士の「ボーイズ・ビー・アンビシャス」も同じだ。理想・目標を高く掲げて「やる気でやれ（WORK HARD）」ば、いつの日か成就する。目標のない人生は短命に終わる。投げてしまったあとの人生は無に等しく、空しい。

ＯＢ西本医師は小学生のとき、お父さんは彼をプロレスラーに育てたくていつも腕立て伏せで鍛え、ついに一日五千回を達成する。後年、「三時間睡眠で研究しているときも、疲れてもピペット（少量の液体を移動させたり計量する化学実験器具）は寸分狂わなかったのは鍛錬のおかげ」と僕に語った。人生の面白さは、西本君のような天才でも、クラスで一番になれなかった僕でも、セルフイメージをもって一生懸命やれば成就することだ。今の心理学では「誰にも成功は可能であり、不成功に終わるのは目標を早く捨てるからだ」と言われている。

心塾は自分さがしから、目標探しの場である。芋の子洗いの中で、ひとを知り、自分を知る。友もできるし恋愛もするだろう。何のために、誰のために生きるのかを青春時代に考えることは重要だ。人生八〇年時代、挫折にへこたれず「考動（自分の頭で考え行動する）」的に人生を創ってほしい。

心塾でいっぱい話そう。体験しよう。人生ふくらまそう。人生は無限の可能性がある。心塾へおいでよ！　一緒に人生しよう！

（二〇〇四・一・二五記）

〝元祖あしながさん〟上田都美さん

二月十三日の昼下がり、懐かしい人が来局。上田都美さん、八十二歳。「あしながさん」制度の産みの親といえる。

七八（昭五十三）年四月、交通遺児育英会は人づくりの学生寮「心塾（こころ）」を開塾した。「奨学金だけを送るだけじゃなしに、人づくりの塾をつくれよ、玉井君」。緒方富雄東京大学名誉教授（故人、洪庵の曽孫）のお勧めによって建てたものである。あれから三〇年になろうとしているが、大秀才とはいわないが、極貧の子らは大学を卒業して「心、それが人間を人間にする」（緒方先生の教え）を地で行き、各方面で活躍し、いい家庭を築いて、自他の幸せ創造に励んでいる。

話は飛んだが、その七八年頃、第二次石油ショックで狂乱物価となりトイレットペーパーの売場に行列ができ、銀座のネオンは消えた。育英会の財政も先行き不安だった。僕は、七九年四月、教育里親「あしながおじさん」

制度をマスコミで呼びかけたところ、女優森光子さんら多くの方々が応募してくださって危機は去り、遺児たちの、あしながさんの無償の愛を拡げようと、災害遺児育英の恩返し運動へ発展していく。

そのあしながさんの原型を身をもって教えてくださったのが、上田都美さんだった。奨学金制度を始めた六八年頃から毎月定期便のように、達者な毛筆で現金を送ってくださっていた。

「拝啓　不順な陽気で開花した桜も足踏み状態、やわらかな春の日ざしを待ちのぞんでいます。入試もすっかり終わり三月は巣立ちの季節、各自の道にむかって胸ふくらましている事でしょう。

さて参萬円也同封いたします。何卒よろしくお願いいたします。かしこ

一九六八年三月」

いつも匿名だった。しかし、教養ある〝老婦人〟と思って、書留の消印が東京本所だったので〝本所のオバアチャマ〟と言っていた。その後、毎月亡きご主人への墓参りの途中に送金してくださっていること。上田都美さんの名と歯医者さんであることがわかる。

僕は上田さんのように毎月継続して「ご寄付」くださる支援者をつくれないかと考えた。幼時、姉が読み聞かせてくれた小説『あしながおじさん』が脳裏をかすめ、七九年春の呼びかけとなり、支援者は倍増する。

冒頭に戻る。「一昨年歯医者を引退しました。わずかばかりの資産ですが、万一の時はあしなが育英会に遺贈します」。僕は深々と頭を下げた。僕が腰の手術をして入院していたとき、お見舞いを受けて以来、二度目の対面であった。

だから、あしながの子らは真直ぐ育つんだ、と心の中で思った。

（二〇〇四・三・二八記）

二二人の新入塾生の心に花一輪

五月中旬、神戸の「虹の心塾」で新入塾生二二人を面接した。面接というと堅苦しいが、大学に入って一か月余、心塾でも一か月が経てば、期待はずれのこと、なじめないこと、いやなこともある。夢や目標。その聞き役だ。

毎年七人から一〇人しか入塾しないのに今年は二二人入ったのだから、四八人定員の塾の半分が新入生になった。心配していた「大学が思っていたのと違う」「集団生活についていけない」という悩みは少なかった。高校生のつどいが大好きという連中が多いからか、皆、ファーストネームで呼び合っている。

地元のだんじり祭でも今や塾生パワーなしには進まない。でも今年はなぜか一年生女子がでかいツラして目立っている。レインボーハウスが建つ本庄町は有数の激震地で、たくさんの家が倒れ、犠牲者も多かった。全国から集まった遺児たちが地元の方と、祭を盛り上げているのは嬉しい光景だ。関西には余り進学しない青森・秋田・山形からみちのく三人娘が一度に入塾するなんて、三〇年近い心塾の歴史でも初めてだ。「月一万円」増額の効用だ。

面接していて嬉しかったのは、「人類のために発見したい」「厳しい心塾で修行する」「語学を必ずマスターする」など、高度経済成長下でたるみ切っていた若者（大人が悪い）が、「天は自ら助くる者を助く」という「自助」の大切さをわかりつつあることだった。僕も近年、「モチベーションを高め、WORK HARDせよ」と言い続けているが、要は「やる気で一生懸命勉強（仕事）せよ」ということで、人生これに尽きる。一年生と話し合って、心塾教育に対する自信と期待を新たにした。

四月三日の入塾式には、わが師、桂小金治さんが記念講演をしてくださった。四〇年前、交通事故撲滅、交通被害者救済という共通の悲願を、超高視聴率番組「桂小金治アフタヌーンショー」で、二年半毎週キャンペーンをご一緒した。そこで、遺児救済のあしなが運動がスタートし、数々の実績をあげ、基礎ができた。小金治師匠こそ遺児の恩人であり、我が戦友だ。

師匠の話に塾生は泣いたり笑ったり、心を揺さぶられっ放しだった。厳しい父親の躾(しつけ)と母親のフォロー、仕事への取組みや人の情など今の世になくなった「家庭教育」の原型だ。名人級の話芸なので、小中高生や大学などで招いて聴けば、学者の話よりはるかに子らの心をとらえること間違いなし。

塾生に感想文を書かせた。驚いた。とらえる視点がすべて違う。辛い人生の体験を持つ新入塾生の心にしみいり、新しい決意をもたらしたようである。

（二〇〇四・五・二八記）

百年の計には人を植えよ

一年の計には籾(もみ)を植えよ
一〇年の計には樹を植えよ
百年の計には人を植えよ

これは四千年の歴史を誇る、中国の故事という。教育の壮大な理想に打たれる。

江戸時代の寺子屋の読み書きが明治・大正・昭和の人づくりを底辺で支えた。商家にあってはソロバンは習いごとの必須だった。士族の子は字もろくに読めない幼少の頃から、論語や四書五経を素読（そどく）（意味を理解することなく声を立てて読むこと）させられた。かの西洋でも「読み、書き、ソロバン」は学問の基礎と重んじられた。まことにローマは一日にして成らず、である。

また昨年早世した西本征央君のことを想い出す。高一の夏休み、白楽天の「長恨歌（ちょうごんか）」の暗誦が宿題に出た。全編七言一二〇句からなる、玄宗皇帝と楊貴妃の悲恋の叙事詩だ。寝ても醒めてもトイレの中でも、彼は声をあげて覚えた。学校が始まり、他に誰も暗誦できる者はいなかった。天下の灘高の三〇年前の話である。

西本君は記憶力が良かったから覚えられたのではない。歴史的なラブストーリーへの没入と、普通の努力では貫徹できない限界への挑戦を自ら楽しんだに違いない。この姿勢が超一流の臨床医なのに、「億単位の人を救いたい」と基礎研究の道に入り、超人的な偉大な論文を積み上げた。「私は世界の学者とどんな話題でも英語で議論できるんです」とちょっと自慢したことがある。人間の人格と目標と努力が教育のエネルギーだ。

あしなが運動が四〇年続いたのは、多くの人々の支えがあったからだが、僕の三人の恩人のことをちょっと書きたい。永野重雄初代会長（元日商会頭、小五で父病死。新日本製鉄初代会長）。「タライでは小魚しか育たぬ。大海に放ってやれ！」。石井栄三初代理事長（元警察庁初代長官）。「官」の介入にさいごまであしなが運動と僕を守ってくださる。気骨の官僚。緒方富雄理事（洪庵曽孫。元東大医学部名誉教授）。「玉井君、人づくりの塾をつくれよ」「いつの日か、遺児という言葉を使わないようにしようよ」。教育の恩人。

いずれも鬼籍に入られて久しい。バブルがはじけ、モラルも崩れ、不信と不安だらけの社会になった。仰ぎ見るような巨木、巨樹が少なくなった。高度経済成長の果実と引き換えに、日本は江戸時代以来の教育の成果を売り渡したのだ。教育の復興にはまた百年かかるだろう。
だからこそ土を耕し、若い苗木を植え、水と肥料をやり志高い人間づくりを続けていこう。
日野に最初の心塾を開いてから四半世紀を超える。
「心、それが人間を人間にする　緒方富雄」

（二〇〇四・七・一四記）

IMAGINE（ご想像を）「心塾」

やっと心塾とレインボーハウスのイメージ画ができました。半年がかりでイラスト作家・青山邦彦さん（大学院で建築を学ぶ）と出会い、そこで大学生や子どもたちが何をするのか、一枚のカンバスに書き落としてもらいました。

丘陵の右上の心塾は四人部屋で勉強するもの、ダベる仲間。便所掃除も大切な心を磨く修行です。部屋を出ると男女、他の部屋の仲間、上級生と語り議論します。隠れていますが三年生以上は個室ですし、地下のように見えるのが自習室です。会えば一日何回会っても挨拶するのが心塾のオキテで、今時の若いものは挨拶しないものが多いのですが、「挨拶こそ心を開いて相手に迫るの意」でどこでも必要、多国籍社会では必須です。

左下の建物はレインボーハウスですが、一階で大学生が講義を受けています。心塾講座で外部の有名人の話を聞き、出題された問題にその場で文書作成します。三分間スピーチもこんな感じで皆の前で話し、講評を受けます。読書は自室、電車の中などどこでもできますが、読書感想文を書きます。講演や本を刺激として自分の考え方を練り上げ、文章作成でも、スピーチでも、プレゼンテーションでも、ディベートでも、何でもできるように修練します。「考える、自分の意見をもつのが大学生」です。

屋上では世界各国の遺児がつどう国際交流会です。国内外の遺児の連帯と共生を進めます。塾生は在学中どこか海外留学研修をさせるのが理想です。世界観、価値観が広がり「大人」になり、勉強や人生に目標をもって本気で頑張ります。四半世紀のノウハウに自信があります。

目を外に転じて下さい。緑、ミドリ、みどり、これこそ、この地を選んだ最大の理由です。父の死で深く傷ついた心を「緑」は黙って癒してくれます。作家さんに無理を言って、一枚の絵に春の桜、竹林と竹の子、秋の黄葉の美事さを描いていただきました。花見よし。竹の子ご飯パーティーは太い竹を切ってそれをお釜代りにたくのですよ。萌えるような若葉。冬は落葉し日野のまちが一望でき、毎朝富士山が見えます。

絵をゆっくり微細に観察していろいろなものを発見してください。モチつきもやりますよ。要は、心塾もレインボーハウスも政治家や行政が血眼になる「ハコ」ものではなく、たくさんの機能をもつ教育のソフトウエアなのです。無限の可能性をもつ人間を輩出する「あしながの幼稚園から大学まで」です。

かつてジョン・レノンとオノ・ヨーコの「IMAGINE」は大ヒットしました。この絵をご覧になりながら、いろんなことをご想像いただけると幸いです。

（二〇〇四・一〇・一六記）

遺児を「ニート」にするな

昨晩、星野仙一阪神前監督のチャリティ・トークショーが神戸で開催された。田淵幸一前チーフ打撃コーチを相手に千人の聴衆をまったく飽きさせない達者な話術で、トラキチの拍手がとぎれることはなかった。八年中六シーズン最下位だった阪神を二年で優勝させたのだから、大変な人心掌握術だ。

途中で何回も「監督に復帰しなきゃ」と田淵さんが言って喝さいを浴びていた。僕は、二つのお礼を言った。①あのヘルメットの「あしなが育英会」で知名度は飛躍的に上がった、②遺児への励まし「夢と希望をもって前進せよ」は多くの遺児を立ち直らせた、と。母上の胎内にあるときお父さんを失った星野さんだからできた応援歌だったと胸を熱くしながら、寄付を頂き握手した。

〇四年が終わり〇五年が始まろうとしている。〇四年は「朝日社会福祉賞」受賞でスタート。①交通遺児から災害遺児・病気遺児・自死遺児へとすべての死因の遺児に奨学金制度ができた。②国内の遺児だけでなく、海外の遺児への心のケアにまで拡がったことが顕彰された。担い手は交通遺児ＯＢを中心とした第二世代で歴史の転換を暗示していた。あしなが四〇年のエネルギーは確実に膨張している。だが大不況でどん底に叩き落とされた経済弱者は、一時的な〝好況〟の恩恵も受けないまま、教育就職面で最劣位に置かれている。遺児母子家庭はその代表だ。年収は減る一方で、大学進学など考えられず、高校で就職しようとしても働き口がない。

フリーター、派遣社員から最近「ニート」という救いのない若年無業者が五〇万人を超え、日本社会を揺るがす大問題となっている。「NEET＝Not in Education Employmennt or Training」教育も受けず、働かない、職業訓練も受けていない若者をいう。ひきこもりも含む。時どき働くフリーターより問題は深刻だ。専門家は「中卒、高卒・中退者が多く、親も豊かとはいえない」と言う。

僕らも四〇年近く遺児とつき合ってきているが、遺児の中での最貧層とはつき合ってはいないのではないか、といつも心が痛む。高校奨学生にならない限り、つどいで会ったり、毎年の生活状況は摑めない。星野さんの「夢と希望をもって」という前段階で足を踏みはずしてはいないかという危惧の念は、ニートの出現で大きくなる一方だ。ニートは個人の努力をこえた日本社会がはらんだ新しい「悪」だ。人の下に人をつくる、新しい階級社会の始まりだ。僕らは彼らが「夢（目標）」をもてる最後の砦として、東京に「あしなが心塾」をつくり、「希望」を抱いて飛翔させる〇五年にしたい。力をふりしぼって挑戦する。

よいお年をお迎えください。

（二〇〇四・一二・二一記）

バベスちゃんの涙がかわくまで

僕はなぜかその少女が気になっていました。

一月十七日、一〇年前の大地震で六四〇〇人が亡くなり五七三人が遺児になった日、神戸市の追悼式に出て明日は帰国するという夜、「国遺連」のお別れ会をしました。食べ、歌い、民族の踊りを披露する楽しい宴でした。その少女アミナ・バベスちゃん（十二歳）は、外国の仲間に中近東での大人の女性たちの踊りをして、喝采を浴びていました。次の瞬間涙を流す彼女を引率者のお姉さんが抱き抱え、おばさんが肩をさすった。

ババスちゃんは、〇三年五月、アルジェリアの大地震で両親を亡くしました。僕は吉田綾香さん（二十二歳）の阪神・淡路大震災の心の状態を想わずにはおれませんでした。小六のとき両親を一度に亡くした彼女は一年たっても二年たっても笑うことはありませんでした。作文には「死にたい。勉強してもしょうがない」と。バベスちゃんも、今はまだ暗い闇を一人で歩いているような感じなのでしょうか。

ババスちゃんは一月七日の東京での「国遺連」開会式にも出たくないと泣いていたようです。長岡で被災中学生との交歓会、長野飯山で初めて見る雪でのかまくら遊び。雪合戦ですこし元気が出たのか、十日、新宿駅頭での「津波遺児を日本に呼ぼう」募金では、涙を流しながらしっかりマイクをもって訴えていました。夜七時のNHKニュースのトップの映像は、多くの日本人に強烈な印象を与えたに違いありません。自分のように両親を亡くして途方にくれている津波遺児の気持ちを代弁する、涙の訴えだったのでしょう。お別れ会の終わり頃、バベスちゃんは僕の首にぶらさがり「アイラブユー・ベリーマッチ」と言いました。親がいたときは毎朝毎晩会えば抱擁しキスをし合ったことでしょう。僕は「私たちにもっと愛をください」と聞こえました。

長けっち（長宅智行君）も、何年もただレインボーハウスに遊びにきていました。「同じ年頃の子とアホをし、アホ言うために」。レインボーハウスの良さでしょう。

私事ですが、僕も一六年前、妻をがんで亡くしましたが、時計はそこで止まっているような気がします。喪われた愛は愛でないと埋められない。長けっちも「お父さんは死んだけど、あしながで多くの人と会えた。死を無駄にしないよ父さん」というのは多分このことです。彼が「津波遺児を呼ぼう」と訴えるまで、長い一〇年の歳月と人びととの愛の交流があったのだと思います。

バベスちゃんが今もアルジェで夜、涙で枕をぬらしているんだ、と思うと胸が痛くなります。

今年、第六回の「国遺連」は平年どおり夏に戻し、日本のあちこちであしながの高奨生とも交流がもてればいいと思っています。そのときはバベスちゃんも、他の仲間も、きっと津波遺児を慰めながら、仲間と共に生きている実感を深めるでしょう。〇六年夏、第七回とは気が早いですが、東京に心塾とレインボーハウスが建っています。そこに泊まって日野の夜景を楽しみ、昼は庭でせみ採りをしてほしい。バベスちゃんはその時もうお姉さんだよ。

夢はもっとふくらんでいます。僕の理想は、各国の遺児の中から英語と日本語をよく学んで心塾から大学に通い、いずれ故国であしなが運動を広めること。そうなれば遺児を人身売買するなんてことはなくなる。これは絵空事ではありません。僕が大人になってから五〇年、歩んできた道、考えてきたこと、日本人、とくに遺児が胸を張って生きていける世界を模索してきたこと。「世界はゆるやかに一つになっていく」「バベスもアヤカも長けっちも連帯して生きていける」「外向きに外向きに」。

初代会長で財界巨頭、小五で遺児になられた永野重雄先生（故人）いわく「玉井君、五十、六十は鼻たれ小僧だよ」。僕は、この新聞が届く頃、ようやく小僧を卒業する。先生、もう暫く、天空からご叱正を！　心の恩師緒方富雄先生も。

（二〇〇五・一・二六記）

遺児だからチャンス一杯あるよ

甲子園大会での井内良介の活躍と、三年前の始球式争いを知り、震災遺児たちの成長は破竹だと、僕は遺児の可能性を確信し、にんまり。結局始球式で投げた長宅智行は、震災一〇年のこの一月、世界の震災遺児らと「津波遺児を呼んで日本の遺児らと夏のつどいを合作しよう」との共同宣言を決めた。

いま埼玉の高校に学ぶ西山雅樹は、今月初めスマトラ島のバンダ・アチェの被災現場に接し、津波遺児と自分史語りをして目の色が変わり、顔が引き締まった。神戸で一〇年前両親を亡くしたマサキの、当時七歳の顔も見てほしい。

人はみな苦楽を貯えながら生き、目標を摑んで行動した瞬間、開花する。良介も智行も雅樹もあの時小一か小二で辛い悲しい重い悶々の日々を送っていたが、それがバネになって全国の同じ年頃の子より一足先に逆転の一発を打った。辛抱する樹に大輪の花が咲いた。

塾生たちも旅立ちの季節だ。神戸虹の心塾も五人が卒業。女性二人の進化は目を見はらせた。中川書紀は「つどい大好き人間」で福岡から入塾。だが聞くと住むでは〝大違い〟。一年の夏休み前の面接で涙ポロポロ、「ああ、だまされた、だまされた」。塾内の規則はきついし、学食で昼食を食べるお金もない。授業が終わると一目散で帰って塾の夕食を待つ。自分が哀れでならなかった。三月卒業と卒塾。肝炎で半年休学したのに、四年間で開学初めての飛び級卒業。しかも学長賞と大学院合格。「心塾最高デス」。書紀は人生の極意を摑んだ。

私塾「新塾」――陰の存在で、あしながからは一円も援助していない。八年間に九人を卒塾させ、二二人の塾生が出入りし、百数十人の全国遺児学生の東京宿だったが、今月閉塾した。あいさつもできない、おとなと話はできない、常識しらずの子が安宿などで入塾してくる。それを上村宗弘塾頭が手とり足とり。二年も経つと人間らしくなり、海外留学でもしてくれれば見違えるようになる。

上村は生後二か月で父を亡くし独力で東京大学に入学。九四年秋、「官」「政」「一部新聞」があろうことか、学生募金潰しをはかる。怒った彼は二年四回事務局長を張ってあしなが運動を守った。感ずるところあり医学の道に。その間、新塾塾頭を買って出た。苦難の人生にけっして音を上げなかった。四月、元祖「心塾」時代の愛を育んで亜希子さんと家庭をもつ。ありがとう、上村君。お幸せに。

遺児には誰も順風の人生はない。が、機会は巡ってくる。そのとき、ジャンプしてその前髪を摑めばいい。人生はそれほど不公平でもない。あしなが心塾は来春建つ。いろんな話をしてあげよう。いろんなことさせてあげよう。おいで！

（二〇〇五・三・二五記）

辛苦は成功の母、自助が父

東西の学生寮が元気と希望に満ちあふれている。神戸の「虹の心塾」は、定員が五〇人の寮なので上級生を含めて四六人、二段ベッドで対応。〝女高男低〟だが、東田健一塾頭によると「黄金の二年生群に追いつけ追いこせ！」先は長い、ポチポチやりや。

東は「あしなが心塾」が建設中なので、近くの企業の独身寮を借り、六畳二人ずつでスタート。会議をする部屋もないので、お隣りさんの神社・社務所で正座して入寮式。一年生二八人（男子一一人、女子一七人）と女子優勢。上級生一五人がリーダーとして入る。食堂が狭いので、桜満開の心塾建設現場で青いビニールシートの上で祝宴。といっても質素なお弁当とお茶。生涯忘れえぬ寮生活のスタートになるだろう。ぜひフレッシュマンの顔と人となりを想像たくましくして摑んでやってほしい。

東の寮で全員面接した。皆、キラキラしている。食事は美味いか？　通学、授業になれたか？　昼は学食で何を食べているか？　悩み困っていることは？　来年の授業料のめどは？　目標は見つかりそうか？　いわば生活全般のカウンセリングである。皆、お金がない。貧乏で寮がないと進学できなかった子ばかりだ。これから悩みも出てくる。でも、〝若竹〟はどんどん育つ。

虹の心塾では、遺児OB四十二歳、心塾五回生・櫻沢健一の「入塾記念講演」のスケールの大きさに驚嘆。高一のときに僕が〝つどい〟で目をつけたが、一〇のアドバイスに三つ位しか聞かず、自分の道を自ら考え歩んだ。今や全国区の逸材。生後八か月で父と死別。姉の妙子は勉強も長距離走も抜群。「弟のために私は高卒で就職します」。その姉が今は苦労を重ねた母親を引き取り、結婚していい家庭を築いている。長女は女優、声優。自助自立を絵に描いた堂々の人生。健一はこれからまだまだでっかいことをやってくれそう。心塾教育万歳！

一月、震災から一〇年。神戸の震災遺児高校生の活躍は止まらない。今春まで「国遺連」は神戸と海外の遺児との交流会だったが、この夏全国の遺児千人で津波遺児百人を迎えて、癒しのつどいを行なうところまで一気に拡がる。山中湖を大学生らと、岩手山・赤城・阿蘇山では高校生と癒しのコラボレーションだ。言葉は心配ない。あの大津波で親を亡くして半年ちょっと。津波遺児たちの深い心の傷を想像してやさしく包むようにしてあげて！　きっとうまくいくよ。遺児ワールド拡大一途。

あしながJリーガー、前田雅文（二十二歳）がJ1「一万点目ゴール」の快挙！

あしながっ子はすごいね。日々、進化している。

（二〇〇五・五・三一記）

ルザリさんの声に耳傾け行動を！

インドネシアの津波遺児、ルザリさん（十七歳）の詩を読むと、TSUNAMIが彼と父、母、祖母、姉二人、兄二人と弟を一瞬にしてバラバラに引き裂くむごい所業に胸がつまる。

姉は、父と母の手をつかんでいたが、母はけがをして大量の水を飲んで亡くなる。それでもしっかり手をつかんでいたが、やがて力尽きてその手を放してしまうしかなかった。そのとき父は、祖母は、兄は、弟は、と短い詩の中に書き込まれている。一人ひとりの人生が一瞬にして変わり、家族が崩壊していくさまが痛いほどわかり、この人達のこれからを想わざるを得ない。胸がしめつけられる。

ＴＶが報道ドキュメンタリーで、沖で漁船が呑み込まれるさま、海辺で人が足をすくわれる瞬間、島に上がった津波が建物を、車を、樹木を、すべてをすごい勢いで市街地を浸していく中で、多くの人々が命を落としていく暗示的シーンを写す。映像でないと伝えられないワザである。だが箱に入った世界（ＴＶ）は、二度、三度見るうちに慣れてしまう。神戸の震災もそうだった。でも忘れていいのか。

まだ悲しみ癒えぬ、ルザリさんがどんな想いでこの詩を僕らに書いてくれたか。「想像してほしい（IMAGINE）」たくさんの悲しみを読みとってほしい。日本の遺児千人がもうすぐ津波遺児らほか一六か国百人と「癒しのつどい」をコラボレーション（合作）する。愛する人を亡くした遺児たち同士――ことばがよくわからなくても、表情をよく見ていてごらん、所作振舞いを五感をピーンと張りつめて観察していてごらん――きっとわかるから。心配はいらないよ。

かつてビートルズのジョン・レノンが歌った名作「イマジン」。ＮＹ９・11の直後、テロの脅威を政府がつくろうとしたとき、この〝反戦歌〟が静かなブームをまきおこした。民の心は健全だった。

インドネシアの地震津波の被害額が四五億ドル超。義援金は随分集まったとか。でもバンダ・アチェ（インドネシア・スマトラ島北部アチェ州州都）は半年経っても何も復興の兆しすら見えない。死者不明者約二二万人。遺児たちは政治からも大人からも見捨てられている。

招待できるのはその何百分の一にも満たないけれど、同じ愛する人を失った心の痛みを話し合い、トモダチの歌をうたい、ゲームをしながら、心の傷を分け合い、生きる糧にして、元気と笑顔を取り戻してほしい。

大人が争いを続ける間に、世界の遺児は一億人を超えた(ユニセフ)。それでも大人たちは懲りない。僕らは目に見えないほどの小さい力を結集して世界の遺児連合で対抗したい。金では負けるが、やさしい遺児の心で連帯と共生をめざそう。

七・九。亡妻由美一七回忌。

(二〇〇五・七・一五記)

森光子あしながさんに文化勲章

〝あしながさん〟制度発展の恩人、女優森光子さん(八十五歳)が、今日二〇〇五年十一月三日、文化勲章を受けられた。僕がというより、全国の遺児たちとあしながさんが皆心から喜び、祝意の喝采を送っていることだろう。

森さんがあしながさんになってくださったのは七九年四月十九日。「どこかの誰かが遺児に名も告げず、そっと奨学金を送る〝あしながおじさん〟になってください」と発表したら、翌日電話鳴り止まず応募殺到。僕が取った電話の主が森光子さんご本人だった。びっくりした。住所氏名を名乗られたあと「売名ではないので公表しないでほしい」。後日、僕との対談で、森さんは「わあ、なんてすてきなんだろう。私も〝あしながおじさん〟に参加できるんだと思い、何のためらいもなく電話しました。だって、どのお子さまかわからない。その子にそっと……。夢があるじゃないですか」と。

その年の秋の学生募金から数寄屋橋の街頭に立って訴えてくださる。「売名でないことは長く続ければわかっていただけるはずですから」。「森さんも十三歳のときお母さまを亡くされたとか」。「母は祇園の芸者でした。哀史でなく、三味線が好きで好きで。父が京都大学の学生さんのとき恋愛、母は未婚の母になったのです」。森さんが京都府立第一高女の一年生の夏、お母さんが他界され、女学校を退学。従兄で当時の大スター俳優の嵐寛寿郎の縁で、十四歳で映画界入り。舞台、歌手何でもやる。戦争中は軍の慰問で中国や南方へ。戦後は進駐軍のキャンプで振り袖で歌う。無理がたたって肺結核に。辛酸をなめるが、その都度恩人が現れ、助けられる。そして、劇作家菊田一夫との出会いから『放浪記』が始まり、実に一七九五回の超ロングラン(十月二十九日現在)となり、その業績が認められ今回の叙勲となる。

僕は想う。「森あしながおばさん」は〝苦しきことのみ多かりき〟の半生だったからこそ、やさしさとあたたかさに満ちみちたあしながさんの理想像だった。僕は制度とネーミングを考案したが、六万人超のあしながさんを増やす牽引車になって、九二年秋まで一四年間街頭で立ち続けていただいた森さんのおかげだ。ありがとうございました。あしながさんの愛を広めようと、交通遺児から災害遺児・病気遺児らへの奨学金制度づくりをめざした遺児らの恩返し運動を「官」連合が阻み、一〇年戦争になり、森さんは街頭参加もできず、ご迷惑をおかけした。でも恩返し運動で全遺児進学のあしなが育英会ができた。関西では西川きよしさんが街頭へ。

また今秋、東京に巨大な助っ人が登場。柔道の五輪「金」の、山下泰裕さん、井上康生さん、塚田真希さんの東海大師弟トリオだ。気はやさしくて力持ち!

第二、第三の森さん続々。

(二〇〇五・一一・三記)

親の死の原点を忘れず今日もやる

新しい年〇六年を遺児ファミリーあげて希望の灯を自助で摑みとる年としたい。

〇五年は世界で貧富の二極分化が進み、遺児ファミリーは困窮のどん底に叩き込まれ、進学も就職もままならぬ状況にある。でもここで世界の弱肉強食社会化や、日本の貧乏人切り捨て社会（経済と政治の構造変化）に抵抗し、遺児ファミリーの存在理由を日本だけでなく二億人遺児が貧窮にあえぐ世界に誇示したい。「遺児救済、遺児と共に歩んだ、あしなが運動四〇年」のノウハウとスキルを駆使して、世界で増え続ける二億人遺児と連帯し、共生し、打開のために「考動」したい、と決意する。

阪神・淡路大震災から一〇年目の〇五年は、一月には世界一一か国六〇人の遺児が神戸に集まり、犠牲者を鎮魂するとともに、その一か月前インド洋大津波で亡くなった二十数万人と遺児たちの心を考え、話し合った結果、〇五年夏、津波遺児を中心に日本に招待し、はじめてあしなが奨学生（高・大・専）千人とのつどいコラボを行うことを決定。直ちに厳寒の街頭募金を敢行した。震災遺児もエイズ遺児も、NYのテロ遺児も、アフガン空爆とイラク戦争の犠牲者の子らも、心を一つにして新宿駅西口と神戸元町駅前の寒風の中で、「津波遺児を日本に呼ぼう」と訴えた。子どもの世界に敵味方はない。長野県信濃平では吹雪の中で雪合戦。神戸の震災遺児の恩返し「国際交流会」がぐんぐん育っている。エネルギーは「愛」。

〇五年春、ASHINAGAグループは津波被害が最もひどかったインドネシアのアチェ州に日本の遺児たちを調査に派遣。原爆投下後の広島・長崎のようでその惨状を見て津波被災五か国五〇人遺児を中心に九〇人のサマーキャンプ招待を決めた。悲しみに打ち沈む子らを招待するのは酷のようだったが、各国の遺児と交流し、あしなが奨学生とふれ合う中で、津波遺児の顔には笑みが戻った。神戸一〇年のケア活動は見事に活きた。交流を三年続ければきっと、心のケアのノウハウ、スキルも人類の資産となると信じた。

僕らＡＳＨＩＮＡＧＡはウガンダの次に、このアチェで長年遺児教育をされている「アブラムウー（フラワーアチェ）」のスライアさんと組んで、三年計画で大学奨学生を毎年五〜六人派遣して、現地遺児との連帯と共生をはかりたい。僕らがやることは、砂漠の一粒の砂、大海の一滴の水のようなものかもしれない。でも四〇年前、交通事故で母親を亡くした僕と、親代わりの姉上を亡くされた岡嶋信治さんが遺児救済を誓い握手した。同志は一〇人ほど。

それが今、すべての遺児救済に向かって運動は受け継がれ進んでいる。大多数の大人の愚行の中で少数の若者たちの純粋な精神と心ある行動が多くの民の共感を呼び、歴史を変える、と僕は信じている。

四十余年前、母が交通事故で意識を奪われ一か月余、何も語れず無念の死をとげたのを僕は枕頭で見、考え、怒った。その日のことを今も忘れない。それが僕の運動のエネルギーだし、遺児たちへの想像力（イマージン）だ。世界の遺児二億人に二億の想いが消え去ることのないことを忘れまい。

今年も遺児と共に思い、語り合い、考え、闘い、生きよう。

九五年一月十七日五時四六分、阪神・淡路大震災が五七三人の子の親の命を奪った。このことは忘れまい。

（二〇〇五・一二・二二記）

第五章　愚直に、一生懸命（WORK HARD）に　2006–2009

――世界の遺児二億人が最低限の人権を回復する運動へ――

二〇〇六年（平成18）71歳　2・14東京都日野市百草に「**あしなが心塾レインボーハウス」竣工**。ロサンゼルス研修へ遺児学生五人を派遣。**4・2ウガンダのエイズ遺児ナブケニャ・リタ、あしなが心塾に入塾、早稲田大学入学**。4・22、23、29、30第七二回学生募金。5・14全国七三会場で第三〇回Pウォーク10。6・3「**あしながジャワ震災遺児募金**」を東京と神戸で実施。7・31―8・5「山中湖のつどい」。7・31―8・16第二回「津波遺児らと日本の遺児が心の傷を癒し合うつどい」。8・10―25の間、全国九会場で高校奨学生のつどい。**10・19第七三回学生募金事務局員らが安倍晋三首相に遺児の進学支援陳情**。10・21、22、28、29第七三回学生募金。11・12全国七五会場で第三一回Pウォーク10。

二〇〇七年（平成19）72歳　3・1―6の間、東京と神戸で「**世界の遺児が心をのぞかせた絵」展覧会開催**。4・21、22、28、29第七四回学生募金。5・13全国六八会場で第三二回Pウォーク10。**5・19あしながレインボーハウス「日帰りプログラム」スタート**。7・30―8・4「山中湖のつどい」。8・1―16の間、第三回「海外遺児と日本の遺児のつどいコラボ」。**8・22―24あしながレインボーハウス「全国小中学生遺児のつどい」開催**。10・20、21、27、28第七五回学生募金。**10・25玉井会長、天皇・皇后両陛下主催「秋の園遊会」に招かれる**。11・11全国六七会場で第三三回Pウォーク10。

二〇〇八年（平成20）73歳　4・17「**遺児母子家庭緊急調査」結果記者発表**。4・19、20、26、27第七六回学生募金。5・11全国六六会場で第三四回Pウォーク10。**6・20―25中華人民共和国四川大地震遺児の心のケア活動調査団訪中**。7・31―8・5「山中湖のつどい」。8・9―21の間、全国九会場で高校奨学生のつどい。8・15玉井、ブラジル日本移民百周年記念協会より「**笠戸丸表彰」を受賞**。**10・5一七年ぶり第二〇回目となる「遺児と母親の全国大会」開催**。10・18、19、25、26第七七回学生募金。11・9全国六六会場で第三五回Pウォーク10。12・12インド洋大津波遺児でインドネシアのラフマットが早稲田大学に合格、あしなが心塾から通学。

二〇〇九年（平成21）74歳　4・10「遺児母子家庭年末緊急アンケート調査」発表。4・18、19、25、26第七八回学生募金。7・6「遺児家庭緊急アンケート調査」。8・1―6「山中湖のつどい」。8・10―22の間、全国一一会場で高校奨学生のつどい。10・17、18、24、25第七九回学生募金。11・8全国六一会場で第三六回Pウォーク10。**11・14玉井、オバマ大統領来日講演に招待される**。12・6第二一回「遺児と母親の全国大会」。

愚直に、一生懸命（WORK HARD）に

神戸・虹の心塾の成人式で、新成人に次のことばを贈った。

わが人生を愚直に

一生懸命生きよう

色紙を書いているとき、ライブドアに東京地検の特捜部が踏み込んだ。式で僕は、「これはホリエモン逮捕まていく。株は紙クズ同然になる。〝嘘〟で固めた株価急騰だから。若者たちは同時代のヒーローと偶像視しているが、社会全体が拝金主義、優勝劣敗、モラル崩壊など危なっかしくなっている。時代の流れにほんろうされてはならない。人が笑おうとも、バカ正直に、生涯の目標を高くもち、一生懸命生きてほしい」という趣旨を書き、学生代表に代読させた。翌日ホリエモンは逮捕。「逮捕のあと報道をよく見て、世の中のカラクリを注視してほしい。これこそ生きた勉強だ」ともつけ加えた。

心塾の塾生には四年間、折にふれさまざまな問題を話す。学生もよく聞いてくれるし学生には真面目に考える時間が必要だ。なのに、経済は学生にバイトをさせ、その稼ぎをレジャーなどで収奪する。学生はおもしろい体験をした気分だろうが、本を読んだり考えたり、社会正義のために行動したりする意欲も時間もない。その陰で、母子家庭の母親の仕事は奪われ賃金は下がる。

待望久しい「あしなが心塾」が四月から始動する。学生にバイトはさせない。本を読み感想文を書かせる。一流人の話を聞いて自分の頭で考え、意見を書かせる。三分間でテーマについて自分の意見をスピーチさせる。つ

まり、自分の頭で考え意見をもち、文を書く、人に話す。

世界の人と仕事をしたり、交流したり、できるような人間になるため、TOEIC五五〇点（シルバーボランティアの最低限の英語力とか）以上を取らせ、プレゼンテーション（説明）能力をつけさせる。小学校から競った偏差値でなく、世界に普通に適用する人間を育てたい。教育ははじめは義務づけ、刷り込む時期が不可欠だ。

江戸時代、大坂（現在の大阪）に「適塾」を開いた洪庵の曽孫であり、わが人生の師緒方富雄先生が言われた。「玉井君、奨学金を増やすのもいいけれど、小さくてもいい人づくりの塾をつくれよ」「心、それが人間を人間にする、だよ」――。僕には第三心塾への挑戦だ。僕はいずれ命尽きるが、僕と一緒に三〇年やってくれた林田吉司塾頭と、東田健一塾頭らがその精神を引き継いでくれるだろう。

「カネで買えないものは何もない」（堀江）。「ホリエモンさん、心はカネで買えますか」。心塾では普遍的な価値を塾生たちと問い続けてゆきたい。

先日、あしなが森光子さんは文化勲章の受賞パーティーで、「一生懸命やってきました」を繰り返された。僕が生まれた一九三五年に、映画初出演。芸能生活七〇年の弁は尊い。

（二〇〇六・二・一記）

心塾でセルフイメージ膨らまそう

「遺児の大学進学の砦」「平成の若衆宿」「平成の適塾」――「あしなが心塾」が動き始めた。

今まで押されっ放しで土俵の片隅で敗けそうだった「遺児」も、反転攻勢に出て、自らの大志、夢、希望、目標に向かってつっ走ることのできる場ができた。

人生の幸せは他者のためにどれだけ貢献できるかに尽きる、と僕は思っている。僕も人生に欲もあったし、金もほしかった。いや、今もそうだろう。でも、七十一歳になり、残りの人生が秒読み、分読みが始まっているこの頃、思う。

二十歳代、今のニートと変わらない無頼の日々を送っていた。家賃やその日のめしにもこと欠く、危うい生活だった。夢も希望もない生活だったが、自分の怠け心が原因だから誰を怨むわけにもいかなかった。そんな生活に終止符を打ってくれたのは、二十九歳になるちょっと手前、母が交通事故で植物人間になったからだ。危篤の母の枕頭でただ母の死を待っていた。脳外科医がいないということで放置される母を見るうちに、可哀想の気持ちが日に日に怒りに変わっていく自分を覚えた。三流ジャーナリストに「公憤」の心が拡がっていく。人生に一番真剣になった瞬間だ。それまで勉強らしい勉強は避けて通ってきたのが、母の愛に報いるため、物書きとして激増する交通犠牲者のため、歪んだ政治を正さなければならないと心から思った。目標が定まると難しい医学も法律も保険も難なく理解でき、矛盾は浮かび上がってくる。それを素直に「人間」の立場で考え、提言した。

おもしろいように提言はマスコミに乗って政治の場で実現していった。私心はまったく無く、学問上の約束事を知らないが故に、大胆にものが言えた。交通評論家——岡嶋信治さんに出会い、交通遺児救済へ——あしなが さんに応援され災害遺児・病気遺児・自死遺児救済へ——若い無数の仲間との出会いの中で「今の僕」がいる。

偉大な遺児ＯＢ、西本征央医師。高校で父が交通事故死。世界一の脳外科医めざし猛勉強。東大を出て臨床を続けるうちに「億単位の人類を救いたい」とWORK HARDの結果、米国ハーバード大准教授（三十六歳）、慶応大教授（四十歳）。数々の業績を残すも、二年前ガン死。

僕のような鈍才でも、西本君のような天才でも、いい仕事をさせてくれるのは、無私で他者への献身だと言いたいのだ。セルフイメージ（こうありたい。これを実現したいという目標）が定まれば、努力を継続すれば必ず成就する。人生は「目標」を決めることがすべてだ。

心塾でもまれ、世界を見て、自分の生き方を探ってほしい。君の夢は実現し豊かな人生が約束されている。己を信じる事だ。

（二〇〇六・四・一六記）

我が同志・山本議員を誇りに思う

二〇〇六・六・一六――あしなが運動がエポックメーキング（画期的）な進化を遂げた。忘れえぬ日になりそうである。

山本孝史民主党参議院議員が全力で取り組んできた「がん対策基本法」「自殺対策基本法」が全会一致で成立した。がんの年間死者は死因一位の三二万人、自殺者はこの八年間三万人以上。この法律ができたからといってがんが激減することはない。

ただ日本も法治国家だから「厚生労働大臣は、がん対策推進基本計画を策定する際、がん患者も参加した『がん対策推進協議会』の意見を聞かなければならない」と医療政策の決定過程に患者が参画することを「法」で定めれば、いずれそれに近づく。自殺も個人の問題でなく社会問題だとして、予防等の総合的対策が推進される。

がん対策基本法は、先に民主党が法案を提出し、与党が追いかけて提出する形になった。会期末を控えて与野党の対決ムードが高まるなか、法案の成立は無理と思われていたが、山本議員が「私もがん患者」と告白して、法の早期成立を訴えた。単なる同情でなく、社会保障問題のエース級と尊敬され、人徳もある「山本さんのために今国会中にまとめよう」という機運が与野党に高まり、法通過となった。ドラマチックであった。山本議員が大学三年の時からあしなが運動の先頭に立って僕らと活動してきた同志であることは「遊友録」（第Ⅳ巻所収）でご覧ください。誇らしいかぎりである。

実は、岡嶋信治さんに会うまでは僕は「交通遺児」の存在を考えたこともなかったし、自分が多少齢をくった交通遺児と知ってびっくりしたくらいだ。僕は、当時、年間交通事故死者一万人突破、負傷者百万人近い被害者救済のために、①脳外科医を増やし救急医療体制を整備せよ。②賠償額を上げるために、自賠責保険金を急ぎ上げよ。③加害者への刑罰を重くせよ。④事故防止の施設、教育、技術向上に投資せよ、と「桂小金治アフタヌーンショー」やＮＨＫ・新聞・法律雑誌などで交通評論家として主張し続けた。作文集で子らの悲しみを伝え、調査で貧窮の実態を伝え、街頭募金で国民と対面して訴え、政府の無策をマスメディアで叩いた。五年の努力は政策になり、問題はどんどん解決の方向に向かった。

しかし、今回の山本議員も、さまざまなノウハウをあしなが運動で学習していただろうが、立法府における彼の志の高さや、勉強家で、行動的で、蓄積の大きさが、こんな素晴らしい成果を迅速にもたらしたことに心から驚き敬服した。

あしなが運動もまた「情」「理」一体の原点に戻る時だ、と深く反省した。

（二〇〇六・六・三〇記）

四〇年前の出会いが全ての始まり

一九六七・七・三――ちょうど四〇年前の今月、僕は岡嶋信治さんと初めて会った。彼は親代わりのお姉さんを、僕は母親を小型トラックの暴走でひき殺された。岡嶋さんは新聞に投書し、一三〇余人の励ましの主と文通し六年で心癒され、今度は私達が支えになりたいと「交通事故遺児を励ます会」を呼びかける。一九六七（昭和四十二）年四月末、東京世田谷の四畳半のアパートで一六人の若者ボランティアで会を旗揚げする。

ところが、僕と会った七月頃には、励ます会は会員半減、事実上崩壊していた。僕はテレビ局の喫茶室で彼のくいつくような目の真剣な訴えから逃れることはできず、「一緒にやりましょう」（と言ったかよく覚えていないが）と固い握手を交わし、あしなが運動は急ピッチに進み、一〇か月後には交通遺児育英会が発足。現在はあしなが育英会にまで発展し、あらゆる死因で親を亡くした子ら（災害遺児、病気遺児、自死遺児ら遺児すべてが対象）にまで奨学金制度が出来た。

僕は彼の話を聞きながら、「面倒なことになりそうだ」と否定的な返事と、同じ死に方をした彼の姉と僕の母が僕らを引き合わせたご縁を感じていた。僕はそのとき自分が「年をくっているけど〝遺児〟なんだ」とびっくり。最近まで岡嶋さんと僕の出会いが運命的だと思っていたが、実は岡嶋さんという個人の後ろにいたのは、四〇～五〇万人の遺児、そして世界約二億人の遺児との出会いだったのだ。

世界中で貧富の格差が拡がっているとき、あしなが運動は何を目指しどこに行くのか。誕生四〇年以降の大きな宿題だ。僕七十一歳、岡嶋さん六十二歳。若い同志と遺児自身が「次」を考えてほしい。

つどいの夏に突入。所得の二極化が教育の二極化を加速し、貧困の世襲化が着実に進む。遺児自身が置かれている位置（日本の中で最下層。世界の遺児の中では物質的には比較的豊か）を摑み、進学就職で最劣位にある現状から未来に、何をどう自助しWORK HARDすべきかを話し合い、行動してほしい。お母さんの苦労を考えるのも大切だが、六万人のあしながさんが累計一三〇億円の奨学金をそっと君達に送り続け見守ってくださっていることを忘れずに。

八十六歳のあしながおばあさま、佐藤静子さんは「私が世の中にためになることをしたとしたら、あしながさんになったこと」とおっしゃる。先輩たちの恩返し運動も話し合ってほしい。海外遺児とのつどいコラボも二年目、癒しと元気を交換し、夏休みを一つの節にして天に向かって伸びてほしい。

遺児諸君もあしながさんも、どうぞお元気で暑い夏を乗り越えてください。

（二〇〇六・七・二七記）

あしながさん三万人募集が正念場

いよいよあしなが運動四〇年のどたんばのピンチがやってきたように思う。

奨学金の希望者は増える一方で、今年度は初めて二〇億円前後になる。来年も再来年も増加の趨勢は変わらないだろう。一方、募金は二〇億円位で横ばいとなっている。これでも民間団体としては全国一、二の実績なのだが……。遺児家庭の絶対的貧困が進み、これ以上母親も子どもも頑張りようがない。しばらく休んでいた「あしながさん三万人大募集」のキャンペーンを、秋の学生募金で再開。今日現在五七八人で、出だし絶不調であるが、達成まで止めない覚悟だ。

募金の前々日の十月十九日、学生募金の代表と僕は、安倍晋三首相に陳情し、「公教育の立て直しと奨学金の充実など」を訴えた。教育基本法改正が内閣の目玉というなら、遺児や障碍者子弟など教育弱者に夢と希望をもたせないで、社会の網の目から抜け落ちるのを、急いで防ぐ抜本策が必要だと訴えた。若者から夢や希望を奪っては、社会は崩壊の道を辿る。

十月二十二日、新宿西口の街頭で新しいあしながさんとして、故林家三平師匠のおかみさん、海老名香葉子さんが林家一門のしゅう平さん以下九人のお弟子さんと一緒に募金を訴えた。海老名さんは小五の四五年三月、東京大空襲でお父さんお母さんと祖母、きょうだい ら六人を亡くされ、先代の三遊亭金馬師匠に引きとられ、林家三平師匠と結婚。八〇年、師匠にも先立たれ、苦労しながら四人の子ども（正蔵師匠、いっ平師匠、美どりさん、泰葉さん）と三一人のお弟子さんを育てられた。江戸っ子の肝っ玉おかあさんで、遺児の苦労は「中学中退」でイヤというほど体験されたと聞いていたので、江戸っ子の林田吉司事務局長に口説きを頼む。恐る恐る「遺児のために街頭に立って下さい」というや「いいわよ、いつ、どこへ立てばいいの」と二つ返事でご承知いただく。

当日は、セレモニーなので三〇分程で、林田君が「おかみさん、ありがとうございました。今日はこれ位で」というと、「もっと立つわよ」と三時間声を張り上げ、「私は小学校しか行けませんでした。一人でも多くの学生さんに勉強してもらって、日本のために尽くしてほしい」と心の底から訴えていただいた。

僕自身こんどのあしながさん募集が正念場と思っている。この思いを国民の皆様に届けることができなければ、僕たちや遺児自身の運動の敗北となる。遺児自身も悲壮な覚悟で立ち向かってくれるだろう。

一年の計には籾（もみ）を植えよ

一〇年の計には樹を植えよ
百年の計には人を植えよ

（二〇〇六・一〇・二七記）

プラスイメージで「夢」叶えよう

二〇〇六年、遺児家庭は「格差社会」のどん底に叩き落とされた。〇七年もこの傾向は改まりそうにない。しかし、努力も何もせずに愚痴をこぼすのはよそう。

世界の遺児は、二億人いるとみられる。小学校にも行けず何時間もかけて飲料水を汲みに行ったり、燃料の薪を拾いに行ったりでは、勉強などするモチベーションもおこらないし、字も読めない子も多い。彼らのことをイマジン（IMAGINE想像）しよう。

四〇年間のあしなが運動の初期、遺児のお母さんたちは「せめて高校に進学させたい。中卒のまま社会に出したのでは亡くなった夫に申し訳が立たない」と異口同音に訴えた。僕らは事業を進学一本にしぼり、街頭募金をし、マスコミで訴え、国会に働きかけて、六九年五月、交通遺児育英会の誕生にこぎつけた。

お金集めは平坦ではなかった。遺児も高校だけでなく、大学へ行かせたい。初代の学生寮「心塾」を建てたのは、①生活保護家庭の子でも東京の私大に進学できるために、寮費を月一万円で二食付にし、授業料は奨学金を当てる、②礼儀を重んじ、読み・書き・スピーチで鍛え、心のある人材づくりをするためだった。いい人材が育ったと自負している。ただ石油危機で不況になり、毎月継続支援していただく「あしながさん」の募集に、会の命運をかけた。幸い、爆発的な支援が湧きおこり、単に財政的危機が去っただけでなく、あしながさんの無償の愛に心から打たれた交通遺児の高校生たちが目を輝かせ、愛に報いる「恩返し運動」を始めた。

災害遺児に奨学金がないのに自分たちだけ受けているのはおかしい、と気付く。あしながさんの無言の教えと思った。災害遺児のために街頭募金をし、作文集をつくり、中曽根康弘首相（当時）に陳情した。高校生の行動を見て、大学生も全面協力し、「官」の強い反対に会いながらも、八八年四月、遺児学生のボランティア団体だけで災害遺児の奨学金制度をつくってしまった。若者の情熱と行動力は何者をも動かす、と確信した。災害遺児から病気遺児の奨学金制度をつくる運動は、政官の強い抵抗の中、世の多くのあしながさんとマスコミの応援で、九三年四月、遂に両奨学金制度が合併し、あしなが育英会が誕生。あらゆる死因で親を亡くした子供たちに奨学金制度の道が拓けた。遺児とボランティア学生、あしながさんとマスコミなど「民」の歴史的勝利だった。

僕はなぜまた歴史的回顧を繰り返すかというと、人間が目標を立ててくじけず継続すると、何事も成就する、という僕の信念からだ。最近の遺児たちにちょっと弱気すぎないかと懸念していたが、空手世界一をめざす杉浦泰介君には脱帽したし、多田八人きょうだいの写真を見ただけでド迫力を感じる。ゆかりお母さんと四人きょうだいの奮闘記には目がうるんで読み進めなくなった。お父さんが幸せを夢見て名付けられた「元気」「勇気」「未来」「翔太」さんらの四人きょうだいは、お母さんを守って、幸せ成就は間違いない。

〇七年度の政府予算案決定の今日二十四日、超多忙の安倍晋三首相が有楽町まで世界の遺児の絵・作文・写真の展覧会を見に来て下さった。日本を含む世界の遺児にメッセージを頂く。

「夢は叶う。安倍晋三」

新年をプラスイメージで頑張ろう！

（二〇〇六・一二・二四記）

運動は五〇年、世界と連帯しよう

早春に想う
六度目の「亥」。七十の坂は登るも下るも難儀なものです。

でも遺児は永遠に減らず貧困化は必至。格差社会のトレンドは不可逆的か。

貧困撲滅は迂遠なようでも「教育こそ百年の計」。

あしなが運動四〇年、ＡＳＨＩＮＡＧＡは、東京日野市百草の地に「心塾」を建設。遺児が集まり、礼を重んじ、知を求め、切磋琢磨し、「心ある人間」をつくり、未曾有の逆境を打開したい。

世界二億人の遺児と連帯して

二〇〇七年二月　　玉井義臣

遺児を救済する運動が始まって、〇七年からとうとう約四〇年目に向かう。日本だけを見れば、交通遺児から災害遺児、病気遺児、自死遺児など全遺児に奨学金制度が出来た。初めに制度を受けた人は五十歳代になり各分野でめざましい活躍をしている。だが「格差社会」は全世界を襲い始め、これまで上がり坂一方だったあしなが運動も、悪くすると下り坂を落ちていきかねない状況である。全世界を見てもグローバリゼーションは貧富の格差を広げ、貧者から食糧も水も木も奪い、生命の危機を増大させている。私たちは自立するために一番大切なものは教育だと考えているが、国際支援は食糧や水を飢えない程度援助してお茶をにごしている。

今、日本が始めようとしている「寺子屋制度」に期待する。「読み、書き、ソロバン（計算）」を世界の貧しい人たちが身につければ、富裕層には「ものを考える人間」が出来て邪魔だろうが、世界は変わっていく。それしか発展と救済はないと思う。僕らはウガンダでシミュレーションしたい。

もう日本だけでものを変える時代ではない。北・南極の氷山が融け、温暖化が進めば、今までの勉強や経営は役に立つのか。第三世界で苦しむ友を自分の目で見て、これからの五〇年を考えてほしい。問題がどこにあるかを考え、それを解決するための学問をしてほしい（問題解決型学習。パウロ・フレイレ＝ブラジル）。

学びたい人、心塾へおいで！　インドではＩＴ戦争に勝ち残るため優秀な若者が一日一六時間勉強しているという。日本はぬるま湯だが、遺児ＯＢの偉人西本征央君（元慶応大医学部教授。故人）は一日一七時間勉強した。目標を立てればもう勝ったも同じ。今は就職の売り手市場だが、長い七〇年の人生の中では一瞬で、死ぬまで通用する人格と学問の方法を磨かないとサバイバル（生き残る）できない。

僕も意欲だけは十二分。一緒にやろうよ。つきあってよ。

（二〇〇七・一・三一記）

遺児進学は超党派で迅速に

二〇〇五年十二月下旬、神戸は寒かった。ホテルの窓から見る雪は水平に走っていた。電話が鳴った。山本孝史民主党参院議員（学生時代からの同志）から「胸腺がんです。まず第一報入れます」。どう生きたらいいか、との相談。僕は亡妻由美のがん看護の経験から、「政治家は代わりがいる。残り時間、奥さんとゆっくり生きたらどう」。山本君の行動は逆だった。五月二十二日、参院本会議で「私はがんを患っています」と告白し、議場は騒然。勇気ある告白だった。以来、資料を議員宿舎に持ち込み前にもまして勉強して、がん対策基本法、自殺防止対策基本法を成立させた。これは事実上の議員立法で、僕らが、がん遺児作文集や自死遺児作文集を出している間、山本君は対策を法律にすべく勉強を続けた。厚労省の役人も、彼の真面目な取り組みを評価するものが多いと聞く。

僕も、岡嶋さんと四〇年前タッグを組む前から、評論家としても永田町（国会）に出入りしていた。歴代首相に遺児救済策を陳情してきた。遺児救済に与党も野党もない。先輩の遺児OBたちはよく勉強し、陳情文も書いた。何度もデモもやったっけ。陳情も日常茶飯事だった。その頃の学生たちはそのために本を読み、永田町を駆けめぐり、政治の空気を吸いながら、直線的に行動した。大学はサボったかも知れないが、遺児の母の職場と自分たちや後輩の進学のために活動した。彼らは政府や与野党、国民に対して「大人の活動」をしていた。

その頃活躍していた学生は議員だけでなく、大学教授・准教授、研究者、ジャーナリスト、NPO指導者などで活躍している。牽引していたものとして「出藍の誉」（弟子が先生を抜いていくこと）は誇らしい。

今号は偶然政治家の皆さんが紙面をにぎわせることになった。事務所に「あしなが育英会さん、今度は政治家に会を乗っ取られますよ」との電話が入った。前の交通遺児育英会が、僕らの若さで、「官」に乗っ取られた。それを憂えたあしながさんの電話と思う。しかし、藤村（民主党）、山本（前の参院民主党幹事長）両君は学生時代からよく知る運動を共にした同士である。安倍首相夫妻も新内閣になって、それぞれ二回ずつ、遺児のために力を貸してくださっている。不信は全くないどころか素直に感謝している。

遺児は格差社会で未曾有の教育の危機を迎えている。こんな時だからこそ、上から下まで一緒になって難局を乗り切りたい。

新聞と本を読んで皆で議論して、考え、行動しよう。そうでないと、遺児ファミリーはオリの中に沈み、消滅してしまう。

勇気出して立ち上がる時だ。


（二〇〇七・四・二四記）

学生時代に生涯の友と基礎学力を

二〇〇七年度のあしなが育英会は、高校奨学生三八三二人、大学奨学生（含短大生、大学院生）一一四九人、専門学校奨学生九一人をもって新年度事業に臨んだ。奨学金希望は増える一方で、寄付金の残高も余裕がなく、未曾有の大ピンチなのだが、わがあしなが育英会は依然大きな上昇エネルギーを持続している。

村田治あしなが育英会副会長（関西学院大学経済学教授兼教務部長。大奨四期ＯＢ）は、理系はともかく文系の学生は、英語会話（欲を言えばもう一つ位他の外国語）を習得し、自分で本をたくさん（一年百冊目標）読み、自分で考え英語でも話せるようになっておけば、日本は衰退しても、日本でも外国でも食べていけると強調する。あしなが心塾でも、秀れたＯＢ・ＯＧを講演者に呼んで、キャリアプラン講座を開講して頂いている。ＯＢ・ＯＧも実力者が各分野に増えてきたので、ファミリー自前の講座が可能になった。あしなが運動四〇年の繁栄が形になってきたといえる。

あしなが心塾の「読み・書き・スピーチ」を本格的に進めることで、講師の先生を三倍増して内容充実をはかったら、塾生の目の色も変わってきた。心塾教育の評価あって、『朝日新聞』から僕が九〇年度「朝日社会福祉賞」

を個人として頂いた時の社会部長に東京・大阪本社編集局長、同社ナンバー2まで昇進された神塚明弘さんら六人で「心塾講座」を担当して頂くなど、日本のどこの大学よりぜいたくな勉強と指導の体制をつくった。

塾生は厳しい逆風に耐えて自らを鍛えてほしいし、まだ高校生の皆さんは楽な道を選ぶのは自ら人生の失敗を選ぶものだと考え、心塾教育を真正面から受けとめ、心塾入塾に大学入学より重点を置いて欲しい。とくに男の子は親元を離れ、心塾の仲間と切磋琢磨して、自分の望む人生を自分で築く気概をもってほしい。東京と神戸の心塾に入塾し仲間と伸び伸び学び、語り合い、遊びながら「生涯の友」「心の友」をつくってほしい。少々厳しい塾生活、塾教育だが、これくらいのことを耐えられないと「自分の望む人生」は創れないと思ったほうがいい。

今年四月新しく入塾した一年生三二人の抱負は、先輩塾生が記者となって顔写真入りで紹介した。僕は読んでその前向きな姿勢に感動した。苦しさに負けて退塾する子も出てくるかもしれないが、親をなくしたハンディを取り戻せる大事な機会だ。目標を探り当ててそれに一直線に立ち向かえば、充実した人生が君の前に広がっている。

緒方富雄先生（「適塾」創設・緒方洪庵の曽孫）が、「人づくりの塾をつくり給えよ、玉井君」と示唆されてから三六年、二つの塾を体験してようやく本格的な心塾が動き始めた。古代ギリシャの医師ヒポクラテスや緒方先生が言われた「心、それが人間を人間にする」は、このような世の中が乱れてきた今後の社会を生きていくために背骨になると信じている。多くの人のために生きるには若い時いろいろな本を読み人の話を聞き、考え、自分の言葉をもつこと。地球上にはさまざまな民族がさまざまな生き方をしている。

僕は自ら一人で「インド研修」を選んだ清水洋介君の二か月目の感想を読んで、また感動した。若者は無限に成長するものだ。今、僕は『読売新聞』（都内版）にコラム「遊友録」（第Ⅳ巻所収）を書かせてもらっている。若者の成長はどこまで続くのか。卒業生たちの成長記をわくわくしながら書いている。青春万歳！

（二〇〇七・六・二九記）

世界の遺児と賢さ求めるつどいを

今年の正月、職員の仲間と奨学生諸君に言った。

今年は世間が多少景気が良くなっても、遺児ファミリーには関係ない。いや格差が拡大してますます貧乏になる。

でも、だから、今年はプラスイメージで前進しよう。グチらない、コボさない、後ろを向かない。たとえノーテンキと言われようとも明るく、元気に、前向きに行こう。貧乏に勝つのはいつの時代でも、これでいくのが一番。深刻がっていては暗くなるばかりで、ますます落ち込む。

「つどい」が始まる。海外の遺児がやってくる。九月には海外と日本の遺児が米国ニューヨークに出かけていって、〝世界のＡＳＨＩＮＡＧＡ〟をアピールする企画も進んでいる。

日本の遺児も四〇年前は一人ひとりバラバラで、同情する人はいても貧乏の原因を政府につきつけ、対策を要求する存在ではなかった。だが、僕らには大変な数の仲間が急速に増えていき、それが大学で勉強し、一緒に街頭募金をしたり政府に対策を求めるようになった。ここが日本のあしなが運動の強さで世界唯一の強力団体の秘密だ。

外国では貧乏人が、こんなにもたくさん高校や大学に進学できる奨学団体は一つもない。むしろ、貧乏人の子どもを小学校もろくに行けない環境に置き、子どもなのに内戦のなか兵隊に仕立て人殺しを強要し、麻薬中毒にさせたり、売春・泥棒などあらゆる犯罪に落とし込むシステムといってもいい搾取の構造がある。資源獲得争いの裏で内戦、紛争を仕組みつつ、大国が甘い汁を吸う構造が二十〜二十一世紀になっても後を絶たない。

貧乏追放は、貧者が勉強して搾取の構造を明らかにして、貧者の連帯であらゆる方法でその仕組みを発信しなければならない。貧者を分断し、愚民化する政治はますます巧妙になる。勉強して賢くなろう。そして貧者が連帯し共生すれば、二億人もいる遺児の未来が明るくならないはずがない。これは楽観にすぎると言われるだろう。が、二億人が分断されたままだと、遺児の貧困は大金持ちの免罪寄付に掌を合わせて膝を屈するだけになる。二億人の頭脳を集合し、貧困打開を考える世紀にしたい。現実が世界的な貧富の二極化に向かっている今だからこそ。

貧しいものが勉強することは、貧しい仲間を置いて一人脱出することではない。多くの貧者に、勉強して、公平平等な社会づくりへの参加機会を与えるものであるべきだ。〃心の友〃をつくり、一緒に勉強し行動しよう。七十歳、八十歳になっても不変の「価値観」を求める第一歩に、つどいを使ってほしい。友はあらゆる意味で君の「宝」だ。世界の友と楽しもう。考えよう。


（二〇〇七・七・二二記）

世界の遺児に寺子屋教育を

「遺児」——何と悲しく響く言葉か。遺児となった瞬間、その子の世界は一変する。親戚すら冷たくなる。社会も政治も差別する。母子手当、遺児奨学金など、受けるだけでどれほど心傷つくか。

僕たちだってお金を集め奨学金を出すことで何かいいことをしている、なんて錯覚することもないとは言えない。

僕は小一のとき太平洋戦争が始まり、小五で敗戦した。わずかに知る戦前は、一一人兄弟姉妹の末っ子で、僕らは貧乏人の子沢山だった。戦争中も米もなくお芋と満州大豆でおならばかりしていた。戦後も数年間、十分食べられず、勉強どころでなかった。しかし、皆平等に貧乏なので、ひがまずにいられて住み易かった。経済が成長してくると、貧富の差ができてきた。自動車産業が日本経済を牽引した。皆、電化製品をもち、車も買えるようになり、豊かになったが、交通事故死という新しい死因も激増してきた。

四〇年前、同志岡嶋信治さん（当時二十四歳）が「交通事故で遺児になった子が可哀想だ。励まし高校へ進学させよう」という運動を始め、交通評論家としてTVに出ていた僕に応援を求め、僕も母を交通事故で亡くしていた（岡嶋さんの父は病死）ので、握手し二人三脚で運動をすすめた。もう七万人以上のあらゆる死因の遺児が、奨学金で進学できた。無数のあしながさんの愛が、世界の歴史に残る。

神戸の震災遺児がレインボーハウス建設に世界中から義捐金を頂いた恩返しにと、その年地震で親を亡くした外国の遺児のために街頭募金を呼びかけ、全国に支援の輪が拡がった。募金を被災地に持参し、大統領や大統領夫人に直接手渡し、次の年に日本に招待してつどいをしようと約束（九九年）、実現した。びっくりした。どこの国の子も貧乏で、高校進学など夢のまた夢である現実にスタッフは衝撃を受けた。

それでも次々と生まれてくる遺児、なかでもNYテロ、アフガン戦争の遺児は人がつくった遺児だし、イラク戦争の遺児も国が悲しい、貧しい存在を量産し、悲劇を拡散していった。インド洋津波で二十数万の被災者が生まれ、僕らはせめて遺児になった直後のケアがとくに大切なことを、世界に、日本の大人にも知ってもらいたかった。また、日本の遺児がもっと悲惨で貧乏な遺児の存在を知り、連帯の絆を結び共生することの必要性を知ってくれ行動してくれることを期待して、日本全国で日本人遺児と世界の遺児のつどいコラボを三年間やった。成果は大きかった。今後も四年に一度くらいやりたい。だが、それはまた、世界の遺児を貧困から脱出させるのは、「教育」しかないことの再確認だった。

そこで、〇八年からは実験的にウガンダ、インドネシアで、遺児に「寺子屋」教育で読み・書き・計算ができる中学卒業程度の教育を独自に進め、優秀な子には心塾を寮に、日本の大学や専門学校に通わせるモデルを確立することにした。迂遠なようだが、教育が世界の遺児を救う最短最高の道であると信じ。

（二〇〇七・一〇・二四記）

両陛下「子らの将来よろしく」

十月二十五日、天皇・皇后両陛下から、赤坂御苑の秋の園遊会に招待された。約八千人の招待客の中に、あしなが育英会では私、玉井会長（七十三歳）と藤村修理事（五十七歳）が選ばれたのは光栄なことである。あしなが四〇年の成果を見る思いだ。「貧困からの脱出は教育にあり」を実感した。

私が、両陛下にお会いするのは、日本ブラジル交流協会とあしなが育英会の役員として五回ある。なかでも心から感動し尊敬の念を深くしたのは、阪神・淡路大震災で遺児になった子ら五七三人の心の傷を癒す家「レインボーハウス（虹の家）」に、二〇〇一年四月二十四日、天皇・皇后両陛下がご訪問くださった時のことだ。親しく子らと癒しの部屋で、予定時間をオーバーしてまで遊んでくださった。

私と林田吉司館長は、最初に三〇分で震災遺児の現状と問題点、癒しの部屋の機能などをご進講した。私なんかコチコチにあがってしまい、何を申し上げたか覚えていないが、子どもたちは両陛下がどんなにえらい人かわからないのか、とくに美智子皇后さまには一緒に遊んでいただいて大喜びだった。私が美智子皇后さまを最も尊敬するのは、会った人すべての心を優しくおつかみになる、すばらしい〝カリスマ性〟(不適切な言葉かも知れないが)で、まるで魔法の杖をおもちかと思ってしまう。配偶者を喪った遺児の親や、祖父母、おじさんたちにも優しくお声をかけられた。だれもが、遺児を育てる苦労を忘れ、元気が出たと口々に言っていた。

帰りぎわに天皇陛下からも皇后陛下からも、職員の一人ひとりに、「この子らの将来をよろしくお願いします」とお言葉をいただいた時には、私たちは皆心底から感動した。こんな運動の一コマ一コマが、今回の両陛下の園遊会ご招待につながったのだと思う。改めて無数のあしながさんやボランティア学生の代表として参加させてもらったことを、心に深く刻みながら、深く感謝した。

その震災遺児が世界の多くの人びとの義援金でレインボーハウスが建設できた恩返しにと、二〇〇〇年夏から海外遺児を招いて「国際的な遺児の連帯を進める運動」を始めた。やがて拡がり、二〇か国近い国の戦争遺児、エイズ遺児、地震遺児ら百人と、日本全国のあしなが奨学生千人のキャンプへと発展し、今夏、三年目で全国を廻ったので、一応の区切りとした。

わかったことは、世界の遺児たちは日本の子らより、貧困で、学校にも行けず、人権を脅かされていることだ。世界の遺児二億人が、人間として最低限の人権を回復する運動へと進めたい。合言葉は「テラコヤ(寺子屋)で勉強を」ご理解ご支援ください。

(二〇〇七・一〇・二八記)

大学生よ、在学中に一度海外留学せよ

二〇〇七年、世界中で「格差社会」は勢いよく拡がった。遺児家庭、母子家庭、障碍者家庭、年金なき高齢者の方々、その他の弱者はどんどん増えている。「ワーキングプア」を見ると五体満足の若者たちがいっぱいいる。数えあげればきりがない。理屈をいっても仕方ない。

もはや日本政府・行政、企業、農業等では、グローバル化した競争に勝つ要因は減る一方だ。とくに若者が適当な理由をつけて、勉強をサボる、働こうとしないなど、それらの若者に未来はないし、そんな日本にも未来を見出せない。

〇八年の新年に当たって、あしなが奨学生だけでも、世界の格差、非情なまでの競争で勝者が利益の大半をかっさらい、人権的、教育的に多くのハンデをもつ人たちは「人道」から離れ搾取されている現実を、自分の目で見て来ればいい。

僕は、実は、一九七四年初めてブラジルを視察した時、目のさめるような意見に出くわし面食らった。「日本人は世界の田舎者だ。みんながこの地球で生きているのだから、他民族・他人種の気持ちを分からないと、うまくやっていけるはずがない。私は日系二世だが、日本人の独りよがりが恥ずかしい。日本政府は、外国に一年行かない者には大学の卒業証書を出さないようにしたらいい」。

早稲田大学が今後の教育方針として、在学中一度は留学する、一人部屋でなく何人かの寮生活を体験させる、ＴＯＥＩＣ六五〇以上をとる、などを挙げている。僕らの心塾教育は発足からそれを目指した。

もう一度若者たちに聞きたい。日本の偏差値（今在学中の大学名）が世界で通用すると思いますか。ついでにいうと、日本の母親が息子を羽交い絞めにして「ボクちゃん、家から遠くに出ないで!」。これでは弱い男しかできない。女性は国内で優遇されないので、力を自ら貯えて海外でのびのび働いているのをしばしば見た。

日本の若者たちよ、衰退する日本で、食えるなら「外向きに」どこへでも行く、という時代が必ずくる。語学を覚え、気軽に一歩外へ足をふみ出す日本人になってほしい。とくに遺児の男の子とお母さん、手許に置いとこうとしても、今すでに地方では職がないように、いずれ外国へ出稼ぎするのが普通になりますよ。力のある子に育つために、独りになって考え行動する時間を与えてあげて下さい。

若い頃からのあしなが運動の同志、山本孝史民主党参院議員が今、ガンと必死に闘っている。ガン発覚から仕事をさらに精力的にこなし、業績を残した尊敬すべき友だ。彼が回復するように祈ってやって下さい。

来年がよい年になりますように。

（二〇〇七・一二・二二記）

偉大なる先輩「山本孝史」を考える

わが友、山本孝史君が遂に逝った。享年五十八。人生八〇年といわれる日本では「夭折」と言わざるをえない。でも僕は彼の四〇年を間近で見て来、充実した見事な人生だった、と思う。

告別式の写真はそれを伺わせる。柔和で理知的で幸せそう。病室でパソコンに向かって国会活動をしている写真を見ると、仕事に打ち込む男の生き様が美しい。

「一億人の人類の病気を治したい」と寝ずに研究に没頭していた、わがOB西本征央君（享年四十七。〇三年）も四十歳で慶応大医学部教授になった天才だが、〇三年スキルス性胃がんが発覚したときは余命三か月。それでも病床で論文を書き、パソコンで学生を指導し続けた。亡妻由美のときも、がん死まで二年余の看取りをした（享年二十九）。なぜ医者でもない僕が、「大切な人」のがんで、二度も「苦」を味わわなければならないのかと神を怨んだ。でも今度の山本の死を身近にみて、彼が遺言で言うように燃焼しつくした友の想いを素直に受け止められた。

僕はなぜか節目節目で、結果的に僕が彼の人生を変える運命にあったようだ。山本君は大阪船場の商家の小ぼんちゃん（次男）。五歳の時、八歳の長男が交通事故死。跡継ぎの座がまわってくる。兄の死以来言い知れぬ心のモヤモヤをもったまま大学生に。そこで交通遺児作文集『天国にいるおとうさま』を読んで、モヤモヤの正体を一瞬にして知り、遺児救済運動へ一直線。全国に「励ます会」をつくろうと奔走。鶴のように長身の彼のリュックには作文集『天国にいるおとうさま』と資料がいっぱい。北海道から大学の部室をまわり口説く一人旅は伝道師さながら。次々賛同者が増え、彼は「励ます会」全国協議会事務局長に。

東京の交通遺児育英会を根城に電話で毎晩、各地励ます会と運動の打ち合わせ。郷里の大阪の励ます会では作文集づくり、マスコミ運動、家庭訪問と励ます会活動のモデル作り。それら地方の友と遺児母子を東京に集めて、母親の全国大会と銀座をデモして行政へ訴え、運動が大きくなっていく。そのまま交通遺児育英会に学生第一号として入局。七八年、仕事にスランプを感じているようなので、米国の大学院で学問を深めたらと言ったらすぐ決心。留学先のミシガン州立大学大学院から三年後帰国し、考え方、仕事のやり方が大きくなり、自信に満ちた顔に磨きがかかる。ゆきさんと結婚。

九三年、政界はどう？　とまた僕は〝悪魔〟の囁き。だいぶ悩んだが決心。ここで、遺児育英活動、米大学院の勉強などがシナジー効果を見せながら、大輪の花を咲かせ、果実を生む。山本の信条、「一日一生、一日一善、一目一仕事」。合掌。

遺児とOB諸君、お母さん、「山本君の生き方」どう思われます？　追悼特集ご熟読を！

（二〇〇八・一一・二八記）

四川大地震の遺児と共に生きたい

先日ミャンマーでサイクロンによって十数万人が死亡・不明になった。軍が援助を拒否するのしないのと、人権とは別の次元で問題になった。

といっている間に、中国四川省でマグニチュード八・〇の世界最大規模の大地震が起きた。阪神・淡路大震災のエネルギーの三〇倍という。死者行方不明者の数も刻々と大きくなっていった。政府発表より、僕は中国最大の通信社「新華社」が死者行方不明者に、政府より大きな数字を打ち出す方を信用した。

一九九五年、神戸の震災後、視察に行った僕はド肝を抜かれた。高速道路が倒れ横になり、電車が橋げたごとすっぽり落ち、路地に入ると倒れた家屋が道まで飛ばされぺっちゃんこ。潰れた家のすき間にランドセルが見えるのが痛々しい。あちこちに線香の煙。誰かが亡くなられ、近所の人が線香を絶やさずに拝んでいる光景が浮かんだ。友人と一緒だったが二人は口を閉じたまま。

テレビは色付きの箱の中に入ってしまうので、悲しみや辛さが消えてしまい、現物の印象は伝わらない傾向がある。二度三度見ていると余計にそうなる。僕らあしなが育英会の職員と学生は、ランドセルの向こうに幼子や親きょうだいの消息を心配した。報道は犠牲者もマスとしてとらえるけれど、一人ひとりにどんな悲しい物語があり、その後に残った人の人生を誰がどう心配し、行政が手を打つのか。負の想像力がふくらむ。

何より僕らが四〇年取り組んできた「親を亡くした子ら＝遺児＝孤児」がどれだけ生まれたか。行政はそこまで手がまわらないとつっけんどん。それじゃ、僕らが一軒一軒廻って探索するしかない。崩壊現場での遺児探しは大変だったが、遺児学生らの活躍で五七三人の遺児を見つけた。彼らの精神状態に僕らは初めは呆然とし、驚くだけだった。両親を一度に亡くし、父方と母方の祖父母に姉妹が引き取られた少女の場合、顔から表情が全く消え、彼女が他人と話すのに二年数か月を要した。

それでも台湾地震のお見舞いに行った時、奥にかくれて出て来ない孤児に、彼女は「私も孤児よ」といっただけで、彼女は出て来て笑って握手した。お医者さんも心理療法士もこの段階では信用しない。心は闇のまま閉じてしまっていた。

心のケアは医者や専門家でなければという意見は多いが、初期の癒し励ましは同じ体験をした遺児に勝るものはない。僕らは自慢でなく、一三年間遺児の癒しをレインボーハウスでやってきた、世界に類のないグループだと思う。

四川に一万人の孤児が生まれたのなら、一三年間の癒しのノウハウ・スキルを伝えたい。それは人類共有の財産だから。四川の仲間よ、力を落とさないで！　一緒に生きていこう！

（二〇〇八・五・二六記）

第二〇回遺児と母親大会で甦る

運動はおもしろい。友だちができる。行動力と思考力ができる。輪が拡がると思いもかけなかったデッカイ仕事もできる。一人で思わぬ「力」がついて何でもできるようになる。

「遺児と母親の全国大会」が一七年間〝霞が関〟と〝永田町〟に妨害されて中断していたが、二〇〇八年十月五日、都立日比谷高校・星陵会館で、第二〇回大会としてルネサンスのように甦った。

いつの時代でも母子家庭は貧しい。だが、グローバリゼーションは、貧富の格差を広げ、教育の平等が崩れていることが許せない。貧富の世襲が定着し始め、〝下流社会〟の子は下流の人生を引継ぐ。麻生内閣に一二人の世襲議員がいることを是とすれば、日本も士農工商の社会に逆戻りする。母子家庭は「人の下」につくられた階級になる。黙ってはいられない。

今度は、あしなが運動を経験したOBが要望づくりに参加した。マスコミOBは、報道陣のネットワークで各社の中堅をなす。学者もいる。みんな学生時代から「政治が動くその日まで」と叫びながら運動を進めた、かつての遺児学生だ。よく育ったものだ。原点はあしなが運動だ。始めは軽くあしらわれた。今は自分たち遺児母子の実態とその原因、世界の制度とあるべき理想を、広角レンズと望遠レンズと接写でしっかり捉え、議論する。そんな暖かい心、広い視野、国際性をもって要望し、学生たちの行動力で創りあげた。

久しぶりのデモ行進だったが、〝平成一揆〟のムシロ旗やプラカードを学生たちが書き、シュプレヒコールで母親の声を代弁し、ぐんと盛り上がった。遺児救済基金（一九六七年）の原点である数寄屋橋交番を通る頃、一番力強かった。ゴールは日比谷公会堂。お母さんたちの顔は爽やかに笑っていた。僕は言った。「お母さんたちの顔、ものすごい美しいよ。その顔持ち続けて生きてください。苦しいことや悩みは、全国にいるこの息子や娘たちが何とかすると信じてください」。すべての全国大会に出たが、一番いい大会だった。一番厳しい時代に置かれていることをみんな知っているからこそ、団結して見えない敵と戦う気持ちになり、母も子も元気をもらっていた。やはり「運動はいい」。

故山本孝史君（がん議員）の一周忌近し。母が交通事故に遭ったのは今の僕の年。七三。僕は一兵卒でも運動についていく。

（二〇〇八・一〇・七記）

オバマ選挙でのボランティアカ

バラク・オバマ氏が米国の黒人差別社会に大きな風穴をあけ、次期大統領になることが決まった（一一・五）巨大な壁を破った歴史的瞬間だった。

今、一九二九年以来の世界大恐慌の再来だといわれる。貧富の格差が広がる中、貧富を欺くサブプライムローン問題、大義なきイラク戦争など、ジョージ・W・ブッシュ大統領の黒人、ヒスパニック、少数者無視の失政が続き、住宅ローンが払えないホームレスが増え、戦争で多くの家族の絆が引き裂かれた。一二年のブッシュ王朝の国民不在の政治は足元からぐらついていた。そこに颯爽と登場したのが、黒人のオバマ氏だった。父はアフリカ・ケニアの黒人、母は白人。母の再婚でインドネシアで育ち、帰米してハーバード大学で弁護士の資格をとり、上院議員になった。大統領選では「チェンジ（変革）」と、一つのアメリカへの結束を訴え続けた。注目すべきは、若者たちに差別の鎖を断とうとするエネルギーがすごかった。白人青年たちもオバマ氏のために選挙ボランティアに熱狂し、昨日まで嫌悪していた大人の白人も、理想を再現する行動的な黒人政治家に、病める米国の将来を委ねようとする波が奔流となった。

僕は、今、遺児母子やシングルマザーの生活はどん底にあることはよく認識しているが、日本社会、とくに若者に社会を「変革する」エネルギーがほとんど見られないことを強く憂うる。

今年の春からあしなが学生の一部が、ひん死の母親の実態を訪問調査で知り、春秋の募金でマスコミや街頭募金で代弁し、行動した成果が目ざましかった。あしながさんらにも緊急募金を訴えたところ、多くの方が追加募金を支援してくださっている。励ましの一文を遺児が読めばどんなに励まされることか。心から御礼申しあげたい。

〝七〇年安保〟の時、全国の大学生に募金で街頭に立ってほしいと頼むと拒む人はいなかったが、今はほとんど拒否。高校生、中学生の支援でもっている。米国の若者が選挙ボランティアに熱狂して歴史を転換したあの熱い想いと行動が、なぜ日本青年にはないのか。拝金主義とミーイズムと無関心の肥大化か。これでいいのか。国民の皆で考えたい。

（二〇〇八・一一・七記）

中国で国際性を磨こう

二〇〇八年十二月三～六日までの四日間。私は八か月中国語の研修で留学している三人――山田優花（神戸市外大三年）、嶋田匡（早大三年）、前澤義嗣（杏林大三年）の学生の成長を見るべく、北京にいた。氷点下一二度、ハナがちぎれるような寒さを初体験。昨年留学をお願いに行った時よりオリンピックも成功し、国民の顔は輝いていた。

招いてくださった中華全国青年連合会（中青連）で、一九八五年、僕の懇請に中青連・胡錦濤主席は中国で初めて日本の遺児高校生を民泊させてくださった。今は中国一三億人の国家主席として①世界恐慌②内政問題と闘っておられるが、上海派も権力闘争を止め皆手を組んで闘っており、世界も頼らざるをえない国である。そこで、中青連ナンバー2の盧雍政副主席と一時間ばかり会談した。もと人民日報記者で、ハンサムな四十一歳。中国三千万人のボランティア総責任者で、先日、中国青少年代表団団長として、日中国交回復三〇年のため各地で交流を深められた。僕は二十余年前、胡主席からボランティア事業や進学の質問を受け、経験を話したが、すでに組織化されていた。四川の大地震のあしながの心のケア団を唯一受け入れていただいたのも、長いつきあいと、信頼があったからだ。盧副主席も、僕も記者だったので話がはずんだ。

次は、三人の留学している「中国青年政治学院」。設立目的は中国の若手指導者の育成。年一二〇〇人の一年生を採用し、ランクは北京大学と同じとか。一日七限（全部中国語）、五分休んでまた授業とビッシリ。授業はすべて中国語だから気を抜くとわからなくなる。土、日は休み。留学生向けの寮は月一万円。授業料は半額で二〇万円。皆腹をすかせながら寝てもさめても中国語。自炊もする。万頭は皮だけで、WORK HARDしていた。学期末に日本人三人だけ一人一万円の報奨金をもらった。

若者たちに一五分スピーチを中国語でさせた。先生方はいずれも感心していた。私も大いに自信をもった。日本の学生も大国の道を歩んでいる中国の〝立派な〟学校で鍛えるべきだ。辛苦が君を黄金にする。李家華副院長と、私の教育理念で意気投合して、留学生枠を三人から一五人に増員が即決でＯＫ！　日本の若者よ、ぬるま湯から飛び出せ！

（二〇〇八・一二・八記）

悲しみと怒りの原点忘るまじ

久しく想いださなかった、悲しい事件を今年はなぜか思う。四五年前の今日、一九六三年十二月二十三日夕刻、一枚の電報を手に僕は震えていた。

「ハハコウツウジコ、スグカエレ　チチ」

経済ジャーナリストだった僕は、東京駒場の四畳半の貧乏暮らし。「母ももうトシだし、帰るまでもたないやろな」「それにしてもトシも考えず一人で出歩いているから、そんな目に遭うんや」バチ当たりの息子は母が悪いと思い込んでいた。大阪まで帰る旅費もなし、汽車ももうすぐなくなる。頭は混乱していたが、羽田―伊丹に深夜飛行機があることを知り、アパート中の友だちからお金を工面し、タクシーに乗る。車がやけにのろい。「飛行機の切符はあるやろか」「こんな目に遭うのは、僕がもの書きなんかしている罰や」「でも僕が着くまで、おかん生きててや！」。

羽田に着いたら案の定、空席待ち。番号は「4」。「死なんといて、お母ちゃん！　神さん、頼みます」。なんとか空席が出て、二十四日午前三時、病院に着く。母はまだ生きていたが、昏睡のまま物体のように放り出され、医師も「朝までもたぬ」と治療はしない。でも、何とか死に目に会えたと、僕はホッとする。東京に帰ってもこれといった仕事はないので、僕が寝ずの番役をすることになる。枕辺には酸素ボンベが一本横たわり、酸素吸入器のボコボコという音が静けさを強調する。何日経った日の夜のことか。母が片眼をあけた。母の怨みだと思った。

「わかったお母ちゃん。僕がカタキを討ったる」。これがもの言わぬ母と、グウタラ息子の暗黙の約束だった。怠惰な息子に母は大きな宿題を出し「喝」をいれて、一月余り経った早晩、僕だけに看取られて息を引き取った。享年七十四。

それから僕はどれくらい勉強したことか。脳外科医の手術場で取材もさせてもらった。激増する交通事故に、①不足する脳外科医、②ほとんど補償制度ゼロの行政、③加害者への罰はゼロに等しい。それを被害者の立場で、目で、学べばおかしいところはすぐに見えた。『朝日新聞』、ＮＨＫ、ワイドショーで毎日のように訴え、世論は無策の政府などを批判し、盛り上がる。脳外科医が増え、自賠責保険金が上がり、刑罰も重くなった。そこへ親代わりの姉を殺された岡嶋信治さんが現れ、遺児救済運動が遺児学生やボランティアの力を得て、今は全遺児救済は世界まで拡がっている。

僕が言いたいのは、親や愛する人の不幸を不運にも背負ってしまったら、その「悲しみ」を「怒り」の原点にして、多くの不幸の体験や、これからの人のために、役立てるモチベーションに使うべきだ。世の中には「不条理」な悲劇が一杯ある。でも、忘れてしまおうではなく、不条理を無くすため選ばれた人と思い、勉強し、行動すべきだ。

今の世界不況は百年に一度といわれるように、一九二九年の世界恐慌の再来と見れる。長い苦しい苦難が続く。でも「なぜ」「どうする」を考え、強くいきていこう。怒りをバネにして。


（二〇〇八・一二・二三記。母が交通事故に遭い四五年目。僕も母と同じ七十三歳の日、心新たに）

百年に一度の難局に遺児OB増強人事

「百年に一度の経済危機」などといわれても、前の二九年の米国NYを中心とした世界恐慌を経験した人などほぼ生きていないし、想像のしようがない。

でも、米国最大級の金融機関のリーマンブラザース社が一夜にして倒産して、クビになった社員が自分の持ち物をダンボール箱に入れて出てくる姿をTVでみると、9・11のツインタワー崩落のTVを見たとき以上に恐ろしかった。直感的にこの「マネー（金融）第一主義」の世界経済をつくったアメリカ経済発のシステムの終焉を想った。

「大恐慌」といってもいい。あとは世界の国々が、「協調」という名で国民をどれほどの時間騙し終えるかだと、ぼくは思っている。事実、中小企業の倒産、ワークシェアリングなど実体経済は、日米の中央銀行首脳が言うようにどんどん悪い指標が出て、先行き真っ暗だ。

あしなが育英会の財政状態はどうか。僕の基本的な考え方は、年度に必要な奨学金とつどい・ケア・学生寮など教育事業と一般管理費は、その年の学生募金とあしながさん募金等々で賄いたいと考え、創立以来四〇年、大体そうなってきた。しかし、このところの学費高騰で、〇八年度は奨学金は二三億五〇〇〇万円（高奨生四四〇八人、大奨生一五一七人）、つどい・学生寮等三億円に対して、寄付総額二二億五〇〇〇万円で不足分を貸与返還金からまわしている。でも、どうみても大不況で学生募金は全く見当もつかないし、半額を割っても不思議ではない。それでも、高校奨学生の採用は、「原則全員採用」堅持。大学生は一割減員した。

未曾有の難局に備え、理事、事務局も増強した。副会長（非常勤）は二人、大学時代から大貢献してくれている金木正夫米ハーバード大准教授と青野史寛ソフトバンク人事部長を加え、五人体制にした。また、事務局は世代交代をさらに進め、林田吉司塾頭を僕の補佐にし、岡崎祐吉君をあしなが心塾塾頭とした。募金も教育と手間を厭わぬ力業と根気がいる。遺児の若武者には力一杯粘り強く活躍しいてほしい。

三年、五年は「天」が落ちてきても踏ん張る覚悟で。

（二〇〇九・四・九記）

子どもの教育費各党マニフェストに

いよいよ明日から与野党逆転をかけた総選挙が始まる。

僕らは、①遺児らの奨学金確保で教育権を守る。②母親らの健康と雇用を守り、③遺児らが普通の子らと変わりなく成長し、就職し、幸せな家庭をもてるような施策を求める。

「遺児と母親が政治に訴える全国大会」（育英会と遺児学生共催）を、一九六九年から昨二〇〇八年まで二〇回開催してきた。政府各党の代表を招いて行ったが、教育問題については成果ゼロ。藤村修本会理事（前衆議院議員、教育専門家でガン死した故山本孝史参議院議員と共に大学時代から遺児を励ます会を続ける。五十九歳。大阪）らの献身的な国会への働きかけで、四〇年近く動かなかった、遺児の奨学金の増額、無償化が一転して、自民・民主のマニフェストの公約となった。

三〇年以上新聞ＴＶに大々的に載っても実現しなかったのに、藤村理事らの霞が関（官僚）への働きかけで少しずつ動き始めた。大きな成果だ。故山本孝史議員が命を賭してガン死と自死の二法案を通したのに匹敵する痛快事である。自前の代議士を育てる意味は、問題が大きいほど効果が大きい。

今年も山中湖での大奨生のつどい、次いで各地一〇か所一一会場で高奨生のつどいをやる。一年で一番肉体的に疲れるが、遺児と母の生活と意見を話し合いながら一年分のエネルギーをもらって、母子も職員も一年間WORK HARD（勉強、仕事）する。あしながの強みと喜びはそこにある。

不況でも愚直に一生懸命に働いていこう！

私ごとだが、難病パーキンソン病にかかったようだ。一昨年から一年に三、四度転倒。ＯＢの金木正夫副会長（医師）が東大時代の友人に頼んで何回か診断してもらい、ようやく病名が決定。死に至る病ではないので、多少の不便と苦労はあっても、命あるかぎり働く。

負けるものか！

（二〇〇九・七・三一記）

幻惑されず抜本策をめざす

「国は、遺児家庭の貧困の連鎖を断ち切れ！」

昨二〇〇八年十月五日、銀座のどまんなかで、僕は遺児母子四百人とシュプレヒコールを張り上げた。久しぶりのデモ行進だった。白状するが、二〇〇七年頃から僕はすでにパーキンソン病にやられていたようだ。杖無しでは、とても皆と同じペースでは歩けなかった。ムシロ旗掲げて叫ぶ学生たちの情熱と、普段は決して見せないお母さんたちの晴れやかな美しいカオが、僕を歩かせたのだと思う。

あしなが運動四〇年、大会二〇回の中で、遺児家庭救済策を一つでも二つでも獲得しようと、山頭火の「分け入っても　分け入っても　青い山」の心境で政治に訴え続けてきた。その長年の願いが新政権のマニフェストに盛り込まれ、実現に向けて政治が動き出した。全国四〇万遺児とその親御さんたちの苦労がやっと報われた――と喜びたい。しかし、幻惑されてはいけない。その内容は貧困にあえぐ遺児救済には不十分で、教育格差をもっと拡大させかねない政策だ。さらに、この四〇年運動に取り組んできた僕の結論は「お金の支援」は抜本策とはなりえないということだ。

母親たちが本当に望んでいるのは、働いて自分の力で子どもを育て進学させ、一人前に仕上げることである。だがこの世界不況では、若者にも仕事がないのだから、まして中高年女性には安定した仕事などなく、働いても生活保護費程度の賃金も取れず、無理して働けばやがて心身を痛め、病気と貧困の連鎖で家庭は解体、崩壊する。子どもの教育どころではない。必要なのはお恵みの涙金ではなく、高給でなくてもよい、一日八時間働けば一家が何とかやっていける安定した職場の供給である。

最近さらに思うことは、子どもたちの意欲の減退・喪失である。幼いときに親を亡くし、母子で貧困のどん底をはうような生活が続けば当然だ。そのとき必要なのは行政だけでなく近隣の人々と、担任の先生方の暖かい思いやりだと思う。厳しい時代だからこそ、老若男女、富者も貧者も励まし合い助け合い教育し合う「共生社会」こそ、あしなが運動が目指す「青い山」なのだ。

足腰はかなり弱ってしまったが、学生、遺児母子と共にまだまだ闘い続ける。分け入っていく。

(二〇〇九・一〇・一六記)

目を醒ませ！　最高の環境で中国語を学べ

二〇〇九年十月六日から十二日まで中国留学第二回生大奨生一二人への激励と、引き受けていただいている中国の党と大学校に、来年も増員してほしいお願いとお礼で北京詣でをした。

大学ではお世辞もあろうが、学生はよく語学を勉強してよくしゃべるようになっていたと聞いた。それより顔が明るくなりのびのびしているのが嬉しかった。六〇年目の国慶節で、北京にしては人は空いていた。一般人は天安門前で遮断されていた。それにしてもオリンピック以来、北京の町は整然としていたし、新しい建物はどんどん建ち、二年前しかしらない僕にも驚きだった。ある信頼すべき日本の報道特派員の言では「中国のシンクタンクである『中国社会科学院』の予測では、二〇一〇年、中国のＧＤＰはついに日本に追い抜き、二〇二〇年には何と米国のＧＤＰに追い着く」という。にわかに信じ難い数字だが、米国はともかく、日本は完全に追い抜かれるようだ。僕たち日本人は〝ジャパン・アズ・ナンバーワン〟といって高度経済発展期の夢を追っている時ではない。

一日でも長く対等の関係を維持するには、科学技術をさらに磨き、日本文化を進める一方で、古来、「一衣帯水」の人民の友好親善を大切にすることである。僕自身、三〇年来つきあっている張暁民・朱美珍夫妻の娘の張惟さんとの関係は全く壊れない。老朋友は国家より強い。日中友好親善をうたうには、ただ歌を歌ったり、食事や観光しているのん気なことではダメだ。もっと互いに人類の進歩に向けて切磋琢磨していかないといけない。

なぜ日本の若者は一生懸命勉強しないのだろう。授業料をいくら無償化したり、給付にしても、勉強へのモチベーションでは日中間では余りにも差がありすぎている。インドも、ベトナムも、韓国も香港も猛烈な勢いで受験勉強をさせている。皆、アメリカへ行きたがる。帰国したとき使い道が多く、給料も高いからだ。勉強もせず、日本語だけしか使えない日本人は世界の田舎者になって、自分でめしを食えなくなるだろう。地球上の四人に一人が話す中国語をどうして学ぼうとしないのか。座して死を待つようなものだと思うのだが……目を醒ませ、諸君！

（二〇〇九・一〇・一九記）

「遺児と母親の全国大会」で学生達がお母さんの声を訪問調査でしっかり聞き取り、勉強会を重ねて政治への要望文をつくった。要望1の「子どもの貧困対策基本法」の制定を、政府と各党に迫った。

翌日、政府・民主党も「すぐまとめたい。遺児の発意によって制定された、という文言を入れましょう」と藤村修本会理事・厚生労働委員長から電話。他党からも問い合わせ続々。これが今までどの党も考えていなかった内容を、遺児達が世界にさきがけて法制化を訴える、画期的なものとわかる。学生達が政治家に一歩先んじた。苦労しているものが声を上げ、政治を動かす、あしながの思考パターン、行動パターンがまた進化した。誇らしい。

オバマ米大統領　招待にびっくり

僕にオバマ大統領から十一月十四日の来日講演の招待が来た。驚いた。各界代表一六〇〇人のみと聞き二度びっくり。約一〇年、八回におよぶ「海外遺児とのサマーキャンプ」で、9・11のテロ遺児、ハリケーン遺児への心の癒しのため日本に招待したのを、シーファー駐日米大使（当時）がその都度大使館に招き、熱心にアメリカの遺児を励まし、僕ら主催者に深謝された。その御礼と見た。

僕は最近ずっと思い続けていた、ある思いを行動に移す時だと考えた。

ウガンダのエイズ遺児やインド津波遺児らも災害から数年経ち、日本の早稲田大学、ＩＣＵ、関西学院大学などへの留学をすすめる運動が進み、九人の海外遺児が留学の夢を果たした。一日一ドルで一家が食べている極貧国から、「ミルクだけでなく教育支援を」と進めてきた運動が開花した。

『あしながおじさん』出版百年の二〇一〇年を機に、世界中であしながさんを募り、最貧国の遺児を世界中の大学に留学させよう！　人類の善意とやさしさを信じる運動を進め遺児の連帯と共生をはかりたい。

まず最貧大陸アフリカの遺児に焦点をしぼって、全人類的な運動に進めたい。世界の人びとの愛とやさしさを信じて。困難覚悟のアフリカ三年計画を応援していただければ幸いです。

（二〇〇九・一二・二四）

第六章　遺児の力とあしながさんの善を愚直に　2010–2013

——東日本大震災に無我夢中でたち向かう——

二〇一〇年（平成22）75歳　1・17「ハイチ地震遺児支援募金」を東京と兵庫県で実施。4・24、25、5・1、2第八〇回学生募金。6・26玉井、『だから、あしなが運動は素敵だ』を天皇・皇后両陛下に献上。7・1あしなが育英会のACジャパン広告始まる。7・27玉井、「アフリカ遺児高等教育支援100年構想（以下、100年構想）」発表。9・1―6「山中湖のつどい」。11・14全国五八会場で第三七回Pウォーク10。12・12第二三回「遺児と母親の全国大会」。

二〇一一年（平成23）76歳　2・5玉井、第二回「日本ファンドレイジング大賞」受賞。3・11午後二時四六分、東日本大震災発生。3・13アフリカ出張中の玉井、ただちに帰国し緊急対応本部設置。零歳から大学院生への「特別一時金」給付と奨学金特例措置を即決。3・25―27学生募金事務局が主要一一都市で「東日本大震災遺児支援募金」。4・11仙台市に「あしなが育英会東北事務所」開設。玉井、「東北レインボーハウス」構想発表。4・12―16「あしなが支援制度お知らせ隊」被災地で活動開始。5・11玉井、トルコのコジャエリ大学で講義。6・9ニューヨークのタイムズスクエアで玉井、東北震災遺児、米国同時多発テロ遺児たちで「東北レインボーハウス建設募金」。9・23―24、10・8―10震災遺児家庭訪問調査。10・1秋篠宮妃紀子様が神戸レインボーハウスご視察。11・9玉井、広島大学「ペスタロッチー教育特別賞」受賞。12・12パリ・エッフェル塔前のシャンドマルス公園で東日本大震災遺児らが街頭募金。

二〇一二年（平成24）77歳　1・1米小説『あしながおじさん』発刊百周年を機に「100年構想」スタート。2・26―3・6あしなが日本女子ユース東北選抜ブラジル遠征親善試合・震災遺児支援募金活動。3・18ロサンゼルスマラソンで津波遺児支援募金活動。5・5玉井、ウガンダのマケレレ大学で記念講演。

二〇一三年（平成25）78歳　4・19玉井、英国オックスフォード大学で講義。5・11玉井、トルコのコジャエリ大学で講義。5・18代々木公園・渋谷で遺児と母親ら約五百人が「市民集会・デモ&パレード」。5・31衆議院厚生労働委員会で緑川冬樹「遺児と母親の全国大会」委員長が参考人陳述。6・1第一回「あしながインターンシップ・プログラム」で世界六大学一三人が来日。6・1―4「TICAD V」横浜会場にあしなが育英会ブースを設置。6・19衆議院本会議で「子どもの貧困対策法案」が全会一致で成立。9・15玉井、米国プリンストン大学で講義。10・9―12・13「100年構想」第一期生一〇人がウガンダで勉強合宿。10・28―11・16玉井、構想推進賢人達人を求めて世界行脚。

貧困削減こそ全人類の願い

どうやら二〇〇九年の世界経済は、リーマンショック後の経済運営の差もあったのか、中国が日本のＧＤＰに肩を並べ一〇年は追い越し、米日中の順位が米中日になることが確実なようだ。二〇年には中国と米国の逆転もいわれている。もうそれは時代の流れのように、僕には思える。六五年以降の日本のめざましい経済成長で、僕らも当時すっかり「ジャパン・アズ・ナンバーワン」気分で不遜だった。

でも今の米中日を見ると、米国は金融と軍事と移民政策で急に没落することはないだろうし、中国はリーマンショックをＶ字回復ではね返し、人口と資源も社会主義的政策で世界第二位を固めそうだ。

日本が、ゆるやかに没落していくことを憂慮する。学生、生徒、二〇代の若者が「WORK HARD（勉強も仕事も）」〝死ぬ気で〟一生懸命勉強しない。技術も消費量でも、ＢＲＩＣｓ（二〇〇一年、ゴールドマン・サックスが公表した「二十一世紀の大国」であるブラジル、ロシア、インド、中国、候補国の南アフリカ各国の頭文字）といわれる中進国が抜いていく。これにＶＩＳＴＡ（日本のエコノミスト門倉貴史氏が提唱したＢＲＩＣｓに次ぐ大国候補、ベトナム、インドネシア、南アフリカ、トルコ、アルゼンチン各国の頭文字）が続く。親の代がかせいでくれた富はやがて底をつく。日本人に早く気付いてほしい。心塾生にいくら口酸っぱくいっても馬耳東風である。一二人の北京留学生は、中国学生の勉強ぶりをみて、多くを学んできた。後輩諸君、外国を知れ、それが世界に遅れず生きていく法である。お母さんも恐れずに家を追い出し、世界のどこでも生きていける子に鍛えてあげてください。

阪神・淡路大震災の一五年目の追悼式を行っている時、中南米最貧国ハイチでＭ７を超える大地震が起こった。

建物の脆弱さと炎天下の大地震に、神戸を思い出し、悲劇の大きさを想った。震災遺児と東西の心塾生らが直に起ち上がり、募金を始め、遺児の心の癒しの使節団派遣を決定した。米政府も大使館中心のノルマ募金、有名ミュージシャン・芸能人挙げて応援態勢が進んでいる。日本政府の動きは遅いと不評である。一般の市民の感覚もまだ鈍い。ボランティアをいう前に、ヒューマニズムの血が流れているのだろうか、と思ってしまう。

あしなが運動も、一〇年前からインターナショナルな大構想で、教育による世界の貧困の削減を真剣に考えてきた。いや人類の意識を改革し、より平等で差別のない世界が出来ないか、と衆知を集めている。何十年かかっても、差別の少ない社会づくりのために。世界の皆様に、参加を求めてゆきたい。人間を信じ夢をもちたい！

（二〇一〇・一・二五記）

久しぶりの〝もの書き〟現役

あしながでは三月末の理事会評議員会で「金木正夫会長代行誕生」。一同びっくり。人事は解釈が難しい。普通これでは「玉井会長続投」とあっても、大方の人は「玉井は加齢でぼけ、パーキンソン病が悪いらしい。それで金木君も助っ人の覚悟を決めた」と思う。

でもこれは違う。確かに、僕は七十五歳でもの忘れも多いが、いざという時の判断は迅速だと自負している。僕はまだ大丈夫だ。ご心配は嬉しいが、的はずれの噂は尾ひれがついて疑心暗鬼を生む。僕は金木君推薦の東大の同期生二人の医師に診てもらっている。厄介なのはパーキンソン症候群で、「転倒が一番危険なので、一人で長く人の多い道を歩くのに注意してほしい」（杏林大の千葉厚郎教授）。「心臓は決められた薬を忘れずのめば大丈夫」（東大の西村敬史准教授）。

「全体的に二〇年ほど診ていて血液検査は満点。肥満に注意。運動して減量すること」（日本女子医大第四内科の新田孝作教授）で、データをまとめて全体を知る金木正夫医師も「筋力増強で歩けるようになれば、八十代は問題なし」。このGWは執筆校正三昧で久しぶりに〝もの書き〟現役を感じ、嬉しかった。

あしなが運動四〇年の機関紙のコラム「れんたい」と「共生」二五〇本を、『だから、あしなが運動は素敵だ』というタイトルで一冊の本にしたいと思いつき、若い友である編集者の副田護君に相談。

「それはおもしろい、あしなが運動の歴史教科書にもなり、あしながさんや、遺児学生やボランティア学生も喜ぶでしょう。助けましょう」

と、始めたのが四月二十日頃からか。編集は、会長付課員でアフリカ六年の任務から帰任したばかりの佐藤弘康君と新入局でアフリカ要員の山田優花さん。僕と副田君の四人。僕は連休も一日休まず、半徹もしばしば、仕事に没頭した。約四〇年間コツコツ自分が遺児とお母さんに語りかけるようにして書いたものだから、懐かしかった。創刊号は山本孝史君が入局数日前、二人で事務所で四日四晩かかって作った。機関紙には僕ら仲間の青春が詰まっている。

（二〇一〇・五・九記）

「本当に」あしなが運動は素敵ダ

僕が四〇年書き続けた、『だから、あしなが運動は素敵だ』（批評社刊）――が遂に本になった。発売に先立って、六月二十八日、天皇・皇后両陛下に「献上」した。後日、「両陛下から玉井会長にねんごろに謝意を伝えておくように」との仰せがあった。美智子皇后は遺児たちにご関心が深く、熟読されることを期待したい。神戸でもこの子らのことをよろしく、といわれたやさしいお声が耳に残る。この度の天皇陛下の「奨学金のお話」も嬉しい話だ。岡弘文氏と、ＯＢ飯島久司氏にはお世話になった。

この本は、親友の副田護君といつも祝う会の監督をしてくれるＴＢＳ篠田伸二君と僕の三人での雑談がきっかけ。六年前の「朝日社会福祉賞」受賞を祝う会の時「親方の生前葬にしよう」と冗談半分。僕は主張した。機関紙のコラムを全部掲載してあしなが運動の歴史を振り返るとともに、次の「再生」を誓う、壮大な運動を世界に示し、アフリカの貧困削減をめざす「アフリカ遺児高等教育支援１００年構想」（以下「１００年構想」）の大風呂敷を広げることになった。

神戸の大地震以来、震災遺児は無償の愛を義援金から感じ、その年から世界で災厄が起きれば街頭募金でお金を集め被災地の大統領や首相に届け、遺児らを日本に招きサマーキャンプをして連帯を深めた。一〇年続けると少年たちも大学受験年齢になる。一日家族一ドル以下の生活では、大学は夢のまた夢だ。その夢がかなった二〇〇五年、ウガンダのナブケニャ・リタさんが早稲田大学国際教養学部に合格した。次々と進学者が続き、一〇年現在、九人が東西の大学で勉強している。教育はミルクや毛布より強い。教育こそ百年の計である。

この成功体験をもとにこれから世界で最も貧しいアフリカ大陸に焦点をあて、遺児の優秀な子を外国の大学に留学させようというものが「100年構想」だ。簡単ではないが、日本で一〇万人のあしながさんが八万人の遺児を進学させたのだから、世界六八億の人々が約五千万人のアフリカ遺児を外国で学ばせることが不可能とは思えない。ヒントは「あしながメソッド」。心やさしい、親代わりをできる人はどこにもいると信じたい。百年がかりで人知とやさしさを必ず結集したい。

金木正夫会長代行は、ハーバード大学で一五年もの間ラボを維持している、優秀な基礎医学者だ。それをあしなが独り占めすることなどできない。彼の頭脳は人類のためのものだ。アメリカから思想的哲学的な指導をしてほしいといって迎え入れた。日本に居て指導すべきだなどという幼稚な誤解は、折角の彼の偉大な研究の負担になる。わかってほしい。

忙中閑あり。八月一日、東京文化会館で、トリノ王立歌劇場の『椿姫』を鑑賞した。小柄な主役ソプラノに圧倒された。OB奥出昌次君発案の字幕（Gマーク）は一段と読み易くなった。四人だけの会社なのに超一等席に招待してくれる。涙が出るね。

（二〇一〇・八・四記）

〝元祖〟あしながさん逝去

その人の毎月定期便のように届く現金書留を心ひそかに待つ自分に気付く。

「菜種梅雨もやっとあがり六日ぶりに青空がみられるようになりました。さていよいよゴールデンウィークも始まり楽しい行楽地へと出かけるよい時候となりました。扨（さて）五千円同封しました。物価高の折増額したいと思い乍らも出来ず僅少で何のお役にも立ちませんでしょうが、よろしくお願ひいたします」

どんな方だろう。東京本所局の消印があるだけで、匿名だ。文章から読みとれる漢字、仮名づかい、表現の繊細さからお見受けするとかなり老齢の教養豊かな老婦人とみた。どんなおばあちゃまだろう。僕はいつもそのご婦人のことをメルヘンの世界で空想して楽しんでいた。

ある日、一本の電話を偶然僕が取った。本所消印のご婦人からだ。簡単な問い合わせだった。僕は何度もお礼を述べ、せめて子どもたちの作文集をお送りしたいというと、お名前も笑って答えられなかった。想っていたとおり、品のいい、教養あふれる、優しいオバアチャマだった。老婦人は一言、「毎月、養母の墓参りに行き、近くの郵便局から送るんですよ」とさりげない。「陰徳」という言葉が僕の心に浮かんだが、僕は感動で言葉にならなかった。

一九七九年春、会の台所は火の車で、奨学金が向こう半年分しかなくなったとき、僕はふと本所のおばあちゃまと合わせて、〝ある奨学金制度〟ができないかと思った。どこかの誰かがどこかの誰かにそっと援助し、お金より〝くじけないように頑張って〟というエールを送る奨学金で、寄付者と遺児の間の心の交流をはかる制度はないものか。そして、あしながさん奨学金制度が生まれた。同情でなく遺児への優しい励ましとして好評で、たくさんの〝あしながさん〟が応援してくださった。

二〇一〇年七月九日、〝元祖〟あしながさんこと、上田都美さんが亡くなられた（享年八八）。一生独身、歯医者を続けられ、遺産はすべてあしなが育英会に遺贈された。育英会の恩人に深甚なる謝意をこめてご冥福を祈ります。長い間、ありがとうございました。

小説『あしながおじさん』の百回目の誕生日が二〇一二年にやってくる。私たちが〝発明〟した「あしなが制度」を世界に拡げたい。

（二〇一〇・一一・五記）

〝愛の連鎖〟僕の自分史、観て下さい

ＮＨＫに僕「玉井義臣」の自伝というか「運動の軌跡」を、数年間に亘って克明に追っかけてくれたものを、一時間のドキュメンタリーにしていただいた。

新年（二〇一一）一月九日（日）午前五時から六時までの全国放送だ（再放送あり）。朝も早うから見る人もいないと思ったら、何回か出していただいたＮＨＫラジオ深夜便（たしか午前四時から五時迄）も意外に多くの方々に聞いていただいており驚いたものだ。

しかし、今度の番組「こころの時代～宗教・人生～　〝愛の連鎖〟を築く」は、実はかくいう僕が一番心待ちにしている。僕は職人の子だから家庭には勉強する雰囲気などなく、大阪府池田市の猪名川と五月山の間に店があり、夏は早朝、薄暗いうちにつけ針（前夜大きなみみずを針につけ一夜待つ）を糸をたぐって上げる。うなぎやなまずがかかる。朝めしを食うと、ふんどし一丁になってその川で泳ぐ。昼めしを食うと昼寝をしてまた川で泳ぐ。三時頃になると丘にあがり、今度は山の竹薮でみみず掘り、蝉の幼虫もとる。

中学の終わり、一一人きょうだいの一番末の僕に、上の兄が学歴がないと勤めててもみじめだ。お前は高校へ行かせてやる、と言った。こちらがびっくりした。でも運好く〝共通テスト〟で公立池田高校に入った。授業など何も分からん。英語に主語述語があるのも知らず、高校へ行くと、東大出の若い先生が僕を立たせて一時間攻

めたてる。旧制中学はさすが違うわいと覚悟をきめて机の前に座り続けた。おかげで少しずつ各科目がわかるようになったが、国立一期校（旧帝大）は落ち、国立二期校（旧専門学校系）の滋賀大学経済学部に入る。落差が激しくやる気を失い、無頼の徒に。

一〇年ほど経って食うや食わずの物書きをしている時、母の交通事故死で鉄槌を下され、猛勉強して交通評論家に、遺児救済の社会運動家へ。そして今、最後の仕事として世界最貧アフリカ遺児の進学をあしながメソッドで挑戦する。

五〇年近い歴史は、僕も失念している。ご関心ある方、僕と一緒に観て下さい。歴史の先読みも面白いですよ。

（二〇一〇・一二・二六記）

遺児の力とあしながさんの善を愚直に

ついに一番恐れていた奨学生の東日本大震災・災害死が判明した。松木大典君――仙台市に住む聖和学園高校一年生。

▽四月十四日一五時現在、死者一万三四五六人、不明一万四八五人。

記録が大きいからといって、一人の死を数字で片付けるべきでない。

大典君を知る人びとの言。「彼は初めてのつどい参加にしてはとても社交的で、郷里仙台が大好き。つどいの最後の夜の缶トーチの時は声をあげて泣いていた。今年のつどいで成長した彼を見るのが楽しみだったのに……」（つどいシニアリーダー、当時大二・阿部彩花）。「僕らが親しくなったのは互いに剣道に打ち込んでいたから。秋田と宮城の代表となって東北大会で闘おうと約束しました。夢であってくれたら……と」（当時高一・佐藤竜）。

林田吉司理事・富樫康生職員・大奨四年の三井陽介で弔問（四月九日）。お母さんは「二回目のつどいを楽しみにしていた。普段は部活をしてから帰っていたが、その日は補講で下校が遅くなり、帰り道で地震にあった。いったん地元の中学校に避難したが家族のことを心配し、周囲の制止を振りきって自宅に向かったようだ」と、やっと語ってくれた。さらにたった今、宮城県農業高校二年の伊藤真伸君も亡くなっていたと急報が入る。合掌。

三月十一日、僕はアフリカ遺児高等教育支援１００年構想の調査で外国出張していた。着いてテレビをつけるなり、ＣＮＮもＣＣＴＶも絶え間もなくＮＨＫの映像をつかい津波実況のみ。と、東京から電話「すぐ帰れ」。ウガンダ事務所にも顔を出せず、十三日帰国。成田空港からすぐ東京事務所へ。その日、副会長ら同志が昼間、問題点を議論し、僕は僕で機中で考え続けた。

神戸では瓦礫の中から親子のご遺体が出てきた。津波はねこそぎもっていく。これでは生活できないと思い、第一に〇歳から大学院生までの生活を支援する「特別一時金」を即決した。「返済不要」で「〇歳児でも」というのは、僕らのような任意団体でないと、行政の〝邪魔〟〝ご注意〟が入りなかなかできない。僕は教育費より、下着一枚、食べ物、家の修理代が命綱になることを知っている。一日も早く被災者を探し、来訪し、使ってもらいたい。国や地方自治体ではできないことだ。四月十四日現在、申し込みが三四七人。スピード断行はどうやら好評である。

これからすることは、第二に、東北レインボーハウスの建設だ。神戸のものは、歩いてこられる遺児の心のケアでまずまずの〝点〟のケア。東京百草のは飛行機ででも家族ごと呼べる〝線〟に。

今度の東北レインボーハウスは、センター的なレインボーハウスとともに、被災の多かった数か所に次々と一人で守れる小さなサテライト（拠点）をつくり、箱物でなく、ファシリテーター（心のケアのボランティア）を大量に育て、社会をやさしくすることを目指す。すべての人がケアに関わる、幅の広い〝面〟のケアを理想形にしたい。将来的には、運営も地元の方々にお任せする。東北人の前で大阪人が話したらぶちこわしだ。土地の文化を、より「やさしく」再生することで、土地の人が〝面〟のケア文化を醸成してほしい。日本人がやさしさを取り戻したら、ケアの半分以上は達成されたようなものだ。

けっして夢物語とは思っていない。あしながさんや世界の善意の人びとに見守られて成長した遺児の力を結集し時間をかけてやっていく。遺児諸君、きみはひとりじゃない！

信ずべき善を愚直に。

あくまで愚直に。

（二〇一一・四・一〇、一四記）

欲望の減速が地球を救う

百年ぶりとも千年ぶりともいわれるこの度の大津波では四万人とも五万人ともいわれる犠牲者を出しそうである。福島原発事故がスリーマイル島やチェルノブイリ原発事故をしのぐかもしれないという恐怖の中で、今、日本人も世界の人々も生きている。

学生時代、諸悪の原因は「人口爆発だ」と聞かされた。世の中が便利になり稼ぎがよくなることは、実は資源の先食いや環境の汚染をもたらし、地球と人類を破滅させることだ。わかっていても途上国が便益を求め、物質文明を享受することは誰も止められない。

その最たる犯罪者は自動車で、多くの物質（鉄、石油などの資源）を蚕食し環境を汚染する。どこへでも早く人と荷物を運べる文明の利器になってしまった自動車は、一万数千点の部品から組み立てられる。その部品をつくる会社は無数といっていい。裾野の広い産業で、自動車産業が栄えると各部品産業が活況を呈し、自動車を販売する産業も売れるので、自動車産業を経済成長の戦略産業と呼ぶ。一九六〇年代のモータリゼーションこそ日本の経済をいっきに押し上げ、日本の高度経済成長を達成せしめた。その陰の部分として交通事故死傷者は、六〇年代に一千万人（うち死者二万人前後）を記録した。物の大量生産には光と影があることを注目すべきだ。途上国もひたすら後を追う。建物も食物も装飾品などもあくなき欲望が地球上の物を食いつぶす。あらゆる災厄をもたらす大自然の原則に僕ら人間は他の地球家族にも詫びながら、地球の再生をはからねばならない。

僕が五〇年程前、提言した「ユックリズム」（減速の哲学）とはこのことだ。欲望を減速することこそ地球を救い、人間や生物が救われる道だと信じ書いた。先日、その本『ゆっくり歩こう日本』（サイマル出版会刊、第Ⅳ巻所収）はアマゾンドットコムで買ったら四倍になっていた。地球の人類や日本の前途に警告する本を、学生たちに読んでほしい。

いまの日本は飽食の一語に象徴され、何もかもハラ一杯にならぬと満足しない時代は、ユックリズムで身のほどの国にならないと滅亡が早まる、と僕は真剣に憂慮している。

救済活動と共に考えるべき時だと思う。

（お詫び）東日本大地震、福島原発事故で次々機関紙刊行予定が遅れ、〝号外〟という形で救援の様子を活写しました。

（二〇一一・四・二八記）

「(生活)特別一時金」のスピード制定が称賛と信用高める

今年ほどあしなが育英会への評価が急激に高まったことはない。運動の実績への評価、それにくっついて上がる信用は、四十余年運動を創業し牽引してきた私を更にWORK HARDへ駆り立てる。

評価の第一は、「津波遺児」たちへの支援策に日本一のスピード感があったことだろう。

東日本大震災発生時の「3・11」、私は出張先のアフリカのウガンダの、ホテルで荷を解きTV(CNN・CCTVなど)をつけた。経済市況をやっていた。とたん画面が急変、大津波の襲来で人、家、自動車が大きな流れに翻弄されている。相当高いビルも壁にスッポリ穴が開いたり、倒壊している。堤防も水をせきとめられず用をなさない。痛ましいのは人と思われる〝物体〟が引き潮のときTVに映し出される。外国版はノーカットで残酷で思わず目を覆う。家族も親戚も友だちも家財も自動車も、そして多くの想い出のよすがであったアルバムも、形になっていないそれぞれ一人ひとりの〝お宝〟も、海の彼方に押し流された。辛い。恐ろしい。悲しい。空しい。黒い光景だ。

そのとき、東京本部から電話。「午後、副会長らと常勤理事、事務局長は対策を議論したが、会長(玉井)がいないと決着がつかない、一番早い便で帰国してほしい」と吉田和彦事務局長。ウガンダのあしなが事務所であるレインボーハウスに寄って帰る暇もなさそうで、トンボ返りを覚悟した。日本への飛行機が出るのは翌十二日一六時一五分発のエミレーツ機で、途中、エチオピアとドバイで止まって成田着は三月十三日一七時半。時差を抜くと二〇時間位になる。大変な長丁場だ。

一夜寝て機中の人となる。乗り物の中ではメモ片手にさまざまな思いをはせる。何が問題なのか。どうすれば問題解決するのか。日本の新聞もなし、報道なしの状態だ。でも問題点の整理をしつつ一睡もせず、考え続ける。対策のポイントは〝着の身着のまま〟の被災者にしぼる。ほとんど無一物の状態を想定する。そうこう考えているうちに、日本の成田空港に着く。日本時間で一七時三五分。直ちに東京本部に。

私が帰国前、三月十三日午前中、四副会長と、小倉弁護士、会からは吉田事務局長、監事の山北洋二、理事の林田吉司、小河光治が参加して問題点と緊急支援の対策について議論したが、会長不在のためまとめるまでに至らなかった。同夜帰国、副会長会議の説明を受け発言した。被害者は〝着の身着のまま〟が救済のポイントと考えると、①教育費より何に使ってもいい「使途自由」、②本会初めての、「貸与」でなく「給付」にすべきである、③「返済不要」と断を下し、直ちに副会長に電話で説明し承認を得た。こうして3・11から二日後、〝生活〟一時金は日本で一番早く誕生した。

次は制度を知らせることだ。ローラー調査は、津波で海没しているので、神戸のように一軒々々を回る方法は不可能。東北事務所（林田吉司所長と職員六人）より五台の自動車に学生と職員が乗り、三日間、五班に分れて被災地に向かい、避難所、公民館、役場などに生活一時金の制度を知らせるキャンペーン。これも車で回るローラー調査である。七月十四日現在、申請者一六三八人。送金額は一四八七人に九億四六五〇万円。被害者の実態はわからないが、推定で二千人まで増えると予想。神戸地震遺児の最低四倍になる。

このキャンペーンは「お知らせ隊」と呼んだが、道なき道を進むのは難行苦行だったが、各地にいる大学奨学生たちが、すぐ集まって手伝い、決めたことをすぐ実施できた。これがあしなが注目され拍手される「スピード決定」に次ぐ「機動力」だ。

大きな団体に寄付してもいつどこでどう使われるかわからない。あしながは、遺児を探し当てる神戸以来のノウハウを持ち、いつも他団体より先行して達成する。木曜日までに申込書が届くと、次の月曜日には銀行送金しているこの速さに信用がさらに増す。今のところ、それにかかる費用はあしなが育英会からしか出さない。超クリーンな会計だ。〝生活一時金〟は約一〇億円は支給し終えた。

次の目標は、東北レインボーハウスだが、早くも候補地はほぼ目途がついたが、建設費約三〇億円も必要だ。海外の募金網も広がってきたし、設計と並行して、目標の二年後には建てたい。建設資金も巨額だが、過去の経験からすると、案外早く集まる予感。一番根気のいる仕事は、東北人の老若男女を〝癒しのボランティア〟にする壮大な計画。ファシリテーター養成講座を含め、細かく各地で実施する中長期の目標をはずせない。「千年に一度」の津波なら、百年がかりで〝東北人みな癒し人〟を実現したい。そこに東北伝来のやさしい顔と心があるはずだ。

六月には米国NYで、内外三〇社の世界のマスメディアに記者会見。タイムズスクエア前で、津波遺児らが街頭募金をした（口絵参照）。日本の新聞は大きく日本に配信。ニュースの巨人CNNが何回も何回も世界に配信し続けた。ABCが追っかけ取材に加わり、今、BBC（英）は六〇年間の人気番組「PANORAMA」でも取材を始めた。日本の小さなNPOは世界の「ASHINAGA」になった。外国からの寄付がふえている。三五度の暑さの中でTSUNAMI遺児五人と学生募金の海野佑介事務局長とPウォークの櫻井陽子実行委員長と一緒に私も声を張りあげていた。道往くニューヨーカーは陽気でやさしかった。遺児たちも心から顔一杯で微笑んでいた。四〇年前、同志岡嶋信治君らと東京数寄屋橋で旗揚げ募金をした時のことを想い出し感無量だった。

寄付の申し出も、世界最大の教科書会社で辞書でも有名な「ピアソン社」は、英国の『フィナンシャルタイムズ』紙で半頁のＡＳＨＩＮＡＧＡの広告を予定している。九月のダボス会議（ユース部門・中国大連）に津波遺児が招待され、十月には日米有識者会議（米国・ワシントン）に招待されるなど、ＡＳＨＩＮＡＧＡを評価する企画が進んでいる。ＮＹ効果だ。

新しい道を踏みしめて、世界二億人遺児の救済と共生に向けて歩をさらに進めよう！（二〇一一・七・一四記）

両陛下を思い出す紀子さまのご訪問

十月一日、午後四時から一時間半、秋篠宮妃紀子さまが神戸レインボーハウスをご訪問くださる。翌日、近くの大学で学会があり、開会の御言葉を述べられる由。

一一年前、天皇・皇后両陛下行幸啓のときを思い出す。美智子皇后さまのお言葉に神戸地震の遺児や保護者は感激し、小さい子はどなたかも知らず、皇后さまに楽しく遊んでいただいているご様子に、強いオーラを感じたのを今も忘れられない。

紀子さまもお声がけやお遊びは実に念入りにされ、子どもたちはよくなつき、さすが皇后さまのお教えの修行時代かと、私は爽やかで清々しいものを感じた。美智子皇后が神戸のことを気にかけてくださるお気持ちがじかに伝わり、天皇・皇后両陛下とも「この子らをよろしくお願いします」というお言葉が今も心の奥底に残っていて、思い出すと熱くなる。

3・11の東日本大震災以後、あしなが育英会が「特別一時金」の制度を発表すると、日本と世界が驚きの目で注視した。①制度を決定したのが、地震発生の二日後の夜だったこと。僕は地震の時、ウガンダ出張中で、着くなりTVをつけると、日本の地震津波を実況し始めた。信じられない。②東京から帰国を促す電話。早速飛行切符を押え、翌々日、乗る。同日一七時半成田着。本部事務所へ。③TVで見た被災地では、被災者が〝着の身着のまま〟。今すぐ使途自由、返済不要の生活費ともいえるお金を出そう。会長代行、副会長に電話をかけて了承を得て「特別一時金」を決定。マスメディアで発表するや、爆発的な人気と募金があい次ぐ。「スピード」の勝利だった。

他方、発生一か月後の四月十一日、仙台事務所を開き、林田吉司所長ら三人を配置。次は津波遺児探し。早速、〝お知らせ隊〟を編成、自動車一台に職員一人と学生ボランティア二人が一組になって、五台が六方面に走り避難所、公民館、学校などに、募集ポスターを貼ってまわる。神戸のローラー調査は、人が一軒一軒家を訪ねて五七三人を探しだした。ここは広く壊滅的なのでクルマで広報した。どこの自治体でも真似られない「機動性」だった。

（二〇一一・一〇・二二記）

「お父さんの顔」に思うこと

東日本大震災遺児作文集①『お父さんの顔』（第Ⅴ巻所収）の表題は、福島県の小学校五年生女子児童作文表題からつけた。

作文集まえがき「一篇の作文が日本を動かす」でも少しふれたが、なぜこの作文表題を小冊子表題とし巻頭で紹介したかを話しておきたい。記者会見で、多くの新聞・雑誌・TV記者から質問されたからでもある。この短い、わずか一一八文字の作文には、いつ、どこで、だれと、なにを、なぜ、どのようにしての5W1Hがすべて入っている。さらに加えるなら、愛する夫を失った妻である少女の母親と、父親を失った少女自身の悲しみが行間からあふれている。

もう少し言葉を継ごう。少女は遺体安置所に行ったとき、

「そこには、お父さんと、そのほか三人がいました」

と書いている。冷静な観察眼である。なぜ少女は冷静に見ていられたのか。ここからは私の想像でしかないが、少女は父の死をこの時点では充分に認識していなかったからであろう。

「お父さんと、そのほか三人がいました」

は、亡くなった人たちを表現するに適した言葉ではない。なにか、寄合でもあって、帰りの遅くなった父親を迎えに行ったときのような言葉である。

ところが、先に行ったお母さんが、

「お父さんの顔を、泣きながら見てました」

と続く。少女はただごとではないことに気付く。横たわる父親の顔を見たら、

「血だらけ」

という、きわめて非日常的な姿であった。

少女は、はじめて父親の死と向き合い、それを実感し、できることは

「泣きました」

しかなかったのではなかろうか。そして、それは深い悲しみを残したのではなかろうか。

もう一つ、この作文で私に突き刺さった言葉がある。

「遺体安置所」

である。この言葉は、さほど珍しい言葉ではない。マスコミ報道にもよく見られる日常的な言葉である。ただ、小学校五年生の少女の作文に出てくる言葉としては、若干の違和感をおぼえる。少女が遺体安置所を一字の間違いもなく漢字で書いているのは、その日常的な言葉のなかに、深い心の傷を受けていたからではなかろうか。

この作文集は、英語、ポルトガル語に翻訳されている。ポルトガル語版を翻訳してくれたひとり、上智大学非常勤講師の蠟山はるみさんは、私が設立し、育み、多くの人材を輩出した日本ブラジル交流協会のＯＧである。蠟山さんは、この作文をポルトガル語に訳すとき、「遺体安置所」をどのようにあらわすか悩んだと言う。「遺体安置所」は、ただの「遺体安置所」ではない。少女にとっては、なにより、だれより大切で愛している父親がよこたわる場所であり、その故なき死と直面した場所であったからだ。悩んだ結果、蠟山さんは「itai-anchisho」と、少女の悲しみをより正確に表すためにローマ字表記を選び、文末にポルトガル語の説明を入れた。この作文を巻頭に置き、その表題を作文集表題にした、私の思いが彼女にも伝わっていたようである。

乞い願わくば、この私の思いが世界の人びとすべてに伝わらんことを。

乞い願わくば、「血だらけ顔」のお父さんが横たわる「遺体安置所」に深い心の傷を受けた福島の小学五年生少女をはじめとする、震災遺児たちの心を癒すための東北レインボーハウス建設の日が、一刻も早くきたらんことを。

（二〇一二・三・五　ブラジル・サンパウロにて記）

玉チャン、生還！　道半ばだが夢一杯の春

機関紙では、こんな書き出しで私の喜寿の会を紹介してくれた。

玉井義臣会長の喜寿（七十七歳）を祝う会が二月四日、東京・四谷の「主婦会館」で行われ、三百人余が集い喜びを分かち合った。スーパーエキセントリックシアターの田上ひろしさんの軽妙な司会で、玉井会長は米国球団レッドソックスのトレーナー姿で登場。驚きと爆笑の渦の中「パーキンソン病なんかに負けません。このとおり、スキップしながら歩けるほど若返りました。あしなが運動に関係するすべてのみなさんが共生・協働して新時代に向けてイノベーションしましょう！」と宣言した。祝う会は、ロサンゼルスから駆けつけた学生募金事務局・早稲田大学自動車部ＯＧの吉見愛子さんの涙の自作講談「玉井義臣一代記」で始まった――。（原文ママ）

二〇一二年二月六日、私は喜寿を迎え、たくさんのあしなが育英会（交通遺児も含む）や日本ブラジル交流協会（日伯）卒業生たち、遺児を励ます会の仲間たち、交通評論家時代の友人知人、学友ら、三百人を超える方々が二月四日、四ツ谷駅前の主婦会館で祝って下さった（二月九日は神戸心塾で一五〇人が祝賀）。

長生きはめでたい！　けれど双方どこか頭の隅に米寿まではもつかどうかという気もある。私は、秘かに幾つかのことを頭に入れて自らを演出し、筋書きを頼んだ。一つは四〇年来の友、吉見愛子さんには私の一代記を講

談にして皆で笑えて泣けるものにしてほしい、と注文。才気煥発の彼女は私への取材や亡妻由美の日記を読み込み、「出世してからの話ではつまらないでしょう」と挫折の青春期をまとめ、これがバカ受けした。愛ちゃん、有り難う。生と死を語るとき海外でも日本でも老若男女ともじっと聴き入る。私自身恥ずかしくて若い時からかくしていたところを一挙公開した。

どうしても言いたいことを言葉でなく示したい。この三年来、パーキンソン病で家の中でも歩けなかったのが、奇跡的にも二か月ほど前から、車イスから独立して杖なしでも歩けるようになった。一時間も二時間も立っていることができるようになっていた。これを口で言ってもうまく説明できないと思い、入場時の一分間のパントマイムでしてみようと考えていた。だぶだぶのトレーナーと野球帽を着て、眼には濃いサングラス、これは無頼時代の象徴だ。開演。車イスに乗って登場の私。やおら立ち上がり、ヨロヨロ歩き、すこし体勢整えての歩きに。サングラスを客席に投げ、「貰ろといて！」。やがてスタスタ歩きだし、杖も宙に浮かし、自分の足だけでスキップ寸前の勢い、客席から万雷の拍手。「玉ちゃんはあちらから生還したよ！」。一分間の努力は実った。

もう一つ心から願ったのは、「あしなが」と「日伯」の融合だ。いつまでも「あしなが」だけでは成長の限界があるし、育ちから内向きにならざるをえない集団と、もともとブラジルを目指して外へ外へと発展を求めるDNAをもつ集団が、渾然一体になり共生、協働すれば鬼に金棒だ。事実日伯の連中は、二五期生がタテで集まったのは初めてだが、皆このタテの集まりとあしながとの連合を心から楽しみ、喜んでいた。今後が楽しみだ。

百年の計には人を植えよ！　皆、枝ぶりよく育っている。あしなが育英会と日伯交流協会の初代会長永野重雄先生いわく「大魚を育てたければ大海に放て！」

母が事故に遭った日から五〇年、うち一〇年はペンに生き交通犠牲者の問題を提起した結果、今は国の行政も民の意識も随分よくなったと思う。盟友岡嶋信治さんとはじめた遺児救済運動は四〇年で、約九万人の遺児が高校大学に進学し卒業した。集まった浄財（ファンドレイジング）は九百億円を超えた。

日本では親を亡くした原因に拘らず奨学金が出るようになり、今度の津波では対象年齢をゼロ歳からとし、使途自由、返済不要と進化させた。でも、海外遺児の救済はやっと緒についたばかり。世界二億人遺児救済は、アフリカ遺児高等教育支援１００年構想から今始まったばっかりだ。道半ばだが夢一杯だ。（二〇一二・四・一六記）

皇室はあしなが運動四〇年の大サポーター

秋篠宮殿下・妃殿下が、六月十三日、アフリカのウガンダ・レインボーハウスを遠路ご訪問くださった（**口絵参照**）。感謝感激である。詳しくは、沼志帆子現地代表・松井佳・山田優花の新ゴールデントリオが活躍し、健筆をふるっているので想像しながら読んでいただきたい。


皇室とあしなが運動の関係は古く四〇年に亘る。永野重雄初代会長（日商会頭。故人）が、ある日、「玉井君、秩父宮（昭和天皇の弟君）妃勢津子殿下を名誉総裁にお迎えしてはどうだろう」と言われた。僕は「ええ」と言ってしまった。二人で宮内庁に行き、宇佐美毅長官（当時）にお願いして、後日快諾を得た。秩父宮妃はそれ以来、実に熱心に運動をサポートしてくださった。学生募金はほとんどご出席され、森光子さん、吉永小百合さんらと街頭に立ってくださったおかげで、学生募金と育英会は初めから世間の信用を得た。草創期の大恩人である。

このたび秋篠宮邸へ「御成御礼」のご挨拶に参上したら、そこは秩父宮妃殿下のお邸と同じお邸であり、思わず勢津子妃殿下とお庭をキジが歩いているのを見ながら、親しくお話しさせていただいた昔を、懐かしく想い出していた。

その後、美智子さまが東宮妃殿下から皇后陛下になられるに至って、遺児を特別に気にかけていただいた。二〇〇一年四月二十四日、神戸レインボーハウスに、天皇陛下とご一緒にご訪問くださり、遺族にやさしくお声がけくださったときの光景は忘れようにも忘れられない。お帰りのとき、「この子らをよろしくお願いします」と言われたお言葉はいまだに耳に残っている。皆励まされた。

そして、今度の秋篠宮両殿下、とくに紀子さまの津波以後の度重なるご訪問で、日本とアフリカの遺児達がどんなに元気づけられていることか。西本光里さんが両殿下の通訳担当官をしてくれたことも、天国の父征央君（大奨二期）はどんなに喜んでくれたか。目頭が熱くなった。

朗読座の紺野美沙子さんが「日本の面影」を旗揚公演した。小泉八雲と妻セツの愛の物語だ。好演だった。一九年前の山田太一の脚本はかえって輝きを増しており、考えさせられた。

（二〇一二・七・二七記）

二〇年間のモヤモヤ晴れた「僕の本」

玉井義臣があしなが運動のすべてを語る『志高くWORK HARDでがんばらなあかん』（同時代社刊、一部本巻所収）が、重版になる。

この本の内容を簡単にまとめると、僕が仲間とマスコミの応援で創った財団法人交通遺児育英会は、二五年間の学生募金とあしながさんの応援で資金四五〇億円の健康優良児に育った。それを見た政官連合軍は、僕らが災害遺児まで対象を拡げようとするのに反対して、こともあろうに「乗っ取って」しまった。学生の汗とあしながさんの愛が紡いだ金をである。竹下登、橋本龍太郎、小渕恵三という元首相、笹川良一船舶振興会会長（いずれも故人）と霞が関の包囲網が一団となって「玉井を潰せ（橋本氏）」の号令一下、痛烈な厭がらせの連続攻勢で一瞬にして「交通遺児育英会」は乗っ取られた。この戦いに火をつけたのは『サンデー毎日』（九四年十一月六日号）で、連続三週トップ記事で叩いてきた。玉井、藤村修、山本孝史（故人）が攻撃目標となった。

三号とも羊頭狗肉でデッチあげ記事だった。それが証拠に『朝日』、『読売』、『日経』、NHKほか民放はどこも追従しなかった。それでも天下の三大紙の一つが書くと民は信じる。「社労族（厚生族）二代目の〝大政治家〟が、NPO的団体の代表者を潰せというのは、この国の政治家は何を考えているのか」。天下国家より私怨なのか。でも、世間はよく見てる。数年を経ずして、仲間達と「あしなが育英会」を軌道に乗せ前の団体より大きく活発になり、世界での信用も高い。この紙数では真相はすべて語れない。国家権力の凄さを知るためにも、本を買って読んでいただきたい。

津波のスピード対応で義援金は八〇億円から八五億円になった。冬将軍がやって来る前に東北レインボーハウスを！　あと五億不足。

いま僕の最後の仕事は、アフリカの遺児を欧米日などへ留学させ、普通の国のリーダーに育てる「アフリカ遺児高等教育支援１００年構想」の実現だ。明後日からパリへ飛ぶ。地球市民全参加型の支援のワク組み作りのため旅に出る。対日外交顧問になられるルイ・シュバイツァーさんとも対話して賢者の知恵を聞く。

旅は想像力をふくらませる。

善を愚直に行うのみ。

（二〇一二・一〇・九記）

中国の先行き不安、アフリカの時代

このたびの旅で、二人の〝賢者〟に会った。フランスのルイ・シュバイツァーさんとジャック・アタリさんだ。アルベルト・シュバイツァー博士は、少年少女の偉人伝の常連、アフリカ〝密林の聖者〟と呼ばれ、医療と伝道でアフリカ人を救うために命を賭け、後にノーベル平和賞をもらった。ルイさんは博士を大叔父にもち、自らはルノー社を再興、発展させ、現在は同社名誉会長だ。今度、オランド大統領の下で、ファビウス外相の対日外交顧問となった。

もう一人のジャック・アタリさんは、現代フランスが世界に誇る「知の巨人」である。長くフランス大統領の懐刀として、エリゼー宮に君臨した。その著『二十一世紀の歴史』（作品社）は「ノマド」という自由に生きる生き方を提言し、世界の若者たちに大きな影響を与えた。

ジャック・アタリさんとの対話で一番衝撃を受けたのは「もはや中国の時代は終わりつつある。インドの時代もないのではないか。アフリカの時代がまもなくやってくる」。三〇年後にはいま一〇億人の人口は二〇億人と倍増する。いますでに、アフリカの多くの国の経済はテイクオフしはじめ、GDPの成長は加速している。「私は彼らに起業することを教えている」。中間層を早く育成しないとダメだという。私も同感した。「あなたと一緒に仕事ができたらしたい」といい、「一緒にアフリカに貢献したい」点で合意した。

さいごに「（あなた（玉井）は九万人の卒業生を出したというが、どんな人を出したのかね」。「現内閣官房長官の藤村修君は大学二年の時から一緒に働いてきた同志です」。「その他、財界、学界、マスメディアでも医療界にも人材が育ってますよ」というと、一瞬驚きの表情がうかがえ、「これからも一緒にやりましょう」と握手した。

この二人を私につないでくださったのは、唯一日本人として、日仏経済交流委員会のディレクターの富永典子さんで、品格高い、スーパーレディーである。ご主人のピエルさんはエリート銀行マンだ。今や典子さん抜きに仕事はできない大切なパートナーで、大物二人の対談ができたのも「ノリコが言うなら」というので実現した。どうやらヨーロッパの中心に核ができつつある。

（二〇一二・一一・九記）

ヴァッサー大と寺子屋キッズのコラボ急展開

十二月八日、「世界ファンドレイジング最優秀個人大賞」受賞を〝祝う会〟を終えてあわただしく米国ＮＹへ。ヴァッサー大のキャサリン・ヒル学長との会談を金木正夫、岡崎祐吉と進めるが、停滞感あり。そこで、二年前、ヒル・玉井会談で了解ずみのヴァッサー大コーラス部とウガンダ寺子屋キッズのコラボを進めるために、脚本・演出者の決定と、公演地の縮小に話をしぼる。ことを急ぐのと、使用キャリヤ（航空会社）選定などを急ぐ旨話す。演出はジョン・ケアード氏（『レ・ミゼラブル』、『あしながおじさん』ほかで有名な演劇界のトップランナー）を提案。

早速、ケアード氏に問い合わせると、ロサンゼルス近郊で自作の演劇を公演中で、そこでなら会えるというので、急遽現地へ。二日間で合計四回の会談をする。初日二回はケアード氏本気になれぬ気配。三回目では打って変わって真剣な顔つき。そのコラボはぜひ私にさせてほしい。一九一四年は『あしながおじさん』が初めて劇場にかかった年で、今度のコラボはそれから百年で記念碑的なものになる。玉井からケアードさんをヒル学長に紹介してほしい、とのことだった。ケアード氏の父君はオックスフォード大のあるカレッジで神学の教授をしていたと聞いた。ＯＫがでれば、ヒル学長とメールで話す。また、一日も早くケアード、ヴァッサー大合唱部の代表、玉井で、ウガンダの子どもたちと会ってその実力を知り、今後の練習法を決めたい。その上で、脚本づくりを相談。これで一気に進みそう。

ようやく懸案のコラボに見通しが出来て帰国。芸術は多くの人々の理解を得ることを信じる。前進した。

（二〇一二・一二・二四記）

〈追記〉

森光子さんが十一月十日逝去される。一九七五年前後、育英会の米櫃（びつ）はあと半年までに底をついた。僕は継続支援の「あしなが奨学金」の募金方法を提案。発表するや電話鳴り止まず。僕がとった電話に森さんが自分で申し込んで下さった。「売名行為と思われてはいやなので」と名前の発表は固辞されたが、ついに発表をＯＫされた。あくまで謙虚で、誠実に毎回学生と街頭に立たれた。育英会の財政は安定する。全遺児の母親、恩人でした。安らかにお眠り下さい。

あしなが・ヴァッサー大・J・ケアード会談で世界公演決定

東北レインボーハウスの中核、仙台レインボーハウスの地鎮祭を六月三十日に予定している。東北レインボーハウス建設計画は、生コンクリートの高騰や鉄筋工の不足で当初予算から三割、五割と値上がりしている。値段を抑えるために建物の機能を減らしたり、無くしたりしたが、身を切らせるような思いになる。心のケアのためならばと設計を元にもどすかわり、学生募金に頑張ってもらえないだろうか。学生たちはむしろ積極的に賛成してくれた。どうぞ学生募金にご協力ください。

一方で津波遺児たちに使途自由、返済不要の「特別一時金」を世界に呼びかけたところ、約五九億円か寄せられ、二〇七六人に一人当たり約二八二万円を配分することができた。「特別一時金」と「東北レインボーハウス建設」へのご寄付をあわせると、約九六億三六〇〇万円、二四万口（一三年四月十日現在）の寄付者がやさしさを持ち寄ってくださったことになる。感謝のほかない。

次に三年目に入る「あしながアフリカ遺児高等教育支援１００年構想」は、ヴァッサー大コーラス部とあしながウガンダの寺子屋キッズの歌と踊りのコラボを、僕が提唱しヴァッサー大のキャサリン・ヒル学長が合意したものの、口約束のまま二年の歳月が流れたが、一二年十二月、世界の演劇界のトップランナーで、『レ・ミゼラブル』、『あしながおじさん』をロングランさせた英国人演出家ジョン・ケアードさんの意欲的参加で一挙に前進した。ヴァッサー大スタッフも倍増でやる気満満。作曲には『オズの魔法使い』のスティーブン・シュワルツさんが決まり、すべてボランティアで仕事をすることになった。公演地もヴァッサー大で出陣公演のあと、ＮＹ、ワシントンＤＣ、東京、ロンドン、パリ、ウガンダが候補にあがっている。世界が注目しそう。

世界中の目がこのミュージカルに集まり、アフリカの遺児を、米日欧ほか世界の一流大学に留学させる壮大なプロジェクトがいよいよ動き始める。これがアフリカに再生をもたらし、平等で平和で普通の生活が生まれ、やがて貧困の削減をもたらすという大目的に近づくのを共に夢見たい。

（二〇一三・四・一〇記）

子どもの貧困対策法成立とＴＩＣＡＤ Ｖ

今月は一〇年か二〇年に一度と思われる、大きな出来事があった。一つは、「子どもの貧困対策法」の衆院通過と、横浜でのＴＩＣＡＤ Ｖ（第五回アフリカ開発会議）が凄い熱気のうちに終わったことで、いずれも深いかかわりをもつＡＳＨＩＮＡＧＡが脚光を浴びた。

前者は〝あしなが三法〟ともいわれ、故山本孝史参院議員が遺した「がん対策基本法」「自殺対策基本法」が成果を出し始めているなか、すべての子どもにかかる貧困防止の対策を長期にわたって運動を続け、実力をつけさせる責任があることを皆覚悟したい。法が現実に遂行されているかは毎年の全国大会でのチェックとさらなる運動の強靭化を忘れてはならない。緑川冬樹君というリーダーが誕生したことは今後の活動にはずみがつきそうだ。

ＴＩＣＡＤには、初日前夜の大統領歓迎会および開会から閉会までの三日間、現場で泊まり活動したが、世界経済の流れは轟音を立てて変化しているという実感だった。

アフリカの人口爆発はたしかに両刃の剣(つるぎ)で、そう簡単に経済発展につながるとは思えないが、アフリカの貧困を断ち切り経済発展を実現するには、インフラ整備や工業化や都市づくりなど目に見えるものだけでは危なっかしい。結局、アフリカでも遺児を世界に留学させ、学問を通して人づくりを絶やさず続け、リーダー養成が迂遠のようでも早道となると再確認した。先進国が地下資源を狙い、現地指導者がそれを賄賂にする愚をくり返すと、アフリカは先進国の草刈り場となり、国栄えても貧困の民は減らない。

僕たちの遺児高等教育支援100年構想は、何度も繰り返された愚行への挑戦である。三〇年、五〇年と志高く留学生たちがWORK HARDし、母国建設に取り組めばいい国といい人たちの生活がきっとできると思う。僕らは、笑われても、理想の実現をめざして、世界から一人でも多く賛同者を得て、アフリカに人権の守られる、普通の生活ができる国を増やしたい。

(二〇一三・六・八記)

ASHINAGAインターン制とコラボ初演

いまあしなが運動に大きな変革の波が押し寄せている。

一つは、今年の夏休みに始めたもので、世界の超一流大学から一五人のインターンシップ生を、東京の心塾とウガンダのレインボーハウスに招き、心塾生、海外からの留学生、あしなが高校生らと、さまざまなプログラムを通して、コミュニケーション力や英会話の指導、ディスカッション大会で一般の日本人学生とも接し、約二か月間の実体験研修を行った。

これで変わったことは、あしなが育英会の空気が一変したことである。大学生たちは英語に対して積極的になったと同時に、すべてに対して前向きに動き始めた。なにが、塾生を変えたのか。英会話を習得したいというより、同年齢ぐらいのオックスフォード大生、プリンストン大生、ヴァッサー大生らインターン学生がもつ人間性、品性、真摯さ、表現力、行動力のようなものに強く惹かれ、一緒に身近にいて自らを高めたい、という気持ちが強くなったようだ。特に知的レベルの高さに尊敬とあこがれをいだき、彼らの目標となった。

僕が提唱した「アフリカ遺児高等教育支援１００年構想」にも、さまざまなアイディアを出し、運動に参画したいと言うものが多かった。今年はマイケル・地頭所（じとうしょ）君が細かく指導し大きな成果の推進力となった。活躍を大書しておく。インターン制度は育英会の精神風土を変えるインパクトを与えてくれた。

今一つ、世界の演劇界のトップランナー、ジョン・ケアード氏が、東北の太鼓隊の選抜と稽古方法を提示し、被災地を見てイメージをふくらませ、脚本の大筋は固まったようだ。初演は来年三月十三日（木）に、東北大の記念ホールに決定。ついに、すばらしいコンサートが１００年構想のＰＲ版としてキックオフとなる。ＡＳＨＩＮＡＧＡ ＡＦＲＩＣＡ教育財団（仮称）が五大陸で来春誕生の予定で、アフリカ遺児に世界の大学への道が開かれる。かといって遺児の進学環境の改善、ケアの充実は一歩も後退するどころか地道に前向きに対応策をさぐっていく。

今年はあしなが飛躍の前夜である。

明日からアメリカに出張する。ヴァッサー大学ではキャサリン・ヒル学長と、演出家のジョン・ケアードさんと三者会議を重ねて進めてきたミュージカル初演公演（来春三月十三日・仙台・東北大学）の、プリンストン大学とはインターンシップ受け入れの、それぞれ大きな打ち合わせで連日のようにスケジュールが決まっている。

アフリカ遺児高等教育支援100年構想も、一歩一歩ではあるが形となってくる。確かな手ごたえを感じる。かつて、大きな仕事は一人でできるものではないが、核になる一人が命懸けで打ち込まないと、絶対成就しないと書いたことがある。命懸けで打ち込むことの大切さを、あらためて強く感じている。（二〇一三・八・一記）

ボランティアの「起業」始めは一人から

遺児との運動で一番古い仲間は、岡嶋信治・交通遺児を励ます会会長（七十歳）。一九六一年十一月、親代わりの姉と甥を酔っ払いトラックに殺され、高三の信治君は、重い祈りにも似た投書を『朝日新聞』「声」欄に発表。全国から百数十人の慰めと励ましの手紙が来る。彼は一人ひとりに返事を書く。その文通により立ち直り、「遺児を励ます会」を東京の四畳半一間で旗揚げする。大人たちは殆ど協力せず、一か月で会員は半減する。

そのとき僕玉井は、六三年暮れ、大阪の自宅前で母親を暴走トラックにハネ飛ばされ、母は一か月余昏睡ののち死ぬ。脳外科医は日本に居ない。もの書きだった僕は、治療もされず死んでいった母の仇を討つと猛勉強と取材で、日本には脳外科医を養成する法律すらないことを知り、キャンペーンを張り、交通評論家第一号となり全国民と政治に訴える。

岡嶋さんが六八年東京各所で、一日一〇時間八日間した募金が「三二万円」。これが今一千億円近い遺児募金の種銭だった。少ないけれど暖かいボランティアの心の琴線だった。

次に現れた小さなボランティアは、交通遺児作文集の名作『天国にいるおとうさま』に収録されている同名の一片の詩（中島穣、十歳）を読んで行動を始めた全国の学生有志で、交通遺児を励ます会の学生ら若者だった。

「……。どこにいるの　おとうさま／もう一度「みのる」って呼んで／ぼく「はい」と返事するよ／ぼくはかなしい／おとうさまがいないと」――。若者たち、それも自動車好きの学生が全国で街頭募金をし、国民や政治に訴えた。彼らから二人の偉大な政治家が生まれる。故山本孝史さん。がんと闘いながら「がん対策基本法」を遺して早世した。今月十月二日に、二〇年の政治生活より引退した藤村修さん。民主党野田佳彦総理の女房役、内閣官房長官を四八二日続けた、傑出した政治家だった。僕が広島大自動車部で夕刻オルグしたときは、弱冠二十歳の美少年だった。

ウガンダから関学に留学したナバノバ・アイリーンさんが京大大学院で公衆衛生学を学ぶ。許可された医学部の木原正博教授に感謝申し上げる。

いつも世界を牽引するのは若者の純粋な弱い人を思う心である。

（二〇一三・一〇・一〇記）

「一〇〇年構想の賢人」探しの旅

父が、尼崎で一五年の丁稚奉公の後、池田で金網の商売を親方から暖簾分けしてもらって独立したのは、父二十五歳、母二十三歳。

一一人生んだはずの子はいま、末っ子の僕七十八歳と長兄八十九歳の二人だけ。いろんなことがあったろうが、ちっちゃな店を父と長男で守りきった。兄は一月大腸がんの手術をしたのが、肝臓に転移したのを今月三センチ摘出し、元気に回復中。来年四月の小説『あしながおじさん』刊行百周年は大丈夫そうだ。弟の僕はパーキンソン病で車イスに乗りながら、ヨーロッパ五か国（仏パリ、英ロンドン、伊ローマ、墺ウィーン、独ベルリン）で、のべ七人の大使と会い、アフリカ遺児高等教育支援１００年構想の外国人の知恵袋である「賢人」探しを依頼し、二賢人との会談をこなせた。

伊のアルベルト・ミケリーニ賢人との対談は河野雅治大使も入られ絶好調の鼎談（ていだん）になり、話がはずんでおもしろかった。ＴＶジャーナリストの大先輩に胸を借りる格好で愉快だった。

英のエリック・トーマス卿は全英大学協会前会長ですばらしい人格の産婦人科医。兄弟が二人日本に住まわれ、「君の評判は聞いている」と軽いジャブに体がのけぞる。補足質問をして次号に詳報ご注目あれ。

お会いしたのはお二人だけだったがその国を代表する学識経験者。例えば、五大陸に五つの１００年構想の組織をつくり、「あしながアフリカ」ヨーロッパ事務所をパリに置く。アフリカから欧州の大学に行きたい遺児と大学を結び付け（マッチング）、よりよく留学話がうまくいくように賢人のご意見を聞きリーダーを育てようというもの。賢人の役割は大きいが、二賢人に会って、この１００年計画は間違いなく成功する確信を得た。

賢人だけでなく、インターン生の世界ネットワークをつくれば、世界で最も貧困な一日一人一・二五ドルで生活（遺児はもっと低い）するサブサハラ四九か国も二〇～三〇年もすれば貧困からの脱出が始まる。

世界から新あしながさんの「やさしさ」集めて世界を変えたい。

小説『あしながおじさん』刊行百年を契機にコラボコンサートの仙台初演が決定。それがさまざまに開花していく。そのエネルギーと勢いに驚くばかりだ。

（二〇一三・一一・二八記）

イノベーションで二歩前進

旧年ではありますが、一足お先に、新年おめでとうございます。

旧年中は、あしながさんはじめ、遺児の大学生とＯＢたちにお世話になった。成立した「子どもの貧困対策法」は遺児だけでなく子ども皆に恩恵を広げる画期的な法律で、年末には高校生に返済不要の奨学金を成績不問で実現した。東日本大震災で、僕は「特別一時金」制度を一晩で考え出した。これが革新だ。

制度をいくら改善改良してみても、やり方自体が古くさくなっていては、新しい難問を解決できない。階段を一段一段昇るより、思考の次元を変えて、エレベーターやエスカレーターをも超えて、一挙にぴょんと飛び上がる法がないか。ちがった思考回路で新しいやり方を考えよう。「技術革新的思考」でいかないと、他者との競争に勝てない。

「あしながアフリカ遺児高等教育支援１００年構想」に、僕には勝算が見え始めた。賢人さがしの旅で、外国でたくさんの人と会い、賢人と会話をかわし、多くの外交官の言葉が、僕の頭をもみほぐしてくれた。古びた脳も新しい刺激で、革新型になる。

僕は１００年構想を五年か七年前から考えるともなく、夢見るように想像（イマジン）をしていた。頭の片隅に、「青年は気宇壮大たれ」と教えていただいた、初代会長永野重雄さんの言葉がこびりついている。爾来（じらい）、僕はいつも夢想している。すると、五年に一度くらい絶妙のアイディアが湧いてくる。頭はボケても長い習慣的思考は別の作品を生んでくれる。

新年も日々新たな気持ちで情勢判断し、果敢に攻撃的、挑戦的でありたい。縮みゆく日本と世界、とは別に爆発的なエネルギーをひめるアフリカもある。それを複眼で見つつ死ぬまでいい仕事をし続けたい。それが後進への何よりのお手本だろう。

世界の最高に優秀なインターン生たちに日本文化に触れ合わせ、平安文化を彼らの哲学の再生のきっかけとさせたい。世界の若者と賢人を交え話し合い、行動して、「教育の凄さ」を世界と後世に見せつけたい。日本の若者も自信を取り戻した。彼らと共に前進しよう。あしながさん、応援よろしく。

そうそうあしながコラボ音楽会とジョン・ケアード夫人である今井麻緒子さんのあしなが新訳本も楽しみだ。

最近気に入っている言葉は、

「日本でしか通用しない、ガラパゴス人材になるな」（志賀俊之氏）。

（二〇一三・一二・二六記）

第七章　あしなが「アフリカ遺児高等教育支援100年構想」

――世界の賢人達人の協力で、高等教育の力を証明する――

2014―2016

二〇一四年（平成26）79歳　1・10―12あしながレインボーハウス「全国小中学生のつどい」。1・12神戸レインボーハウス第一九回「偲び話し合う会」。2・22―23あしながレインボーハウス「ファシリテーター養成講座」。**3・1仙台レインボーハウス竣工式**。3・13**秋篠宮殿下と眞子内親王殿下が仙台レインボーハウスをご視察**、仙台市で上演された**コラボコンサート「世界がわが家」**ご鑑賞。3・20「世界がわが家」東京公演。**3・25石巻レインボーハウス竣工式**。4・19、20、26、27第八八回学生募金。6・20あしなが育英会インターンシップ生第一グループ六六人来日。**6・29陸前高田レインボーハウス竣工式**。7・25あしながインターンシップ生第二グループ四四人来日。8・7―22の間、高校奨学生のつどいを全国一〇会場で開催。8・31―9・4大学・専門学校奨学生の「西湖のつどい」。10・9―12・13「あしながアフリカ遺児高等教育支援100年構想（以下、100年構想）」第一期生一〇**人がウガンダに集合し勉強合宿**。11・9、16全国五一会場で第四一回Pウォーク10。

二〇一五年（平成27）80歳　2・14―28玉井、「100年構想」賢人達人探し及び在アフリカ日本大使館管轄五か国100年構想留学生調査。5・10、16、17奨学生らが**「恩返しネパール大震災遺児支援募金」**実施。5・23インターシップ生第一グループが**「100年構想世界募金」**を海外一一都市、日本国内一七都市で実施。6・10、12「世界がわが家」を米ニューヨークとワシントンDCで公演。6・13ワシントンDCでの第一回**「賢人達人総会」**に一〇か国一七人が出席。6・20「世界がわが家」東京公演。7・17**「あしながウガンダ心塾」竣工**。8・3―10・5インターンシップ生第二、第三グループ来日。10・18玉井、**「エレノア・ルーズベルト・ヴァルキル勲章」**受章。10・21ワシントンDCにて**「あしながアメリカ事務所」**開所式。

二〇一六年（平成28）81歳　3・26仙台と陸前高田レインボーハウスで**「東北・神戸交流のつどい」**開催。4・1高校奨学生三年生等を対象に**「進学仕度一時金制度四〇万円」**新設。4・11玉井、第五〇回**「吉川英治文化賞」**を受賞。4・14熊本地震遺児対象の**「特別給付一時金二五〇万円」**制度創設。6・27インターンシップ生第一グループ来日。8・23「世界がわが家」、ウガンダで凱旋公演。8・27ケニアで開催されたTICAD Ⅵ政府主催レセプションで、安倍晋三**首相が出席者に、玉井会長とウガンダ遺児たちを紹介**。11・3玉井、**大阪府池田市より「教育文化功労賞」を受賞**。11・4玉井会長、アメリカ主席公使レセプションに出席。

日本初の心癒す神戸〝虹の家〟

阪神・淡路大震災（一九九五・一・一七）は「ボランティアと心のケア元年」、先の東日本大震災・津波は「募金元年と海外遺児らへの教育支援の芽生え」——そう、あしなが運動での位置づけができる。

神戸市を中心にいま神戸レインボーハウスが建っている東灘区の本庄町や住吉周辺は、激震地で多くの人が亡くなった。あしなが育英会でも地震発生四日後から、二人の職員を急遽派遣し、あしながさんの安否確認と震災遺児探しを関西の大学奨学生らを中心として実に根気よく続け、「住所移転先」の立て札を辿りながら、遺児数五七三人をつきとめた。行政がとてもできない仕事を、日頃のあしなが募金・つどいで足腰の強い若き運動家である大奨生らが成し遂げた。

大奨生らは遺児家庭への街頭募金活動をしては遺児らへ贈った。また、お金よりも肉体的疲れとストレスで疲れきった遺児家庭を天下の古湯「有馬温泉」に招待し、ゆっくり温泉で心と体を癒しつつ、子らは六甲山の牧場を楽しんだり、作文を書いたりした。温泉などのつどいが終わると、また厳しい状況に舞い戻る。子らの日常は家屋の破壊以外に心の傷の多様な病状あり、彼らと歩む僕らの方が驚き、呆然自失。

夏の海浜でのつどいで、トーテムポールをつくる。意味不明の絵を描いた子がいる。逆さにしたら夜空に星が綺麗に出ている。そこに虹がかかっている。虹が夜空に出るのも変だが、初めの鮮やかに描いた虹を上から黒いペンキで塗りつぶしていた。何とも解釈できないが、想像するに遺児らの心のカオス（混沌）と悲鳴だったように思う。

誰かが言った。居場所の無い震災遺児らに〝駆け込み寺〟を、心の傷を癒す家を建ててあげよう。九九年一月九日、神戸レインボーハウスが建った。そこには傷ついた心を癒す機能をもつ、さまざまな部屋が考えられていた。日本最初の「心の癒しの家」の誕生だった。

神戸にはボランティアが集まりだした。今まで見られない光景だった。天皇・皇后両陛下がレインボーハウスをご訪問されたのは二〇〇一年四月二十四日だった。

三月十一日を前に、万感の想いを込め、東日本大震災遺児を含む被害者と全被災者に鎮魂と哀悼の意を表する。大津波の惨状を出張中のウガンダ到着直後に知り、とんぼ返りの機中で、使途自由・返済不要の「特別一時金」を考え、〇歳(含新生児)から院生までの遺児二〇八三人に、一人当たり二八二万一九六四円給付した。心のケアのレインボーハウス(仙台は三月一日竣工。石巻・陸前高田は近々竣工)には二七億円支出予定。三周年の被災地は「日暮れてなお道遠し」。遺児家族の物心の復興に「WORK HARD」を誓う。

遂に、仙台(三・一三)、東京(三・二〇)で初演される、ウガンダ寺子屋キッズ、ヴァッサー大生、津波遺児ら三者によるコラボ音楽会「世界がわが家」が悲しみの中で勇壮に進められる。ボランティアで演出する演劇界のトップランナー、ジョン・ケアードさんの手腕に期待したい。ご臨席予定の秋篠宮殿下と、一昨年六月、ウガンダ国交樹立五〇周年で同国訪問時、寺子屋で面会した少女ナマクラ・サラさんとの対面が楽しみだ。

アフリカ遺児教育支援と貧困削減を目指す100年構想のキックオフは、北米大陸のニューヨーク、アフリカ大陸のウガンダ首都カンパラ、東京とを大きく結んで、壮大な叙情詩となろう。郵便振込口座「あしながアフリカ遺児教育支援」へのご支援を切に望みます。

一四年度の目玉事業は、世界の超一流大学からの百人のインターン生が日本で遺児と共に学ぶこと。募集百人に対し、早くもオックスフォード大学だけで応募者は百人を超える勢い。コアプログラムは京都大学編「京都学」。遺児がウガンダのナルワンガ・ヒルダさん（二十歳）のようにトップの学力を備え世界の貧困削減と人類に貢献することへ、ASHINAGAは挑戦を止めない。本会の仕事は困難はあるが、至極好調である。旧倍のご支援を！

（二〇一四・三・五真夜中記。ドバイ〜パリの機中にて）

老・壮の真の知恵者が若者の未来創る

「あしながアフリカ遺児高等教育支援100年構想」の究極の目的は、貧困を減らして全ての人々に高等教育を受ける権利を保証する社会をつくることである。

私は遺児救済の仕事を半世紀やっているが、財団ができた一九六九年頃は永野重雄会長（後に日商会頭）、石井栄三（元警察庁長官）、各省代表の理事も見識のある人が多かった。なかでも緒方富雄先生。曾祖父の洪庵は江戸時代、大坂で適塾をつくり蘭学を日本に持ち込むことに成功した。大きな一冊の辞書を我先に読みたい門弟が列をつくって徹夜で学んだ。多くの弟子を輩出し、それが明治維新に西洋の学問を高める刺激になった。門弟の中で一番明治・大正・昭和・平成にまで学問の真価を上げ多くの人々に門戸を放ったのは、塾頭の福沢諭吉。『学問のすすめ』にその教えは書かれており、慶応義塾大学の歴代塾長はいまでも入学式や卒業式にはその一節を引用して式辞するという。

あしながの前身の「交通遺児育英会」で「遺児という名はさらしもののようで子らは肩身のせまい思いをして

いるはずだから、玉井君、何かいい名前を考えて下さいよ」と言われたのは緒方先生で、それが後日、「あしなが育英会」になると、子らも胸を張って勉強するようになったし、今日の繁栄につながっていく。

永野会長の「お金の返還についても、玉井君、苛斂誅求はだめだよ」の戒めを守って、かつ九〇％の返還率を維持している。「玉井君、お金だけを配るんではなしに、小さくていい〝人間づくりの塾〟をつくれよ」（緒方富雄先生）との教えが体現したのは「心塾」である。いわば多くの賢人たちが遺児たちをたくましく成長させるための、未来志向の含蓄のある提言をしてくださった。

秀でた若者にチャンスを与え、未来の光明に向かって走れる世の中をつくるのが、中年以上の真の知恵者だ。100年構想では、欧州の賢人が二〇人を超えた。皆さんやる気である。賢人さがしは欧州をほぼ終え、これから米国に移る。佐々江賢一郎駐米大使、ベストメンバーの案を下さい。

（二〇一四・五・一七記）

人類のため、鬼のように勉強

孫正義さんはすごい人だと思っていたが、鼎談をしてみて、最近の動向を見聞きするにつけ、スケールの大きさが違う、と見た。

その片鱗は高校時代、自分が韓国籍なので日本で勉強してどんなにいい大学を出ても相手にはされず未来はないと考え、親兄弟親戚の反対をおして、単身渡米する。そして只管勉強し、飛び級を重ね、高校は日米で一年数か月で卒業する結果になったという。僕が聞いていておもしろい表現だと思ったのは「鬼のように勉強した」と

玉井義臣の全仕事
あしなが運動六十年

月　報　2
第Ⅲ巻
（第2回配本）
2024年8月

目　次

藤原書店
東京都新宿区
早稲田鶴巻町523

父無き子母無き子を想う

田中澄江

私が父に死別したのは六歳のとき、小学校一年生であった。それから長い年月、私は、父を知らない人生を辿ってきた。

小学校二年三年と、幼かった日々に、どんなに父が恋しかったろうか。父と一言、口につぶやく事ですぐ涙が出た。夕空の星をみつめて、あれは父の瞳と思うこともあった。

学校の成績がちょっとでも落ちると、お父さんさえいれば、お父さんが勉強を教えてくれるのにと子供ごころに切なく思ったものである。

小学校も五年六年となった頃は、級友で、片親を病死させたものばかり五人六人と仲間をつくって、遊んだり合唱したりするようになった。

勿論勉強なども教えあった。仲間がかたまることで、片親がないというため、何となく級友に軽んじられることから、お互いを守ろうという意識が働いたのであろう。

三年のときに、母親を亡くした級友の家へ、先生につれられて学級代表としておくやみの挨拶にいった。その父親から、自分の同級生は、朝、家族のための食事の支度をしてから学校へゆくのだと聞かされて、その級友がクラスで一番の背の低いひとであったせいか、胸のつぶれるほどびっくりした。父親のいない自分は唯さびしいさびしいと悲しむだけだが、母親のいない級友は、お母さん代わりの台所や洗濯の仕事もしなければならぬ。何とえらいことか。頭が下がるのと同時に可哀相でならなかった。自分たちで彼女を何か助けることはできないか。せめて家のまわりの掃除でも買物の手伝いでもと申し出たが、そのときの彼女がわらい顔で「一人で大丈夫」と言った言葉がいまだに忘れられない。しかしその家には一年たたぬ間に新しいお母さんが来て、今度は少女小説によくあるように、義理の母親にいじめられぬかと私たちは心配したが、彼女にそのようなことを言っても、やはりわらい顔で「大丈夫」と答えた。

小学校を卒業してもう何十年とたつ。私たちはそしていまだにクラス会をやっているのだが、父親のなかった子も、母親のなかった子も、それぞれに一人前の大人になり、それぞれの人生の荒波をくぐって来て、クラス会で笑顔を揃える。そこにはいまだに共通の仲間意識があり、お互いにとにかく片親でも無事にここまでやって来たという深い感慨が言葉のはしばしについ出てしまう。

交通遺児の方々が仲間と共に歩んでゆかれる姿を見ると、幼いころの自分の姿に重ね合わせて、さぞ大変だろうなあ、さびしいだろうなあ、困る事がいっぱいあるだろうなあ、でもでも、仲間がそれだけあるのだから、元気を出して、仲間一人一人の励みになるように、弱音を吐かずに粘って頑張って切り抜けてって下さいよ、大人たちも出来るだけ加勢するからと声援をおくりたくなる。

交通遺児の方々は災難で親を亡くした子供たちのためにも働いている。街頭に立って募金している、どの顔もいい顔だなあと、私は前を通る度に一人一人に声をかけたくなる。そしてほんのわずかではあるけれど、私は立っているひとのすべてに献金し歩いている。そういう大人もいることを知って、辛い時、口惜しい時、涙をはらって立ち上がって下さい。亡くなったお父さんお母さんは、きっと霊となって見まもっていますよ。本当ですよ。


（たなか・すみえ／脚本家、二〇〇〇年死去）

苦しみを知る諸君に期待

宇井　純

交通遺児育英会が、幾多の困難を乗り越えて、二〇年の歴史を重ねたということ自体が、同じように不条理な災厄の一つである公害を相手にたたかう私を励ましてくれる。

もう一方で、身辺にもしばしば見かける成金ボケした日本の大学生に、私は全く希望をもてない。一碗の飯を涙と共に家族で分けあって食べた経験のない若者たちに、いくら公害の苦しみと不条理を説いても、全く受けつけないのである。私がこの育英会をできるかぎり支援しようとする理由はここにある。

諸君はいつの日か、どこかでこの国を背負って立たなければならない時が来る。成金坊やのエリートではなくて、苦しみを苦しみとしてわかる人間でなければ、世界が日本を相手にしてくれない時が必ずある。沖縄に居て、アジアを歩くとき、いつもそれを思い知らされるのである。決してそうなることを望んでいるのではないのだが、歴史の必然とはそういうものである。

私のはたらく沖縄大学は、物質的条件は恵まれていないが、交通遺児の優先入学を決めた。これからそういう考えの学校も増えてくるだろう。受験の圧力に負けずにがんばってほしいし、入学してからも、恵まれない人々のことを忘れないでほしい。

（うい・じゅん／一九八九年寄稿当時、沖縄大学教授・公害学者、二〇〇六年死去）

大切な「出会いと連帯」

菊地良一

僕が玉井さんと初めて出会ったのは、昭和四十六年の夏だった。そのころの僕は、「こんにちは奥さん」ディレクターだった。

今でも忘れられないことがある。出演交渉をした翌日、玉井さんが、風呂敷包みを両手にさげて、突然僕を訪ねてこられたのだ。「これは、僕が今まで発表した論文や記事や著書です。どうか全部に目を通し、交通遺児がおかれている現状と背景を正しく理解してほしい」。交通遺児さんの悲しみと熱意の大きさを知り、胸が熱くなった。僕は玉井さんの運動に共感した僕は「交通事故と救急医療」「いのちの値段」「自転車を見直す」など、クルマ社会へ向けての提言番組を一〇本余りつくり続けた。

その間「ユックリズム」「赤トンボ号日本一周」など、玉井さんやサポートする若き獅子たちの奮闘ぶりを間近にみることができた。そして「出会い」と「れんたい」の大切さを教えられた。あれから一五年余りたったが、僕はあのころの育英会の皆さんの姿を一生忘れないだろう。

（きくち・りょういち／一九八九年寄稿当時、NHKエンタープライズ・プロデューサー）

（『交通遺児育英会二十年史』一九九〇年四月二十八日発行より抜粋）

あしなが奨学生卒業生の声

心塾建塾の理念を出会う人達に伝えていく

米寿を祝う会で久しぶりに玉井先生にお会いすることができ、元気なお姿に安堵すると共に、私自身が「まだまだ頑張らねば！」と勇気と元気をいただきました。

振り返ると、高三の夏の「つどい」で初めてお会いして以来、心塾へ導いていただいたことをきっかけに心塾での恩師や仲間とのつながり、日伯の仲間とのつながり、あしなが育英会の仲間とのつながり等、多くの人との出会い・

結びつきという、かけがえのない財産を手にする幸せに恵まれました。

　また、心塾建塾の理念である「暖かい心、広い視野、行動力、国際性」は、今もなお人づくりにおける大切な柱として、学校現場でも子ども達や職員へ折に触れては伝え、活用させていただいています。改めて、いただいたご恩返しとして、学校教育という仕事を通して、また一社会人・家庭人として自分が学んできた教えを微力ながらも、これからの人生で出会う人達に対して還元していきたいです。

　人の命に限りはあれど、夢や思いを継承していくことは可能です。豊かで平和な未来を形成する人づくりに向け、これからも精進していきます。


（古守史英　教諭）

先生に拾っていただいたからこそ今がある

　玉井先生がおつけになった「スズボン」というあだ名、学生時代は正直そう呼ばれることが少しイヤでした。関西人なら言葉のニュアンスはわかると思いますが、ボンと言うとちょっとぬけているアホなイメージがあって、昔の藤山寛美の役柄のような感じに聞こえたからです。

　卒業して何年か経って、玉井先生にお会いした時のことです。玉井先生が「俺は人にあだ名をつけたり、呼んだりすることはないんや。スズボンお前だけやで」とおっしゃいました。星の数ほどいる奨学生の中で、名前と顔を覚えていただくだけでも光栄なのに、なんか「お前は特別なんやぞ」と言ってくださっているような気がして、「玉井先生、これ以上ない嬉しいお言葉、ありがとうございました」と感謝の気持ちが込み上げてきました。そのことを今日伝えたかった。

　先生に拾っていただいたからこそ今があると思っております。本当にありがとうございました。まだまだ玉井先生におかれましては、お元気でご活躍ください。こんな病気（ＡＬＳ）になってしもた私は「親不孝な息子になってしもた」と無念に思っております。どうか、お許しください。


（鈴木雅也　薬剤師）

今の自分の大きな力に

　ブラジルの大地を玉井先生とともに訪れ、早くも四二年！　世間も知らず、日本のことも知らない高校生が、見て、触れて、食べて、歌って学んだ遠いブラジルの大国。今の自分に大きな力と、大事な友達を作ってくださいました。先生の長い熱い運動のおかげです。

　どうぞ、いつまでもお元気で、さらに活躍されてくださいね。


（岡本浩子　主婦）

玉井先生の最初の一歩がなかったら……

緊張した日伯研修候補生面接から現在まで三六年の長きにわたりご指導いただき本当にありがとうございます。日伯研修で形成したバックボーンは健在です。玉井先生の最初の一歩がなければ、もしくはちょっと違った方向の一歩であったら、今の小生もありません。先生の行動力に感服するとともに、月並みではありますが、「ありがとうございます！」の一言につきます。

日伯ＯＢの全員が皆そう感じているものと確信しています。ますますパワーアップし、いつも活動的なお姿を（遠くからですが）拝見するにつけ、小生も元気を頂いております。

（菊田成信　日本ブラジル青少年交流協会研修生）

人生が豊かになりました

玉井先生の米寿のお祝い会では、先生の元気な声を聞き、笑顔を見ることができ、とてもうれしい時間を過ごさせていただきました。

一九八五年に日伯研修五期生としてブラジルに行かさせていただいたお陰で、私の人生は豊かになったと思っています。私は還暦をむかえましたが、ボランティアのポルトガル語通訳と外国につながる子供たちの学習支援をしています。大きなチャンスをありがとうございました。

（赤澤千佳子　日本ブラジル青少年交流協会研修生）

（奨学生卒業生有志作成冊子『玉井さんの米寿お祝い会』二〇二三年十一月二十三日発行より）

あしなが奨学生の声

バイトせず勉強できた

あしなが育英会の奨学金を受けることができてお金の心配が減ったことで、バイトはせずに思う存分、勉強に集中することができました。その甲斐もあって第一志望の大学に合格、四月からは大学生です。興味がある心理学について学べるのがとても楽しみです。応援してくれる人がいることに感謝し、これからも努力を続けます。（高校三年生）

卒業式で答辞を読む

無事に高校を卒業することができました。名誉なことに、卒業式では代表として答辞を読ませていただきました。これも支援してくださったあしながさんのおかげです。本当にありがとうございます。この春からは、夢である管理栄養士になるために大学で学びます。社会の役に立てるように努力します。

（高校三年生）

笑顔を届ける気持ちで

私は卒業後、お菓子の製造工場に就職します。一つひとつの商品に熱意を込め、お客様に笑顔を届ける気持ちで真摯に仕事に向き合っていきます。振り返ってみると、これまでいつも、自分のことを応援してもらえる環境に恵まれてきたと思います。社会人になっても感謝の心を忘れず、全力でがんばります。

（高校三年生）

コロナ禍での四年間

私は大学入学と同時にコロナ禍となり、緊急事態宣言が発令されました。何とも不安な学生生活の始まりでしたが、あしながさんのおかげで大学生活をあきらめることなく卒業を迎えることができました。希望する職種に就職も決まりました。四年間支えていただき、ありがとうございました。

（大学四年生）

私のヒーローへ

私のヒーロー、あしながさんへ。薬学部の六年間、あしながさんの温かいお便りが私への応援歌、生きる希望を持つ原動力でした。風邪をひいて寝込んだときも、進路に悩み一人泣いた夜も、私を少しずつ成長させてくれました。募金活動では多くのあしながさんと出会うことで心が満たされました。今度は私が誰かの支えとなり、将来は行政薬剤師として社会に貢献していきたいと思います。

（大学六年生）

恩を忘れず、恩を送る

私は大学院を卒業し、春からは専攻していた情報工学を生かすことのできるＩＴ企業に勤めます。大学卒業後の進路で大学院に進学する決断ができたのは、あしながさんのおかげです。自分のやりたい仕事を見つけることもできました。就職後もあしながさんからいただいた恩を忘れず、他の人に恩送りしていきたいと思います。

（大学院二年生）

（一般財団法人あしなが育英会機関紙『ＮＥＷあしながファミリー』一八六号＝二〇二四年三月二十八日発行より）

遺児のお母さんの声

「ママが泣いてるのがつらいんだ！」

あなたが突然逝ってしまってから、もうすぐ一二回目の夏です。

あなたの抱っこが大好きで、あなたの腕の中でしか眠りについてくれなかった末の娘。

当時一歳だった彼女は、横たわって動かないあなたのそばで、「パパ、ねんねぇ。パパ、ねんねぇ」って、一生懸命話しかけていたよ。あなたの遺影に向かって、ニコニコとおしゃべりしている姿は、見ている私もとてもつらかった。

まだ一歳の彼女に、父の死を理解できる訳もなく、「パパー！　パパー！」と、毎日あなたを呼んで、帰ってくるはずのない大好きなパパを毎日、玄関で待っていたよ。

あなたのいない日常は、底なし沼に引きずり込まれるような、果てしない恐怖と、悲しみと苦しみの連続だった。涙が枯れることとなんてあるのかってくらい毎日泣き続けた。

でもね、ある日、まだ、たった九歳だった息子が、目に涙をいっぱいためて、顔を真っ赤にして私に言ったの。「俺は、ママが泣いてるのがつらいんだ！」って。彼は、あなたが亡くなってから一度も涙を流さなかったのに……。

彼の心が壊れてしまったんじゃないかって、学校の先生に相談したこともあった。だけど、そうじゃなかった。彼は泣かなかったんじゃない。泣けなかったの。

あまりにママが泣いてばかりいるから、俺は泣かないでママを守るって。

泣かないことで、「俺は大丈夫だからママも元気になって」って、彼なりの精一杯のメッセージだったんだ。

一人で、どうやって子どもたちを守っていこうって思い悩んでいた私は、たくさん子どもたちに守られていたんだね。

いつまでも泣いてる場合じゃないわ！　前を向かなくちゃ！

あなたが亡くなって、心から顔をあげられた瞬間だったと思う。

彼は幼い頃、とても体の弱い子だったじゃない？　あなたと一緒に、彼を抱きかかえて、何回夜間救急へ駆け込んだことか……。

そんな彼が、今は薬剤師を目指して勉学に励んでいるよ。一度は家の経済的理由で断念させてしまいそうになったけれど、たくさんの方々の支えがあって夢を追いかけることができている。

彼はね、今、自分には何の力もないって。でも、自分が会ったこともない、たくさんの方々に支えていただいているように、いつかその恩を次の世代につないでいける人間になりたいって。すてきな目標だよね。

あなたが、「将来うちの家業を継ぎたい」って言ってくれたことがあったね。前より規模は小さくなってしまったけれど、できる範囲で農業を続けているよ。朝から晩まで、がむしゃらに働いているのは、今の私には、ちょうどいい精神安定剤みたい。

まだつらくて、あなたの写真も整理できていないような私だけど、今は、今を精一杯生きて、あなたの思い出と向き合う時間は、子育てが終わってからの楽しみにとっておくね。

さあ！　今日もまた元気に畑仕事行ってくるよ！　がんばるね‼

（福島県　O・Mさん　四十八歳）

「ごめんね　ありがとう」

その電話は突然でした。主人は指定難病と診断され、一年ほどで寝たきりになりました。

子どもたちも介護を手伝ってくれたのですが、病状は悪化するばかり。そして入院。

病院の先生は「いつ呼吸が止まってもおかしくない状況なので覚悟だけはしておいてください」と……。子どもたちには言えませんでした。

主人はいつもか細い声で「いつもありがとう」って。「みんな大好きだよ」って。そして「ごめんね」って。怒ることのない優しい人でした。

五年前の節分の日、病院から電話があり、急いで病室へ行くとすでに危篤状態でした。

昨日もみんなでおしゃべりしたのに……。笑って握手して「また明日ね」って言ったのに……。その日の夜に静かに旅立ちました。

あとで気付きましたが、主人のスマホに私に送るはずの書きかけのメッセージがありました。「ごめんね」のひとこと。

どこまで優しい人だったんだろう。私と一緒で幸せだったのだろうか。もっともっと一緒に居たかった。

泣き崩れそうな感情を救ってくれたのは、二人の子どもたちでした。

下の子はまだ中学生。三人で乗り越えていこうとした矢先、その子も指定難病の診断。今は長期休暇期間に入院治療をしながら高校へ通っています。バイトもできないので、あしなが育英会の奨学金に助けられています。

主人は息子の高校入学も、新しい制服も見ないまま旅立ったことが心残りだったと思います。娘の花嫁姿を見れなかったことも悔しかったと思います。

でも私たちの中には、ずっと優しかった、優しすぎたパパが生きています。

あの人が大好きだった「ありがとう」の言葉を大切にしていきます。

パパありがとう。本当にありがとう。

パパを今でも大好きなママより。

（北海道　N・Mさん　六十一歳）

（一般財団法人あしなが育英会編小冊子『いつか逢う日まで——遺児のお母さん作文集第二集』二〇二四年五月発行より）

いうくだりだ。肺炎にかかってぶっ倒れそうになっても勉強に没頭した、という。

僕のささやかな経験でも、一か月余り母の交通事故の看護をした、地獄そのものだった。僕は、それまでのほどほど主義はかなぐり捨て、ゼロから死因を追及する。専門学の本を読む、医学、法律、保険、ちょっと関係がありそうとなると片っ端から読み、わからないと専門家に話を聞く。二、三年も経つといっぱしの理屈屋になっていた。

勉強を鬼のようにやったという言葉を聞き、あのときの僕の一生に一度の超WORK HARDした青春を思い出した。一夏の二か月間、布団を敷かず座布団に寝て、交通裁判の判決綴りを読んだ。東京地裁がよく貸してくれたものだが、和紙の綴りで二〇センチもあったか。一つ一つの事例と格闘し、被害者の口惜しさとダブらせ、遂に一本の論文を書いた（第Ⅰ巻所収「交通犠牲者は救われていない――頭部外傷者への対策を急げ」）。日本で初めての交通評論家の評価を得た。

どんな人間でも目の前の大きな壁を打ち壊すために「必死に」「鬼のように」WORK HARDせねばならない。その間のたゆまなき努力は、志の高さ以外には耐えられない。

孫さんもUC・バークレー校まで学校歴を上げ、起業して帰国。IT革命の中で激しい競争の中を経営者として生き残り、商売に勝っていく。一番厳しい競争の中で勝ち残るのは並ではない。代替燃料の開発にも全身全霊で取り組まれていると聞く。「国士」というイメージだ。今はモバイルの最終戦争に覇権をかけているように見える。と思うと今日の新聞ではロボットに執念を燃やされるとか。人類のための覇権ならすばらしい。

六月には世界のトップクラスの〝知の卵〟が、あしながインターン生として百人集まる。孫さんの〝鬼の生き方〟を聞かせてやってほしい。歴史に何かを残させられそうだ。

（二〇一四・五・二記）

小澤さんも最後の仕事は後進の指導だ

ついに、〝世界のオザワ〟がアフリカ遺児高等教育支援100年構想のあしなが賢人になってくださった。七月一日、パリでの三年ぶりの音楽会の大成功の翌日、とあるホテルで小澤征爾さんと落ちあった。〝パリの相棒〟富永典子本会理事と話を聞いた。

「僕って音符以外本など読んだことなかったでしょう。それがこんど大病を患って時間が出来ちゃって、世間のことも知ろうと乱読したの。あしながさんのことがわかるようになったのも、そのへんからかな」と、誠に謙虚で飾らない人柄に惚れた。典子さんとも仕事仲間なのか、気楽な世間話が続く。僕も引き込まれて、とても対談ってなもんじゃない。一九三五年生まれの同い齢だと思うと余計親しみが湧く。

人生八〇、そんなに簡単に齢はとれない。僕はパーキンソン病と闘いながら、アフリカ100年構想に本気で取り組んでいる。そこで僕は小澤さんの大病を知った上で、「今後の夢は」と聞きたくなった。小澤さんは「今やっていることを続けたい。続けなきゃならない。とくに若者を育てることに力を注ぎたい」「キャラバン（旅しながら各地で演奏すること）も絶対しなければ。東北やアフリカも行ってみたいね」と、若者のように挑戦的だ。齢や病気なぞ関係ない、と僕も頷く。始め一五分位ね、だったのが一時間半があっという間。小澤さん、日本の遺児、アフリカの遺児のためにつねに夢を与えてくださいね。典子さん、いいご縁をありがとう。

パリで、次のキーマンと惚れた人に賢人になってもらった。フランス・アフリカ投資財団会長リオネル・ザンスさん。若いけれどフランスにおけるアフリカの経済対策の中心人物。身長二メートルの巨漢。魅力的な大物なのでいずれくわしく書きたい。

（二〇一四・七・一二記）

インターン生旋風であしなが変革始まる

インターン生革命がおころうとしている。

昨年一七人のインターン生を世界トップ校から招いて、遺児の英会話、コミュニケーション能力、プレゼン指導をしてもらった。日本の遺児たちが変化を見せた。自分でやろうとしはじめた。今年は百人に増やした。世界一万八〇〇〇高等教育機関の〝トップ一〇〇〟から百人のインターン生を招き、全国の遺児高校生の指導役にした。つどいアンケートで「満足度九五％」。初の最高得点だ。

彼らは品性、品格が一枚も二枚も上だ。同じ年頃の子が、恥ずかしげもなく懐へとび込んで英会話を教えてもらっている。日本の遺児に授業する、むろん英語でだ。たくさんのクラスの中で、僕は「基本的人権」と「ヨーロッパの政治情勢」の班を見学した。先生（インターン生）二人に生徒（遺児学生）二〇人。英語が完全に分かるのはうち一人くらい。それをやさしく話したり、質問することで空気を和ます。結局、全員が答えさせられている。教え方一つで生徒はくいつく。感心した。

世界学生会議。八月初め、四五年使った山中湖の「清渓」で三日間、日本の東大・京大など有名一〇校と遺児ら計一五〇人の討論。二四グループに分け、六のトピックにトーナメントで討論の勝ち抜き戦。議論になれた欧米学生中心に白熱議論が進む。わがアフリカ遺児高等教育支援１００年構想を中心に議論が進み、四日目は会場を東京に移し優勝戦。それがすむと新宿小田急百貨店前で１００年構想をすすめるための学生の共同宣言を発表し、街頭募金。やることが熱くスピードがある。次のインターン生へも組織を拡大し、世界の世論にもの申していこうと、これもスピード勝負。これではのんびり学園生活を楽しんでいる日本の学生は話にならない。

遺児が遺児の面倒を見る、恩返しするという、つどい教育に参ったのは欧米のインターン生だった。インターン生たちはプログラムの全行程を通じて「つどいが最高！」とくり返していた。両者の融合はインターン制度の宝物になった。やはり人間が人間を信じ合い、助け合う姿は美しい。遺児も、英会話をやりたい、大学進学するよ、外国にも行きたいと思う遺児がずいぶん増えた。日本の若者の内向き思考の中で、たった数日間のつどいで遺児たちは変わり始めた。いまからなら、目的をしっかり立て、WORK HARDしたら、遺児学生が日本の学生のトップグループに入るのも夢ではない。五年インターン制度を続ければ、今年一年生で参加した学生はすばらしく伸びることは間違いない。

あしながに変革が始まった。世界の優秀なインターン生の力を借りながら。多くの日本人の意識改革を望みながら。さあ、明日からは米国での賢人達人さがしの旅だ。

（二〇一四・九・一五記）

１００年構想に世界の知恵を集めたい

年内お読みいただく最終号なので、今号しか書けない私事を書くがお許し願いたい。玉井家は金網の製作と加工を生業としてきて、今年で「玉井金網製作所」百周年。貧乏の中でも戦争を乗りこえた。父八朗（享年八十八）

と長兄にまずは感謝したい。父と母てい（享年七十四。交通事故死）は明治二十年代前半の生まれで、義務教育は小学四年生までだった。父は丁稚奉公中は夜学に通い、毛筆も達者で、独立後ずっと俳句と俳画をよくした。母が手紙や新聞を読んでいるのを見たことはない。兄弟姉妹は一一人。

兄と姉の学歴は、小学卒と高等小学校卒で、姉は看護系、長兄は一度阪急電鉄に就職するも前途がないので家業を継ぎ、唯一人僕を大学へと進学させてくれた。次兄は高等小からダイハツへ。真面目に勤め、五〇代で一三〇人ほどの班長になり、出世頭としてデスクワークに。貧困は教育の機会均等を許さない。大学へ行かせてもらった僕も、受験失敗で怠惰な生活を送っていた。僕を立ちなおらせたのは母自らの交通事故死。僕には愛の鉄槌だった。鬼勉とモーレツ取材で「わが国初の交通評論家」（『朝日新聞』）に。以来、志高くワークハードしている。仕事も職員の奮闘と世間サマのご支援で、遺児の九万五〇〇〇人が進学。人生利他的に志高くワークハードを継続するのが、時代をこえての生き残り策だ。

妻由美のガン死までの二年三か月の凄絶な看病で、妻は愛と死の多くを教えてくれた。

貧困からの脱出は高等教育への支援が最も有効だ。僕らが最貧のアフリカ遺児を世界の大学へ留学させる「あしなが100年構想」に執念を燃やすのは、僕の兄弟姉妹の体験や遺児の苦難を五〇年見てきたゆえだが、実現まで手をゆるめるわけにはいかぬ。

100年構想もかなりいいところまで出来つつある。でも問題山積である。こんな時こそこの人に会えば、知恵を頂ける。構想スタート以来ずっと親身に相談に乗ってくださる人に。APEC閉幕直後の北京に飛んだ。僕が尊崇する木寺昌人駐中国大使と三時間話し合った。示唆に富んでいた。じっくり噛みしめ生かしたい。

（二〇一四・一一・二〇記）

九万五〇〇〇人遺児みんな泣いてます

小金治師匠のご逝去の報に接して驚き悲しみに打ちのめされています。

師匠にお会いできなければ、私の人生は無に等しいものでした。

語り方も、人の心の観察の仕方も、文章まで小金治師匠風で、間違いなく師匠直伝です。

視聴率最高の「アフタヌーンショー」交通キャンペーンでの最高傑作は、交通遺児の作文「天国にいるおとうさま」(十歳・中島穣君)。中島君が詩を読んでいたときのことです。途中で悲しくて読めなくなったのを見ているスタッフは全部泣き始めていました。小金治さんを見ると、涙で顔はぐしゃぐしゃ、声をあげて泣いていられました。私はそのコーナーのまとめ役で出ていましたので、冷静をよそおっていましたが、そのときスタジオが二つに割れ、全国の茶の間で視聴者の流す涙が洪水になってスタジオに逆流してくる、と感じました。本当にそう思いました。

出演していた交通担当の田中龍夫総務長官(故人)に、師匠が迫りました。長官は「遺児の実態を調査する」と約束しました。それから間もなく国会で「政府は交通遺児育英財団をつくれ」という超党派の決議があり、昭和四十四年五月二日、交通遺児育英会が誕生しました。遺児の高校・大学進学支援が始まったのです。

そしてあらゆる原因の遺児、たとえば病気遺児、震災遺児などすべてを対象にする、あしなが育英会に引きつがれました。今日まで進学した遺児は実に九万五〇〇〇人に達しました。みんな天国にいる師匠に感謝し、泣いていますよ。奥さまの良子さん、師匠のこと、心からお悔やみ申し上げます。良子ママには「アフタヌーン」出演の三年間お世話になりました。つい最近まで何くれとなく気を使って下さいましたね。いいお子さんに恵まれていらっしゃるので心配していませんが、仏壇の前で師匠と話せる機会があれば、私はいつでも駆けつけます。

師匠、あなたは子供の頃から努力一筋に芸の道を磨くことを忘れない人でした。努力は天才であると思います。どうぞ天の一角から、ご家族を、そして師匠が生み落とした九万五〇〇〇人の遺児たちと家族を見守ってあげてください。

永い間お疲れさまでした。今は安らかにおねむりください。

あしなが育英会会長

玉井義臣　（二〇一四・一一・二五記）

「ハハコウツウジコ」僕の原点

クリスマスになるといやでも思いだす。五四年前、イブの前日の夕刻、東京駒場の四畳半のアパート住いに来た電報をにぎったまま、僕は呆然とつっ立っていた。

「ハハ　コウツウジコ　スグカエレ　チチ」。大阪に帰るにも、電車賃もない、アパートの住人はフロアーに五人。仲間の励ましで、少し落ち着き、時計を見ると最終の電車は出たあと。夜間飛行機の「ムーンライトはまだあるのでは」と誰が言ったか覚えはない。全員でお金を出し合って、タクシーに乗せてくれた。街はクリスマスのにぎわいで、三角帽をつけた酔っ払いがあちこちおり、腹が立ったのを覚えている。初めての羽田空港までの高速道路は通行人がいないのがまた地獄だった。「お母ちゃん、まだ生きてはるやろうか」。

カウンターで渡された待機番号は「4」。母は交通事故でと言い訳したが、誰も聞いてくれない。とまた妄想が襲う。ようやく乗れた飛行機も初体験。暗くなると、地獄絵図。大阪府池田市の池田病院に着いたのが午前三時。「朝までもてへん、と医者言うてはる」と次兄の声。でも「でも死に目に会えた」と正直ほっとしたことを覚えている。三六日目、母死亡。

僕の本当の人生はこの日、一九六一年十二月二十四日から始まる。二十七歳だった。それまでの無頼の人生に別れを告げさせてくれ、まるっきり別の人生を一生懸命に生き、二〇一五年二月六日は八十歳を迎える。母を死に至らしめた自動車行政を告発した評論家人生、ユックリズムを提唱したミニ哲学徒時代、遺児と共に四六年。

遺児九万五〇〇〇人進学。一千億円超の募金は並ではない。でも僕の原点はやはり母の枕頭で怒り、泣き、疲労こんぱいの中で、「母のかたき討ちを誓った」ことである。私憤は公憤となり、今、僕はアフリカの子の教育のために世界の人々の心に訴えている。

十二月八日、オックスフォード大学のアンドリュー・ハミルトン総長との対談では、インターン生の勢いを増し、運動を加速させようと、あらためて決意を固めた。

新年一月四日から八日までマニラ訪問は新しい発見に出会うと思うとワクワクする。

新年が皆様にとってよい年となりますように。

（二〇一四・一二・二五記）

リタさんの留学が100年構想へ

ナブケニャ・リタさんは、少女時代から夜になると親指ほどのカンテラの油で、毎晩勉強していた。父はエイズで亡くなり、後には長女のリタさんと、二人の男の子が残され、母は昼は車の清掃やら何か一日三つ位仕事をかけもちし、子には「勉強がすべてを決める。一に勉強、二に勉強」と勉強させた。リタさんはよく出来、二〇〇一年からウガンダに進出したあしながのリード役をした。

奇跡はおこった。あしなが育英会が始めたウガンダからの日本留学を第一号で決め、早稲田大学の国際教養学部に入学。〇六年四月の快挙だった。仲間に肩車されたリタさんは精悍な面構えだ（口絵参照）。大隈講堂前では各社が報道した。ワセダの広告塔第一号の感があった。リタさんは早稲田が大好きだった。二年のとき、中国への語学研修。「中国語、私に合ってます」と悠然。四年前、コラボ相手の米国ヴァッサー大学で一年留学。ニューヨークに興味があったのか、休みの日はよく出かけた。私たちがニューヨークで大学院を出たらとすすめたが、結局アフリカ系アメリカ人の置かれている立場を考えた末、「イヤだ」が結論だったのか、自分で拒否して早稲田の大学院を選んだ。しっかり物を見ている感じに成長していた。一、二年生ごろは政治家を目指したが、八年間で四つのキャンパスで学んで、有名企業に就職。

リタさんの功績は、ウガンダからを主に五二人の留学生を日本に連れてきたことで、今後、あしながの血のにじむようなノウハウは、「アフリカ遺児高等教育支援100年構想」に蓄積され、新しい組織NGO「ASHINAGA」に引き継がれ、大きな果実をもたらす。ナンサナ村の小さなNGOが、五大陸に組織を広げ、サブサハラ四九か国から毎年一人、世界に留学生を送る。企業の寄付、大学からのスカラシップ、草の根寄付まで「やさしさ」集めて世界を変えるあしなが１００年構想。その第一期生一〇人を世界の大学に送るキックオフが行われ、夢が現実になって世界を駆けめぐる。

「今まで支えてくれた恩返し」に彼女は、母国から母を学位授与式に招待した。「娘の成長を見るのが何よりの喜び」と、語る母・ナニョンガ・リタさん。

「あしながと神に感謝します。今後ともアフリカのために頑張ってほしい」と、声を弾ませた。

（二〇一五・三・二六記）

米国より〝人権勲章〟日本人で二人目の快挙

春、四月、米国から嬉しい話が舞い込んだ。

エレノア・ルーズベルト・ヴァルキル勲章を私に下さるという吉報だ。そのルーズベルト夫人（一八八四―一九六二年）は、合衆国第三十二代大統領フランクリン・ルーズベルトの妻であり、「世界人権宣言」（一九四八年）の起草者で知られている。ご自身が生涯を通して、氏素性、人種、宗教にかかわらず、すべての人に機会と社会正義が与えられることを目指し、特に子どもの幸せに熱心に取り組み、努力と援助を惜しまなかった人である。

受賞理由として「玉井が提唱する『暖かい心、広い視野、行動力と国際性を兼ね備え、人類社会に貢献するリーダーの育成を目指す』という理念はエレノア夫人もさっと賛同しただろう」、と記されていた。

また、「玉井のリーダーシップで、あしなが育英会は日本だけでなく世界中の遺児たちに教育的、精神的サポートを提供し続けてきた。さらに、遺児たちを貧困の連鎖から解き放ち、教育によって貧困、堕落、搾取といった社会悪と戦うリーダーに育てて国に戻すことを目的としたプロジェクト（註、アフリカ遺児高等教育支援100年構想）もある」とあった。

私は、余りに調査が行き届いているので、これでは私たちが事業内容を説明した上で、勲章をおねだりしたのか、と読者は疑いをもたれるのではないかと思った。でも、勲章の推薦者を見て合点した。あしながが三年がかりでやっているコラボ「世界がわが家」の、制作のパートナーである、ヴァッサー大学のクリストファー・ロエルク学部長であることが文の冒頭に出ていた。すぐ過去の受賞者を見て、びっくりし、感動がこみあげた。ヒラリー・クリントン（元国務長官、元大統領夫人）、ヨルダンのヌール王妃、反戦主義者、人道主義者で知られる俳優のリチャード・ギアなど十数人の中に、日本人がいた。元ＵＮＨＣＲ（国連難民高等弁務官）で有名な緒方貞子さんだ。日本人としては私が二人目の栄誉だ。ただ、真の受賞者は、学生募金やつどいを行なう皆さんであり、あしながさんです。私は代表して授賞式に出ますが、運動を共に進めたもの同士、共に喜び合いましょう。

（二〇一五・五・二六記）

コラボ・賢人達人総会成功で一〇〇年構想新段階に

六月中旬、米国ニューヨーク、ワシントンＤＣ、東京で公演の、あしなが育英会、ヴァッサー大学共催でジョン・ケアード氏演出の、コラボ音楽会は、全会場スタンディング・オベーションで大成功だった。

六月十三日、ワシントンＤＣでの賢人達人総会の第一回会合は、出席者が六六人中一七人とはいえ、皆さんの積極的発言を百戦錬磨のルイ・シュバイツァー議長をして、発言のエネルギーに押され気味で一時間延長してようやく議論を閉じた。いずれもアフリカ遺児の高等教育支援を、自分一人でも積極的に頑張るという熱情がみられた。やがて議事録が配られたとき、出席できなかった賢人達人約五〇人とこれから就任いただく方の意思も年内には聞ける。私は出席者一七人の意思と意気込みを見聞きして、これなら少々の難問も解決できるという自信を得た。これなら遺児たちの大学探しや、学生生活、就職に大人の知恵を貸していただけると思った。

それが一人一人のニューリーダーを育成することになるかを問うとき、試行錯誤の中で目標に近づくに違いないと思った。これにはシュバイツァー氏も、議論百出の嬉しい誤算を味わったようだ。私自身も同様の思いだった。

インターン制度には様々な批判も少なからずあり、事実で釈明するほかないと思っていた。しかしルール違反は何もないし、成果が大きすぎる位大きかったことが、その証しとなった。

①世界トップ一〇〇大学の秀才たちは、あしながの高校生、大学生のつどいに参加して、それぞれの存在を想像力で理解しえたし、遺児との付き合いは最終日の前夜のキャンプファイヤーで相互に融合してゆくのにえもいえぬ感動に涙し、遺児との別れの風景は、「人は皆真実の心のふれあいに胸を熱くする」姿をみて、そこには人種も学歴も貧富もない清々しさを感じた。それが遺児たちの志あるWORK HARDにつながり、成長のきっかけを遺児がつかむことに自信がもてた。つどいこそ四十数年積み上げた、何人をも感動させるあしながの宝だと確信した。

この種の感動が少なくなっている世の中で、遺児たちが誇らしげに共生共働している姿は、五〇年続けてきた私を心の底から揺り動かしてくれた。遺児とインターン生に、職員も本当に仲間意識を感じるつどいに国際性の先端を行く思いだった。この嬉しさは初めて味わうものだ。

②インターン生がアフリカ遺児高等教育支援100年構想の中心になる、いま予感がする。「無名で、貧乏で、志高い青年こそが未来の扉を開く」と言ったのは、中国の先人だ。私も、自分がこれから住む社会にもっとも敏感で、賢明に考え、行動するのは青年だ、と信じている。

あしなが育英会で一緒に働きたいというインターン生が続々だ。今年度中に一〇人は軽く超えるだろう。私は、彼らインターン生と、あしながへの留学生と、共生を望む日本人学生と共に歩み、開けた窓の外に広がる社会を、人間の尊厳を守り、機会を平等に分け与えるものにしたい。それを私に身近に考えさせてくれたのはほかならぬインターン生たちだ。互いに刺激し合い、切磋琢磨すれば、国際性に遅れる日本の学生も日本社会も、少子高齢化の波にもながされず生き残ることができそうだ。

ニューヨークで、音楽会からミュージカルに進化中の舞台と、観客のスタンディング・オベーションを見て、ヴァッサー大のキャサリン・ヒル学長と私は躍り上がって「来年はヨーロッパですね」と囁き合った。今年の世界公演は『観客』が主役の座に迎えられたことだ。「ヴァッサーのコーラス部と寺子屋キッズを舞台にあげよう」「OK！」と話し合っていたキャッピー（ヒル学長の愛称）も私も、偉大なる演出家ジョン・ケアードが出てこなかったら、単なるホラ吹きに終わっただろう。

今、フランスではシュバイツァー氏とティエリー・ダナ駐日仏大使の間で、「日仏間の国際交流の年間計画に入れられないか」と考えられているとか。思わぬ方向性が世界でわき起こりそうだ。

一連の成功物語が100年構想の将来に夢をもたらし、ステージは一段上がった。

（二〇一五・七・六記）

ルーズベルト勲章の意味するもの

エレノア・ルーズベルト・ヴァルキル勲章を頂いたことは、時が経つにつれ、感動がじわじわ大きくなる。これは、募金学生とあしながさん、募金にたずさわったすべての人が受章者なのでこの歓びを共有して読んでほしい。

あしなが運動は、九万五〇〇〇人の遺児を進学させ、藤村修元官房長官や村田治関学学長を生み、一千億円のあたたかい心を積み上げた。現代の奇跡といおうか、いや高校や大学に進学したその当事者が、仲間のボランティアと街頭で頑張った。次に来る弟や妹のために。あしながさんは、血の通ったお金を遺児らに分け与えた。遺児たちの教育権を守ったのは庶民で、国は見て見ぬふりをしていた。

エレノアさんは人間の尊厳をおびやかすものは許さない。また、氏素性、肌の色、宗教、貧富などに差があっても「頑張れば教育を受ける権利」を平等にもつことを国連の「世界人権言言」でも明らかにしている。国連加盟の多くの国と一つ一つの条項を話し合い、その起草者の真ん中にいて粘り強く、反対者と交渉し、たどりついたのが、「世界人権宣言」なのであり、エレノアさんがいなかったら完成しなかった。

現実の米国には、人種差別、貧富の格差があるではないか、と冷笑する人もいるかもしれないが、社会を改善するバイブルであることも事実で、社会が改善された面を否定する人はいまい。

僕たちあしながファミリーは、この勲章を受けることで、「人権」とか「教育」を重視するＮＧＯであることを、顕彰され、立証された。人類の歴史の中で、このことは、たった一つのメダルが地球よりも重いことを立証されたのだ。五〇年間あしなが運動に参加されたすべての人にとってはこれ以上の喜びはない、と僕は思う。

これがエレノア・ルーズベルト・ヴァルキル勲章を頂いたことの意味であると、僕は思っている。

エレノア・ルーズベルト女史が新しい五ドル紙幣の肖像に、候補になっているという。

「ヴァルキル勲章」受章は「あしなが」を国際社会の一員に押し上げた。あしながを量・質ともに充実させ世界に通用する「ＡＳＨＩＮＡＧＡ」にしたい。ご協力を！

（二〇一五・一〇・三〇記）

極貧サブサハラが先進国より成長率高い

世界の極貧地域（世銀）から、貧困を削減し消費大国（陸）にするため、あしなが育英会は人類の将来を賭けて、「アフリカ遺児高等教育支援１００年構想」に、今まで約四年の準備期間を費やしてきた。いよいよ二〇一六年から本格的に国際社会で、過去五〇年間教育支援で、日本遺児を主体として人間として独立させてきた経験と知恵を生かしたい。そして数えきれない支援者などのお力を借りながら、国際社会からとり残されている遺児たち、親をなんらかの原因で亡くした子どもたちの力になっていきたい。

こんなとき、九万五〇〇〇人の遺児らの高等教育支援を主たる事業としてきたあしなが育英会に、米国のエレノア・ルーズベルト・ヴァルキル勲章が十月十八日、ＮＹで授与された。これは日本の運動が米国でも認められたことを示す。

当初は第一回目の報告会を卒業生、現役生、あしながさん他、本会支持者のみで祝いの会も兼ねて行い、次に日本人一人目の受章者、緒方貞子女史（元ＵＮＨＣＲ）を中心に世界各界の代表とあしなが理事などで六〇人規模の報告会と第二号玉井お祝い会を開く予定だったが、緒方女史の健康上の問題で中止となった。そこで思い切って、「シンポジウムとお祝い会」を企画した。エレノアさんの人となりと偉大な業績が日本ではほとんど知られていない。アフリカの子どもたちは女史のいう人間の人間たる所以である「尊厳」からほど遠い生き方をしており、教育もろくに受けられない現実がある。

『あしなが』が今世紀初めからウガンダを拠点に運動をほぼ一五年進めてきて、人材育成にいささかの希望を持つノウハウをえた。でもそれはウガンダ共和国の首都カンパラからタクシーで一時間位の、私たちのアフリカ拠点であるナンサナ村での小さな成功物語である。そこで、私どもは、「１００年構想」を成功させるために、このテーマを日本と世界の各方面の有識者に教えを請いながら、組織的な人材育成策を議論することにした。

二〇一六年一月二十六日、あしなが育英会主催で議論の第一歩として、アフリカ関係の有識者を招いて、「アフリカの青年育成をどうする」第一回シンポジウムを開き、以後継続的に開催する予定である。各方面の暖かいご支援を御願い申し上げる。そこで私たちは十一月二十六日、最新の情報のもと、外務省アフリカ二課長中川周氏から二時間の講義を受けた。シンポジウムまであと二回のレクチャーと共に、猛勉強をしてシンポに臨みたい。

私たちもウガンダで経験した一五年間で、活字以上のものを得ている。各界のエキスパートと議論し、直ちに運動に加われるのも楽しみだ。ウガンダの経験者はあしながの若者だけでなく、多くがその魅力のトリコになった。ヴァッサー大の学生もWORK HARDしているし、キャッピー（キャサリン・ヒル）学長も演出家ジョン・ケアード氏も、一六年八月下旬のウガンダでの三年目の「世界がわが家」をどう進化させるか頭をヒネっている。

あしなが１００年構想により多くの世界の耳目をひけば、１００年構想は意外に早く完結すると私は実は思っている。たった三年余で、この運動は世界的なものになりつつある。皆さんの参加が、アフリカと共生する一助になると信じます。お気軽に参加してください。

アフリカを民主主義的な独立国にするため、私たちＮＧＯが役立つとしても意外に時間がかかりそうである。だからこそ「アフリカ遺児高等教育支援１００年構想」を私たちは強く主張するのだ。

二〇五〇年、アフリカの人口は今の二倍の二〇億人に達するといわれているし、この調子でいけば二〇八〇年には三〇億人を超すという統計もある。なお、二〇五〇年代に日本の人口は九千万人になると統計は予測しています。

「アフリカ構想１００年」を書くと、一部のあしながさんは不快感を示される心配がある。でも、日本が生き残れるのは国際社会の中で仲良くやっていける若者をつくる外にない。

エレノア女史の思想に帰って。

（二〇一五・一一・二八記）

僕における小さな最後の心塾

お正月らしく未来に希望をもてる話をしましょう。

僕は、東京の麻布十番というところにもう五〇年間住んでいます。六本木ヒルズの近くといった方がよく分かる人もいるでしょう。五〇年も住むとそろそろボロボロ。そこで、リフォームして何か役に立つ使い方はできないか、と考えていました。そうだ、もう四つも心塾をつくってきました。緒方富雄先生が、最初の団体にいらして、江戸時代から文明開化の頃、医学や西洋文明は、曾祖父の緒方洪庵師が医学だけでなく西洋の風をいれたのです。理事会で緒方先生は欧米中心に世界の話をしてくださり、私たちは大いに啓発されました。理事会の知性といった方でした。

「教育はまず強制なのだ。その後、自主的主体的に本を読めば、すごい人材が育つ」とおっしゃった。まさにそのとおりで、例えば、細田修二君（心塾七回生）は、超一流大学ではないが、専攻が青山学院の化学であるにもかかわらず、あらゆるジャンルの本を四年間に六百冊読んでＮＨＫに入社し、二〇年後の今はＴＶ夜七時のニュースの責任者だ。いい仕事をするのに東大出である必要はないが、読書は必須だ。彼は特別かもしれないが、塾生たちは勉強はそこそこでも「生涯の友」を得て卒業し、今でも仲良くしているのは素晴らしい。

さて、僕の小さな心塾だが、塾生は一〇人から一二人しか入れない。開講は春四月と思っているが、まだ完全につめていない。でも、前の心塾はカリキュラムが多すぎてじっくり勉強ができなかったのと、学ぶことのいやな塾生が一か月食費込の一万円（現在も維持）という安上がりで大学へ行けるという「安宿」の性格があったため、皆が読書なら読書に没頭することは難しかった。

五十余年を経て思うに、学生は本を読み、考え、議論するのが商売で、これを忘れたら学生ではない。月一回、講義までに先生の指定書一〇冊読書。聴講生同士が火の玉議論をし、先生も加わる一年一〇回（休みは二か月）の議論で脳味噌が悲鳴をあげるような講義にしたい。資格はあしながファミリーの一員であること。選考のポイントは、人類のために志高く生きる人。僕にとっては集大成の教育をまとめたい。師走の夜、ずっと考えていたことを初めて言った。

（二〇一五・一二・二四記）

学生募金、今秋よりアフリカ支援決定！

二〇一五年度（一五・四・一〜一六・三・三一）は、世界が激動するなか、わが「あしなが運動」は半世紀の歴史を終え、親を亡くした日本の遺児らと海外の仲間の、人権を守り、教育権を拡げる成果を挙げることができた。高校・大学など高等教育を成就したものは日本で約九万五〇〇〇人、それを可能にした募金高は一千億円超を数える。実数は日々増えている。それを牽引した車の両輪は「学生募金」と「あしながさん」であり、両者は本会と不詳私の世界に誇るべき、募金の世界的〝発明〟である。

この実績は、五〇年に亘り街頭に立った学生延べ推定二二〇万人（含高校生、小中学生のボランティアの皆さん）、定期の寄付者は無数であるが、二〇人から三〇人の人が寄れば、一人はいらっしゃる感覚である。

いうまでもなく、奨学金で進学した遺児も、浄財を投じられたあしながさんも、進学支援を介して皆幸せを感じられたと、想う。あしなが運動は、遺児の人権を守り、彼ら貧者の教育権の平等化を日本で進めた。新しく始まる二〇一六年度にはあしながのアフリカ遺児の高等教育支援の輪は確実に拡がりそう。

去る三月五日、あしなが学生募金の全国会議（三橋渉事務局長）のもとで、今年秋には学生募金の寄付額の、例えば半分を、サブサハラ・アフリカの遺児の留学資金と特定してあしなが育英会に寄付するとの案も出て、今後も議論を重ねる。と同時に、日本学生は、あしながが過去四年に招待した三一七人の世界のトップ一〇〇の優秀なインターン学生とOBたちの中から、世界募金の希望者と世界事務局を組み、全世界の大学へオルグを始め、秋には本格的なアフリカ遺児の留学を支援するため（あしながアフリカ遺児高等教育支援100年構想）さまざまな形態で募金が始まる。
待ちに待った「世界の学生による」アフリカ遺児の教育の平等権をかちとる歴史的な新しい挑戦が始まるのだ。楽しみながら共闘したい。きっと歴史の新しい扉は開かれると確信する。
一年間、皆さまお疲れさまでした。新年度もよろしく。

（二〇一六・三・三〇記）

「政府に乗っ取られた過去」堀田力氏が公表

「吉川英治文化賞」の席上で、堀田力選考委員は受賞者の玉井の紹介を次のようにした。「これは私の責任において申し上げますが、玉井さんは長い活動の中ですごいお金を集めたので、その活動を政府に乗っ取られた過去があります。この乗っ取りに対して、私たち選考委員会、吉川財団、講談社も玉井さんを応援してゆきたい」。乗っ取られた金額は三五〇億円±五〇億の奨学金貸与額（推定）。

乗っ取られた財団の誕生は劇的だった。中島穣君（当時一〇）が「アフタヌーンショー」で作文「天国にいるおとうさま」を読んだ。「天国にいるおとうさま／ぼくの大すきだった　おとうさま／ぼくとキャッチボールをしたが／死んでしまった　おとうさま／もう一度あいたい　おとうさま／ぼくは／おとうさまのしゃしんを見ると／ときどきなく事もある／だけど／もう一度あいたい　おとうさま……」

中島穣君は涙で読めなくなる。桂小金治さんも涙ぼろぼろだ。番組スタッフも仕事が手につかないほど涙しながら……。突如、スタジオが割れ、全国の茶の間で涙した涙の洪水が逆流してきたと僕は思った。一つの遺児の作文が人の心をこれほど打ち、悲しい感動に満ちあふれていた。僕は交通事故担当の田中龍夫総務長官に遺児の全国調査を迫り、長官は呑んだ。一つの作文が政府を動かした。「天国にいるおとうさま」は一人歩きする。衆院予算委で社会党議員が本をにぎりながら総理に迫る。予算委で「政府は交通遺児の育英財団をつくれ」と採択。こうして財団法人「交通遺児育英会」は多くの国民の賛意を得て誕生した（一九六九）。創立時、永野重雄会長、玉井義臣専務理事。

私が堀田力さんに会うのは、このちょっと前だ。ある日、法務省の後の名物検事総長伊藤栄樹氏と、後にロッキード事件で田中角栄を起訴に追い込んだ若い堀田力検事と出会う。私ごときぺーぺーの交通評論家に、「刑法二一一条業務上過失致死傷罪の一部改正が野党の反対にあって困っている。共闘してもらえないか」との申し出だった。母を車に奪われた私に否はなく、共闘へ。早速私も動く。反対派は社会党と共産党で、運輸労働連合が強硬に反対した。三大紙のコラムニスト、『朝日』の入江徳郎氏、『毎日』の藤田信勝氏、『読売』の加藤祥二氏に何度も出演して頂き、高視聴率のアフタヌーンショーで何度も社共の言い分を叩いて貰う。とにかく人を殺しても懲役にならないなんて反対理由にならない。ある時は、三紙揃い踏みで重爆撃。

私自身、衆議院法務委員会に参考人として呼ばれ、専門的質問を受けたがどうにかしのいだ。他の参考人は武見太郎日本医師会長、瀧川春雄大阪大教授（幸辰氏子息）など〝巨人〟と一緒だった。そして、遂に一九六八（昭和四十三）年五月十五日、可決成立した。提案より三年を要した。後日、社共の言い分を聞くと、余りしばしば叩かれたので、選挙にまで影響し始めたので賛成にまわった、とか。

堀田力さんと私玉井はこの法改正で苦労したという強い絆で結ばれた「戦友」だった。今は、私にもしものことがあれば、堀田さんが後継一位の副会長である。

（二〇一六・六・一三記）

堀田談話を生かして共生と連帯で世界の遺児を幸せに

あしなが運動五十余年の間、最もいまわしい事件は約二五年前に、私玉井が交通遺児育英会の専務理事の職を辞め、身一つで任意団体に移った事件である。これは官僚などの乗っ取り劇と長く正確なところが世間に分からぬまま噂は途切れることはなく、この間私はほぼ二〇年間位、時には精神がおかしくなるほど悩まされた。

それが、過日、「吉川英治文化賞」(第五〇回) 授与式の席上で堀田力審査委員（さわやか福祉財団会長、元検事）が「これは私の責任で申しますけれども、玉井さんは長い活動の中で、すごいお金を集めたので、その活動を政府に乗っ取られた過去(交通遺児育英会時代)があります。その後ゼロの時代からあしなが育英会を立ち上げ、もう一度頑張ってこの活動をすべての遺児、そして、アフリカにまで広げています。素晴らしい活動であります。この一連の乗っ取りに対して我々も応援したいという思いもあり、今回の受賞に結実したのだと思います」と私玉井をご来場の皆様にご紹介してくださった。

繰り返しになるが、これは五十余年のあしなが運動の歴史の中で最も大きい事件だった。しかしこの「堀田談話」後、政府、関係団体、その他の人からも、本会の機関紙『ＮＥＷあしながファミリー』やＨＰ速報に対し一件の反論もない。ずい分ご心配かけた方々も多いので、二五年後のご報告として、あしなが運動を応援し、ウォッチしてくださっている方々に、一番たくさん読まれている媒体であるあしなが育英会の機関紙（二〇〜一一万部発行。

奨学生、OB、全国の小、中、高、大学、大学自動車部、交通警察関係機関、各自治体、奨学金をご寄付してくださるあしながさん、企業団体などに配布している）にて、経緯とてん末を掲載した次第である。以後よほどのことがないかぎり、これをもって「終結」としたいと思うので、ご了承いただきたい。

私たちは今日からまた以前以上に、国内外の親を亡くした子が、どうすれば人間の尊厳が守られた、いわば「人間らしい」生活を、人としての幸せをとり戻せるのかを考え、その実現を希求していく。今までご支援やお励ましをくださった多くの方々に心からの感謝の念を表したい。ありがとうございます。

また、途上国のとくに子どもや婦人の人権を守る仕事も引き続き息長く皆様のご理解とご支援を得てしっかりやっていく。とくに「あしながアフリカ遺児高等教育支援１００年構想」に共に取り組む仲間を一人でも増やして、一年でも早く、一人でも多くの若者の留学実現を求めて頑張りたい。どう考えても難しい、実現しそうにない仕事と向き合いながら、ない知恵をしぼり出して仕事をすることほど楽しいことはない。

これからも国内の遺児の問題を着実に進めると共に、アフリカの子どもたちも婦人も極貧なので、彼らの貧困の削減と、新しい社会づくりを世界の人々と一緒に進めたい。ご支援を続けていただいている皆様には、アフリカ遺児の問題も国内遺児の問題も、大局的には本質は変わらぬことをご理解いただきたく、変わらぬご支援をよろしくお願いします。

（二〇一六・八・五記）

ヒル・ヴァッサー大学学長「コラボが私の集大成」

敬愛するキャサリン・ヒル（愛称キャッピー）・ヴァッサー大学学長の任期一〇周年の宴で、彼女はファイナル・スピーチで次のように語った。「学長として働いた歴史の中で、あしながとの『世界がわが家』コラボコンサートが一番の実績、学長としての集大成だった」と。

五年間、山あり谷ありの難行事の連続だった。初対面で私はキャッピーに「世界で最もお金持ちで頭脳明晰で多才のヴァッサー大のお嬢さん（昔は女子大の花。今は共学）たちと、その日の生活がままならぬ、私たちが経営するウガンダ寺子屋のキッズたちを一枚の板（舞台）に乗せて何かしませんか」。キャッピーは即座に「ＯＫ！（いいわよ）」と応じてくれた。

約束はしたものの、演劇にはシロウト同士。企画は一年余り手つかずだった。私は演劇脚本家のジョン・ケアードに相談した。私の意図を汲んでくれたのか意欲的な参加宣言。むろんチャリティだ。ヴァッサー大のコーラス部、寺子屋キッズの踊りと歌、ジョンが津波遺児らの和太鼓隊を入れるのを提案。ＮＹ、東京、仙台、ロンドンと大移動の興行となる。アフリカの子を音符なしで教え、ついには英語の歌や日本語の歌まで歌わせるように訓練するヴァッサー大コーラス部長、日米ウの稽古中におこる不協和音をミュージカルで笑いとばすジョンの卓越した演出。一五年のＮＹ・ローズシアター公演は大成功。観客総立ちの拍手の中でキャッピーと私は抱き合いながらジョンの演出に感謝しつつ小さなジャンプを楽しんでいた。

今年一六年は八月二十三日、待望のウガンダ凱旋公演が野外会場を二千人満杯にした。私は体調を崩してドクターストップ、キャッピーは一番楽しみにしていたのに学長退任の行事と重なり欠席。ジョンは冒頭「玉ちゃんのベッドまでとどくように大きな声で歌っていこう」とエールを送ってくれ、公演も野外だけに大地をゆるがす熱気だった。

昨年十月、キャッピーは私の一〇万人近い遺児を進学させたのを、人権擁護の観点を重視、エレノア・ルーズベルト・ヴァルキル勲章に推薦、私は受章した。

五年がかりの大仕事を終え、私たちは満足感で一杯。ジョンは「来春こんな企画があるんだけど」と持ち込んでいる。三人がまた再会できるのが待ち遠しい。

（二〇一六・一〇・二六記）

首相ポスターで100年構想飛躍の年に

一足お先に、新年おめでとうございます。

来る二〇一七年は、前年一六年に基礎固めした「アフリカ遺児高等教育支援100年構想」が飛躍的に前進する年である。いわゆる〝安倍首相ポスター〟がサブサハラ諸国に各国教育大臣指示で配布され、遺児留学志願者のリクルートは大幅に進み、元インターン生などのウガンダとセネガルの〝勉強特訓〟が効果をあげる。全米三位校プリンストン大に超トップ三〜五位で合格し、全額スカラシップの獲得が決定している南アフリカ共和国内の小国レソトのプレッシング・ジェゲデさんのように、引き続いて何人かが後を追っているという勢いである。

安倍晋三首相の昨年一年間の応援ぶりはものすごかった。それが表面化したのは、八月二十六日のケニア・ナイロビのＴＩＣＡＤ Ⅳの開会前夜、首相招待の各国元首への冒頭挨拶で、私玉井とアフリカの一六年間の運動を紹介。ウガンダ寺子屋キッズの躍動感溢れる踊りを見ると、元首たちは拍手喝采。次に、新宿西口の学生募金に参加し、学生を激励し、ＰＲ用の〝首相ポスター〟に入って下さる。首相の一挙手入魂の応援は、留学生募集と募金に一層のはずみをつけた。しかし油断するとボランティアが減る。絶えず増やす努力をし、二、三年後三倍増を目標にしたい。

トランプ景気はどうなろうと、私たち日本とアフリカの遺児を見ながら前進を誓いたい。

（二〇一六・一二・二六記）

第八章　何があっても、君たちを守る
――大学進学こそ究極の貧困治療だ――

2017―2020

二〇一七年（平成29）82歳　1・7―9あしながレインボーハウス「全国小中学生のつどい」開催。1・14神戸レインボーハウス「追悼と交流のつどい」開催。2・28第二回「賢人達人総会」を東京で開催。4・22、23、29、30第九四回学生募金実施。3・25―4・2選抜された遺児小中学生六四人を対象にフィリピン・イロイロ市で「あしながジュニア・イングレッシュ・キャンプ」開催。4・29九州北部豪雨緊急対応「特別一時金」等を実施。8・11―23の間、高校奨学生のつどいを全国八会場で開催。9・1―5大学・専門学校奨学生の「西湖のつどい」開催。9・26玉井、フランスのパリ政治学院（シアンスポ）で特別講演。10・21、22、28、29第九五回学生募金実施。11・20英国下院にて、あしなが育英会「ロンドン事務所」開所式。

二〇一八年（平成30）83歳　3・1―3第三回「賢人達人総会」を京都市で開催。4・1従来の貸与金に給付金を上乗せした新型奨学金制度スタート。4・21、22、28、29第九六回学生募金実施。7・7玉井、後藤新平の会（読売新聞社後援）より第一二回「後藤新平賞」を受賞。8・11―24の間、高校奨学生のつどいを全国八会場で開催。8・13玉井、天皇皇后両陛下のお招きを受け、御所で約一時間の「お茶」の時間を賜る。8・15「一般財団法人あしなが育英会」を登記。10・20、21、27、28第九七回学生募金実施。

二〇一九年（平成31、令和元）84歳　4・1あしなが育英会を一般財団法人化。5・11、12、18、19第九八回学生募金実施。8・9―21の間、全国八会場で高校奨学生のつどい開催。9・1―5大学・専門学校奨学生の「西湖のつどい」開催。10・6スリランカ・テロ遺児を癒す「ファシリテーター養成講座」を現地で開催。10・19、20、26、27第九九回学生募金実施。11・16―17東北と神戸をつなぐ「震災遺児と保護者のつどい」を仙台レインボーハウスで開催。11・1―12・1の間、全国一〇か所で「台風一九号被災者救援募金」実施。

二〇二〇年（令和2）85歳　2・21京都すばる高校主催「アフリカ人と地域の交流」発表会に職員と大学奨学生が招かれる。2・26新型肺炎コロナウイルス感染拡大に対応し第百回学生募金の街頭募金中止を発表。史上初のクラウドファンディング開催。学生募金事務局にオンライン寄付機能を搭載。4・28―8・17コロナ禍対応『緊急支援一時金』として全奨学生六四五〇人に対し一人一五万円を給付。7・10夏の奨学生のつどいに代えて第一回オンライン・イベント「あしながBASE」開催。12・15全奨学生七五九一人に「年越し緊急支援金」一人二〇万円給付。12・19―20遺児家庭の電話相談に応じる「年越しホットライン」を開設。

運動五〇年　佳佑と優花二人のニュースター誕生

あしなが運動も五〇年の歴史を経て一〇万人の卒業生を出すまでになり、人材も多士済々である。官房長官、関学学長、ソフトバンク重役などはもうよく知られているが、今月はまたニュースターが誕生した。

宇山佳佑さん。スター性のある小説家だ。話の筋はショッキングなので、読んでのお楽しみだ。中学生の頃から脚本家をめざし、ひとりシコシコ書いていたが、世に出るのは随分先で、最近世間を騒がせた『信長協奏曲』で、現代の子がタイムスリップして信長になったり明智光秀になったりするドタバタ劇だったが、劇場をいっぱいにする大当りだった。脚本は三人で書いたが、彼が中核だった。そして集英社と縁があり、昨年と今年、二冊の文庫本を書いた。第一作『ガールズ・ステップ』は映画化。そして今年二月の『桜のような僕の恋人』が出版されるや、一か月で五万五〇〇〇部と順調な伸び、僕は映画化が確実だと思うので二〇万部以上は行くと思う。

主人公はどこにでもいる二人。美容師がようやく一人前になる矢先、お客の耳たぶを切り落とすというアクシデントがあり、それが縁でデート。束の間の淡い恋心が二人を結びつけた「時」、衝撃の病が発覚。〝桜のような恋人〟美咲は芝居をして泣く泣く別れる。再会の場面が涙なしには読めない。僕も我慢できず泣いた。とにかく読んでほしい。僕の心が洗われた。

もう一人は御存知、あしながウガンダの現地代表〝マダム・ユカ〟（ウガンダでの呼称）こと山田優花さん。英語が好きで神戸市外国語大学に進学。安くすむ住宅を探していたら心塾にぶつかった。四年生の時には僕の下で塾生長をはたす。熊本県出身らしく強情だが、心根の優しい子だ。

彼女の『チェンジ――私のウガンダ２０００日』（海竜社刊）が四月二十日以降書店で発売される。問合せは育英会・林若可奈。ウガンダで大きく成長した優花を今度は経営者として企業などで研修させ、さらなる成長を期待する。次は経営者の修業だ。

（二〇一七・三・二八記）

特別号「原点を語る」一読を！　感想文募集中

五〇年以上前に、書く破目になった本に、光を心を当てたい。同僚の東田健一君が「お母さんを亡くされたことを書かれた『交通犠牲者』（第Ⅰ巻所収）を電子書籍にしては」とある日唐突に言った。本を出版してから一度も頁をめくらなかった、それほどの辛さ、悲しみ、怒りがびっしり詰まった、できれば開けたくない本だ。それでもこの怒りが、私のそのあとの五〇年余の人生を決める原点となった。

「ハハキトク」スグカエレ　チチ」の電報を手に、東京の四畳半の下宿で蒼白になってぶるぶるふるえていたのを、今も覚えている。この時から地獄が始まる。その頃まだ飛んでいた深夜便ムーンライト号の費用はアパートの仲間がカンパしてくれ、タクシーに乗るが、さまざまな地獄絵が襲う。羽田を出、大阪へ。死に目にあえるかどうかだけが心配だった。病院へ。母は治療もされず、ベッドに放置されていた。裸の酸素ボンベが床に転がっていた。それから三十余日、担当医は学んだこともない脳外科の手術に挑戦してくださったが、高熱がさらに上がる。事故以来昏睡状態だった母が、ウウーンとうなり声を上げ、一瞬五〇センチぐらい宙に浮き、やがて死の眠りについた。

この一連のショックがプータローだった私を変えた。母の鉄槌だったのだろう。私は母のカタキを討つべく、〝一所懸命〟になった。二年余は勉強、取材、読書の日が続き、三十歳のとき論文三本（第Ⅰ巻所収）が、硬派週刊誌に掲載され、日本初の交通評論家になり、初めて人のために書き、ＴＶで語る、一人前の人生が始まる。その後のことはこれまでのコラムを読んで頂きたい。「負（マイナス）」の人生が「正（プラス）」になるには大きなショックとエネルギーが必要だ。

それ以来、五十余年、私の人生は遺児家族に捧げたと言っても大ゲサではない。精神に一本ピンと芯が通り、まともな人間の道を歩めるようになった。こんなつらくて険しい道は誰にもすすめない。でも私自身はそんな人生に満足している昨今である。

卒業生一〇万人、募金累計額一一〇〇億円は同志たちと闘った戦跡であり誇りだ。（二〇一七・七・二五記）

大学進学をあきらめようとしている君に告ぐ

遺児に大学進学をあきらめさせてはならない。絶対にあきらめさせないで！

大学進学しても遊ぶだけなら行かない方がまだいい、という意見があるが、私は真っ向から反対する。ものを考えられるようになる二十歳前後に、四年間という〝黄金の時〟をもらうのだから、極論をいえば、大学の授業をまったくとらずに、スポーツに打ち込んだり、うんと本を読んだり、新聞を読む、友達と真剣に人生を語り合うなどをするならば、そこから得られるものは、無限の可能性だと僕は信じる。
だからどんな事情があっても、もう一度立ち止まって考えてほしい。

進学できない理由は何なの？　勉強がイヤだから。借金をたくさんしたら、返すのが大変だから。お母さんを早く楽にさせたいから、いやこのほかにも僕には知るよしもない理由があるに違いない。

それを承知で、僕の話をきいてほしい。僕は一一人きょうだいの末っ子だった。〝貧乏人の子沢山〟で、僕以外の兄や姉は小学校か高等小学校（八年制）しか出ず、出ると口減らしで奉公（子守や女中）に出され苦労して、同じ下層階層同士で、自分の選択権もなく結婚させられ、貧困の連鎖を引きずって生きてきた。太平洋戦争中や戦前戦後ではどこにでもあるケースだった。

二人の兄がいた。上の兄寛一は十歳違い。下の兄孝一は六歳違いで、高小を出てある大機械メーカーに入って職工になった。会社には青年学校といって企業内教育制度があった。真面目な次兄はいつも一番だった。班長に昇進したときに一五〇人ぐらいの班員がいた。そして係長になって事務職に。出世である。五十歳をちょっとこえていた。高小卒業から三五年の職工暮らしだ。大学出のばあいは二十歳台の後半で係長になれたという。僕にでもわかる学歴の壁の厳しさと思った。その兄もがんで死亡。残ったのは甥、姪で長女、短大出。長男は四大マン研からプロのマンガ家になるも早逝。次男は四大を出て起業中。

長兄寛一も高小程度の学歴で電鉄に就職。車掌をしているとき見切りをつけ、父の金網商店を継ぎ、よく働いた。この長兄が「お前（僕のこと）ぐらいは大学を出ておいた方がいい」ときょうだいで一人だけ進学させてくれた。にもかかわらず、大学入試に失敗して迷走していた。でも読書は一日五〜六時間、基礎教養書や文学、宗教書をしっかり読み込んでいた。これが大学での遊びの中での学びなのであろうか。

母の交通事故の看取り中さまざまな疑問を感じ「お母ちゃん、敵（かたき）は打ったる」と言わせたのと、その後の一年半ばかりの猛勉に耐える基礎はできていたのだろう。だから、論文を書き日本初の交通評論家になれた。大学時代の遊びですらやがて花が咲く、と僕は思うからこそ、大学進学をあきらめかけている、君に心からの忠告をしたいのだ。わかってほしい。しかも、ただ進学をあきらめないでといってるわけではない。

あしなが運動約五〇年の思い切った改革を奨学金制度に当てて、大学進学をすすめているのだ。「給付型の奨学金制度」を新設し、各種奨学金を六割方引き上げ、教育費に生活費を上乗せし返還不要とし、従来分だけの貸与に、給付を足して二階建てにした。二階の給付分を生活費に当てればアルバイトはしなくていいか、相当時間を減らせる。それが狙いだ。節約はしてもらう。高校奨学金から大学院奨学金までこの方式でやるのだから、奨学生が増えなくても、年間一五億円から二〇億円の負担金増となる。あしなが育英会はその我慢ができる体質に育ちつつある。僕らはそれだけの用意をして「大学をあきらめないで」と君たちに呼びかけているのだ。

その支出増加分の二〇億円プラスマイナス五億円を覚悟しながら、募金を学生募金だけでなく、あしながさん募金や遺贈を広く呼びかけたい。

皆さん、もう一度言う。大学進学をあきらめないで!!

不安な点は進学してから考え、運動し社会を変えよう。

新年号では、日本社会をやり直しのできる奨学金制度を考えていこう。乞うご期待。　（二〇一七・一一・二記）

ナイスガイ！　一緒に働こう

ようやくお正月がやってくるという雰囲気になってきた。

今日は二十五日のクリスマス。素敵なサンタクロースが本部事務所にやってきた。サッカーの本田圭佑選手である。あしながの「賢人達人」をお受けいただいた。あのビッグマウスというのは、いったい何なんだ。単なる中傷ではないかと思うほど、謙虚な好青年だ。長幼の序もよく心得ている。むしろ若者たちのいい先生だと思った。自らも言っておられるように、人生学を説いてまわる伝道師のおもむきがあった。私は一つの提案をした。

「本田さん、遺児に限定するけれど、プロのサッカー選手を目指すアフリカと日本の遺児に、『ホンダ・サッカー奨学金』の制度をつくられてはいかがですか」「いいですね。やりましょう」と打って返しの決断力である。こんな大きな大切なことを即座にＯＫするなんて、決断の速さは「大物の証」だ。これは先見性をもつ人でないとできない。大きなお金がからむと心配で答えにスピードがなくなる。何事も速度こそが命なのだ。

これは本田さんのいい仕事になる。選手として強いだけではダメなんだ。情けは人間を美しくする。やさしくもなる。情と理のバランスがうまくとれた人がいい。本田さんはいま三十一歳だが、いまは少し厳しいくらいがいい。きっといい教師、いい指導者になっていく、と確信した。

本田さん、二人三脚で、遺児のために、日本のために、地球の全生物のために一緒に働きましょう。ナイスガイだよ!!　アンタは。共に大阪人。初め誤解されても、世界を呑み込む鷹揚さがある。イヨォッ、ホンダ!!

オックスフォード大学で聞いた話。いま日本の留学生は八五人、中国留学生は二千人という。こりゃもうダメだ。
本田さん、日本のサッカー少年も海外で武者修行したら如何。アフリカで選手を育てて、世界のサッカー市場へどんどん輸出してください。
日本のチビッコサッカー選手には「喝!」を入れて下さい。

（二〇一七・一二・二五記）

勉強せよ、そのための給付金だ

この四月から、本会の奨学金は大ざっぱにいうと、高校、大学ともに約六割ずつの大幅引き上げとなる。しかも、その増額分は、従来の「貸与」ではなく「給付」にした。つまり返還しなくていいのだ。その結果は劇的だった。経済的理由で大学をあきらめかけていた多くの遺児が、大学進学を決意したのだ。

私は昨年十月二十六日付『朝日新聞』「声」欄に投書し、「なぜあきらめるの。勉強がきらいですか。お金が心配ですか。進学すれば、無限の知恵が得られるかも（中略）。なぜ宝物のような時間を捨ててしまうの?」と、大学進学を訴え、本会の奨学金増額の方針を説明した。世論も大賛成だった。そのおかげもあり、大学奨学金の申し込みは、前年度より三四%増え六〇二人となった。

現段階では予想値だが、全奨学生は対前年度五二七人増の五一一一人、奨学金総額は何と一九億円増の四〇億円となった。増加分はほとんど給付なので、その額に身も心も押し潰されそうになる思いだ。しかし、奨学生の皆さん、お母さん方、私たちの奨学金はこの五〇年間、一度も遅配も欠配もしたことはない。けっして皆さんにご心配かけることはありません。ご安心ください。

そのかわり、遺児の諸君。勉強を一生懸命続け、ＡＩ・ロボット時代に負けないで生き残ってください。奨学金を引き上げたのは、君らがバイトに費やす時間を減らすのが狙いだ。忘れないで。

本会アフリカ遺児高等教育支援１００年構想の応援団「賢人達人会」のルイ・シュバイツァー議長は日本で学生と接して、「なんだ、日本の学生には英語も話せないのがいるのか」と驚きをかくせない様子だった。これが世界の常識だ。それでも君は日本語派？　本会の心塾では、卒業までにＴＯＥＩＣ七〇〇点（九九〇満点）を目指す。そのためには我々職員のスキルアップも図る。田舎でひっそり暮らすのならともかく、これからは仕事をするにも、生活の場にも外国人が隣にいるよ。

すべての学生へ。学べばなんとか生きていける。WORK HARDで英語を学べば、世界の人々と意思を通わせられる。学ぼう。目指そうＴＯＥＩＣ七〇〇点。

（二〇一八・三・二二記）

世界の潮に乗って行こう

二〇一八年は、あしなが運動を大きく飛躍させる出来事が次々起こっている。このところ足踏み状態だった「あしなが運動」だが、これから大きく躍進すると私は確信している。

まず、学生募金全体の勢いが今秋、さらに来年の春には大幅アップに転じる可能性が見えてきた。それは、この春の奨学金約六割引き上げによるところが大きい。大学生では今まで五万円受けていた人は、月額八万円になり、増額分の三万円は返還しなくてもいい「給付」としたことである。奨学金の「給付」と「貸与」の二階建てになった。この革命的な金額と給付は、遺児の学びの環境をバイト地獄から救出する。これで新規の大学奨学生が三割程度増えるのも夢ではない。少子高齢化が日本の各方面にマイナス効果となっているが、あしながは大きなプラス効果にしたい。

学生募金の全国事務局長に河田あかねさん。初めから相談に乗っていたが、この二か月で驚異的成長を遂げた。各地で女子の幹部が伸びている。大いに期待している。新時代の到来だ。

「京都 志塾(こころざしじゅく)」の建設に賛意を示していた門川大作京都市長と私は、会議を京都で開いて、概ね合意に至りそうだ。アフリカのサブサハラ四九か国より選抜された高校を出たばかりの子らが、一年間京都で大学留学前の勉強をする。これらアフリカの子らが、長く日本の文化、芸術、政治の中心だった古都京都で寝食を共にし、志高く、受験力を高め、一般教養の基礎を受ける。世界の大学へと羽ばたき、充実して帰国し、国と民のためにリーダーとなるごとを誓う。二〇年後の国になくてはならぬ人間になる。アフリカが成長しないと、世界の成長はない。欧米各国の盛衰にも影響する。それを救うのが京都志塾である。うまくいけば二年先に建つ。

あしなが運動は、また大きな賞、「後藤新平賞」を戴く。日本の百年先を見据えて、信じられない大仕事をし続けた大政治家の名を冠してつくられた重い賞だ。私たちが百年先を考えながら仕事をしていることが受賞理由だ。

運動に追い風が吹く。時は来た。皆で飛躍しよう。

（二〇一八・五・一五記）

「後藤新平賞」と大奨生予約面接

七月十三日夕刻、天皇・皇后両陛下から、「お聞きしたいことがありますから」と、お召しがありました。時間も一時間という超破格の長さで、光栄至極です。

でも不安といえば不安です。多分、「後藤新平賞」の受賞を侍従長にご報告していたので、直々のお祝いのお言葉をいただくことになりそうです。私としては最高ランクの賞なので、お言葉をいただくとなると、嬉しさのあまり卒倒しそうなのが心配です。

もう一つは、遺児奨学金をつくってから五〇年、一一万人が進学し卒業したことに労いのお言葉があるかも、と想像します。これはその間ずっと街頭で募金しながら遺児の窮状を訴え続けた遺児学生とボランティア学生、そしてその訴えに応じて募金してくださった〝幾百万人〟(延べ幾億人といってもよい)のあしながさんへの両陛下からのお言葉と、私は思います。私からも心からの謝意を表します。お茶を頂きながら、両陛下と三人での一時間というのは気の遠くなるような緊張に違いなく、今から脳と心臓がバクバクします。でもまあ大丈夫、何とか最後までしっかりお答えできるでしょう。皆さまも遠くから、応援していてください。

八月の中・下旬は、高校奨学生のつどいです。高校生と会うのは五〇年来の夏の楽しみです。こちらが歳をとって、方言を楽しみながら、高校生に通じる話ができなくなったら、もう引退しかありません。夏のつどいは私にとっての厳しいテストなんです。

負けないぞ。高校生諸君!!　かかってこい!

この週末は三日間、大学奨学生になる予約ができるかどうかの面接をします。応募者は例年の二倍以上になるでしょう。来春大学入試がうまくパスすれば予約制度が機能して、自動的に大学奨学生になれる制度です。私はあくまで全員パスさせたい、という主義ですが、人数次第では何%かはカットになるかもしれません。面接はあくまで教育的指導にとどめたいのです。資金的に無理でも教育重視の姿勢は崩したくないのです。それでも見通し難だと仕方ありません。次号で今日の続きをやりましょう。ではお元気で。

（二〇一八・七・二四記）

あしながさんへ感謝のご報告

今年もこの時期がやってきました。今、富士山を望む御殿場で高校奨学生のつどいに参加しています。私にとって五〇年来の夏の楽しみであると同時に、夏の陣。毎年高校生を惹き付ける話ができなくなったら引退すると決めてのぞみますが、今年はいっそう気合いが入っています。それは、先週八月十三日午後、天皇・皇后両陛下にお目にかかり、これまで続けてきた遺児への支援活動に対するねぎらいのお言葉をいただいたからです。

両陛下にお目にかかるのはこれで四度目ですが、いつもながら非常に緊張しました。しかも、今回は御所の広いお部屋で、両陛下と私の三人だけでお茶をいただきながらお話するという身に余る光栄な機会をいただきました。

それでも、あしなが運動が多くの人々の「やさしさ」に支えられ、五〇年間で一一万人の遺児を進学させた、世界でも類を見ない運動であることをしっかりとご報告してきました。私が「日本人は、やさしいです」と申し上げると、両陛下がとてもうれしそうなお顔をされたことが、強く印象に残っています。両陛下の暖かいお人柄に触れ、命ある限り遺児のために尽くそうと決意しました。

そして臨んだつどい。一時間の講演は高校生との真剣勝負。「君たちには大学に行ってもらいたい。でも、それは授業に出ろということではない」。普段まわりの大人たちがしないような刺激的な話に目を丸くする高校生たち。事実、私は大学の授業には全然出ませんでした。それでも、大学で五年間（留年しました）、自由に過ごした時間がその後の私の人生を支えています。勉強は大学を卒業してからでもいつでもできる。それよりも大学では、青春を謳歌し、多くの人と出会い、本をむさぼり読み、豊かな人間性を育んでほしい。それこそが、ＡＩ時代で生き抜く個性をつくるために必要なのです。そのために、あしながが米びつをはたいて出している給付型奨学金をぜひ利用してもらいたい。

そんな話をしているうちに、次第に前のめりになってくる高校生たち。最初は簡単な質問をしても、まわりを見ながら恐る恐る手を挙げていた彼らですが、最後のほうにはみずから手を挙げて、積極的に質問する子も出てきました。この成長を見るのが私にとって、つどいの醍醐味なのです。果たして今年はどれだけの高校生に思いを届けることができたか。その勝負の結果は？

講演後の彼らの表情、彼らの輝く目を見て、しばらくは現役続行できそうだとホッと胸を撫で下ろしています。そして、この彼らの成長は、あしながさんお一人おひとりのご支援のおかげなのです。彼らの笑顔が、いつもご支援くださっている皆さまへの、何よりのご報告になればと思っています。

（二〇一八・八・二一記）

大学進学こそ究極の貧困退治策だ

先日参加した「中央青年の家」（静岡県御殿場市）の高校奨学生のつどいで、「〝給付金〟が出たら進学できると思う人」と聞いたら、参加者の約半分ぐらいが嬉しさ一杯の顔になって手を挙げてくれた。私は、ホント!? と叫んで思わずホッペをつねった。目の前にこんなにも進学に希望を見出している学生がいる。嬉しかった。「給付金」月三万円は一年で三六万円、卒業までの四年間分一四四万円が返さなくていい大学進学費用になる。これでっかいよ。これが私が永年考えていた、大学への道を開く秘密兵器の発表だ。

でもこの給付金だけで全員が進学できるの？　ここから更に、あしながさんや新しい支援者、大学当局との奨学金の交渉が必要だ。皆さんのお力で、この子らは大学生になれる。私は無鉄砲なやり方だが、成功の可能性は大だと早くも夢見ている。

八月十三日夕刻、両陛下から御所にお招きいただいたとき「日本人はやさしいです」と申し上げたら、両陛下はご満足げだった。応援者はもっと増えると思う。訴える方法は無限にあると思う。じっくり訴えていきたい。

海外の富裕層も関心をもつかもしれない。少子高齢化は日本では急速に進む。この子らをＡＩ社会の犠牲者にしてはならない。新しい社会の〝ニュースター〟として活躍できる人に育てたい。私も、母の交通事故死まで無目的のいい加減な生活をしていた。「母のカタキをとったる」と決心した途端、人間が一変した。目的をもって問題解決の勉強をした。貧乏で大学進学を考えもしなかった遺児が、社会のやさしさで学問の〝最高学府〟まで行けたら大化けする子も出てきそうだ。皆で応援しよう。

誰か、私のこの究極の遺児家庭の貧乏退治策に乗ってくださる人、いらっしゃいませんか。うまくいったら世界に輸出しましょうよ。世界の富の八割は一％の富裕層が握っているとか。九九％の側の私たちだってアイディアを出して、一％の人々に「なめんなよ」と声高らかに言ってやろうよ。

賛成の人、私の指にとまれ！

母子家庭のどん底にある遺児諸君、弱気になるなよ。『想えば必ずその通りになるから！　成るまでやれ！』


（二〇一八・九・二七　早朝記）

「世界人権宣言」は今も希望の灯

私が米国でエレノア・ルーズベルト・ヴァルキル勲章を受賞したのは三年前。フランクリン・ルーズベルト大統領夫人の名を冠にもつ勲章とあって、女史の功績を紐解くきっかけとなった。

エレノアは、両親を早くに亡くし、自身の息子を病気で失うなど苦衷（くちゅう）のうちに青年期を過ごした。後に、ポリオで歩けなくなった夫を支えて政治の世界に飛び込むという、当時としては規格外の強い女性。一方で、人の苦難や悲哀を解し、差別や貧困に苦しむ人々には私財を投じてでも手を差し伸べる優しさがあった。米国女性の知性と呼ばれるほど国民からの人気と尊敬を集めた。

その才女が晩年、人生の全てをかけて取り組んだのが「世界人権宣言」だ。一九四八年、国連で四八か国によって採択された宣言は三〇条にわたって人間の尊厳と理想を謳いあげている。

宣言の第二六条は「すべて人は、教育を受ける権利を有する」の一文から始まる。初等教育は無償で義務であるべき、高等教育は、全ての人にひとしく開放されるべきと続く。これは、私が永い歳月をかけて訴え続けてきたことそのものでもある。国内外で、小学生から大学院生に至るまで、親を失った子どもたちの教育を受ける権利を守り、高等教育の機会を保障することに心血を注いできた。

「世界人権宣言」を、子どものうちから知ってもらいたいと、あしなが職員のひとりが、この度、絵本を出版した。『みんなたいせつ——世界人権宣言の絵本』(東菜奈構成・訳、渋谷敦志・写真、岩崎書店)。「世界人権宣言」が、子どもにも理解できるよう平易に書かれている。写真を撮影したのは、日本ブラジル交流協会研修生ＯＢで本機関紙でも馴染みのある渋谷敦志君。世界中の戦場や難民キャンプに出向いて息を呑むような写真を撮る、一流のフォトジャーナリストに成長した。

文章とイラストを担当した東(田上)菜奈さんは、私の親友で夭折した童話作家、東君平の娘。あしながの職員として、「エレノア・ルーズベルト・ヴァルキル勲章」の授章式に立ち会っていたことが、本書を書くきっかけになったと聞いた。

「世界人権宣言」は、今年の十二月で七〇周年を迎える。この機会に一冊手に取って改めて熟読していただきたい。

(二〇一八・一一・二〇記)

運動の生死を分ける「給付型奨学金」と「京都志塾」

二〇一九年度、あしなが育英会は、正念場を迎える。

事業の一本目の柱である日本の遺児支援については、一八年度、奨学金を約六割引き上げ、引き上げ分は返還不要の「給付」とした。この給付金で大学生はバイトを減らし、一般学生のように余裕をもつことができた。

しかし、この給付金は大学四年間で一四四万円となる。遺児進学に革命をもたらす一方、寄付が集まらなければ、本会の財政は窮迫する。それでも私は、ひとり親家庭の遺児らにこれを活用してもらって、今三三・七％の大学進学率を全国平均（四九・七％）に引き上げたい。

ＡＩ（人工知能）時代を生き抜くには四年制大学進学がベストと、私は確信している。専門学校と短大の多くはＡＩ、ロボットに淘汰されるのは必至。原則、進学を考えている高校生の大半を四大に振向けるべきだ。

「京都志塾」の同じ土地に日本人奨学生を受け入れる「心塾」を併設する。二食付月一万円は東京や神戸の心塾と同様とし、大学進学率向上をアシストする。

事業の第二の柱である「京都志塾」は門川大作京都市長の情熱と京都市民の歓迎ムードで、二一年開塾の目途がつきそうだ。ここで最も大切なのは併設する「アフリカ博物館」。山極壽一京大総長にも応援の意向を得ている。二～三年遅れても、これが建たないと画竜点睛を欠く。京大六十余年のアフリカの霊長類研究の展示などがあれば世界から人を呼べる。

いずれも難事業。だが挑戦する。あしなが運動の生死を分ける。

（二〇一九・一・一七記）

〝縮小日本〟を救う道

平成最後の機関紙をお届けします。

あしなが育英会にとっては、いろいろありましたが、まずは好調のうちに、次の元号に移れそうです。三月二十三日の理事会・評議員会でも、京都志塾の予算も承認されましたし、給付金付き奨学金も超大型予算が通りました。でもこの二つのプロジェクトは、最重量級の仕事で会の浮沈がかかっています。

志塾はアフリカ遺児高等教育支援100年構想（AAI）の核心部分で、AAI生が世界へ留学する前に「卒業したら母国に帰って国の発展のために尽くす」という高い志を育てる場所です。京都市のご厚意で大きい土地も借りられることになりそうです。市の会合でも、志塾への市民の人気も上々で、反論はほとんどないそうです。あしながの名前もよく知られており、五〇年の運動の実績はまあ捨てたものではありません。二〇二一年四月の開塾までには全京都市民歓迎のムードとなり、アフリカからの留学生たちも気持ちよく勉強できるでしょう。

給付金人気はうなぎ登りです。しかし、アメリカでの奨学ローンの評判は散々で、学生は借金のためにホームレスになる例も少なくない、とそれは深刻です。日本でも借金を苦にして申し込めず、大学進学をあきらめたという例を過去に度々聞いております。

私は、長い経験から、学校を出て社会の第一線に立つ遺児たちが、スタートの時から不利であるのは納得いきません。「世界人権宣言」にも大学を受験できる権利は平等だ、との趣旨が記されています。人口減少に向かう日本では少なくなっていく子どもを大切に育てることが、〝縮小日本〟を救うことになります。大学無償化に踏み切った政府の、さらなる給付金拡大への勇断を期待します。

（二〇一九・三・二八記）

でっかい人生を描こう

私たちあしなが育英会は、遺児の可能性を最大限に広げ、個人の幸せの追求とともに利他の精神を養うことを、最大の目標としている。

最近の大きなキャンペーンは、「四大（四年制大学）に進学しよう!!」である。ひとり親家庭の多くが貧困であることは否定できない。その貧困から脱出する最も近道は四大に進学することだ!! 一一人きょうだいで私以外は小学校しか出ずに苦労した兄姉たち。私一人を大学に行かせてくれた、唯一存命の兄に感謝するばかりだ。

四大に行けばどんな利点があるか。

①すべてに「余裕」ができる。二十歳前後に四年間、はじめて得る「自由」と「黄金の日々」を満喫してほしい。これがそれ以後の人生を豊かにする基盤になる。

②友だちができる。先輩後輩、異性との出会い。ここからその人の人脈が始まる。

③読む、書く、考える、話す、行動する力が培われる。私のきょうだいにその基盤はなかった。これらの力が「自分」を創る。

④リスク（危険、不確実性）をとる。小さな冒険。海外研修。留学。起業。失敗も将来の肥やし。

⑤将来選べる職業の幅が高卒、専門学校卒より断然広い。何でもやれる。収入にも大いに影響がある。

⑥時代と世界の変化を感じとる力。これには人生不断の努力と勉強が絶対必要。大物になれ!!
⑦自分の可能性が拓ける。私は、「人生はセルフイメージ（自分が思っている理想）を思い続ければ実現する」という信念を持っている。

いかがでしょう。私は現在八十四歳ですが、想いは自立をとげた三十歳代そのままです。

お母さん、遺児諸君、人生百年時代といいますが、死ぬまでイキイキと生きるために、あしなが給付金つき奨学金を借りて、でっかい人生をカンバスに描こうぜ!!

（二〇一九・五・二九記）

遺児諸君の時代が来た

あしながの子どもたちは、これからのＡＩ（人工知能）・ロボット時代、人口減少時代に、ちょっとしたチャンスをつかめると、私は思っている。

富裕層や中流の子らは、小学校入学以前から東大を最高の目標とする記憶中心の勉強をしてきた。しかし、そうした教育で育つと、「賢く」ても型にはまった人間になる。

私は、絵にかいたような貧困層で生まれ育った。六十三歳で、あしなが育英会の会長になるまで、およそ「長」という役職についたことはない。だが、この環境が幸いしたのか、他の人とは違う発想や行動力を身につけることができたように思う。私が勉強らしい勉強をしたのは、高校に入ってからである。恥ずかしいが、英文に主語述語があるのを知ったのもそのときで、英文和訳も辞書を引いてもうまくできなかった。でも、勉強することの楽しさを初めて知った。学ぶことが新鮮だった。生き生き勉強した。

日本は、今に至るまで記憶中心の勉強が続いている。このため、受験競争では、貧困層の子は富裕層の子に大きく水を空けられている。しかし、その体験は宝物なのだ。

私は貧困層の遺児を手荒く扱う。英語ができようができまいが、機会を見て外国に放り出す。それもアフリカ、ブラジル、その他の途上国にだ。

ＡＩ・ロボット時代こそは考える力、議論する力、行動する力、すなわち「私」が問われる。途上国の経験は、そうした力を育むのにうってつけだ。多くの遺児学生の先輩たちが、そのことを立証している。

「知識」を記憶する受験戦争には、有利な立場で参戦できなかったわれら〝貧困集団〟だが、独自の苦難の体験を生かして本物の力を身に着ければ、これからの時代は、十分に勝負できる。

競争はこれからだ。頑張れ、諸君!!

（二〇一九・八・七記）

希望の〝兄弟〟ヴィアレとカイーラ

八月下旬の第七回アフリカ開発会議（ＴＩＣＡＤ７）出席のため来日されたウガンダのヨウェリ・ムセベニ大統領と私が会談をした際、ともにウガンダ出身で幼い時に父親を亡くした二人の青年がつきそってくれた。明治大と同志社大を卒業し、本会職員になったヴィアレ・ルターヤ君とジェフリー・カイーラ君だ。ヴィアレ君は今月、全国で展開される第九九回あしなが学生募金の担当者として各地を飛びまわっている。カイーラ君は東京の心塾の指導担当として遺児と向き合っている。

今回、あしながファミリーの読者のみなさまには、今お読みいただいている一六一号のほかに、TICAD7での本会の活動などを紹介した特別号をお届けしている。ここにムセベニ大統領との会談写真を掲載している。そして、特別号に載った写真が私を興奮させた。うれしかった。私が提唱し、本会が全力で進めている「アフリカ遺児高等教育支援100年構想」の成功を暗示していたからだ。そこには十二歳のヴィアレ君、カイーラ君が写っていた。この二人の少年は、ウガンダの本会施設レインボーハウスで心を癒され、励ましあいながら猛勉強をし、日本の大学に合格、その後も努力を続けて、ウガンダ大統領と私の会談の通訳をしてくれるまでに成長していた。二人は、まさに〝あしながブラザーズ〟だ。

（二〇一九・一〇・一〇記）

安全、快適をむさぼるな

夏の「つどい」と秋の学生募金の合間をぬって、南アフリカとウガンダを旅した。リーダーは常に新しい情報を得て、若者に還元し、成長の機会を与え続けていくべきだと思っている。パーキンソン病の状態がかなり良くなったこともあり、成果は大きかった。

南ア行きは丸山則夫・駐南ア大使（前外務省アフリカ部長）の誘いによるもの。南アといえば、オランダと英国による約三百年の植民地支配の歴史があり、残酷な人種隔離政策「アパルトヘイト」で知られる。

初めての南ア訪問は九年前。本会賢人達人の小澤俊朗さんが南ア大使をされていた時だったが、大使から「決して街にひとりで出ないで」とクギを刺された。「人間」が「人間」を差別することの根深さにショックを受けた。

帰国後、小澤元大使と話をしていて、「近頃の日本の若者は、世界に出ようとしない」ということが話題になった。そこで私は南アと、あしながの支部があるウガンダで、奨学生の研修を行いたいと思った。それも高校二年生を対象に。大学生の中には先人が築き上げた〝極楽ニッポン〟を離れずに〝安全快適〟をむさぼる傾向がみられる。今、日本は進取の気性を失い、斜陽の道を歩み始めていると私は思う。

当面の「楽（らく）」は将来の「苦」につながる。苦から逃げずに前進していこう。「一億総弱気化ニッポン」に身を置くことなく、次代に夢を抱ける日本と世界を構築するために、遺児たちこそ志高く、世界へ出て行こうではないか。

冒険を楽しむ心を持てば、結構、楽しく人生を歩んでいけると思うよ。君の意見を聞かせてほしい。


（二〇一九・一二・一一記）

君は「考える人」になれるか

二月六日で八十五歳になる。すこぶる元気である。

八年前、パーキンソン病にかかった。症状は比較的軽かったが、アフリカ遺児支援の協力者を得るため海外へ行くときは、トランクの四分の一はおむつが占領していた。それでも海外で仕事ができたのは、ちょっとええかっこを言えば、仕事への使命感と執念があったからであろうか。

薬が効いたのか、最近では杖一本で一五分くらいなら歩けるようになった。第二の人生が始まった思いである。仕事への意欲はまったく衰えない。アイディアも次々浮かんでくる。

今、私たちにとって最も重要なことは、遺児の大学進学率を高めることだ。遺児が背負っているハンデを考えれば全員、大学へ進学させたい。それには貧困層の心の底にある。〝大学へ行きたくない病〟を取っ払うことが、一番の課題である。奨学金をもらっても進学したくない「何か」を探し出し、それをなくすことだ。その正体は私も知らない。遺児諸君と一緒に探っていきたい。

お金は私が先頭に立って集めていくが、奨学生諸君も募金に立ってほしい。給付型奨学金は返済しなくていいお金だから、その分、募金をしっかりやらねばならない。次に、君たちは、ＡＩ（人工知能）時代を生きていくということを自覚してほしい。記憶の量ではＡＩに勝てない。「考える人」にならなければ生きていけない。君は自分を「考える人」に切り換えられますか。高校生、大学生諸君なら充分可能だ。それには、議論をして、自分の意見をもつことが大切だ。

私の場合、自分の意見を言わないと、専門家（交通評論家だった）としてめしを食っていけなかった。

さあ、君はどうする。まず君自身が記憶型人間だったかどうかチェックしてみよう。「考える人」になる道は、次号以下で一緒に考えていこう。

（二〇二〇・一・二九記）

奨学金は心配しないで

「もう家族全員で路上生活をするしかありません」

「私が死んだら、子どもはどうなるのでしょう」

胸をえぐられるような、お母さんたちの悲鳴が聞こえてきました。

新型コロナ感染拡大の影響を調べるため、本会は高三奨学生のお母さん五五三人に「今困っていること」「今後不安なこと」「本会への要望」「政府への要望」を尋ねる緊急アンケートを実施しました。すると、わずか一〇日間で二八一人から回答(スマホ利用)をいただきました(回答率五〇・八%)。これは、私が半世紀にわたる遺児支援「あしなが運動」で、数十回行ってきた遺児関係調査の中でも類を見ない速さです。

遺児家庭のお母さんたちの多くは、中小零細企業や飲食店などでパート・アルバイト、派遣、契約社員など不安定な雇用条件で働いています。今回の事態で、「契約を切られた」「仕事がなくなった」などの回答が次々と届きました。そして、お母さんたちの本会や政府への要望は「ともかく、母子が生き延びるためのお金が必要です。一刻も早く助けてください」ということに尽きます。

高校から大学院までの全奨学生六五〇〇人への「遺児の生活と教育の緊急支援金」一五万円は、こうしたお母さんたちの悲鳴を受けて決定しました。奨学金送金口座の登録が済んでいる二年生以上約五千人には四月中に、一年生約一五〇〇人には奨学金口座の登録作業が完了次第、送金します。この緊急支援金のために、奨学金積立金の一部を取り崩しますが、きっと、あしながさんのお気持ちに沿うものであると信じます。

「一五万円」は奨学生の保護者の平均手取り月収一四万六三八〇円（本会の二〇一八年全奨学生家庭調査結果）を参考にしました。お母さん、どうか、これで生き延びてください。

そして、奨学生諸君。コロナに感染しないように二時間ごとに手洗いしなさい。奨学金は心配しなくていいから。お母さんと君らが元気でいることが、あしながの願いです。

（二〇二〇・四・二二記）

何があっても、君たちを守る

「何があっても、君たちを守る！」

全奨学生六五〇〇人へ緊急支援金一五万円給付の記者発表（四月十七日）で発した私の言葉は、思いもよらない反響を呼びました。

遺児のお母さんたちからは「収入がなくなり、不安な毎日の中、一筋の光でした」「思わず涙がこぼれました。もう『死にたい』なんて言いません」などのお手紙やメールが多数届きました。

ご寄付者のみなさまからも「玉井会長の覚悟に感動した」「これぞ、リーダーの言葉だ」といった過分のお言葉をいただき、マスメディアからも取材依頼が相次ぎました。

正直に告白すると、私自身、自分の口からあんな言葉が出るとは全く思っていませんでした。会見後、数日のあいだ自問しました。「わしは、大阪のおっちゃんや。あんな、かっこいいことゆう人間やなかったのに……」。ただ今は「あれは、心の奥底にあった思いだったんや。それが、コロナで遺児やお母ちゃんたちが大変なのを知って、噴き出したんや」と思っています。

私は母を車に殺され、妻をがんに奪われました。遺児支援をはじめて半世紀以上が経ち、今年で八十五歳になります。「親を亡くした子どもたちに、なんとか教育をうけさせたい」。その思いは年々、募るばかりです。コロナにより遺児家庭はますます苦しくなっています。六月に届いた保護者アンケートの回答には「とんと肉を食べていません」「子どもに我慢ばかりさせていて、申し訳ない」という言葉がありました。

今年度のあしなが奨学金申請者は前年度を大幅に上回り、奨学生全体で八千人に近づく勢いです。これから先どんな時代がやってきても、あしなが育英会を頼ってくれる遺児たちには、全員、奨学金を出したい。そのための寄付集めには、私が先頭に立つ覚悟でおります。

コロナとの闘いは長期戦になります。気合を入れなおして、もう一度。今度は大阪のおっちゃんらしく。

「奨学生諸君。お母さん。何があっても、守るで！」

（二〇二〇・七・一記）

君たちには「あしながさん」がついている

先日、三〇年以上も「あしながさん」を続けてくださっている七十歳の女性の方から、あたたかいお気持ちのこもったメールをいただきました。こみあげるうれしさとともに、約四〇年前、「あしながさん」という寄付制度が奇跡のように生まれた時のことを思い出しました。

一九七九（昭和五十四）年、私は交通遺児の進学支援に奔走していましたが、資金は底をつき、奨学金はあと半年分しかありませんでした。そんな折り、評論家の樋口恵子さん（現・本会会長代行）からアドバイスをいただきました。

「玉井さん、今の私にできるのは、子どもに何の義務も負担も感じさせずに毎月、奨学金を出すぐらいのことです。それを制度に考えられてみてはどうですか」

このことを考え始めた時に、病気で若くして逝った読書好きの姉の愛読書が、ふと頭をよぎりました。ジーン・ウェブスター著『あしながおじさん』。

「そうだ、『あしながおじさん』だ！」

どこかの誰かが名前も知らない遺児の成長を願い、そっと奨学金を送り続ける。新聞各紙にこの制度を発表するや、事務所の電話は鳴りっぱなしになりました。「私は貧乏で高校に行けなかった。遺児には進学してほしい」「奨学金で夜間高校を卒業することができたので、恩返しがしたい」。お金持ちではなく、ほとんどが庶民の方でした。昭和の大女優・森光子さんも自ら電話で申し込んでこられました。

今回のコロナ禍でも、多くの方が「あしながさん」になってくださいました。「私たちは年金でなんとか食べていけますので、政府の給付金を送ります。遅くなりました」「街頭でお目にかかる学生さんたちのことを、いつも心に想っています」。振込用紙に書かれた言葉に胸が詰まります。遺児を思う「あしながさん」のお気持ちは四〇年前とまったく変わっていませんでした。

奨学生諸君。君たちは、こんな素敵な人たちに支えられているんだよ。前を向こう！

（二〇二〇・九・九記）

「消えたい」なんて言わないで

「お金のことばかり考えて、心の底から笑えない」

「何度も死にたくなったり、精神的におかしくなった」

「最後に頼るものはわたしの生命保険」

本会最大規模の遺児家庭調査に寄せられた保護者の声に、私は息を飲みました。四月の調査を上回る悲痛な声の数々。あしなが育英会は、コロナ禍で困窮する遺児のためにこの春、ひとりにつき一五万円の緊急支援金を出しました。あれから半年以上がたち、コロナ収束の見通しはついていないものの、世間の空気は徐々にゆるみつつあります。しかしその一方で、今もなお食べるものに困り、寒さに凍えている人々がいる。コロナが遺児家庭に与えた傷の深さ、格差の広がりは、想像を超えていました。

私はすぐに「年越し緊急支援金」の給付を決めました。今回はひとり二〇万円。将来の奨学金を取り崩してでも、何としても、そうする必要がありました。いまこの時、「消えてしまいたい」とまで思いつめているお母さんがいる。「未来に希望がない」と言う子どもたちがいる。あるお母さんは、こんな言葉を書いていらっしゃいました。「収入がなく、生活費に奨学金を回してしまうことがあります。本来の使い方ではないので、申し訳ない思いでいっぱいです」。私はその方に語り掛けたい。お母さん、それで良いんです。申し訳ないなんて思わないでください。あなたもお子さんも、苦しい中で一生懸命がんばっていらっしゃる。胸を張って生きてください。人は、貧しさだけではなかなか死にません。お金と同じか、もしかしたらそれ以上に大切なのが、心の拠り所です。貧しい中で、頼れる人がいない。弱音を吐くこともできない。そのさびしさ、心細さが、人から生きる気力をうばうのです。私は、あしながの子どもたちとお母さんをひとりも死なせたくない。年越し緊急支援金は、あしなが育英会から遺児家庭への精いっぱいのエールです。「私たちがここにいますよ」というメッセージです。お母さん、今は悪夢のような生活だと思われているかもしれません。でも、悪夢の終わりに必ず朝がきます。あしなが育英会は、朝が来るまで必ずお母さんのそばにいます。だから「消えたい」なんて言わないで。お正月は、お子さんたちにお腹いっぱい食べさせてあげてください。

奨学生諸君。オンライン授業ばかりで、友達もできず、孤独かもしれない。でも、君たちには「あしながさん」がついている。家族を大切に、未来を信じて、学び続けなさい。

あしながさんも、コロナ禍で大変ご苦労されていることと思います。そんな中、ご寄付を続けていただき、心より感謝申し上げます。

全国のあしながファミリーのみなさん。どうぞお元気で。来年はきっと良い年になります。

（二〇二〇・一二・一六記）

第九章　弱者とともに生きていく

——奨学生諸君、世界を見よ、愛を見よ、そして学べ——

2021–2024

二〇二一年（令和3）86歳　4・1学生募金事務局が引き続き**街頭募金活動中止決定**。4・24高校奨学生二年生対象に**大学奨学生がオンラインで進学の相談にのる「ココカラパレット」グループトーク**開催。10・8実態調査をとおして半世紀にわたり遺児を支えた副田義也あしなが育英会名誉顧問（筑波大学名誉教授）死去（享年八六）。11・1―14職員と大学奨学生六八五人が班を構成し高校奨学生の保護者一一一人対象にオンライン・インタビュー実施。12・4「**長引くコロナ禍の影響――高校奨学生の保護者調査**」発表。12・11―12あしなが学生募金事務局員一二七人が「新型コロナのせいであしなが運動の灯を消したくない」と、全国主要一二都市一四か所で街頭募金を実施。

二〇二二年（令和4）87歳　1・16神戸虹の心塾で、阪神・淡路大震災の遺族を講師に招き「心塾講座」開講。3・11東日本大震災から一一年の東北の仙台市、石巻市、陸前高田市でケアプログラム「こころの居場所」開催。5・13**第百回学生募金「全国募金リレー」のスタートセレモニー**を東京・新宿で実施。開催。9・13「あしながMUFG奨学金基金」創設プレス発表。12・17全国募金リレー・ゴールセレモニーを東京・新宿で実施。四七都道府県一四九か所三三五〇人で街頭募金を行い募金額は六一六六万九〇四〇円。新聞、テレビ、ラジオの報道件数約三百件。

二〇二三年（令和5）88歳　1・7―9Hellow World株式会社の無償提供により、遺児小中学生一二人が日本に在住する外国人家庭にホームステイする「まちなか留学」プログラムに参加。2・24―27**大学奨学生のつどいを三年半ぶりに千葉県白子町で開催**。3・1―5アフリカ遺児高等教育支援100年構想「留学生のつどい」を三年ぶりに千葉県白子町で開催。4・17―21「**遺贈相談室**」**開設**。4・22、23、29、30第一〇五回学生募金実施。9・1初の遺児家庭の**母親だけの作文集小冊子『星になったあなたへ』**発行。10・21、22、28、29第一〇六回学生募金実施。11・25第三回「東北と神戸交流のつどい」を神戸レインボーハウスで開催。

二〇二四年（令和6）89歳　1・1一六時一〇分、能登半島地震発生。1・23「**能登半島震災遺児緊急教育支援**」決定。2・1―2能登地震被災地に先遣隊派遣。2・20―22大学奨学生七人と職員三人を第一次能登地震被災地調査隊として派遣。「緊急支援のお知らせ」活動実施。3・18―20**大学奨学生五人と職員六人を第二次調査隊として派遣**。**震災遺児七世帯一〇人に**。4・20、21、27、28第一〇七回学生募金実施。5・31**『玉井義臣の全仕事　あしなが運動六十年』**（全四巻・別巻一）の第一回配本第Ⅱ巻を藤原書店から刊行。

いささか遅くなってしまいましたが、ご支援者の皆様にご報告があります。本会が昨年十二月、全奨学生に「年越し緊急支援金」を給付したことをお聞きになった上皇・上皇后両陛下から、昨年十二月二十二日付で、お手紙とご支援を頂戴いたしました。おふたりには神戸レインボーハウスにお越しいただくなど四〇年にわたり、遺児に寄り添っていただきました。ご心配をおかけしたことを申し訳なく思うと同時に、心から感謝を申し上げたいと存じます。

生きる基本はやっぱり「自助」——玉井じいさんの教育論Ⅰ

さて、私はこの二月六日で八十六歳になりました。親を亡くした子のために高校進学の奨学金制度を創設したのは一九六九年十月です。最初の高校生は四九五人でした。奨学金の月額は五千円と決めました。当時の公立高校の一か月の授業料は八百円でしたが、学校にかかる費用だけでは高校に進学することはできません。服や靴や電車賃や弁当代なども用意してあげないと無理です。一一人きょうだいの末っ子で、義務教育だけで終わった兄や姉の無念を知っている私は、「遺児には必ず高校は出てほしい」と願い、当時としては高い奨学金額を設定しました。

この高校生が卒業する年に大学奨学金の制度を設けました。しかし、当時、国や企業はほとんど頼れず、あしなが奨学金は自前で集めなくてはなりませんでした。親を亡くした子どもが教育を受けようと思うのなら、新聞配達でもして夜間高校や夜間大学へ行かなければ競争から脱落するという厳しい時代でした。私は奨学金のためのお金集めの中心は、街頭募金しかないと決意し、大学一年生に街頭に立ってもらいました。ところが、これが極めて不評で、奨学生を辞めるものまで出てきました。

大学生による街頭募金は、お金集めだけが目的ではありませんでした。「自助」の大切さを知ってほしい気持ちもありました。今、国会論議などで「自助」は批判の対象になっているようです。弱者切り捨て、弱肉強食をイメージするのかもしれません。しかし、私のいう「自助」は違います。サミュエル・スマイルズ著『自助論』を若い時に読んで触発されて以来、ずっと大切にしてきた言葉です。自分が理想、目標、志を立て、それに向って不断の努力をすることです。人生の基盤をつくる時、そこはサボれません。スマイルズは「自分が自分に対する最良の支援者であれ」と説いています。

年二回の街頭募金は、奨学生本人に立ってもらうことで、普段は自動で振り込まれるお金の重みを知り、「いつか自分も支える側に」という意欲を持って、日々の学業に励んでほしいという願いも込めた伝統行事です。心にかかえている悩みや葛藤、熱い想いを自らの言葉で伝え、人の心をうつスピーチをする。これは社会に出るうえでも役立つ能力です。初期の大学奨学生のOB・OGたちも定年を迎え、初老になり始めました。今、彼らは当時の活動をどう振り返るでしょうか。

あしなが育英会はお金を配るだけの団体ではない。いつか奨学生が独り立ちできるよう、世間を生き抜く力を育てるための団体だと私は考えています。

奨学生諸君、がんばるんだよ。お母さんによろしく!!

（二〇二一・二・九記）

北九州から世界に飛び出した遺児の話――玉井じいさんの教育論Ⅱ

岡崎祐吉君は、二歳の時にお父さんを亡くしました。踏切事故だったといいます。お母さんと弟とともに、北九州市の「母子寮」での暮らしが始まります。四畳半一間。母子寮に住んでいることを隠すため、小学校から遠回りをして帰りました。「北九州市」と印字された市役所提供のランドセルも恥ずかしかった。毎日午前三時半から「一本一円」で牛乳配達の仕事をしているお母さんに、「貧乏なのは、お前のせいや!」と、よく毒づいたそうです。学校の授業に出ず、野球ばかりの日々。不良グループにも入っていた彼は、高校三年の夏、「お父さんは、子どもには大学に行ってほしいと思っていた」ことを、お母さんから聞かされます。そして、東京には月額一万円で入れる朝夕二食付きの遺児のための学生寮「心塾」があることを知ります。

「生まれて初めて勉強をして、まぐれで大学に滑り込み、バッグ一つで上京しました」(本人談)。そして、心塾塾長だった私と出会います。

ここから彼の怒涛の人生が始まります。いわゆる一流大学の学生に接したことで、「彼らに負けない、自分にしかない武器がほしい」と、大学を一年間休学し、イスラエルで農業ボランティアを体験。湾岸戦争に巻き込まれ、エジプト、ギリシャを経て一年後に帰国。風呂なしアパート暮らしで猛然とお金を貯め、渡米。

英語学校の授業も理解できない状態から、ニューヨーク大学大学院に入り、「図書館が住まい」という勉強漬けの日々の末、教育心理学の修士号を得ます。帰国後は、エイズが猛威を振るっていたアフリカのウガンダに単身乗り込み、遺児支援活動を始めます。これが、本会のアフリカ遺児支援事業の出発点となりました。

「北九州でグレていた自分が、どうして世界に目を向けることになったのか」。彼はこのことを、日本やアフリカの遺児に、時に夜を徹して語ってきました。

今、彼は言います。「僕は十八歳で東京に出てきて『あしなが大学』に入ったんだ」と。

彼は、子どもの時に親を失う辛さを知り尽くしています。コロナで遺児家庭がますます苦しくなる中、あしなが奨学生は八千人近くに達しました。東日本大震災から一〇年経ちましたが、津波遺児の支援もまだまだ必要です。

専務理事になった彼に、私はなによりも、次のことを期待します。遺児が遺児を支え、支援される側から、いつか支援する側になる「あしながの理想」を、日本中、そして世界に伝えてくれることを。彼だからこそ言える、心の奥底にまで届く言葉で。

頼んだで、祐吉！

（二〇二一・三・三一記）

奨学生は必ず立ち上がる

半世紀続いた世界最大規模の街頭募金は、一人の少年の言葉の力で始まった、という話をします。

一九六八年四月十五日、テレビの大人気ワイドショーで父親を交通事故で亡くした中島穣君（当時十歳）が、一編の詩を朗読しました。

「天国にいるおとうさま」

名物司会者の桂小金治さんは号泣しました。出演者、スタッフも全員が泣いていました。交通評論家としてレギュラー出演していた私は、その場にいた田中龍夫総理府総務長官に、交通遺児の実態調査を迫り、実施を確約させました。遺児の言葉の力が日本の行政を動かした瞬間でした。

「これを読んでみろ」

遺児の詩を手に全国の大学生たちが、次々と募金活動に立ち上がりました。中でも桜井芳雄君ら秋田大学の学生たちの活躍は超人的ともいえるものでした。全国の大学や高等看護学校を一つひとつ回り、部室の扉を叩いて賛同を呼び掛けました。その結果、四七五大学（団体）、一万人の学生が街頭に立ち、二二八六万円を集めたのです。

以後、毎年春秋続いてきた街頭募金は、昨年春、百回目を迎えるはずでした。それが、コロナでできなくなり、その年の秋、そして今春と三回連続、断念することになりました。あしなが学生募金は、ご寄付をいただくことだけが目的ではありません。奨学生が自身の境遇や学びへの思いを社会問題として訴える場。そして、あしながさんと直接出会い、多くの人に支えられていることを全身で感じる場でもあります。

私は、大学奨学生に対し、学生募金が育む力について、インターネットで訴えました。「自分が自分に対する最良の支援者であれ」とサミュエル・スマイルズが『自助論』で説いた精神です。社会で活躍する先輩たちも、「学生募金で鍛えられた訴える力、仲間と協力する力は、すべて仕事で生きている」と熱いメッセージを送ってくれました。聞いてくれた大学奨学生からは「自助の本当の意味が分かりました」「先輩たちの思いを受け継ぎます」との感想が次々と寄せられました。

ワクチン接種が行きわたり、コロナが終息したならば、あしながさん、その時は、どうか心の中でかまいません。「がんばれ」と声をかけてあげてください。

（二〇二一・六・二三記）

人生を問われた三日間

あしなが育英会は、どんな子どもに支援の手を差し伸べるべきなのか。本会にとって究極の課題を突き付けられた三日間でした。

あしなが奨学金を使って大学進学をめざす高校三年生を対象としたオンライン面接を九月十八、十九、二十日の三連休で実施しました。奨学金申請者はコロナ禍の経済情勢を反映して過去最多の一〇一〇人。一方、本会の資金状況はコロナで街頭募金が四回連続できず、厳しさを増しています。私は考え抜いた末、面接担当の職員に対し、以下の「心構え」を伝えました。

面接では次のような子かどうか見てほしい。

・あしなが奨学生になることが絶対にプラスになる子
・あしなが奨学金がなかったら、人生のチャンスを失ってしまう子
・しっかりと教育すれば、きっと、よき社会人になるだろうと思われる子

家庭環境によって子どもの性格や行動は大きく左右されるということを念頭に置き、現状だけで評価せず、将来性を重視してほしい。

今、日本には多くの奨学金制度があります。国の奨学金もずいぶん充実してきました。そのほとんどが、「成績優秀」であることを採用基準にしています。ですが、あしなが奨学金は成績順に採用するようなことはしたくありません。成績が悪くても、私たちが愛情をもって手を差し伸べれば、ちゃんと生きていける。そんな子を見つけ出したいのです。

本音を言えば、私は、あしなが奨学生から、そんなに「偉い人」が出なくてもいいとすら思っています。社会の中で生きる場所を見つけ、支えてもらった人の感謝の気持ちを忘れないでいてくれれば、うれしいのです。

私も面接を行いました。事前に読んだ保護者による奨学金申請資料には、悲惨な生活状況がつづられていました。「夫が死んでから、私（母親）はうつ状態です」「夫はがんで逝きましたが、私にも、がんが見つかりました」「コロナで勤め先がつぶれてしまいました」「貯金が尽きました」「生活保護を受けています」……。

オンラインの画面に緊張した高校生が映っています。苦しい環境の中、「あしなが奨学金で大学に行き、夢をかなえたい！」という決意が伝わってきます。あしなが奨学生の採否は有識者による選考委員会で決まりますが、判定情報をまとめる面接担当者は、大げさかもしれませんが、全人生をかけて、この子たちに向き合わねばなりませんでした。

私の奨学生採用の考え方について、あしながさんはどう思われますか。きっと、お心にかなっていると信じます。

（二〇二一・九・二八記）

副田調査なくして、あしなが運動なし

十月八日、わが生涯の盟友が、この世を旅立った。日本を代表する社会学者のひとりでありながら、学者の枠を大きく超える破格の人だった。小説が芥川賞候補にまでなった作家志望時代があった。マンガを社会学の研究対象とし、マンガ評論の草分け的存在にもなった。福祉制度にも目を向け、福祉社会学会をつくり初代会長になった。組織をまとめる力も高く、筑波大学の副学長も務めた。

振り返ると、遺児を支える「あしなが運動」には、二つの推進力があった。ひとつは遺児の作文。もうひとつが調査だった。作文が「情」を伝え、調査は「理」を説いた（本巻第一二章参照）。多くの人の心と頭に訴えることの両輪があってこそ、遺児一二万人の進学の夢をかなえることができた。

この半世紀にも及ぶ調査をけん引してくれたのが、わが盟友だった。日本社会の暗部を照らし出す手腕には、いつも感嘆した。書面でのアンケートや聞き取りだけでなく、保護者の家計簿も分析対象とした。交通遺児、災害遺児、病気遺児、震災遺児、自死遺児、アフリカの遺児……すべての調査・分析を引き受けてくれた。その結果、それぞれの遺児に、それぞれの悲しみがあることを浮き彫りにしてくれた。マスメディアに発表する際は、的確なキャッチフレーズもつけてくれた。調査の後は、私や職員と時にお酒を交わしながら、社会問題などについて、熱く語り合った。

盟友の調査の魂は、あしなが育英会の若い職員や大学奨学生に受け継がれた。「コロナ禍を必死に耐えている保護者の心の声を聞きたい」。彼らはアンケートとオンラインによるインタビューで懸命に探っている。近々、発表の予定だ。

「あしなが運動」の歴史に、副田義也（そえだよしや）の名と、この言葉をしっかりと刻みつけておきたい。

副田調査なくして、あしなが運動なし。

（二〇二一・一一・一八記）

「弱者」とともに生きていく

「弱者は　生きていては　ダメなんでしょうか」

お母さんの震えるような手書きの文字に、胸が締めつけられます。五〇年を超す私の遺児支援活動でも、こんな言葉は見たことがありません。あしなが育英会は十・十一月、すべての高校奨学生の保護者を対象にアンケート調査を行いました（有効回答数二六四七）。冒頭の言葉は、この自由記述欄に書かれていたものです。選択質問の回答にも言葉を失いました。

・四人に一人は「収入なし」（二〇二一年九月）。

・平均月収は一〇万六四八五円（同）。三年前の調査よりおよそ一万円低下。

コロナ感染者が急速に減り、社会は以前に戻りつつあるように見えました。しかし、遺児家庭は、さらに追い詰められていたのです。

あしながの大学奨学生が動き出しました。彼らは、まず、インターネットを使って、高校奨学生の保護者にインタビューを行いました。誰にも相談できずコロナ禍を耐えてきたお母さんたちの「声なき声」を聴きたいという思いからでした。お母さんたちは、あしなが奨学生には、わが子にも言えない思いを語ってくれました。

「子どもには見られないように、泣いています」

「病気がちの私に、もしものことがあったら、この子たちはどうなるかと……」

大学奨学生たちは、それぞれが聞き取ったことを持ち寄り、話し合いを重ねました。遺児家庭の訴えを、どうすれば社会に届けることができるのか。そして、ついにその日が来ました。

十二月十一・十二日、大学奨学生たちは二年ぶりに街頭募金に立ったのです。毎年春秋五〇年続いた街頭募金は、コロナのため二〇二〇年春から連続四回できませんでした。今回は異例の真冬、一二都市限定です。

私も新宿駅西口に行きました。パーキンソン病を抱えた八十六歳ですので、立ち続ける自信はありません。車いすでの参戦です。

「あしながの学生さんに会える日を待っていたよ！」

途切れることのないご寄付と激励の言葉に、胸が熱くなりました。

あしなが奨学金を使って学ぶ学生は増え続け、八千人を超えました。

今回、正直にお伝えします。奨学金基金の残高は急速に減っています。私は全職員に対してこう言いました。

「奨学生が立ち上がってくれた。私たちも全力で、あしなが奨学金を守ろう」

私は昨年四月、遺児を思い「何があっても君たちを守る」と言いました。その思いは、さらに強くなっています。お母さん、お父さん、奨学生諸君。みなさんは決して孤独ではありません。

二〇二二（令和四）年も、私は、みなさんとともに生きてまいります。

（二〇二一・一二・二三記）

「政治が動くその日」はいつか

「日本の国が生き続けるために、貧しい子を見捨てずに教育すること以外に、（国は）他に何をすることがあるのか。貧しい子どもたちは進学しないために、一生、貧困から脱出できない」

コロナ禍で苦闘する支援団体を取り上げたテレビ番組「報道特集」（一月十五日放送。ＴＢＳ系列）で、私はこう訴えました。いささか思い切った言い方になりましたが、多くの方から共感の声をいただきました。

半世紀におよび遺児を支えてきた「あしなが運動」は、国にも訴え続けてきました。

同志の合言葉は「政治が動くその日まで」。

それは単なる苦言や提言だけではありません。遺児をとりまく様々な社会問題を提起し、奨学金や心のケアなど、まず「自分たちが先頭に立って取り組む」姿勢を貫いてきました。

今回のコロナ禍では、私は政府に先駆けて全奨学生に緊急支援金を送りました。今の政治家にコロナ対策への覚悟を問う気持ちもありました。

「政治を動かしてくれ」という私の願いを受けて、国会議員になってくれた同志もいました。兄を交通事故で亡くした山本孝史君（衆院二期、参院二期）は自殺対策基本法（二〇〇六年）、がん対策基本法（同年）の制定に命を削るように奔走し、成立を見届けたのち、がんのため五十八歳で他界しました。大学時代に交通遺児の作文を読んで支援活動に加わった藤村修君も、私の説得で衆議院議員となり、衆院厚生労働委員長や内閣官房長官を務めて、「高校無償化」や子ども手当（現・児童手当）創設など大きな仕事をしてくれました。

「報道特集」では、中国地方の母子家庭が紹介されていました。ギリギリの生活の中でも「教師になるという子どもの夢は、なんとかして、かなえてやりたい」というお母さんの言葉が胸を打ちます。このお母さんは「貧乏だから大学に行けない、というのはおかしい。ここまでは、いっしょであってほしい」と訴えていました。私が返還不要の給付型奨学金をつくった考え方とまったく同じです。

ただ、あしなが奨学金の原資は厳しくなっています。『ＮＥＷあしながファミリー』の前号では、「緊急募金」のお願いをしました。あしながさんに、さらなるご支援を訴えるのは、申し訳ない気持ちでいっぱいでしたが、本当に多くのご寄付。激励をいただきました。あしながさんもコロナで苦しんでおられる中、御礼の言葉もみつかりません。

私は二月六日で八十七歳になります。パーキンソン病もかかえており、動き回ることはできません。しかし、あしなが奨学生や本会の若手職員は、昨年末の遺児家庭調査で「弱者は生きていてはダメなんでしょうか」というお母さんの「声なき叫び」を聞きだし、「まず、自分たちができることをやろう」と真冬の街頭募金に立ちました。あしなが運動の魂は引き継がれています。彼らは、「民間団体がここまでやっているんだ。政治はどうした」と迫っていくことでしょう。

コロナがまた広がってきました。奨学生諸君、手洗い、マスクをしっかりして、お母さん、お父さんを大切にね。

（二〇二二・一・二七記）

奨学生諸君、世界を見よ、愛を見よ

あしなが奨学生諸君へ。

コロナ禍を、がんばって、がんばって、乗り越え、進学進級できた奨学生諸君に向けて書きます。まだ油断はできないけれど、「コロナ後」の生活が少しずつ見えてきました。諸君は、きっと、希望に胸をふくらませていることでしょう。だけど、八十七歳の玉井じいさんは、「おめでとう！」に続けて、あと二つ、伝えたいことがあるのです。

ひとつは、『世界の現実』を見よう」です。

二十一世紀に、なぜ、こんなことが起きるのでしょうか。飛び交うミサイル、戦車の列、瓦礫と化した市街地、子どもを抱え逃げ惑うお母さん……。玉井じいさんは、テレビニュースにくぎ付けになっています。そして、新聞を読み、考え続けています。ずっとお腹をすかしていた戦争体験がよみがえります。きっと、多くの戦争遺児、戦争孤児が生まれているでしょう。ロシアはエネルギー大国、ウクライナは穀物大国。ガソリンや小麦など生活必需品の値段が上がっています。君たち遺児家庭の暮らしは、さらに厳しくなっているでしょう。

ほとんどの奨学生諸君にとって、「世界」は遠い存在だと思います。特に、この二年ほどは、コロナのため、あしなが育英会の活動の柱である留学制度も止まっていました。ですが、二〇二二年度は、コロナ対策をとりながら動き始めます。祖国で待機していたアフリカからの遺児留学生も、続々と日本に入国してきています。留学は絶対のおすすめですが、日本にいても、アフリカの遺児たちと交流することで、「世界」を肌身で感じ、考えることができるようになります。

もう一つ、奨学生諸君に見てほしいものがあります。それは「人の愛」です。一九八五年、今から三七年も前ですが、玉井じいさんは「君に愛は見えるか」という、ちょっと恥ずかしいタイトルで、機関紙に文章を書きました。その一節を紹介します。

僕は思う。受験戦争に勝ち、有名大学に入り、有名会社に入れば幸福だ、というほど単純ではない。金と地位があっても必ず幸せとはいえまい。僕は、幸せの条件の一つは「人の愛が見えること」だと思う。君はまずお母さん（お父さん、祖父母ら君を支えてくれている人）の愛を、目をそらさずしっかりと見すえるのだ。愛が見えたら、素直に「ありがとう」と言ってほしい。照れくさいだろうけど。感謝は行為で示すことが大切なのだ。実践してこそ本物だ。

この二つが、喜びの春を迎えた君たちに、玉井じいさんから伝えたいことです。

世界の現実は過酷です。人と人が理解しあうことは、本当に難しい。だが、あきらめないでほしい。君たちには、「平和」を訴える力がある。大切な人を失う悲しみを、君たちほど知っている若者はいないのだから。世界と、人の愛を、しっかりと見ていくことで、その力はもっともっと大きくなるよ。玉井じいさんは、そう思っています。

（二〇二二・三・三一記）

桜井芳雄君からの手紙——第百回街頭募金に寄せて

「全国八百の大学・短大を目指して、オルグ（勧誘・組織化）行脚の旅に出ました。いろんなところで寝ました。会社の事務所、新聞紙を敷いた夜行列車の床、学生寮、駅のベンチ……。『交通遺児ってなんですか？』から始まります。つめの立たない固い岩を登っている気分でした」

第百回街頭募金が「全国募金リレー」という新方式で動き出した先月、桜井芳雄君から「あの日々」を振り返る手紙をもらいました。彼は、あしなが学生募金の土台を築いた六人の秋田大学生の中心メンバーです。

一九七〇年、六人は全国を六ブロックに分担し、大学サークルの部室の扉をたたき、交通遺児の現状を語り、募金への参加を求めました。その結果、四七五大学（団体）、約一万人の学生が全国各地の街頭に立ち、二二八六万円を集めたのです。

「秋田市内に住む交通遺児の家庭を訪れ、そこで改めて交通事故が家庭におよぼす被害の大きさを思い知らされました。どうして子どもたちがこんな目にあわなければいけないのか。そしてわれわれに何ができるのかと」

一九七〇年十月九日発行の『週刊朝日』に掲載された桜井君の痛切な思いです。

あれから半世紀以上たちました。残念ながら、病気、災害、自死などで親を亡くす子と残された保護者（母、父、祖父母など）の悲しみ、困窮は変わっていません。ただ、若者の燃えるような思いも、しっかりと受け継がれています。募金リレーの中心メンバーは、コロナ禍で二年半途絶えていた全国規模の街頭募金を復活させるため、懸命にがんばってくれています。

「ありがとう」。彼らにかける言葉はこれしかありませんでした。募金に立ってくれる全国の奨学生、ボランティアのみなさんにも、同じ言葉しかありません。

桜井君、そして伝説の秋田大学生のみなさん。遺児支援のタスキは、つながっているよ。（二〇二二・六・九記）

胸躍る理系奨学生の話

「カーボンニュートラルなど環境に配慮された、人が笑顔になる建築を学びたい」（森瑛麗亜さん）

「量子コンピュータでも突破できない暗号方式に関心を持っています」（長谷川駿君）

「生物と化学、生物と物理を合体させた分野も学んでいきたい」（永尾優奈さん）

「社会インフラを支えるネットワークエンジニアとして、特にデータバンクの仕事をしたい」（山本優君）

あしなが奨学金で学ぶ理系の大学一年生四人の話を聞く機会がありました。正直言って、聞きなれない専門用語が多く、内容はほとんど分かりません。しかし、八十七歳の私の心は、わくわくしてきました。半世紀以上前、たった一人で始めた遺児支援の「あしなが運動」ですが、熱く目標を語る奨学生を見ると、「続けてきて、本当によかった」と思います。

四人とも子どものころに親を亡くしたり、家族に障碍があり、経済的にも厳しい環境で生きてきました。さらに、理系は文系に比べ学費や教材費も高いのが一般的です。それでも、この四人は、自分を支えてくれた人たちへの感謝の気持ちを切々と話してくれました。あしながさんにも、ぜひ聞いていただきたいので、ご紹介します。

森さん「四歳の時に父を亡くしました。兄は生まれつき障碍があります。祖母と母に支えられてきました。これからは、私が家族を守って、恩返しをしていきたいです」

長谷川君「小一で父を亡くしました。家には大学で情報工学を専攻した父の本がたくさんあり、その本を読んできました。父が残してくれた本が僕の進路を拓いてくれました」

永尾さん「両親が離婚後、私と兄は母と暮らしていましたが、その母も私が小三の頃に亡くなり、母方の祖母に育ててもらいました。今、好きなことを学べるのは、祖母やあしながさんらのおかげです。そうした方に感謝しながら勉学に励んでいきます」

山本君「母は重い障碍で入退院を繰り返しており、私は小さいころから祖父母と暮らしてきました。その母が、私が大学に進学する際、積み立てていた障害者年金を渡してくれました。そばにいなくても、私を思っていてくれた母への感謝の気持ちでいっぱいです」

八千人を超す奨学生は、それぞれの境遇を受け止め、懸命に生きています。夏休みも終わり、授業が始まるね。がんばれ、あしなが奨学生。

（二〇二二・八・二五記）

遺児の心を見つめ続けた学者を偲ぶ

父の日は、
お父さんを忘れないように、
思い出して泣きたい。

ＡＣキャンペーンで使われている遺児の作文の一節です。

この作文を書いたのは、当時小学四年の少年で、本会の心のケア活動の拠点、レインボーハウスに通っていました。

「駅のポスターを見て、しばらく動けませんでした」「自分の父を思い、涙が止まりません」……本会には、こうした感想が続々と寄せられています。

遺児の言葉には、特別な力があります。半世紀前、その力に衝撃を受けた社会学者がいました。あしなが運動が世に問うてきた遺児作文集のほとんどの監修と解説を、彼は引き受けてくれました。交通遺児、災害遺児、病気遺児、自死遺児、阪神・淡路大震災や東日本大震災などの震災遺児。それぞれの悲しみを社会学的に分析し、そこから見える日本社会の問題を浮き彫りにしてくれました。しかし、彼の解説は鋭い学問的分析だけで終わることはありません。津波で遺体が見つからず、父の死を受け入れることに苦しんでいる東日本大震災遺児の作文

について は、こう書いています。

（津波）遺児の作文には共通する主題がある。それは死がひそむ日常生活ということだ。かれらはその死をめぐって、うけいれられない、うけいれるの争いにさいなまれている。（中略）それはどんなに苦しい心理状態であったことだろう。死がひそむ、あるいはあらわになる日常生活を耐えて生きる遺児たちよ。あしなが育英会は、つどいの開催やレインボーハウスの建設で、できるだけ、君らをバックアップする。しかし、さいごに頼るのは、君らの生命力と精神力のみである。（あしなが育英会編『3月10日まではいい日だったね』から）

ここには、遺児の心に寄り添い、励まし、強く生きて行ってほしいと願う気持ちがあふれています。

二〇二一年十月八日、彼は旅立ちました。享年八十六。コロナのため延期になっていた「偲ぶ会」が十月十五日、都内で開かれました。マンガ評論の草分け的存在でもあり、筑波大学副学長、福祉社会学会初代会長などを務めた彼らしく、学者だけでなく、ジャーナリストや出版関係者も集い、思い出話が尽きませんでした。

学恩を受け、偲ぶ会の世話人を引き受けてくれた鍾家新（しょうかしん）明治大学教授はスピーチをこう締めくくりました。

「彼の英名と研究業績は日本の知的世界において不朽のものです」

私も生涯の同志、盟友を思い、ここに書き記しておきます。

「遺児支援のあしなが運動において、副田義也（そえだよしや）の名は不朽である」と。

（二〇二二・一一・四記）

コロナ禍を越えて　募金のタスキはつながった

「私たちは、貧しい子どもたちの気持ちを代弁して、道は遠いですが、教育を受けられる、人間らしい暮らしができる、そうした社会をつくっていきたいと思います」

十二月十七日の昼、東京・新宿駅西口、私は車いすに座り、マイクを握りました。全国募金リレーのゴール・セレモニー。各地の募金を引っ張ってくれた学生募金事務局の奨学生リーダーたちも上京し、一緒に立ってくれました。みんな、堂々としていました。

あしなが運動の街頭募金は、その日だけ集まり、募金箱を持って立つようなものではありません。遺児家庭の苦しさや学びへの思いを、どうすれば、社会に伝えられるのか。自分たちの進学を支えてくれた奨学金を、後輩遺児のために守り抜くにはどうすればいいのか。学生たちは、長い時間をかけて話し合い、アイデアを出し合い、街頭での「呼びかけ」の言葉を磨きます。そして、「遺児の苦境は社会問題」という信念を胸に、よりよい社会をめざして、勇気を振り絞って、街頭に立つのです。

この伝統は、一九七〇年、あしなが学生募金の土台を築いた六人の秋田大学生による全国募金行脚から変わっていません。夜汽車に揺られ、駅のベンチなどに新聞紙を敷いて寝る旅でした。
今回のゴールセレモニーには、その中心メンバーだった桜井芳雄君も体の不調をおして駆けつけ、コロナ禍を越えて募金のタスキがつながったところを見届けてくれました。

コロナが収まらない中、ウクライナ情勢や円安による物価高が遺児家庭をさらに追い詰めています。

しかし、希望の光は見えました。若い力です。

年が明けて、二月になれば、私は八十八歳になります。

あしなが運動を若い人たちが引き継いでくれることを確信して、米寿を迎えられることを、本当に幸せに思います。

あしながさん、奨学生諸君、保護者のみなさま、どうか、よいお年をお迎えください。

（二〇二二・一二・二六記）

コロナ禍を越えて、巣立つ奨学生諸君へ

「お母さん。一四年前にお父さんが病気で亡くなってから、お父さんの分まで働き、家に帰れば家事を終わらせ、布団に入る前にカーペットで寝てしまっている姿を覚えています」

二月十二日に行われた本会大学生寮「心塾（こころじゅく）」の卒塾式。卒塾生代表の松永響（ひびき）君は、涙ながらに答辞を読み上

げました。そして、後輩の塾生らが見つめる中、声を詰まらせながらも、しっかりと言ったのです。

「お母さん。わがままで、我が強く、文句ばかりの私を、大人になるまで見守ってくれて本当にありがとう」と。

『ＮＥＷあしながファミリー』一七五号のコラム「共生」で、私は一九八五年に書いた文章を引いて、「人の愛をしっかりと見よう」と奨学生諸君に訴えました（本巻所収「奨学生諸君、世界を見よ、愛を見よ」）。とても大切なことだと思うので、もう一度、ここに書いておきます。


僕は思う。受験戦争に勝ち、有名大学に入り、有名会社に入れば幸福だ、というほど単純ではない。金と地位があっても必ず幸せとはいえまい。僕は、幸せの条件の一つは「人の愛が見えること」だと思う。君はまずお母さん（お父さん、祖父母ら君を支えてくれている人）の愛を、目をそらさずしっかりと見すえるのだ。

愛が見えたら、素直に「ありがとう」と言ってほしい。照れくさいだろうけど。感謝は行為で示すことが大切なのだ。実践してこそ本物だ。


この春、社会に巣立つあしなが奨学生は、かけがえのない青春時代を、コロナに翻弄（ほんろう）されてきました。松永君も答辞の中で、言っています。

「先行きが見えない中、大学のすべての授業がオンラインで行われました。大学の友達と顔を合わせる機会も失われていきました。私たちが思い描いていたキャンパスライフが遠のいていきました」

でも、私は思います。君たちは、広い世界をその目で見ることはできなくても、人の心を深く見つめた世代だと。松永君を見て、そう確信しました。
あしなが奨学生諸君。どうか自信をもって、社会に巣立っていってほしい。幸せになるために、とても大切なことを、君たちは身に付けているのだから。卒業、おめでとう。

（二〇二三・二・二二記）

A friend in need is a friend indeed.（まさかの友こそ真の友）

いきなり英語の題で、驚かれましたか。これは、三年半ぶりに復活した大学奨学生の「つどい」の、歓迎あいさつで使ったフレーズです。奨学生の前で英語をしゃべったのは、初めて。職員たちも「まさか……」という顔をしていました。

このあいさつで、私はまず、「自分を語れ」と訴えました。「今までの人生の中で、こんなに一生懸命、自分のことを話したことはない」と思えるくらいに、と。奨学生諸君は戸惑ったと思います。なぜなら、「親がいないことは、友だちにも知られたくない」「同情なんか、されたくない」と思っている遺児は少なくないからです。では、なぜそう言ったのか。ここが「つどい」の場だからです。

一九八〇年八月、つどいをテーマにした機関紙コラムに、私はこんなことを書きました。

「遺児」と呼ばれることに反発し嫌悪していた彼らが、ちょっと話し合ったらクラスメートとは体験できなかったほどに、話がビンビン通じ合うのだ。誰にいってもわかってもらえなかった気持ちが、ここではフリーパスだ。胸の奥につかえていたものがスーッと取り除かれる。

相手と心を通わせ、思いの丈を語ることで、奨学生は「自分とは何者か」を探っていきます。人生は己の価値を知る旅。自分を語ることができた大学一年生は、その旅の出発点に立つのです。つどいには、人生の旅を豊かなものにする出会いがあります。それが、冒頭に紹介した、まさかの時に支えあえる真の友です。

一九八〇年のコラムには『つどいは社会の贈り物』というタイトルがついています。長いコロナ禍を越えて、つどい復活までたどりつけたのは、たくさんの「あしながさん」が支えてくださったおかげです。

感染症の流行、戦争の勃発……。この数年、誰もが「まさか」と思う出来事が立て続けに起こりました。そんな時代にも、他者の幸せを思い、支え続けてくれた人たちがいたことを、奨学生諸君には忘れないでほしい。そして、自分自身も人の縁を大切に生きて、誰かの「真の友」になってほしい。人生はやっぱり、友と一緒に旅をするのが一番楽しいと、私は思います。

（二〇二三・四・六記）

街頭募金で若者は成長する

谷口若花菜さん、君たち学生のおかげで、ようやく本来の学生募金を復活させることができたね。ほんとうにありがとう。でも、課題も見つかったね。

学生募金運動で大事なのは前回と違うポイントを、調査とか現状のお母さんの声とかから見つけて、報道機関を通じて社会に伝えるということなんだ。前回の募金リレーのときと同じ人間が街頭に立って、前回以上に声をからして呼びかけているのに、前回より反応が薄いというのは、訴えている内容に新しみがないということ。それは常に君たちで考えないとダメだ。遺児家庭の状況がどう変わっているか、どう苦しくなっているか。みんなで話し合って、強調しようという点を探し出して訴えると、本当に違ってくると思う。

また、北海道から沖縄まで、東京からもってきたままの意見や訴えを記者に伝えても、それはアカン。それぞれの地域の特色を見つける工夫が必要。そういう話し合いとか、ものの見方っていうのは常日頃養っていかないと、一朝一夕には身に付かない。

分析もできるようになり、説得もできるようになって社会に出たら、学生募金はその子にとって有益だったと言える。そう考えてやったら、ますます伸びるよ。

募金の期間中に、いろいろ募金のことについて人に話すだろ？　話をするためには、いろいろ資料を読んだり先輩の意見も聞くわけだね。その中で一番自分がしゃべりたいことを訴える。だから材料が豊富で、いい先輩から指導を受けた人の方がより成長するわけ。私たち職員も、貴重な時間を君たちからもらっているんだからと考えて指導してきた。だから総合的にあしなが運動のプラスになってきたと思う。そのプラスの総和、全部の分量が大きくなるようにやっていくことが、運動を大きくしていくことになる。だから職員も、何を聞かれても、その子にプラスになるような話ができるように、自分を高めておかないと対応できない。

正解が一つだった受験勉強までと違って、大学に入ったらいろいろな問題について、それぞれの答が違ってくる。そして、学年が上がっていくにつれて、また答えるレベルが違ってくる。だから、卒業してからものすごい差ができてくる。学生募金というのはそういう意味で、全国の同級生、同時期の学生がたくさん全国にいる、その中でも差別化していける、ものを考える絶好のチャンスなんだよ。事務局がそれを教えていかないといけないね。

人間は誰と会ってどういう言葉を交わすか。それに引っかかるか、全然引っかからないか。「一つの言葉」がその人間を変えることだってしばしばある。それが人生の〝出会いの妙〟というものなんだよ。

（二〇二三・六・一記）

人生は「愛と仕事」だ

「奨学生のつどい」を始めたのは今から五三年前の一九七〇年の夏。奨学金制度をスタートさせてまだ一年も経っておらず、資金的にはとても厳しかった。

しかし私は、つどいこそが教育であると思った。つまり、子らを集めて育英会から一方的に何かを言うだけじゃなしに、奨学生同士みんなで話し合ったり仲間づくりをしたり、実にいろんな場面を作っていける。奨学金が「進学の環境づくり」とすれば、つどいは「仲間づくりと人間づくり」の場。特に伝えたかったことは、ここにいるのが仲間なんだ、この仲間こそが君たちにとって一番大事なんだということ。それは、理屈じゃなしにみんなの体験から理解してほしいと願ったわけだね。

初めは一つの県の高校生だけを、土曜日の午後に公民館に集めて日帰りでやったように思う。確かに経費は大変だったけど、毎年欠かさず少しずつ積み重ねてきて今の規模のつどいができ上がった。

やっぱり本会の最も本会らしい姿というのは、つどいで職員と奨学生らが一体感を持つということにある。つどいこそが今でも自慢できるカリキュラムだと思う。つどいで私が子らに特に伝え続けてきたことは「人生は愛と仕事である」ということ。これは永遠です。みんな人間として生きて成長するのに、愛と仕事抜きにありえない。

もちろん他にも「自助」「考動人」「セルフイメージ」「ワークハード」などのキーワードで言ってきたけれど、一度にたくさんのことを入れようとすると無理がある。一つぐらいのことをはっきりと理解してもらって、そこからぼちぼち機会があるごとに、そういう話を注ぎ込んでいく、ということだね。

（二〇二三・七・一三記）

キミ自身が最愛の友だちだ

人生は原点との交信の繰り返しである。九月に発行した、お母さんの作文集『星になったあなたへ』を手にあらためてそう思った。

このコラムにも何度か書いたが、私にとっての原点は母の交通事故死であり、妻のガン死である。長く生きていれば、人はいくつかの原点を持っていてもおかしくない。遺児のお母さん方の原点も、夫の死や子どものことなど一つではないだろう。

母の死がきっかけとなって始めた私の「あしなが運動」歴は六〇年になるが、決して順風満帆ではなかった。つまずく度に「負けるもんか！」と起き上がったあの日に戻り、自らを鼓舞したものだ。なぜか？　母を愛し妻を愛し、何よりも彼女らが愛してくれた自分だからこそ、彼女らの死を絶対に無駄にしないと誓ったからだ。そんな思いで私は、大学／専修・各種学校奨学生のつどい開会式で、次のようなメッセージをおくった。

「私から君たちへ大きなプレゼントがある。それは、このつどいで君たちが得る新しい友だち。友だちというと、自分以外の人と思うだろう。でも、私があげたい友だちというのは『君自身が君の最愛の、死ぬまで一緒にいてくれる友だちだ』っていうこと。そこからいろいろな友、親友、仲間、生涯の友ができるかできないかは、君たち自身にかかっている。しっかりとこのプレゼントを持って帰ってほしい」

友を得て、深い愛を感じて、彼らはこの十月、学生募金に立つ。愛してくれる父や母の代弁者として。愛する弟や妹の未来のため、そして、愛する自他の幸せ創造のために。

（二〇二三・一〇・六記）

新しい発想を常に継ぎ足せ

あしなが奨学生のOB・OGが、十一月二十三日、私の米寿を祝ってくれた。特別に設えた雛壇に立って会場を見渡すと、五〇年前を思い出させる顔もあった。私は次のように挨拶した。

「うれしいね。ホンマにうれしい。この五〇年、母を亡くして六〇年、よう、ずうっと頑張ってきたもんだ。私一人でやってきたんじゃなしに、みんな一緒にやってきたから、あしなが運動はおもしろい。みんな嫌々ながらでも（笑）よくついてきてくれたね。もう、いろいろ難しいこと言う必要ナシ。私はうれしい、ということだけ伝えます。おわり」

白状すると、本当はあれもこれも言おうと、思いを巡らしていたのだが、不覚にも感動のあまり言葉が出なかった。私の人生史上初のハプニングである。では、後に続けたかった言葉は何だったのか？　それを思い出させてくれたのが、先日来日したあしながＵＳＡ代表エリサ・エドモンドソンさんの「新しいアイディアでアメリカの募金活動もがんばります！」宣言である。

新年を迎えるにあたって、職員と学生一人ひとりに改めて伝えたい。「今の方法で本当に遺児は救われるのか、根本的なところで何が必要なのか考えてほしい。新しい発想を常に継ぎ足していくということが大事や」と。

遺児家庭は今、物価高と格差拡大でどん底に叩き落されている。この逆境を私たちは、学生とあしながさんと共に「新しい発想」で必死に支えていきたい。

遺児諸君、新年も、石に嚙りついても進学しよう。心の友をつくろう。心豊かに生きていこう。

（二〇二三・一二・一六記）

若者よ、自負を持て！

能登半島地震で亡くなられた方々に謹んでお悔やみ申しあげますとともに、被災された方々に心よりお見舞い申しあげます。本会は「緊急教育支援金」を新設し、その周知徹底のため、三月二十日までに三度、職員と学生によるチームを現地に派遣しました。今後も、お金だけでなく、本会ならではの支援の方法を模索してまいります。

先日都内で開かれたあしなが学生募金全国会議で、リーダー七〇人に「みんな何がしたい？」と尋ねてみた。すると、「恵まれない家庭の子どもでも、しっかり勉強できる社会をつくりたい」「自分自身が親を病気で亡くし、中学生の時に誰にも頼ることができなかったので、そういう子どもたちを心の面から支援したい」「ウガンダであしながに出会っていない困っている子どもたちにも『可能性や知る権利』を与えられる人間になりたい」など続出した。私は思わず「すばらしい！」を連発。「みんなと会えて本当にうれしい。いま一人ひとりの顔を見ながら、あしなが運動六〇年でこんなに立派になるんだと、しみじみ思った。あとはどんどん勝手にやればいい。みんななら必ずいろんな形で花が咲く」と伝えた。

天災だけでなしに世界は、侵略、大量虐殺など酸鼻をきわめる深刻な状況にある。それを若者たちが「何とかしなければ」と連帯の輪を広げていけば、できないことはない。

あしながさんと学生主体で綿々と続いてきた運動の一翼を担ったという自負をみんなが持てば、世の中の難しい問題を解決していく大きな力になる。他人（ひと）の痛みがわかる彼らは、能登半島震災遺児や被災した仲間と後輩のためにも、必ずや何かを始めるにちがいない。

（二〇二四・三・二一記）

ピンチ救った〝あしながさん〟

この四月に全国で行われた学生募金では「高校奨学金申請者の急増に資金追いつかず」の報道に、かつてないほど多くの方々が事前に準備していたお金を携えて街頭に駆けつけてくださった。あるご高齢のご婦人は「こういうときのために、大昔からずうっと貯金していたんですよ」と、百円札や五百円札も入った袋を持参された。「あなたたちからもらう葉書がとてもありがたいの」と、本会経由で届いた奨学生からの暑中見舞い状を見せてくださるあしながさんがおられた。「あなたたちは十分頑張ってる。きっといいことがある。諦めたらいかん」と心からの励ましの言葉を託していかれる方も。

思えば、私と二人三脚であしなが運動を推し進めてきた岡嶋信治さん（八十一歳）は、姉をひき逃げで亡くして絶望の淵に沈んでいた高三生の頃、その悲しみを新聞に投書したことが縁で始まった一三一人の方との文通によって立ち直った。傷ついた彼の心を癒したのは、人の真心、人の誠、人の愛だった。

彼と共に歩いて六〇年。この間、街頭募金に応じてくださる〝一日あしながさん〟や継続的に一定額を送ってくださる「あしながさん」は時の流れの中で交代しつつも、常に子どもたちにあたたかい眼差しを注ぎ、本会が苦境に陥ると一層力強くご支援くださった。

日本の庶民の心意気に満ちあふれ、遺児学生はじめ若者たちの青春を輝かす、世界に誇れる「あしなが運動」を絶やしてはならない。改めて誓ったその日、「他人事にしてはいけないと思いました。少額ですが、関心を持ち続けるためにも継続的な寄付をしていきたいと思います」というメールをいただいた。

感謝しかない。

（二〇二四・五・二五記）

II

第一〇章　教育の力でアフリカに夜明けを

——玉井義臣、大いに語る❶——

あしなが運動のなかで、ＨＩＶエイズ遺児の存在がクローズアップされたのは二〇〇〇年八月のことである。以来一二年。エイズ遺児の救済活動はアフリカ・ウガンダにとどまらず、サブサハラ（サハラ砂漠以南のアフリカ諸国）四九か国の遺児救済へと広がり、さらには米国など各国の大学をはじめとして全世界的な規模での取り組みへと拡大しはじめた。あしなが運動の未来図を読み解く——。

「国際的な遺児の連帯をすすめる交流会」を開催

——「あしながアフリカ遺児高等教育支援１００年構想」について詳しくうかがいます。これまでは国内の災害遺児などを対象にしていたのに、一気にアフリカ、それもウガンダのエイズ遺児救済活動に向かったわけですが、どういう経緯があったのでしょうか。

玉井　一九九五年一月の阪神・淡路大震災では一五〇か国以上の国々から寄付をいただきました。その後も世界各地で地震が起き、そのつど神戸市内の高校生を中心とした遺児たちが「阪神・淡路大震災の際、僕たちは世界中から支援を受けた。そのおかげで少しずつ元気になってきた。恩返しをしよう」と呼び掛け、全国の主要都市一〇か所での募金活動を次々と行いました。大学生、高校生たちは恩返しするんだ、とその顔は輝いていました。

そのおカネをどう各国に送るかについて話し合った際、遺児たちから「現地に行き、直接届けたい」という声が出ました。各国の赤十字社を通じて送る方法もあったのですが、「そうしよう」ということになり、台湾、トルコ、コロンビアに遺児たちを派遣しました。トルコでは当時のスレイマン・デミレル大統領に一七〇〇万円を手渡し（同年四月二十一日）。台湾では内務大臣に七百万円を手渡し（一九九九年十月十二日）、コロンビアでは大統領夫人に一一九五万円を手渡しましたところ、直々に丁寧な感謝の言葉をいただきました（同年十一月六日）。

そこには現地の遺児たちも同席しており、日本の遺児たちと友達になることができ、「こういうつながりを続けよう」ということになりました。そこで計画したのが二〇〇〇年八月の第一回「国際的な遺児の連帯をすすめる交流会」でした。私たちは「サマーキャンプ」と呼んでいます。

――第一回交流会は神戸市内に建設済みのあしなが育英会のレインボーハウスで開いたそうですね。

そうです。台湾、トルコ、コロンビア三か国の震災遺児、さらにコソボ紛争[*1]での遺児など計三〇人（小学生から高校生まで）を招き、二週間にわたる交流を展開しました。海水浴やキャンプファイヤーのほか、親との死別体験など自分史を話し合う、ということも行いました。特に自分史を語り合うことは、同じ死別を体験した遺児たちが、国境を越えて悲しみを共有することで生きることに前向きになっていくんです。「これはいい取り組みだ。毎年やろう」ということになりました。

＊1　旧ユーゴスラビア連邦の継承をめぐって起こった民族紛争。セルビア共和国に属していたコソボ自治州の住民のうち九〇%を占め、同共和国からの独立を求めたアルバニア人と、それを認めない立場のセルビア共和国が対立。一九九一年、アルバニア人がコソボ共和国の独立を宣言、これに対してセルビア当局が大規模な掃討作戦を実施した。北大西洋条約機構（NATO）諸国は九九年三月、空爆に踏み切り、約一万一〇〇〇人のアルバニア人が死亡、八〇万人が国外に避難した。セルビア人も大きな被害を受けた。同年六月に停戦が成立した。

気が付いたエイズ遺児の存在

サマーキャンプが終わった後の反省会で、日本の遺児たちから「トルコやコロンビアから来た遺児たちは『学校に行きたくてもおカネがないため行けない』『ノートを買うおカネもない』などと言っていた。それに比べ、私たちは『算数が苦手だ、社会が嫌いだ』などと言っている。これは贅沢だ。学校に行くことができるだけでも十分ではないか」といった声が出てきました。日本の遺児たちは世界中に多くの遺児がいること、さらに彼らは貧しい生活を余儀なくされ、学校に通うこともままならないことに気づいたのです。

二〇〇〇年と言えば、新しい千年紀を迎える「ミレニアム」の年でした。これを記念して世界各地で地球環境やエイズ撲滅などに関する国際会議が開催されました。七月には沖縄県名護市で先進国首脳会議（G8九州・沖縄サミット）も開かれました。そうした中で遺児たちは「エイズ問題が大変なことになっているようだ。エイズで親を亡くした子供たちはどんな状況にあるんだろう」といった疑問を持つようになりました。私自身も以前から「最後に残された可能性の最も大きい大陸アフリカをなんとかしないといけない。私たちの四〇年間にわたるノウハウが活かせるのでは」と思っていました。

そこで国連のエイズ撲滅計画などを調べてみたら、①世界のエイズ遺児の九割がアフリカ大陸にいる、②その中でもウガンダ[*2]はエイズ遺児の多い国のひとつだ——ということが分かったんです。

＊2 アフリカ東部に位置する共和制国家。東のケニア、西のコンゴ、南のタンザニア、南西のルワンダ、北の南スーダン各国に囲まれた内陸国。ナイル川（白ナイル）の源流であるビクトリア湖に接しており、平均海抜一二〇〇メートルの高原。北部の乾燥地帯を除き、緑に恵まれている。面積は約二四万平方キロ。人口は三二七〇万人（二〇〇八年度推計）。英連邦に加盟しており、公用語は英語。ほかにガンダ語、スワヒリ語など。首都はカンパラ。現在の大統領はヨウェリ・カグタ・ムセベニ氏。
長く英国の保護領だったが、一九六二年十月に独立した。その後、軍部によるクーデターや独裁政権による恐怖政治、国民に対する虐殺事件、反体制派によるゲリラ闘争、内戦などが相次ぎ、国づくりが遅れた。日本は一九六二年の独立とともに承認した。今年は修好五〇周年の節目の年。

ウガンダに調査チームを派遣

——遺児たちが持った問題意識がウガンダとの接点になっていったわけですね。

そうです。私たちは「まず実情を調べる必要がある」と考え、二〇〇〇年十一月、あしなが育英会職員の岡崎祐吉君（現理事＝国際担当）ら二人を派遣しました。彼らは一か月間ウガンダに滞在し、調査を続けました。帰国後、「そこらじゅうにエイズ遺児がいた。ウガンダ、いやアフリカにとってエイズは死活問題になっている。若い人々がエイズで死んでいくため労働人口がどんどん減っていき、ウガンダという国が消滅しかねないと騒がれている」と報告してくれました。それを聞いて決めたんです。「よし！　二〇〇一年八月のサマーキャンプにウガンダのエイズ遺児を日本に招こう」と。

――このころあしなが育英会の理事会で、ウガンダで活動を展開することについて「どうしてアフリカの遺児支援なのか」「育英会は日本国内で活動してきた。日本の遺児を支援するのが先ではないか」といった消極論も出たそうですね。

一部には「ターザンが出て来るんじゃないか」と冗談を言う人もいましたが、私は「首をかけてもやる」と言い切りました。

――首をかける？　失敗したら責任をとって育英会の会長を辞めるという意味ですか。

そうです。国連の統計によれば、いま世界全体で約二億人の遺児がいると言われています。私は究極の目標として、そうした遺児をすべて救済したいという気概と認識を持っています。世界一九三か国の中で貧乏な国が集まっているのはアフリカです。最貧国であるうえに、その当時はエイズが蔓延していました。エイズは地球的規模の問題であり、なんとしても解決していかなければならない問題だと認識していました。そうしたボトム（底辺）にいる遺児たちの救済を始めることによってアフリカの、さらには世界全体の貧困削減の一助にしたい、それが私の信条だと理事たちに訴えたんです。

ウガンダではエイズで死ぬ人は多いものの、アフリカの中で唯一、感染率が下がっている国です。ウガンダには希望があると思い、ウガンダを〝突破口〟に選んだんです。ウガンダはアフリカのど真ん中にあります。位置としてもいいし、治安もいい。英語も通じます。これに対して強い反対意見は特にありませんでした。結果的に私の信条は支持されたと思っています。その後、成果が出始めたこともあり、いまは消極論や批判も出なくなりました。

繰り返しになりますが、阪神・淡路大震災の際、世界の多くの「あしながさん」からたくさんの寄付金が集まりました。そうした中で神戸の遺児たちの中から「地震などの自然災害だけでなく、エイズによって多くの遺児たちが生まれている。恩返しとして次はエイズ問題に取り組もう」という考えが出てきたんです。そこが大事な点です。

ナンサナ村を拠点に

――その当時のウガンダのエイズに関する状況はどういうものだったんでしょう?

岡崎君らの報告によりますと、その当時のウガンダの総人口は約二千万人で、うち二百万人がエイズ遺児だと言われていました。アフリカの多くの国々は、国連機関によるエイズ調査に対して、やる気がないか、「調べようとしてもＮＡ（ノー・アンサー）が多く、よくわからない」と正直に答えなかったようです。実態が明らかになれば「観光客が少なくなり、外貨が獲得できなくなる」といった理由からでした。

しかし、先ほど言ったように、ウガンダだけは別で「エイズというネガティブな問題の存在を認め、国家として真正面から取り組むつもりだ。だから国家にとってマイナスのことも全部発表する」という姿勢でした。このため岡崎君らが初めてウガンダを訪問した時、ウガンダ政府は快く受け入れてくれただけでなく、さまざまな資料も提供してくれました。

ウガンダの厚生労働省に「活動拠点を作りたい。首都カンパラから比較的近く、他の支援団体が入っていないところはないか」と、候補地の紹介を依頼したところ「ナンサナ」という村をあげてくれました。

——その村が現在、ウガンダ・レインボーハウスのある村なんですね。

そうです。カンパラから車で二〇分ぐらいのところです。最初にナンサナ村に行った時、村長さんに人口を聞いたところ「わからない。エイズ遺児も何人いるかわからない」ということでした。日本のような人口動態調査が行われていなかったんです。現在も人口が何人かは不明です。村長は、「約一万人」と言っていますが、別のところで聞くと「七千人ぐらいだろう」ということでした。

もともと、現地の母親は「夫をエイズで亡くした」とは言わないんです。代わりに使うのは「ベリー・シック(重い病気)で亡くなった」という言葉です。「ベリー・シック」イコール「エイズ」のことなんですが、「それ以上、死因は聞くな」というわけです。そういうこともあり、エイズ遺児の数を把握するのは容易ではありません。

エイズ遺児六人を日本に招待

——そうした準備期間を経て二〇〇一年八月の第二回「国際的な遺児の連帯をすすめる交流会」にエイズ遺児を招いたわけですね。

六人を招待しました。その前の同年五月、岡崎君がひとりでナンサナ村を再訪し、村の中を歩き回って見つけてくれた遺児たちでした。六人は東京都渋谷区代々木の国立オリンピック記念青少年総合センターで開いた「エイズ遺児国際シンポジウム」[*3]にも出席してくれました。

このシンポジウムには一般の方々も参加しました。遺児のひとりであるロナルド・ルベカ君(当時十四歳)に、親と死別した自分史を語ってもらったんですが、彼は途中で「問題がたくさんあり過ぎて、全部を言うことができません」とマイクの前で言葉を詰まらせてしまいました。NHKニュースがその沈黙を全国に流したこともあり、ウガンダを含むアフリカが抱えている問題の大きさが、かえって浮き彫りになりました。ちなみにロナルド君はその後、ナンサナ村の高校を卒業後、再来日し、現在は早稲田大学を卒業、二〇一二年九月から同大の大学院生です。[*4]

このシンポジウムをきっかけにして私たちの内部で「エイズ遺児の問題を何とかしなければいけない」という空気がさらに広がり、それ以降、ウガンダでの活動を本格化していきました。

具体的には同年十一月にウガンダ政府公認の国際NGO「ASHINAGAウガンダ」（岡崎祐吉代表）を立ち上げ、さらに二〇〇二年十月には小さいながらも「ASHINAGAウガンダ事務所」を開設する一方、マケレレ大学[*5]の心理学部とエイズ遺児支援活動に関する協力契約を結びました。契約内容は、学生をボランティアとして派遣してもらい、遺児たちの心のケアに当たってもらうというものです。そのために二〇〇三年十二月にはナンサナ村に「ウガンダ・レインボーハウス」[*6]を建て、実際にエイズ遺児たちの心のケアを始めました。

それ以降、マケレレ大学からのボランティア学生は毎年三、四人が来てくれています。この中からレインボーハウスの正規の職員になった学生が二人います。ドイツからも毎年二人が参加しており、今年の夏休みからは米国ヴァッサー大学からインターンシップの学生一人が入りました。

＊3　あしなが育英会が主催し、外務省と文部科学省が後援した。ウガンダからはエイズ遺児のほか、ウガンダ国立マケレレ大学のアレックス・アマティ氏（児童心理学講師）やエイズ専門医のキンジ・ベン氏ら、日本からは大阪大学人間科学研究科の中村安秀教授（国際協力学、特定非営利活動法人HANDS代表）らが参加した。

＊4　ロナルド君の発言内容は以下の通りだった。

「僕が二歳の時、お母さんが亡くなり、その一年後にお父さんも亡くなりました。エイズでした。でも、つい最近までエイズで死んだことは知りませんでした。お姉さん二人もエイズで亡くしました。今は、泥と木の枝で作った家で、弟二人と姉妹四人の七人で住んでいます。その家は傾いています。お姉さんは干乾しレンガを作って働いていますが、収入はほとんどありません。だから学校には今は行っていません。エイズは僕の人生を変えました。僕の前には問題がたくさんありすぎて、この場では全部言えません……」

＊5　一九二二年、ウガンダの首都カンパラに技術学校として創立された。六三年に英国ロンドン大学の学位につながるコースを提供する「東アフリカ大学」となった。七〇年にマケレレ大学、ナイロビ大学（ケニア）、ダルエスサラーム大学（タンザニア）の三つに分割され、それぞれが独立した大学になった。
現在のマケレレ大学は二二の学部・学科や研究所を持ち、三万人の学生と三千人の大学院生が通っている。同大は、独立したアフリカ諸国の指導者を輩出したことで知られている。ウガンダ独立後の大統領ミルトン・オボテ氏のほか、タンザニアの初代大統領、ケニアの大統領らが同大の卒業生。

＊6　土地代が安価だったため七百万円で平屋の建物を造ることができた。竣工式にはムセベニ大統領が出席した。大統領は「ＡＳＨＩＮＡＧＡウガンダ」の名誉総裁でもある。現在のスタッフは、あしなが育英会の職員三人、ウガンダ人八人。登録済みの遺児は現在八百人。
同ハウスの卒業生は早稲田、国際基督教、上智、関西学院、同志社の各大学に計一一人が留学している。

浮上したエイズ遺児への教育支援

――「ＡＳＨＩＮＡＧＡウガンダ」を国際ＮＧＯとして団体登録した理由は？

日本からあしなが育英会の職員を何回派遣しても、ホテルからナンサナ村に通う旅行者のような存在でしかなかったんです。それで何らかの拠点が必要だということになり、団体登録し、事務所も借りることにしました。

――国際ＮＧＯの中には同様の支援をしているところもあるのでは？

いや、ないんですよ。確かに日本のＮＧＯも含めて世界各国からＮＧＯがウガンダに入って活動していますが、基本的には「モノ」を提供するところが多いんです。生活必需品を提供したり、生活支援のために井戸を掘ったりですね。教育面に取り組んでいるＮＧＯもありますが、これも鉛筆やノートといった「モノ」をあげるＮＧＯ

が多いですね。義務教育のコースからドロップアウトした子供を後ろから後押しするというＮＧＯもあります。どの活動も重要ですが、「ＡＳＨＩＮＡＧＡウガンダ」は二〇〇六年から少し違った取り組みをしてきたということです。成績優秀な子供を選び、日木や世界の大学に留学するまで手伝うという点で。

――あしなが育英会として国際的な教育の分野にも手を広げてたということですね。

もともと奨学金で高校や大学に進学させてきたわけですから、育英事業は教育そのものです。それを外国に拡大したということです。二〇〇〇年八月に第一回サマーキャンプ「国際的な遺児の連帯をすすめる交流会」を開いて以降、米国での同時多発テロ、アフガニスタン空爆、イラク戦争、インド洋津波など、テロや大災害が起きるたびに、日本の遺児が街頭募金をして現地に届け、各国の遺児らを日本に呼んできました。それらの国・地域はトルコ、台湾、コロンビア、米国（ニューヨーク）、アフガニスタン、イラク、イラン、パキスタン、ウガンダ、ニジェール、アルジェリア、エルサルバドル、インドネシア、スリランカ、インド、タイ、マレーシア、モルディブ、コソボに及んでいます。

特に二〇〇七年には世界一九か国から百人の遺児を招くほどに規模を拡大していきました。二週間の交流会は意味があるものでした。遺児たちは「楽しかった」「キャンプで勇気をもらった」と評価し、将来の夢を聞くと「教師になりたい」「パイロットになりたい」などと語ってくれました。中には「将来は日本に来て勉強したい」と言う遺児もいました。

しかし、彼らが母国に帰っても、以前と同じ厳しい生活が待っているだけです。育英会の職員の中から「サマーキャンプを百回続けても、それ以上にはいかない。遺児たちの夢を叶えるには、やはり本格的な教育支援が必要だ」といった声が出始めたんです。

レインボーハウスで「寺子屋」を開始

――そこで、手始めとしてウガンダで「寺子屋」教育を始めたわけですね。

実は二〇〇四年四月からウガンダ・レインボーハウス内で日本語教室を開講していました。しかし、地元の中学、高校、大学に進学できるような学力をつけてもらう必要があると考え、二〇〇七年十月に読み・書き・計算を教える「寺子屋」[*7]も始めたわけです。

――あしなが育英会は日本国内では高校生に奨学金を貸与しています。しかし、ウガンダではまだそうした制度はできていないようですね。

いいえ。すでに話した通り、奨学金制度を二〇一一年の「ＡＳＨＩＮＡＧＡウガンダ」の理事会で決定済みです。しかし、遺児たちの家庭は貧困状態にあるため、奨学金だけでは大学にまで行けません。私たちはそれを支援する方法を日本国民に訴え、近い将来、可能になるように支援活動を始めたところです。

今はナンサナ村長の協力を得ながら奨学金を希望する高校生を募集しているところです。高校卒業時にはウガンダのナショナル・テスト（日本のセンター試験に相当）で一定以上の点数を取れば、日本を含む海外の大学に留学することが可能になってきます。今、そうした高校生を対象に面接を行っているところですが、一〇人ぐらいがレインボーハウスに来ています。

――ところでアフリカのエイズ感染は現在、どんな状況にあるのでしょうか。

ウガンダ政府は国連のエイズ撲滅計画に協力的であり、正直に数字を出しています。アフリカのうちウガンダだけ感染率が下がっています。ムセベニ大統領がリーダーシップを発揮し、政府としても一体になってエイズ撲滅運動に取り組んでいます。こうした取り組みは「ウガンダ・モデル」と呼ばれており、国連も「ウガンダを見習ってほしい」と言っているほどです。あしなが育英会が最初にウガンダに足を踏み入れた当初は、国際ＮＧＯ

も少なかったのですが、ここ一〇年ぐらいで世界中のＮＧＯがウガンダに入って活動を展開するなど、非常にいい状況になっています。

――レインボーハウスや寺子屋方式がアフリカ全体に広がっていけばいいですね。

二年前、レインボーハウスから車で一〇分離れたところにある土地（二一六五平方メートル）を購入しました。いまはグラウンドとして整地し、遺児たちがサッカーなどをしています。ここに寺子屋と違った、ウガンダ版の「心塾（こころ）」を建設して、二〇一三年夏にはサブサハラ[*8]の四九か国から成績優秀で米国など世界中の大学に進学が決まった遺児を迎える予定です。ここでは英語の特訓を行い、難関大学への入学を後押しする考えです。遺児たちはここに三か月泊まり込み、大学で勉強するうえでの心構えや、あしなが育英会の人間づくりの理念を学んでもらうことにしています。

もちろん大学の授業料など教育費と生活費は、全世界から「NEW INTERNATIONAL ASHINAGASAN（新国際あしながさん）」を募集・募金をして、それに当てる考えです。留学期間が終わったら、遺児たちはそれぞれ留学先の国で力を蓄えたり、母国に戻ったりして、国づくりに貢献するニューリーダーになってくれればと切に思っています。

＊7　レインボーハウスの敷地内にある。寺子屋という名称は「基礎教育センターなどとするより、わかりやすいものがいい」との理由で選んだ。教育スタッフは、現地の大学を卒業し、教員資格を持ったウガンダの青年二人。学校に行けない数人の遺児からスタートしたが、現在は下級生クラス（小学一、二年生）二五人と、上級生クラス（三、四年生）二五人の計五〇人に基礎教育を提供している。

寺子屋を〝卒業〟すると、遺児たちは地元の小学校に五年生として入る。年間の授業料（一人当たり一万円）は育英会から直接、小学校に渡す仕組みを採っている。その後、中学校入学・卒業、高校入学・卒業まで奨学金を支援し続ければ、大学受験までの制度ができることになる。このことは二〇一一年のウガンダ人も参加した「ＡＳＨＩＮＡＧＡウガンダ」の理事会ですでに決定済みである。

ウガンダでは小学校教育は無償だが、遺児家庭は食事もろくにとれない極貧状態にある。しかし、寺子屋ではきれいな水をおなかが一杯になるまで飲むことができ、また一日一回だが、食事をとれることから少しずつ子供が集まりだした。

遺児の数が六〇～八〇人となり、手狭になってきたことから二〇一二年六月、秋篠宮殿下ご夫妻のご訪問を機に道路をはさんだ向かい側の土地（一三七一平方メートル）を六八〇万円で購入した。ここに新校舎を建てる計画で、完成すれば収容人数は二倍になる。その結果、クラスが増え、きめ細やかな教育が可能になり、高校・大学への道が身近なものになると期待されている。

＊8　アフリカ大陸にある五四か国のうちサハラ砂漠以南に位置する四九か国の総称。人口はアフリカ全体の約八割を占めている。黒人が多いことから「ブラックアフリカ」とも呼ばれている。エイズのほかマラリアなどの感染症が蔓延する地域も少なくなく、平均寿命が五十歳にも満たない国もある。

ウガンダ国立マケレレ大学で講演

――玉井さん自身、ウガンダには何回行かれたのですか。

最初に訪問したのは二〇一〇年十月でした。すでにお話ししたように二〇〇三年十二月にウガンダの首都カンパラ市近郊のナンサナ村に「ウガンダ・レインボーハウス」を建て、エイズ遺児たちの心のケアを開始しました。そこで、一度は現地を見たいと思い、出かけたわけです。その後、二〇一一年三月、七月、二〇一二年五月、六月と、これまで計五回行きました。

二〇一一年三月の時はマケレレ大学学長と会うためでしたが、日本で東日本大震災が起きたことから、約束はキャンセルして急ぎ帰国しました。

――二〇一二年五月の訪問は、マケレレ大学から講演を依頼されたため、出かけたそうですね。

そうです。同大学が熱心に取り組んでいる「マケレレ・アフリカ・レクチャー・シリーズ」の一環として講演するためでした。

この「レクチャー・シリーズ」は一九七〇年、アフリカ諸国でナショナリズムが高まるなか、同大の学生同盟が「著名な学者を招いてアフリカ問題を連続的に講演してもらおう」と発案、スタートしたものだそうです。ところが七一年一月に、軍人のイディ・アミン参謀総長がクーデターを起こし、独裁政治が始まったため頓挫してしまいました。しかし、それから四〇年後の二〇一一年十二月、当時のペナンシアス・バレヤムレーバ副学長（博士）のリーダーシップにより同シリーズが復活・再スタートし、これまで南アフリカの大統領や著名な学者などが講演ずみでした。[*9]その五番目の講演者として、それも非アフリカ人として初めて私が指名されたわけですから名誉なことだと思い、引き受けました。

二〇〇二年十月、あしなが育英会がウガンダに「ＡＳＨＩＮＡＧＡウガンダ事務所」を開設し、マケレレ大学心理学部とエイズ遺児支援活動に関する協力契約を結んでから、今年でちょうど一〇年です。そういう節目の年であることも、講演を引き受けたもう一つの理由でした。

――講演したのは五月四日でしたね。

マケレレ大学の大ホールで『志』高く、WORK HARDせよ――あしながアフリカ遺児高等教育支援１００年構想」と題して約一時間、講演しました。モンド・カゴニエラ学長やバレヤムレーバ副学長、リビングストン・ルボービ元副学長ら大学関係者・学生のほかにウガンダ政府のジェームス・ボリバ・ババ内務相（元駐日大使）や皆川一夫駐ウガンダ大使ら六百人が聴いてくれました。会場の収容者数は四百人ですが、立ち見席がいっぱいになるほどの盛況でした。途中で退席する学生はおらず、「学生が最後まで残って聴くなんて珍しい」と大学側はびっくりしていました。話し終えた後、さらに場所を移し、各学部の学生代表一〇人と一時間半ほどディスカッションも行いました。

＊9　「アフリカ・レクチャー・シリーズ」再開後の講演者は次の通り。
○第一回（二〇一一年十二月）講師＝ピーター・アンヤン・ニョンゴ（ケニア共和国医療サービス相）、演題＝「母親の隷属状態の終焉――ニエレレの平等の呼びかけからの東アフリカの女性の自由」▽討論者＝ウガンダ・リベリア名誉総領事▽主賓＝アポロ・ンシバンビ（前ウガンダ首相）
○第二回（二〇一二年一月）講師＝タボ・ムベキ（南アフリカ共和国大統領）、演題「アフリカと世界――調停と改革」
○第三回（二〇一二年二月）講師＝シェルビー・F・ルイス（フルブライト奨学金委員会役員）、演題＝「アメリカ合衆国バラク・オバマ大統領統治下においてのアフリカにおけるフルブライト奨学金」▽討論者＝駐ウガンダ米国大使、フルブライト奨学金委員会議長▽主賓＝ウガンダ銀行総裁
○第四回（二〇一二年三月）講師＝ピーター・アンヤン・ニョンゴ（ケニア共和国医療サービス相）、演題＝「現代アフリカにおける社会的変革――ジョシュア・B・ムゲニ博士の回顧録」▽討論者＝米国ブルッキングス研究所アフリカ成長イニシアティブ財務・企画・法務担当兼上級会長顧問、マケレレ社会調査機関所長
○第五回（二〇一二年五月）講師＝玉井義臣（あしなが育英会会長）、演題＝『志』高く、WORK HARDせよ――あしながアフリカ遺児高等教育支援１００年構想」▽討論者＝ジェームス・ババ（ウガンダ内務相）、リビングストン（マケレレ大学元副学長）▽主賓＝皆川一夫（駐ウガンダ日本国大使）

「高い志を持ち、WORK HARDを」
――１００年構想のポイントは？

私はサブサハラ四九か国の経済成長率が一〇%を超えて、今後、一〇年以内に世界一のレベルに達するのではないかと見ています。さらに五〇年以内に人口はもちろんＧＤＰ（国内総生産）の規模も世界一になるのではと分析しています。

しかし、その過程で公害問題が拡大したり、経済格差が広がったりすることも考えられます。ですからこの地

域の人々は、日本をはじめとした先進諸国が犯した〝失敗〟から多くのことを学んでほしいと考えています。そうしたいろいろな問題を解決していくためには教育が不可欠です。そんな信念から生まれたのがアフリカ遺児高等教育支援１００年構想です。

具体的にはサブサハラ四九か国から毎年一人、優秀な遺児学生を選抜して、世界トップ一〇〇～二〇〇位にランキングされている大学に留学してもらおうと考えております。最初は四九人でスタートさせるつもりですが、一〇年後には四九〇人に達します。もし毎年二人ずつ計九八人留学させれば、一〇年後には九八〇人になります。こうした留学生たちが各国で勉強した後、母国に戻り、国や国民のために働いてくれれば、膨大なエネルギーが産み出されることでしょう。彼らが、汚職に手をけがすことのない清廉なリーダーになってくれればと思っています。

いずれにしても、そうした留学を実現するには、夢を持ち、各国の一流大学に合格できるような実力をつけてもらわなければなりません。そこで「高い志を持ち、しっかり勉強（WORK HARD）してほしい」と呼び掛けたわけです。

講演後、大学側が学生たちに感想を書かせたようです。その内容は「あしなが育英会を設立するにあたっての玉井会長の強い志を聞き、ヒーローだと思いました。親を亡くしたとしても玉井会長と出会えた子供たちは幸せだと思います」（十八歳・女）、「今日の講演は、若い世代にモチベーションと新しいひらめきを与えてくれたと思います。私たちはその意思を引き継ぎ、あきらめないで取り組みたいと思います」（二十二歳・男）、「人のために活動することを決心するのに、早いも遅いもないことを学びました。私たちはこんな玉井会長がいる世界に生まれ幸せです」（二十二歳・男）などと前向きにとらえてくれました。

・

――留学にかかわる学費や生活費は全部、あしなが育英会から出すんですか。

それは、これまでに日本でやってきた「あしなが制度」とは違います。米国の大学に留学した場合、一年間に一人五万ドル（約四百万円）かかるとして卒業までの四年間で約二千万円近くになると思います。四九人分だと、合計約九億八〇〇〇万円が必要です。大変な額ですが、あしなが運動を四〇年間続け、日本国内だけで九万人の遺児のために九百億円の募金を集めてきた実績からすれば、無理な金額だとは思っていません。

さらに講演の中で「ASHINAGA INTERNATIONAL PLAN」という新しいアイディアも披露しました。

秋篠宮ご夫妻の訪問を受ける

――その点は後でうかがいましょう。ところで玉井さんは二〇一二年六月にもウガンダを訪問しましたね。これが五回目のウガンダ入りということになりますが。

今年はウガンダ建国五〇周年、日本との関係では外交関係樹立五〇周年の記念すべき年です。その記念式典に出席するため秋篠宮殿下ご夫妻が六月十一日から十七日にかけてウガンダの首都カンパラを訪問されました。殿下ご夫妻はムセベニ大統領を表敬訪問されたり、記念式典に出席されたりしたうえで六月十三日に、ナンサナ村の「レインボーハウス」を視察されることになりました。そこで殿下ご夫妻をお出迎えするために私も出掛けたわけです。

殿下ご夫妻は同ハウスに一時間ほど滞在され、「寺子屋」での三年生の授業や、子供たちによる伝統舞踊を見学されました。殿下ご夫妻は子供たちに「勉強は楽しいですか」「どんな教科が好きですか」「踊りは好きですか」などと英語でお尋ねになりました。子供の方から殿下ご夫妻に年齢を質問し、それに殿下ご夫妻が気軽にお答えになるといった場面もありました。お帰りの際には私たち幹部一人ひとりに「子供たちのことをよろしくお願いします」というねぎらいの言葉をかけていただきました。

さらに私たちにとって嬉しいことがもう一つありました。あしなが運動の初期のころ、西本征央君（大学奨学生二期生）という大秀才がいました。彼は東大医学部を出て、三十六歳で米国ハーバード大学准教授になり、さらに四十歳で慶応大学医学部教授になりました。彼は優れた臨床医でしたが、「億単位の命を救いたい」と基礎医学に転向した後もアルツハイマー病研究の第一人者として世界三大科学誌に数々の論文が採用されるなど活躍していました。しかし、残念なことに四十七歳の時にがんで早世しました。

その西本君の長女、光里さんが外交官となり、今回、秋篠宮殿下ご夫妻の通訳をしてくれました。目頭が熱くなるシーンでした（**口絵参照**）。

――秋篠宮妃殿下が、あしなが育英会の「レインボーハウス」をお訪ねになったのは、これが二回目ですね。

そうです。妃殿下は二〇一一年十月一日に神戸市内の「神戸レインボーハウス」を訪問してくださいました。妃殿下は二日に西宮市内の武庫川女子大学で開催された「日本子ども学会　学術集会」に出席され、開会の辞を述べられることになっていました。その集会の前日にレインボーハウスに足を伸ばしてくださいました。今回は、日本から遠いウガンダのレインボーハウスにまでおいでいただき、遺児や職員たちを励ましていただき、感謝に堪えません。

――いずれにしてもエイズそのものにストップをかけないといけませんね。

そうですね。しかし、アフリカにはエイズ遺児だけでなくマラリア遺児や民族紛争、内戦による遺児もいます。かつて日本国内での救済活動を、交通遺児から災害や病気、自死遺児に広げていったように、アフリカでもエイズ遺児以外の遺児にも救済の手を広げていく考えです。

――ウガンダの他に協力を求めてきている国はあるんでしょうか。

一年前、あしなが育英会理事の岡崎祐吉君（国際ＮＧＯ「ＡＳＨＩＮＡＧＡウガンダ」代表）がルワンダと南アフリカに行き、それぞれの教育相と会った際、「なぜ、もっと早く、わが国に来てくれなかったんだ」と言われたそうです。こうしたことを考えれば、しかるべきところに声をかけていけば、「ウガンダ・モデル」はサブサハラ地域に広がっていくと思います。ウガンダで実験的に取り組んだことが、ある程度以上の成功をおさめたのですから。

米国の名門ヴァッサー大学と提携

——米国の私立大学、それも名門中の名門であるヴァッサー大学[*10]と留学生の受け入れ、合唱部の日米ウガンダ連携などで合意したそうですね。

私が財団法人・交通遺児育英会の専務理事を務めていた一九七九年ごろ、育英会の財政が厳しい時がありました。それを打開するため私は匿名の交通遺児への学費の継続的提供者を募ることにしました。その制度につけたネーミングが「あしながおじさん」でした。その当時、同じ趣旨の「教育里親制度」を作って寄付者を募集したことがあったのですが、応募してきた人は皆無でした。暗いイメージがあったんでしょうね。

そこで子供時代に姉が読み聞かせをしてくれたことのある小説『あしながおじさん』[*11]を思い出したんです。表紙には長身で、燕尾服にシルクハット姿の男性のシルエット。文中のあちこちに描かれていたおもしろいウェブスターさん手書きの挿画（イラスト）が私の脳裏から離れず、三〇年以上もたったある日、ふと「あれだ」と感じたのです。要するにひょっこりと頭に浮かんだのです。

その後、あしながおじさん制度の構想を綿密に練ったうえで七九年四月に記者会見を開き、「同月下旬から全国の主要都市で、『あしながおじさん』の街頭募集キャンペーンを始めたい」と発表しました。その際、「あしながおじさんとして、ひとりの遺児に愛情を注ぎ、高校卒業まで面倒を見る、という寄付者の大きな意志が加わっているところに、従来の寄付との違いがあります。もちろん『おじさん』には会報や、奨学生の文集などを送り届け、絆を深めていってもらいます」と付け加えました。女優の森光子さんは学生募金に必ず参加してくださった「あしながさん」[*12]でした。

メディアは好意的でして「交通遺児が待っています。あしながおじさんヤーイ」「育英会財源ピンチ」(『読売新聞』)などと紹介してくれました。おかげさまで記者会見から一か月間で一五〇〇人以上のあしながさんが申し込んでくれました。

＊10　所在地はニューヨーク州ポキプシー市。キャンパスは四平方キロメートルの敷地内にあり、歴史的建造物が並んでいる。樹木園もある。

一八六一年に実業家のマシュー・ヴァッサー（一七九二―一八六八）が、著名な女子大学群である「セブンシスターズ」の一校として設立した。一九六九年に男女共学に。全米でも有数の私立大学（全寮制）。アイビーリーグ四校に匹敵する地位を保っている。現在約二四〇〇人の学生が在籍している。六〇%が公立高出身、四〇%が私立高校出身。白人の学生が多いが、最近は有色人種が二五〜三三%を占めるようになった。海外からの留学生は一〇%。

各誌の大学ランキングで最難関校、またリベラルアーツ（基礎教育）のトップ校の一つとして数えられている。たとえば『フォーブス』誌の「America's Best University」（二〇〇八年度）では全米の大学中、第一九位（二〇〇八年度）にランク付けされた。

＊11　ジーン・ウェブスター（本名アリス・ジェーン・チャンドラー・ウェブスター。一八七六―一九一六）が一九一二年に発表した小説。

ウェブスターはニューヨーク州生まれ。一八九七年にヴァッサー大学に入学。『あしながおじさん』はこの時の体験をもとに書かれた。その内容は、孤児院で育った少女ジュディが、ひとりの資産家の目にとまり、毎月手紙を書くことを条件に、大学進学のための奨学金を受けるという物語。ジュディは資産家を「あしながおじさん」と呼び、無事に大学を卒業する。これまで何度も映画化された。

＊12　この当時、ある新聞の投書欄に「私も寄付したが、私はおじさんではなく女性よ」との意見が掲載された。そ

れを入れて、その後は「あしながさん」と呼ぶようにした。

――小説の中の「あしながおじさん」のイメージとともに、奨学金の寄付制度への理解が深まったということでしょうね。ところでヴァッサー大学とはどういう経緯で連携を深めることになったんですか。

小説『あしながおじさん』出版から百年

二〇一〇年ごろからジーン・ウェブスターの母校である同大と連携を取りたいと考え出しました。二〇一二年が『あしながおじさん』出版からちょうど百年の記念すべき年だったからです。

そこで二〇一〇年一月に同大のキャサリン・ヒル学長[*13]あてにメールを初めて送りました。その内容は、①二〇一二年は『あしながおじさん』出版から百年になる、②あしなが育英会はその名前を冠にして四〇年間、日本で遺児支援をしてきた。今までに九万人の遺児に奨学金を貸し、高校・大学に進学・卒業させた。九百億円の寄付を集めてきた、③現在は日本国内だけでなく海外の遺児も支援しており、その実績からオバマ大統領が〇九年十一月十四日、東京でスピーチした際、ホワイトハウスからスピーチ会場にＶＩＰとして招待を受けた、④二〇一二年からアフリカのエイズ遺児たちを世界の大学に送りたいと考えている。お会いして、いろいろと相談したい――というものでした。

その後、二〇一一年六月、ニューヨークでの九・一一テロ遺児救済街頭募金活動のために訪米した際、ヴァッサー大学を初めて訪問し、レイチェル・キッシンガー学務部長に会い、「アフリカ遺児高等教育支援１００年構想」を説明するとともに、あしなが育英会の紹介によるアフリカ遺児を、留学生として受け入れてくれるよう申し入れました。大学側も了承し、協定書に調印しました。

＊13　一九七六年に米国ウィリアムズ大学を首席で卒業。また英国オックスフォード大学のブレーズ・ノーズ・カレッ

ジで文学士と文学修士を取得し、ここも首席で卒業した。米国エール大学の経済学博士課程を修了。その後、世界銀行や米連邦議会予算事務局に勤め、さらに九四年から九七年までハーバード研究所のマクロ経済構造改革国際開発プロジェクト長官としてアフリカのザンビア共和国に滞在した。その後、母校のウィリアムズ大学で教鞭をとり、九九年に同大学の学長に就任。二〇〇六年にヴァッサー大学の学長になり、現在に至る。専門はアフリカ経済学。

合唱隊による合同演奏会実現へ

——同年十二月十九日にはブラジル・サンパウロ出張の途中、東日本大震災による津波遺児救済活動のためニューヨークに立ち寄った際、同大を訪ねてヒル学長に初めて会ったそうですね。

そうです。その際、私は小説『あしながおじさん』出版百周年の記念イベントとして、ウガンダの「寺子屋」のエイズ遺児たちとヴァッサー大学合唱部による合同演奏会の実施を検討してほしいと提案しました。二つの提案は、翌二〇一二年一月三十日にヒル学長が来日した際、私たちの希望通りに実現することで合意しました。具体的には①ヴァッサー大学は、ウガンダのエイズ遺児で現在、早稲田大学大学院に在学中のナブケニャ・リタさん[*14]を二〇一二年九月に特別研究員として受け入れる、②リタさんの授業料は全額をヴァッサー大学が負担する、③合同合唱団による公演については二〇一四年前半にヴァッサー大学内、ニューヨーク、ワシントンDC、東京、北京で開催する、④同年後半にはロンドン、パリ、ドイツ、ウガンダ・マケレレ大学などで公演する、⑤ヴァッサー大学は、「あしながウガンダ」にインターンシップとして二〇一二年夏以降、毎年、学生を派遣するということになったんです。

——ウガンダの寺子屋の遺児とヴァッサー大学合唱部のコラボレーションはユニークな試みですね。目玉企画と言っていいですね。その日の食事さえままならない黒人の子供たちと、一方で裕福な白人の大学生が一緒に舞台に上がり、歌合戦をするわけですから。異色の組み合わせですが、アフリカ遺児高等教育支援100年構想のPRに一役かってくれるでしょうし、一つの舞台の上にいる二つの極端に異なったグループを観た人はいろいろと考えてくれるのではないでしょうか。思いがけないほどの成果を挙げてくれるのではと思っています。

——合唱を選んだのはどうしてですか。

歌が一番わかりやすいからです。アフリカの子供たちは歌やダンスで、その国の歴史や現状を表現するのが上手なんです。いいコラボレーションができると思います。

——それにしてもヒル学長の決断はスピーディーですね。

非常に進歩的な女性です。行動派でもありますしね。二〇一一年十二月、初めて会って100年構想を説明したところ、五分間で意気投合することができました。ザンビアで勤務した経験があるうえ、アフリカ経済学の専門家ですからね。「さすがだ」と思いました。

——ヴァッサー大学はこれまでアフリカからの留学生を受け入れていなかったんですか。

大学生が二、三人いると言っていました。しかし、アフリカからの留学には大変なおカネがかかります。そのために裕福な家庭の子弟しか留学できません。ですからヒル学長は「アフリカからの留学生は大学生なのに子供みたいだ」と言っていました。

——お金持ちのボンボンばかりで、あまり勉強しない？

ヴァッサー大学はレベルが高い（全米難易度ランキング七位前後）ですからね。「それに引き換え、あしなが遺児たちは志が高いようだ」と歓迎ムードでした。「リタさんのような学生を実は欲しかった」とも言っていました。

＊14　一九八六年四月、ウガンダの首都カンパラ近郊のナンサナ村で生まれる。九三年、リタさんが七歳の時、父親

をエイズで亡くした。
リタさんはHIV検査で陰性。感染していない健康児で、あしながウガンダ・レインボーハウスの一期生。地元の中学、高校を卒業した後、ウガンダ国立チャンボゴ大学に合格したが、奨学金の受給資格を得ることができずに入学を断念。同ハウスの勧めを受けて早稲田大学国際教養学部に合格、二〇〇六年四月に入学した。二〇〇九年、休学して一年間、中国・北京大学に留学。二〇一二年四月、早稲田大学大学院に進んだ。九月から同大学院を休学して米国ヴァッサー大学に特別研究員として留学。

「NEW INTERNATIONAL ASHINAGASAN」を募集

――マケレレ大学での講演で玉井さんは１００年構想の具体化の方策として「ASHINAGA INTERNATIONAL PLAN」というものを提示しましたね。それはどういうものなのですか。

すでにお話ししたように、最も貧しいサブサハラ四九か国から毎年一人の優秀な遺児を選び、世界のトップ一〇〇～二〇〇の大学へ留学させようとするのが「あしながアフリカ遺児高等教育支援１００年構想」の骨子です。大学への留学費用は、企業、団体、基金、受け入れ大学などのほか全世界から「NEW INTERNATIONAL ASHINAGASAN」を募集する予定です。そのための具体的な計画案が「ASHINAGA INTERNATIONAL PLAN」です。日本国内で日本の奨学生向けにやってきたものの国際版です。

同PLANは大きく分けて二点です。

一点は、「NEW INTERNATIONAL ASHINAGASAN」を世界各国から募集するわけですが、その際、私は四九のユニット（おさいふ）を世界中に作ろうと思っています。このユニットを募金の受け皿にするわけです。まずは、いま伸び盛りにある、または旧来からの大富豪を基本に、時代をリードするIT企業、一人の留学生を無償で預かってくれる大学、国、基金などで三九ユニットを作りたいと思っています。

たとえばグーグル、ヴァッサー大学、中国のほか、考えてもいなかったようなスポンサーが現れることもあり得ます。残りの一〇ユニットは世界の有名人から名前を借りてユニット名にしたいと考えています。一般の人は好きなユニットを選んで五千円でも一万円でも寄付することができるようにしたいと思っています。つまりアフリカを救うための全地球参加型のおさいふというわけです。アイディアはまだまだあります。国連などの人口予測によれば、二十二世紀中に三人に一人がアフリカ人になると言われています。長丁場の仕事になりそうです。

有名人の一人としてフランスの自動車メーカー「ルノー」の名誉会長であるルイ・シュバイツァー氏[*15]に懇請したいと思っています。同氏はアフリカと所縁があるんです。なぜかと言うと、同氏の父方の大叔父は、アフリカでの医療活動と伝道活動に生涯をささげ、後にノーベル平和賞を受け、少年少女のあこがれとなったアルベルト・シュバイツァー博士[*16]だからです。これはまだ私の夢物語ですが……。

――シュバイツアー博士の名前はアフリカでも知られているでしょうから、その縁戚の人があしなが運動に名を連ねてくれるといいですね。アフリカ100年構想にとって大いにプラスになるのでは?

そうだと思います。今秋にはパリに行き、懇請する予定です。「ASHINAGA INTERNATIONAL PLAN」の二点目の柱は米国のヴァッサー大学のように、授業料や寮費を全額負担して留学生を引き受けてくれる大学がほかにも期待できるということです。英国やフランスは旧宗主国としてアフリカ各国を植民地支配してきた歴史があります。きっとあしなが運動に協力してくれると思っています。今年秋には英国のオックスフォード大学にも行き、協力を求めたいと考えています。そういう基軸大学をヨーロッパ各地に作りたいですね。

また中国の北京大学は、ヴァッサー大学と留学生交換で合意しています。私は一九八五年に胡錦濤国家主席（当時は中華全国青年連合会首席）と会食する機会がありました。それ以来、遺児の招待や留学などでお世話になっています。そういうつながりから、中国政府や北京大学の協力も得られるのではないかと期待しています。

＊15　一九四二年、疎開先のスイス・ジュネーブ生まれ。エリートの養成校であるフランス国立行政学院（ＥＮＡ）卒業後、会計検査官を経て一九八一年、ファビウス蔵相の官房長に就任。八六年に「国営ルノー公団」に転じ、九二年、四十九歳の若さで会長兼最高経営責任者（ＣＥＯ）に就任し、ルノーの再建に成功した。ミシュランから引き抜いたカルロス・ゴーン氏に日産自動車の再建をまかせ、二〇〇五年にＣＥＯをゴーン氏に譲り、〇九年まで会長を務めた。現在は名誉会長。

＊16　一八七五年一月、ドイツ帝国領だったアルザスで生まれた。フランスの神学者、哲学者、医者、オルガン奏者、音楽学者。三十八歳の時に医学博士号を取得し、アフリカのガボン（当時フランス領赤道アフリカの一部）のランバレネで医療・伝道活動を始めた。第二次世界大戦後は、広島と長崎に原爆が落とされたことを知り、核問題を中心に反戦運動を展開した。一九五三年にノーベル平和賞を受賞。晩年もランバレネで医療活動を続け、六五年、九十歳で死去した。

副会長に堀田力、副田義也、樋口恵子氏らが新たに就任

――少し旧聞に属しますが、今年四月一日付で副会長や理事のメンバーを強化したそうですね。

二〇一一年三月十一日の東日本大震災で親を亡くした遺児たち二千人あまりに一人当たり二百万円の生活一時金を贈ったことは、前に話した通りです。この時は、日本国内だけでなく世界各国から募金が集まりました。これは、あしなが育英会が世界規模の団体に変わったことを意味します。育英会の運営に当たってはこれまではやむを得ず、遺児の卒業生ばかりで副会長や理事を固めていたのですが、世界に広がる膨大なサポーターの期待に応えるために、日本の代表的な各界の「顔」と言われる人々に協力してもらうことにしました。いままでと同じでは国際的信用に欠け、時代やスピードに後れを取ってしまいかねませんからね。

さらにアフリカ遺児高等教育支援１００年構想を進めるために、アフリカの専門家も必要になってきました。そこで福祉や社会運動、アフリカ研究などの専門家である人たちに副会長や理事への就任をお願いしました。

新たに副会長になっていただいたのは堀田力さん（公益財団法人さわやか福祉財団理事長・弁護士）▽副田義也さん（元筑波大学副学長・同大名誉教授）▽樋口恵子さん（東京家政大学名誉教授）の三人です。

新たに理事になっていただいたのは池上清子さん（日本大学大学院教授）▽近藤正晃ジェームスさん（Twitter日本代表）▽大阪の医学界の重鎮である堀正二（まさつぐ）さん（大阪府立成人病センター総長）▽大阪大学教授である大和谷厚さん（大阪大学総長補佐）です。監事として武田豊あしなが育英会初代会長の秘書だった小谷勝彦さん（日鐵住金建材専務取締役）が就任しました。

さらに特筆すべきは、従来あしなが育英会は卒業生が理事、評議員を務めていましたが、新たに評議員として日本ブラジル交流協会の卒業生の中から江利川宗光さん（日本航空執行役員人事本部長）▽武田千香さん（東京外語大学教授）▽田口禎則さん（日本女子サッカーリーグ専務理事）の三人が加わり、さらに緒方洪庵の玄孫の緒方洪章さん（画家）▽米国人のリチャード・カシンスキーさん（京都大学医学博士）にも参画してもらいました。

池上清子さんは緒方貞子さん（前国際協力機構理事長・元国連難民高等弁務官）の教え子であり、アフリカ問題の専門家です。アフリカ遺児高等教育支援100年構想の実現に向けた強力な布陣を敷くことができたと自負しております。

前会長代行の金木正夫・米国ハーバード大学医学部准教授（遺児ＯＢ）には、これまでずいぶん助けてもらいました。しかし、本人から二つの仕事を両立させるのには無理があるとの申し出があり、私の相談役ということで「会長特別補佐」を引き受けてもらいました。

（聞き手＝仮野忠男）

第一一章　母の輪禍から東日本大震災まで

——玉井義臣、大いに語る❷——

一　あしなが運動　半世紀の真相を語る

玉井義臣氏が交通遺児の救済活動に取り組むきっかけは母親の交通事故死だった。母親の「敵討(かたき)ち」に始まり、その後、あしながおじさん制度の導入、全遺児の高校・大学進学支援へと進化していく。この間、政治家や官僚たちとの壮絶なバトルも。財団法人・交通遺児育英会、さらにその後のあしなが育英会にまで及ぶ五〇年間を振り返る。

原点は交通事故死した母の「敵討ち」だった

――玉井さんは二〇一二年二月六日、七十七歳になりました。その二日前、東京都内で喜寿を祝う会があり、「あしなが育英会」や「交通遺児を励ます会」「日本ブラジル交流協会」などの関係者のほか、玉井さんが日本留学を支援しているウガンダ、アフガニスタン、ソマリア、インドネシアからの大学生なども参加しましたね。「祝う会」は東京のほか神戸市でも開かれ、二会場の参加者は計四五〇人にも達したとか。玉井さんのこれまでの活動が評価された結果と言っていいのではないでしょうか。いずれにしても喜寿を迎え、まずはおめでとうございました。

玉井　ありがとうございます。私と交通事故との闘いは半世紀になります。一九六三（昭和三十八）年十二月二十三日、私の母ていは大阪府池田市の自宅前で暴走してきた車に轢(ひ)かれました。母は頭部外傷を受け、意識を失いました。家族で唯一、時間的余裕があった私が付き添い、看病を引き受けました。治療らしい治療も受けられず、昏睡状態が続き、「万に一つの可能性がある」として頭部手術を受けました。しかし、執刀した医師は脳手術の経験はもちろん、そのための教育も受けたこともない人でした。手術の後、母の容体は急変し、母は一声、動物のようなうなり声を上げて亡くなりました。事故から三六日目、七十四歳の時でした。その時、私は母の「敵討ち（かたき）」を誓いました。この時が私の人生の岐路でしたね。

——玉井さんが二十七歳の時ですね。この当時は東京で経済ジャーナリストをしていたそうですね。

経済ジャーナリストと言えば、聞こえはいいのですが、業界紙にいい加減な原稿を書いて食いつなぐという不安定で無頼な生活をしていました。しかし、母の死をきっかけに目を覚まされました。「母はどうして満足な治療も受けられず、苦しみぬいて死なねばならなかったのか」と思い、お粗末な救急医療体制や、脳外科にかかわる基本的な教育を受けることのできない医療行政に疑問を感じ、大学などの医療機関を取材しました。

東大脳神経外科講師の証言

ところが肝心の医師たちの多くは口を固く閉ざし、通り一遍の説明を繰り返すばかりで、断片的な事実しかかわかりません。あきらめかけていたころ、東京労災病院長（元東大脳神経外科講師）の近藤駿四郎さん（故人）が次のような事実を教えてくれました。

「交通事故が激増し、死亡者の死因の七割は頭部外傷だ。しかし、日本には脳外科の専門医が二百人しかいない。それらの専門医のほとんどは大学病院に勤務しており、交通事故の負傷者を診ることはない。何故か。小さな病院や町医者が、自賠責保険による診療報酬欲しさに、専門医のいる大学病院に負傷者を送り込まないからだ。迅速に適切な治療を受ければ三割の患者が助かるのに、保険制度や救急医療体制が不備であるために犬死にさせられている」

私はこの証言を得て、取材をやり直し、母の死から一年半後、「交通犠牲者は救われていない——頭部外傷者への対策を急げ」と題する原稿用紙二〇枚の論文を書き上げました（第I巻所収）。

出身大学は異なりますが、友人の中に学生時代から親しかった『朝日新聞』経済部記者の富岡隆夫君（後に経済部長、『AERA』初代編集長）がいました。富岡君を通じ、その論文を『朝日ジャーナル』の遠藤剛介デスク（故人）に持ち込み、論文は一か月後に同誌（一九六五年七月十八日号）に掲載されました。

次いで同誌の同年九月二十六日号に「ひかれ損の交通犠牲者——損害賠償の現状と打開策」を書きました。都留重人さん（経済学者）が『朝日新聞』の「論壇時評」（第I巻所収）でこの論文を取り上げたことで、大きな反響を呼び起こしました。これを契機に『朝日新聞』の社会面やNHKなどが交通戦争[*1]と救急医療問題に焦点を当てた特集や記事を相次いで掲載・放送しました。そのたびにコメントを求められた私には「交通評論家」という肩書がつきました。

＊1　戦後の高度経済成長とともに、自動車保有率の上昇と比例して、交通事故がうなぎ上りに増え、年間一万人以上が死亡する事態になった（警察庁がまとめる交通事故死亡統計は、事故発生から二四時間以内に死亡した場合のみが対象）。一九七〇年は全国で一万六七六五人が死亡し、「交通戦争」と称される事態になった。その後、交通取り締まりの強化や歩道・ガードレールの設置、高速道路の建設、シートベルトなど自動車の安全装備の向上などで死者は減少に転じ、同庁のまとめでは二〇一一年の全国の交通事故死者数は四六一二人だった。

テレビで交通戦争の実情や自賠責保険の問題を指摘

——その後、テレビにも登場するようになりましたね。

翌一九六六（昭和四十一）年、日本教育テレビ（NET、現在のテレビ朝日）で「桂小金治アフタヌーンショー」が始まりました。じつは小金治さんには、横断歩道で誤った誘導をして小学生が交通事故に遭ったという苦い経験がありました。ですからアフタヌーンショーのキャスターを引き受ける条件として、「週一回、交通問題のキャンペーンをやる」ことをNET側に求めたそうです。

当時の私は、全国で一人しかいない「交通評論家」でしたから、さっそく声がかかり、交通問題のプロデューサー兼シナリオライター兼コメンテーターとして、毎週月曜日に出演しました。他のマスコミからも引っ張りだこになり、『朝日ジャーナル』から『平凡パンチ』まで毎週のように記事を書きました。ようやく生活も安定し、まさに「三〇にして立つ」でした。

——玉井さんが取り上げた自賠責保険[*2]は、何が問題だったのですか。

母が事故に遭った当時の損害賠償は、自賠責保険が死亡一人三〇万円、治療費が一〇万円でした。一〇万円というのは、その当時の大卒の初任給が三～四万円でしたから、かなりの金額でした。交通事故による負傷者が運び込まれた外科病院や診療所には、確実に保険診療費が入るわけで、事故被害者はお得意さんというわけです。そこで患者を「囲い込む」のが一般的でした。しかし、外科医といっても脳神経外科の専門医はほとんどいませんでした。当時、大学病院で脳神経外科が診療科目としてあったのは東大、慶大、京大、岡山大の四医学部だけでした。脳の切開手術が必要だとわかっても、それをやれる外科医がほとんどいなかったのです。

＊2　一九五五年に施行された自動車損害賠償保障法により、自動車および原付自動車購入時に加入が義務付けられている損害保険。強制保険とも言われる。交通事故が発生した場合、被害者への最低限の補償額が定められている。現在は被害者一人につき死亡三千万円、障害一二〇万円（このうち死亡三千万円は玉井氏らの政策要求の結果、それまでの一〇倍に引き上げられた）。民事裁判などで認定される補償額と比べかなり低いことから、通常は自賠責を補うために補償額が一億円ぐらいの任意保険に加入する自動車ユーザーが多い。

各大学が脳神経外科の設置に動く

しかし、私が論文やキャンペーンを通じて脳神経外科を診療科目にする法改正を提唱したことから各大学の医学部に脳神経外科が設置され、医学生たちがそれを専攻するようになりました。当時、テレビで米国ドラマ「ベン・ケーシー」が人気になっていたことも大きかったですね。私も脳手術の現場を取材しては、その記事を書きまくりました。最近、「神の手」といわれる脳外科の世界的名医、上山博康先生から「この道を志したのは、玉井さんの記事がきっかけでした」と言われ、うれしかったですね。

自賠責が抱えていた問題点を取材するため、東京地裁の交通事故関係の訴訟資料を徹底して洗い出し、保険会社や自動車会社のほか、警察などの行政機関を追及しました。当初、保険会社や自動車会社は、ユーザーが車を買い易くするために、できるだけ安い保険料にし、補償金や治療費を低く抑えていました。ところが、東京オリンピック(一九六四年)をきっかけにたくさんの外国人観光客が来日したこともあり、「日本の事故への補償金額は安すぎる」という声が高まり、自賠責も欧米諸国を手本にして徐々に引き上げられていきました。

交通遺児の救済・支援活動が私の天職

——交通遺児の支援活動に乗り出すきっかけは何だったんですか。

交通評論家として毎日、忙しい日々を送っていた一九六七(昭和四十二)年春、岡嶋信治さんという当時二十四歳の青年から「ぜひ、お会いしたい」という申し入れがありました。七月三日、「桂小金治アフタヌーンショー」の番組終了後、日本教育テレビ内の喫茶店で会いました。

岡嶋さんは新潟県立柏崎農業高校三年生の時、親代わりだったお姉さんを交通事故で亡くしました。[*3] 高校卒業後、岡嶋さんは測量会社に就職しましたが、測量士の資格を取るため工学院大学専修学校土木科(夜間)で勉強しました。さらに岡嶋さんは会社を休職し、日本測量専門学校（昼間）に入学、アルバイトをしながら一年後に測量士として自立することができました。そこで岡嶋さんは「これからは自分と同じ境遇の交通遺児の救済運動をやろう。大学生らに呼び掛けて『交通事故遺児を励ます会』を結成したい」と考え、運動を始めていました。

岡嶋さんは私に会うなり、「交通遺児を励まし、奨学金で高校に進学させるという母親たちの唯一の希望をかなえてやりましょう。ぜひ一緒にやりましょう」と握った私の手を離さないのです。当時は、怪しげな売り込みや依頼が少なくなかったことから「これはまずいな」と一瞬、思ったのですが、最後は彼の気迫に負けて「やりましょう」と答えるほかはありませんでした。でも今から考えると、よくぞ誘ってくれたと思います。この日から死因、国籍を問わず遺児の救済が私の天職になりました。

——交通評論家から社会運動家に変わっていったわけですね。

私は「交通事故遺児を励ます会」の相談役になりました。その時、岡嶋さんたちが困っていたのは「多くの遺児たちが全国にいるはずなのに、どこにいるかわからないし、見つからない」ということでした。学校や警察、交通安全協会などを訪ねて、「事故犠牲者の家族に幼い子供たちがいないか」と尋ねても、なかなか教えてくれなかったからです。「遺児を励まそうと思っても遺児が見つからない」では運動になりません。励ます会の会員たちが次第に会を離れていきました。「どうしたら遺児を見つけられるか」。私に相談がありました。そこで私たちは、テレビや新聞での呼び掛けを始めました。と同時に交通安全対策を所管していた総理府（当時）に掛け合い、東京都内の遺児の名簿を出してもらいました。その名簿を基に会員たちが一軒一軒、調査に行き、六〇人を超える遺児を見つけることに成功しました。

＊3　この交通事故は一九六一年十一月十七日、新潟県長岡市内で起きた。岡嶋さんの姉と背中におぶっていた長男が、酔っ払い運転の暴走小型トラックに轢かれたのである。加害者は轢いた後、姉らを引きずりながら逃走した

が、その後逮捕され、新潟地検は殺人罪で起訴した。交通事故の加害者に殺人罪が適用された全国で初めてのケースとなった。岡嶋さんは十二月一日付『朝日新聞』東京本社紙面の「声」欄に「走る凶器に姉を奪われて」と題する投書を寄せ、轢き逃げ事故の根絶と加害者への厳罰化を訴えた。

若者たちによる街頭募金活動がスタート

こうした作業を通じて、次第に全国各地の交通遺児を把握することができるようになりました。しかし、「ただ集まって励ますだけでいいのか。やはり、おカネを出して遺児たちに学校に行ってもらおう」ということなり、それが育英資金の募金運動へと発展していきました。「若者が中心となってお金を集めるには街頭募金がいい」と思い立ちましたが、これが簡単ではありませんでした。街頭での募金活動は一般の市民や団体が勝手にできるものではありません。日本赤十字社やＮＨＫの歳末助け合いのように、公的に認められたもの以外はできないのです。そこで考えたのは、またまたマスコミの協力を得ることでした。私が『朝日新聞』に頼み、朝日新聞厚生文化事業団が後見人になって保証をしてもらうことで、やっと東京都の許可が下りました。

一九六七年十月二十二日、「交通事故遺児を励ます会」はその旗揚げを記念して、東京・数寄屋橋の交差点とＪＲ池袋駅東口で街頭募金を実施しました。募金に立ったのは「励ます会」の若者たち十数人でした。八日間、朝一〇時から夜八時まで行いました。ほとんどの若者が仕事を持っていたことから、朝昼は一～二人で、夕方は皆で立つという辛い募金でした。午後八時に終了すると、数寄屋橋の交番を借りて、そこで計算しました。一〇円玉を一〇枚重ねて、一、二、三といった調子で何度も計算して、間違いがなければ、おまわりさんに確認のハンコを押してもらい、それを翌朝、隣の朝日新聞厚生文化事業団の事務所に毎日運び、収納してもらいました。本当にきつい作業でしたが、八日間で集まった募金は三〇万円を超えていました。これが財団法人・交通遺児育英会と、その後のあしなが育英会の種銭（たねせん）になったわけです。

交通遺児の全国実態調査を約束・実施した田中龍夫長官

――交通遺児育英会を作るきっかけになったのは、まさにこの街頭募金だった？

そうです。しかし、翌年の一九六八年四月十五日の「桂小金治アフタヌーンショー」がより大きなきっかけになりました。番組中、小学生の交通遺児だった中島穣（みのる）君が泣きながら「天国にいるおとうさま」という作文を読み上げました。「泣きの小金治」と言われた小金治さんをはじめ、スタジオ中が涙、涙となりました。ゲストとして田中龍夫総理府総務長官[*4]（当時）が出席しており、田中長官も涙をこぼしていました。私には、全国の茶の間からスタジオに、涙が逆流してくるかのように感じられました。この作文を含めた『天国にいるおとうさま』という作文集がこの年の秋にサイマル出版会から出版され、ベストセラーになりました。

――社会学者の副田義也さんが書いた『あしなが運動と玉井義臣――歴史社会学的考察』（岩波書店）は、この場面について「いつの世でも人々を感激させるのはお涙ちょうだいだ」「この場で泣かなかったのは玉井だけだった」と書きましたね。大事なことは、玉井さんがこの場で、田中長官に対して交通事故遺児の全国実態調査を実施するように迫ったことです。田中長官も実施を確約したそうですね。

そうです。田中長官は総理府に戻った際、役人から怒られたそうです。役所として厄介な仕事を引き受けたくなかったからでしょう。しかし、田中長官は断固として調査をやらせました。実はこの直後に、衆院予算委員会で社会党の横山利秋議員（故人）が、遺児の作文集を手に政府に実態調査の実施を迫りました。これは、私が横山議員に頼んだ結果でした。

遺児の実態調査はこの年（一九六八年）の十一月にまとまりました。総理府としても、あれだけ涙を流した国民の声を無視できなかったのでしょう。調査結果は①同年五月現在で、全国の小・中学校に在学中の交通遺児は二万七七六六人②その約九〇%は父親を失った子供であり、彼らの三八・三%は生活保護を必要とする世帯、あるいはそれに準じる生活水準の世帯――などというものでした。

＊4　一九〇一―九八。陸軍大将や首相を務めた田中義一氏の長男。家督を継ぎ男爵、満鉄に勤務。一九四七年、最後の官選知事として地元山口県知事を務め、その後、衆院旧山口一区から連続一三回当選。自民党福田派に属し、六七年、第二次佐藤栄作内閣で総理府総務長官として初入閣。通産相（福田赳夫内閣）、文相（鈴木善幸内閣）などを歴任した。おっとりした性格で「たっぷさん」の愛称で親しまれた。

佐藤栄作首相も受け入れた交通遺児育英会の設置

――国の実態調査の結果、交通遺児の深刻な状況が分かってきた？

そうです。父親を交通事故で亡くした子供のいる家庭の四割近くが生活保護を受けている、とかですね。これを受け、国会で「国の責任で交通遺児育英会を作り、救済に取り組むべきだ」という声が与野党一致して高まり、時の佐藤栄作首相（故人）も「財団法人・交通遺児育英会」[＊5]の設立を受け入れました。

私は「遺児救済事業がうまくいくかどうかは会長人事にかかっている。会長には当時、富士製鉄社長で財界きっての大物である永野重雄さん（故人）がふさわしい」と考えました。永野さんは、このころ発生した名古屋の猿投（さなげ）ダンプ事故[＊6]に関し、加害者側に対して厳しい意見を表明していました。またテレビでの交通問題に関する座談会で面識もありました。

とはいっても三十歳そこそこの若造がお願いに行くわけにはいきません。そこでたっぷさん（田中龍夫長官）に相談しました。すると翌日、たっぷさんから「永野さんで決まったよ」という電話がありました。当時、蔵相で、たっぷさんが所属する派閥の領袖だった福田赳夫さん（故人、後に首相）に依頼したところ、福田さんはその晩のうちに料亭で永野さんと会い、了承してもらったということでした。

――交通遺児育英会の常任理事以上の役員をみると、財界人四人、元高級官僚四人、「励ます会」出身者四人（玉井さんと岡嶋さんのほか女性会員と学生会員）、学者一人という構成でした。実際は官僚ＯＢが優位を占めていたということでは？

そうです。「官民あげての組織だ」というふれ込みでしたが、実態は総理府といった役所のＯＢが優位を占めていました。定款なども役所が作りましたしね。しかし、当時は「よくここまで来たものだ」と思ったものです。岡嶋君、たっぷさん、永野重雄さんと私の間には、本来ならまったく結びつきそうなものはなかったのに、こうしてつながったわけですから。「出会いの妙」としか言いようのないこともあるんですね。

＊5　一九六九年一月三十一日の閣議で政府方針として設立を了解。五月二日、総理府・文部省共管の財団法人として発足。主な役員は会長＝永野重雄氏▽専務理事＝玉井義臣氏▽監事＝岩佐凱実氏（富士銀行頭取、故人）らだった。岡嶋信治氏は常任理事の一人として就任した。同年十月には高校生向けの奨学金制度が始まり、七三年には大学生向けの奨学金制度も始まった。第二代会長は武田豊氏（新日鉄会長、故人）、第三代会長は林健太郎氏（元東大総長、故人）だった。二〇〇六年以降、現在まで清水司氏（元早大総長）が会長を務めている。ただし、玉井氏の略歴にもある通り、同氏は一九九四年に専務理事を辞任、育英会とは袂（たもと）を分かった。

＊6　一九六六年十二月十五日、愛知県猿投町（現豊田市越戸町）の国道一五三号線で起きた。居眠り運転のダンプカーがライトバンに追突した。二台は、横断歩道を渡っていた近くの保育園児と保育士の列に突っ込み、園児一〇人、保育士一人が死亡、二二人が重軽傷を負った。この事故は「交通戦争」の代表的な事例として国会で取り上げられ、土砂等を運搬する大型自動車による事故防止等に関する特別措置法（通称・ダンプ規制法）制定の引き金となった。

全国の大学生たちが交通遺児救済活動に立ち上がる

――財団法人・交通遺児育英会が正式に発足したころ、大学生たちが募金活動を自主的に始め、そこで集まった募金が同育英会の運営に大きく貢献するようになりましたね。

その一つは一九六九年七月から九月にかけて、青山学院大学と東京理科大学の二学生（ともに三年生）が自動車を交代で運転しながら全国を回り、一六九万円余りを集めて、育英会に寄贈したことでした。二つ目は翌七〇年五月、秋田大学鉱山学部の山本五郎、桜井芳雄両君らが大学祭の企画の一つとして、遺児たちのための募金活動を実施したことです。桜井君たちは全国三九大学の学生の協力を経て、一二五万円余りを集めました。こうした動きをきっかけにして、全国一二七大学の自動車部が組織する全日本学生自動車連盟のメンバーが翌七一年、第二回の募金運動を全国規模で展開しました。さらに学生たちが中心となって、全国に三〇あまりの「交通遺児を励ます会」ができました。

このうち秋田大学の山本、桜井両君らは自動車を使って「日本縦断チャリティー・ラリー」をやろうと計画しました。それを実現するため、桜井君が上京して警視庁交通部に行き、相談したところ、集めた募金の寄付先として交通遺児育英会を紹介され、私のところにやってきました。ただし、桜井君らの計画に対しては「クルマ社会の犠牲者である交通遺児のための募金を、クルマを使って楽しむラリーで行うのは矛盾している」といった意見が出たため、ラリーは諦めて募金だけを行うことにしました。

各地に「交通遺児を励ます会」が発足

彼らは大変な行動力を持っていました。各大学を回って、運動部や文化部の各部室をひとつ残らずノックして募金活動をしたのですから。

ちょうど全共闘運動の時代で、各大学ともストライキや教室閉鎖のため授業はやっていない時期でした。学生はみんな暇でやることがないものだから、あっという間に仲間の輪が全国に広がりました。早稲田大学の高橋重範君や佐藤信機君、山口英夫君、立命館大学の学生で「大阪交通遺児を励ます会」を作った山本孝史君[*7]（後に民主党衆院議員）、大阪府立大学の飯野俊男君（その後、ブラジルに移住）らが、その時に活躍してくれた学生たちです。

こうした運動の中心になったのは、地方の国立二期校や私立大学の学生が多かったですね。東京大学の学生は「おれたちは中央で一生懸命やってもうまくいかなかった。そんな時に二期校の連中が全国を制覇してしまった」と言っていました。まさにそうだったんです。私も一期校の入試に落ち、二期校の滋賀大に入りました。だからよくわかるんですが、二期校の学生には「あほらしくて学校なんか行ってられない」という不満や閉塞感があったんです。そこに出向いて、まさに「オルグ」したわけです。オルグされた学生が、さらに他の大学の学生をオルグするという形で一気に広がっていきました。

＊7　一九四九—二〇〇七。実兄が交通事故死したのを機に、立命館大学在学中から交通遺児救済運動に参加。卒業後、財団法人・交通遺児育英会に就職、一九九〇年から玉井専務理事のもとで事務局長を務めた。九三年の衆院選で旧大阪四区から日本新党公認で出馬し初当選。衆院二期後、参院二期。民主党参院幹事長などを歴任。二〇〇五年五月、参院本会議でがん罹患を公表、がん対策基本法の早期成立を訴えた。酸素吸入器を装着しながら国会に登院したが、〇七年十二月二十二日、胸腺がんのため死去した。享年五十八。

山本孝史氏、藤村修氏ら多くの人材が結集

——それが「交通事故遺児を励ます会」が広がる一要因だったのですね。

当初は岡嶋信治君がひとりで頑張っていました。しかも「励ます会」があったのは東京だけでした。そこで「全国に広げよう」と考え、各地でオルグを始めたわけです。秋田大学をはじめ多くの大学の学生たちが卒業してい

く中で、オルグされて仲間になったのが前述した山本孝史君や広島大学自動車部の藤村修君[*8]や福岡工業大学の山北洋二君らだったわけです。私たちは、募金活動だけで終わりにするのではなく、各地に「励ます会」を作って、継続的に運動を進めようと考えました。

——藤村修さんも秋田大学の学生オルグで参加するようになったのですか。

いいや違います。私が直接オルグしました。その当時、私は学生たちと一緒に全国を回り、募金の管理などをしていました。広島大学に行った時、藤村君に会い、オルグしました。

——どんな学生だったのですか。

まだ二年生で、静かで行儀のいい、しかし弁の立つ学生でした。リーダーというより、こつこつきちんとやる性格の学生でした。彼はその後も変わっていないですね。あれだけ変わらない男も珍しいのでは(笑い)。彼は三年生になってから自動車部の「主務」、つまりナンバー2のマネージャーになりました。彼は大型自動車の免許を持っていたことから、遺児たちをバスに乗せて、ピクニックに連れていくなど便利な男でした。歌もうまかったですね。ですから遺児たちに人気がありました。彼は遺児たちの作文集『写真だけのお父さん』を作って広島県議会に提出して、県に遺児支援の仕組みを作らせました。この広島方式がモデルになって、各地の学生たちがそれぞれ運動し、「励ます会」がアッと言う間に全国に広がっていったわけです。

——それを藤村さんが企画したのですか。

いや、実はすべて東京指示、私の指示に基づいて藤村君が動きました。私と藤村君とのそういう関係は今でも変わっていません(笑い)。日本という国は、関西を除くと、東京からの指示がスーッと流れる中央集権的なところがありますね。しかし、関西はそうはいきません。関西のリーダーだった山本孝史君は積極的で、私にも食ってかかるところがありました。いずれにしても彼をがんで失ったのは痛かったですね。

＊8　一九四九年十一月大阪市生まれ。広島大学工学部経営工学科に在学中、交通遺児育英会の活動にボランティア参加。卒業後、同育英会に就職。その後、永野重雄氏らの応援を受け、日本とブラジルの青少年交流に取り組み、七六年に「日本ブラジル青少年交流協会」を永野会長、玉井・斉藤広志両事務局長で設立。その事務局次長として活動。同協会は八九年に「社団法人・日本ブラジル交流協会」に衣替えし、理事長に就任（会長は玉井）。同交流協会は二〇〇九年に解散する。それまでの間、七五〇人余りの日本の若者が研修留学し、両国の懸け橋となった。

九三年の衆院選に日本新党公認で旧大阪三区から出馬しトップ当選。現在当選六回。民主党政権では菅直人内閣で外務副大臣、厚生労働副大臣を務めた。野田佳彦内閣で官房長官として初入閣した。

参院選出馬の打診

――一九九三年と言えば、政治改革関連法案の取り扱いに絡んで政界再編が取り沙汰された年です。山本孝史、藤村修両氏は同年七月に行われた衆院選に出馬し、初当選を果たすわけですが、出馬するまでにどういう経緯があったのですか。

一九九一年二月に熊本県知事を退任した細川護熙さんは、同年五月に『文藝春秋』誌に「『自由社会連合』結党宣言」を発表しました。そのうえで細川さんは新党への参加を各界に呼び掛け、党名を「自由新党」に決めて、七月の参院選に挑戦することになりました。[＊9]

そのころ『朝日新聞』編集委員の伊藤正孝氏[＊10]から私に「細川さんが、玉井さんに参院選に出てほしいと言っている」と電話がありました。私は「そんなことをしたら交通遺児育英会はすぐにつぶれてしまいます。場合によって他の人に乗っ取られるかもしれません。私は出られません」と即座に断りました。政界への進出問題は、その後、沙汰止みになりました。

――細川さんとはどういう縁があったのですか。

伊藤さんとは、彼が福岡総局員時代から交通事故問題で交流がありました。伊藤さんは「日本自動車ユーザーユニオン」（自動車のユーザーで組織した民間の消費者団体）から訴えられたこともあり、そうしたことも含めて私は伊藤さんと非常に仲が良かったんです。伊藤さんが東京本社社会部にいるころは何かにつけて紙面の上で交通遺児育英会を応援してくれました。

その伊藤さんが細川さんと私の間をとりもってくれたんです。当初、伊藤さんは「玉井さん、間違っても政治家になるなよ」と言っていました。しかし、九三年の参院選の時には「細川さんが候補者として出ろと言っているよ」と電話で言ってきたという次第です。その場で断ったということは、先ほど述べた通りです。

＊9　この時の参院選は九二年七月二十六日に投開票が行われた。細川氏らは党名を「自由新党」から「日本新党」に変えて、選挙戦に臨んだ。日本新党は比例区に一七人の公認候補を擁立し、約三六〇〇万票を得て、ミニ政党としては過去最高の四議席（細川氏を含む）を獲得した。日本新党は翌九三年一月に行われた新潟県白根市長選に単独推薦候補を擁立。その候補者は、自民党・社会党推薦候補者を破って当選した。さらに同年六月の東京都議選では公認候補二〇人が当選した。〝細川新党〟は国政選挙だけでなく地方選挙でも人気の高さを示した。

一方、国会では政治改革関連法案が不成立に終わり、宮沢喜一内閣に対する不信任決議案が可決・成立。宮沢首相は九三年六月十八日、衆院を解散した。自民党からは武村正義氏、小沢一郎氏らが相次いで離党、衆院選の投票日は七月十八日と決まった。

＊10　一九三六―九五。福岡県立修猷館高校を経て早稲田大学商学部卒。『朝日新聞』入社後、鹿児島支局に赴任。一年後輩の同僚に細川氏がいた。東京本社社会部、政治部などを経て、カイロ特派員などを歴任。社会部記者時代には欠陥車問題をスクープした。アフリカから帰国後、『朝日ジャーナル』編集長や編集委員を務めた。元自民党副総裁の山崎拓氏とは中学、高校、大学で同期だった。

山本、藤村両氏が「細川新党」から出馬

次の衆院選の前に、細川さん、伊藤さんと私の三人で密かに会いました。細川さんは「あなたが選挙に出られないのは分かった。代わりに誰かあなたの部下を出してほしい」と言いました。それで私の〝両腕〟とも言える山本孝史、藤村修の両君に出てもらったわけです。二人とも政治にはあまり関心を持っていなかったんですがね。いずれにしても、伊藤さんは細川さんに信用されていました。いや信用されていたどころか、伊藤さんが選挙に関して指揮を執っているような感じでした。細川さんも、候補者集めも含めて伊藤さんを頼りにしていたようです。

――伊藤さんは劇場型の人間で、細川さんとはものすごく仲良しでした。日本新党の旗揚げでは伊藤さんは裏方を務めました。また新聞記者なのに、山崎拓さんの選挙応援に駆けつけて演説したこともありました。

確かに伊藤さんは、細川さんとの関係が深まる前、山崎さんの選挙運動もやったらしいですね。山崎さんは早稲田大学を卒業後、ブリヂストンに勤務しましたが、そこを辞めて福岡市の平和台球場でシューマイ屋を開業しました。試合のある日は、空を見上げてはシューマイの売れ行きを心配していたそうです。それを知った伊藤さんは「いい加減、シューマイ屋をやめて政治をやれ」と激励し、一九六七年の福岡県議選に出馬させ、修猷館高校の卒業仲間と一緒になって応援したそうです。山崎さんは当選し、政治家の道を歩み始めるわけです。ということは、うまく行ったら伊藤さんは細川、山崎という二人の首相を推し出していたかもしれないということですよ（笑い）。

緒方洪庵の「適塾」を参考に「心塾」を開設

――育英会活動を続けているうちに各地の大学の自動車部の学生たちが作った「交通遺児を励ます会」のメン

バーたち、さらに育英会から奨学金をもらった遺児たちの中から人材が次々と輩出されていきましたね。

私がかつてジャーナリストだったこともあり、朝日や日経などの新聞業界、ＮＨＫなどの放送業界に進む若者が多かったですね。

私は一九七八年に東京・日野市に奨学生向けの学生寮「心塾(こころ)」（定員二百人）を建設しました。これは育英会の常任理事だった緒方富雄東大名誉教授[*11]の勧めによるものでした。緒方さんは蘭学者・緒方洪庵の曽孫で、かねがね私に「多額のおカネを全国の交通遺児に配るのもいいが、小さな塾を作って、人づくりをしたらどうか」と言っていました。そこで洪庵の蘭学塾「適塾」を参考にして心塾を作ったわけです。塾創立の基本目的は人づくりの場を持つことと、貧困家庭の子供が東京の私立大学に進学できる拠点を持つこと——でした。塾では「読み、書き、ソロバン」ではなく「読み、書き、スピーチ」をモットーにして『朝日新聞』や『毎日新聞』の記者、ＮＨＫのアナウンサーらを講師に招いて教育してもらいました。ここからも多くの人材が育っていきました。

＊11　一九〇一—八九。大阪府生まれ。東大医学部教授を経て、一九六二年に名誉教授に。医学博士で、日本を代表する血清学者だった。血清研究の他に病理学、蘭学、社会事業などの分野でも活躍した。著書に『緒方系譜考』『緒方洪庵傳』（岩波書店）など多数。

災害・病気遺児の支援運動

——一九六九年五月に発足した財団法人・交通遺児育英会はその後、いわゆる「あしながおじさん」からの寄付金が増えるなど財政的にも安定していったようですね。交通遺児に対する奨学金の貸与事業も順調だったと聞いています。

しかし、発足から二五年が過ぎた一九九四年三月三十一日、同育英会の第九期理事会が開かれた際、玉井さんは次期理事長の選任に抗議する形で、それまでに務めていた専務理事・常勤役員・事務局長を辞任してしまいましたね。育英会のこの内紛については、後に「官僚ＯＢたちによる育英会の乗っ取りだった」と指摘されることになるわけですが、いったい何があったのでしょうか。

減り始めた交通事故

私は交通遺児の支援運動を続ける一方、一九八〇年代前半から災害遺児の支援運動にも取り組み始めました。この当時、育英会の正味財産は着実に増えていったんですが、交通遺児の奨学生は減りつつあったんです。それは、交通事故による成人男女の死者数の減少、少子化傾向の進行、自動車事故賠償責任保険の死亡支払限度額の引き上げなどによるものでした。

そこで私は、奨学金を貸与する範囲を交通遺児に限定するのではなく、災害遺児や病気遺児などにも広げよう、それこそが遺児救済運動の発展につながると考えました。

――時代は大きく変わりつつある、との認識があったわけですか。

そうです。先ほども言ったように、交通事故による死者数は一九七〇年をピークに減っていったんです。逆に交通遺児育英制度は非常な勢いで安定していきました。私の母が交通事故で亡くなったころの自賠責の死亡保険金は五〇万円でした。しかし、私たちが「交通遺児と母親の全国大会」などを通じて政策要求した結果、三千万円にまで上がっていきました。どうして、そんなに上がったかというと、その方が保険会社は儲かるからですよ。利害が一致したわけです。

――交通遺児だけを対象にしていたら壁にぶつかると考えた？

そう。私たちの運動自体が萎んでしまうと思いました。だからすべての遺児に広げたいと考えたわけです。ちょうど自然災害や労働災害が各地で起きている時期でした。北海道の夕張炭鉱事故、秋田県の日本海中部地震、島根県の集中豪雨、長崎県の大水害、福岡県の三井三池有明炭鉱火災などです。自然災害は、頻発する割には死者の数は多くありません。しかし、炭鉱や化学工場などで起きた災害では亡くなる人が多かったですね。[*12]

＊12 交通遺児育英会が災害や病気遺児など全遺児に取り組むきっかけになったのは、一九八二年にスタートした「恩返し運動」だった。これは、高校奨学生や大学奨学生たちが、寄付してくれた「あしながおじさん」たちに恩返ししようとして始めたものだ。

というのは「あしながおじさん」は匿名の存在であるため、直接には恩返しはできない。そこで「恩は社会から与えられたもの」と学生たちは考えた。そして具体的には献血や災害時の支援金募金、災害遺児や病気遺児のための育英資金の募金などを全国規模で展開した。

八三年十一月には、最初の試みとして熊本市で災害遺児育英募金活動を実施した。熊本という地方都市を選んだのは、従来の交通遺児育英募金活動が大都市圏に偏っていたことを反省してのことだった。この当時の熊本県知事は細川護熙氏だった。玉井氏が『朝日新聞』編集委員（当時）の伊藤正孝氏に相談。伊藤氏は、『朝日新聞』鹿児島支局時代からの同僚で、親しくつき合っていた細川氏を紹介した。募金活動は、高校生を中心にして熊本市内三か所で行われ、細川氏も街頭に立った。

こうした活動を続けた後、玉井氏は八四年九月に奨学生たちを中心とした「災害遺児の高校進学をすすめる会」を結成。さらにその後、「病気遺児の高校進学を支援する会」も結成した。最終的にこれらが九三年四月のその後の「あしなが育英会」の誕生につながっていく――。

中曽根、竹下両首相は賛意を示した

――災害遺児に対する募金活動を続ける一方で、玉井さんは政府や与野党に対して国庫からの財政支援を含む災害遺児育英制度の設立を訴えていきましたね。

そうです。一九八六年二月、中曽根康弘首相（当時）は衆院予算委員会で、矢野絢也公明党書記長（同）の質問に答えて、同制度の設立について「文部省（現文部科学省）に検討させ、関係省庁とよく相談させる」と述べました。さらに竹下登自民党幹事長（同）も同年十二月、「第一四回交通遺児と母親の全国大会」での挨拶の中で「同制度の確立に向かって、文部省をはじめとする関係各省庁の協議を促進させる」と言ってくれました。「災害遺児制度を作ることぐらい何とかなるだろう」という認識が、当時の政治家たちにはあったということです。

その後、竹下氏は八七年十一月に首相になるわけですが、消費税導入法案を成立させる必要性があったことから、野党の同制度に関する予算要求に関して「災害遺児制度は何とかする。私にまかせてほしい」と明言したほどでした。小渕恵三官房長官（同）も「何とかする」と言っていました。ところが大蔵省（現財務省）はバーンと蹴ってしまい、八八年度予算案に同制度の設立費が計上されることはありませんでした。

――首相が「やる」と言ったにもかかわらず、ですか。

竹下さんは蔵相をやった人でした。それでも蹴られたわけです。どうしてかと言うと、災害遺児支援を国でやるとなると、一般財源から原資を出さなければなりません。大蔵省は「それをやると、すべての遺児に広がってしまう。そうなればとんでもない金額になってしまう」と警戒したわけです。考えてみれば、大蔵省が蹴るのは当たり前のことです。しかし、勉強をしていない政治家たちは「できる」と思ったわけですよ。竹下さんも、そのへんは分かっていなかったのではないでしょうか。

橋本龍太郎氏が示した船舶振興会の活用案

――その時点で、国による災害遺児育英制度の創設案はつぶれてしまったわけですか。

いいえ。八八年四月になっても竹下さんは「災害遺児育英制度を発足させ、四月一日にさかのぼって実施する」などと言っていました。この問題で与野党の専門家会議も続いていました。しかし、大蔵省に加え、文部省からの巻き返しも入り、前に進まないという状況が続きました。

困りはてた竹下さんは、当時、自民党幹事長代理を務めていた橋本龍太郎氏（後に首相。故人）を財団法人・日本船舶振興会[*13]の笹川良一会長（当時）のところに走らせました。同年九月、橋本氏は与野党専門家会議の席に初めて出席し、「日本船舶振興会が新しく災害遺児制度を創設する。制度の内容は振興会に一任する。この制度は交通遺児育英会とは切り離して実施する」という案を示しました。要するに「笹川平和財団がカネを出して独自にやる」というわけです。

当時、笹川さんはノーベル平和賞を欲しがり、必死になってそれを追いかけていました。そのためでしょう。この問題を担当した理事は海外担当の理事でした。

＊13　一九六二年に設立され、笹川氏は初代会長。競艇の収益金をもとに海洋船舶関連事業の支援や公益・福祉事業、国際協力事業を行ってきた。八六年に財団法人・笹川平和財団を設立。笹川氏は九五年に死去。第二代会長には作家の曽野綾子氏が就任。現在の第三代会長は、笹川氏の長男・陽平氏。二〇一一年四月、公益財団法人・日本財団に名称を変更した。
災害遺児育英制度の創設については三〇億～五〇億円規模の財源を持つ財団を作る構想だったと言われている。

橋本氏の案を拒否、大喧嘩に発展

――玉井さんはそれを受け入れなかった？

そうです。当時、私は災害遺児問題を自分たちの運動で解決し、次に病気遺児などを一つひとつ解決していこうと思っていました。しかし、災害遺児支援事業を船舶振興会に取られてしまえば、私たちの運動は寸断・分断されてしまいます。ですから受け入れることはできませんでした。橋本さんの案を拒否したところ、大喧嘩になっていきました。

奨学生の中には「ギャンブルの上がりだけで奨学金をまかなうというのでは奨学生がかわいそうだ」という思いが強くあり、八九年春の奨学生募集の折には「ボクらは笹川さんよりあしながおじさんに応援してほしい」という文面のビラが街頭で撒かれたりしました。最終的に船舶振興会は引かざるを得なくなりました。橋本さんは「恥をかかされた」とカンカンに怒り、「ビラ配りなどすべては玉井がやらせているんだから、玉井を代えさせろ」と総務庁（現総務省）の担当者に言ったそうです。このことは文書で残っています。[*14] その後は、脅迫やいやがらせ電話が相次ぎました。「玉井をつぶせ」というわけです。

——そういう経緯をたどった後、冒頭で言及した第九期理事会（一九九四年三月三十一日）での専務理事辞任に向かっていくわけですね。

ええ。

＊14　問題の文書は総務庁の内部文書「育英会理事の改選の経緯」というもの。一連の騒ぎからほぼ一〇年後の九八年七月二十四日付の『週刊金曜日』が、その内容を報じた。
記事の見出しは「総務庁に乗っ取られた交通遺児育英会の再生の道を探る」。それによると、文書の中に次のような一節があった。
「平成三年（一九九一年）三月六日、内閣官房内政審議室の公文室長から総務庁交通安全対策室長に電話があった。電話の内容は『公文室長が橋本大蔵大臣に呼ばれたので行ってみると、橋本氏は手紙（怪文書）を見ながら〝これでは生ぬるい。玉井を代えるべきだ〟と言った』というものだった」

育英会の理事会で噴出した背任批判

——九〇年代に入ると、財団法人・交通遺児育英会（当時。現在は公益財団法人）の中で玉井さんへの攻撃が始まり、その結果として玉井さんは同育英会の専務理事・常勤役員、事務局長を辞任に至るわけですね。

一九九三年後半ぐらいから育英会の理事会で、私が取り組んできた災害および病気遺児育英制度の創設問題に関して、理事たちから批判や非難の声が出るようになりました。

その内容は「交通遺児育英会の資金を使って全国交通遺児育英学生募金を行ったのに、玉井は八七年から募金の半分を『災害遺児の高校進学をすすめる会』に贈るなどした。これは育英会の寄付行為（定款）に違反しており、育英会に損害を及ぼす行為であり、背任の容疑が濃厚だ」といったものでした。私は、いずれは交通遺児と災害遺児・病気遺児とを合体して取り組もうと考えていたこともあり、「集まったカネをどこにどれほど寄付するかは同募金事務局が決定するものだ。背任行為になるはずがない」などと反論しました。すでに理事会で募金額の配分先について賛同を取り付けていたからです。

そう言う理事たちは、所管官庁の総務庁や文部省（いずれも当時）の官僚が書いたシナリオに沿って、いろんな文書を次々と読み上げていき、それを議事録に全部載せました。私がいかに悪者であるかを印象づける狙いだったのです。かつては私の仲間だった理事たちも向こう側に寝返っていきました。官僚たちの芸の細やかさに感心したものです。[*15] そのなかでも理事だった久木義雄氏や阪本みゆき氏らの裏切り行為は許せないものでした。また私の辞任後に、理事から専務理事に昇格した穴吹俊士氏（高松市議、高松交通遺児を励ます会会長）は、育英会を官僚主導の運営に変え、私が作った理念を骨抜きにしていきました。

＊15　この当時の理事会への出席理事の数は玉井氏を入れて計九人だった。その中から「反玉井」の動きが表面化したわけだが、反玉井派の動きや主張について『あしなが運動と玉井義臣――歴史社会学的考察』（岩波書店）の著者である社会学者の副田義也氏は①理事九人のうち七人が反玉井派を形成して、玉井氏を背任容疑で追及、非難した②七人は交通遺児育英会が災害遺児育英制度に取り組むのに絶対反対だった③それは総務庁交通安全対策室の意向であり、その背後に橋本龍太郎氏（蔵相や通産相を歴任し、後に首相。故人）の強い指示があった――などと記述している。

育英会の乗っ取りを図った官僚ＯＢ

——そして九四年三月三十一日の第九期理事会の当日に至るわけですね。

この当時、理事長ポストは空席でした。それまで理事長を務めていた石井栄三[*16]さん（元警察庁長官）がこの年の一月に病死されたからです。私は当分、空席にしておくつもりでしたが、この日、事前に何の予告もないまま、次期理事長選出の議案に入り、互選で多数派の筆頭だった宮崎清文さん[*17]を選出してしまったんです。その直後、私はこれに抗議して「辞めます」と言って、専務理事の辞任を申し出ました。

——辞めなくてもよかったのでは？

どうだったでしょうか。『朝日新聞』の福島申二記者（現論説委員「天声人語」担当）からも「ちょっと早過ぎないか」という忠告がありました。しかし、宮崎理事長のもとで、さらに一期か二期、専務理事を務めても、結局は真綿で首を絞められるようにして辞任に追い込まれていたでしょう。ですから先手を取って辞任したんです。当時は、夜間に変な電話がかかってきたりしましてね。精神的にもおかしくなりますよ。

＊16　一九〇七—九四。東大を卒業後、内務省に入る。戦後は旧警視庁警務部長などを歴任。一九五五年から三年間、警察庁長官を務めた。退官後の一九六九年に交通遺児育英会の初代理事長に就任した。

＊17　一九二〇年生まれ。東大を卒業後、内務省に入る。海軍主計大尉などを経て戦後は警察庁交通企画課長、交通局長などを経て、一九七二年の第二次田中角栄内閣で総理府総務副長官（事務）に就任。退任後、日本交通福祉協会会長などを経て交通遺児育英会の二代目理事長に就任。交通遺児育英会の発足時、玉井氏の相談相手になったこともあった。玉井氏は宮崎氏について「道交法関係の法規は全部自分が作ったと言っていました。神経質な人でした」と評している。

始まった玉井氏、山本氏、藤村氏つぶしの〝企て〟

――この件について玉井さんは「あしなが育英会」発行の機関誌に「あしながさんや学生の街頭募金で集めた資金と、九千平方メートルの敷地に建つ心塾を奪われたことは正直、口惜しい」と書いていますね。

私が辞任して交通遺児育英会からいなくなったわけですから、乗っ取られたのと同じでしょう。宮崎さんが送りこまれ、追い出されたわけですから。彼らは「乗っ取りではない。玉井の方から辞めて行っただけだ」と言っているようですが、極限まで追い詰めて、辞任せざるを得ないようにしたのは間違いないところですよ。だから私も「辞めるのならこの時だ」と決心したんです。

――玉井さんが辞任した後の九四年十月に『サンデー毎日』が「告発スクープ・街頭募金はどこに流れたのか」と題して玉井さんや山本孝史さん、藤村修さんを批判する記事を三回連続して掲載しましたね。[*18]

玉井をつぶし、衆院選で当選し、代議士になったばかりの山本、藤村両君をつぶし、さらに学生募金活動をつぶそうとしたとしか思えない内容でした。毎日新聞社の偉い人が橋本龍太郎さんに言われてやったんではないですか。三回もトップページで掲載するというのは週刊誌史上なかったのではないでしょうか。

記事を書いたのは『毎日新聞』大阪本社出身で、大阪や神戸の組関係に強く、やり手の広野伊佐美記者でした。以前から親しくしていた同社の論説委員の鳥井守幸氏も心配して、「玉井さん。『サンデー毎日』の編集長と話し合った方がいいよ」と忠告してくれましたが、私は「編集長と話してすむ話ではないよ。僕をつぶそうとしているのだから」と聞き流しました。まったくひどい話でした。

私は、その四年前の九〇年一月に朝日新聞社から「朝日社会福祉賞」をもらっていました。『サンデー毎日』の記事が出た後、朝日新聞社は改めて私や交通遺児育英会について調べたそうです。その結果については、朝日新聞社の友人・富岡隆夫記者が「重役会で玉井さんはシロということになったよ」と伝えてくれました。『朝日新聞』は知っていたんですよ。「問題なし」と。

＊18 『サンデー毎日』の記事は同年十一月六日、十三日、二十日号に掲載された。各号の見出しは「交通遺児『街頭募金』を吸い上げる『善人』たち」「交通遺児育英会ぐるみで当選した代議士たち」「前専務理事を刑事告発背任横領で」だった。玉井氏ら三人はただちに名誉毀損で毎日新聞社などを提訴し、二〇〇〇年二月、同社の広野記者が証人として証言台に立つ寸前に、玉井氏らの名誉が保証される形で和解が成立した。

交通遺児育英会を辞め、あしなが育英会へ

——交通遺児育英会を辞めた後、あしなが育英会に移ったわけですね。

そうです。この時点から一年前の九三年四月に、それまでの「災害遺児の高校進学をすすめる会」と「病気遺児の高校進学を支援する会」とが合併し、あしなが育英会が作られていました。あしなが育英会は交通遺児育英会と違って、純粋な民間団体です。

私は、それに乗り移り、九四年四月一日付であしなが育英会の副会長になりました。会長は武田豊・新日鉄会長（故人）でした。その後、九八年四月には会長になり、爾来(じらい)、一貫して同会を引っ張っていくことになるわけです。

——そして一九九五年一月十七日、阪神・淡路大震災が起き、そこであしなが育英会は獅子奮迅の活動を展開するわけですね。

そうです。うちの学生たちが大活躍しました。

大震災発生の第一報を聞いた時、最初に考えたことは「被災地に住んでいる遺児奨学生たちや、あしながさんたちは無事だろうか。被災した人はどれだけいるのだろうか」ということでした。その確認のために同月二十一

日、あしなが育英会の職員二人を派遣し、さらに二月十五日から震災遺児を探すローラー調査を始めました。

最初は被災地のすべての学校を訪ねて遺児のリストづくりを要請したんですが、多くの学校はプライバシーの保護を理由に拒否しました。しかたなく新聞各紙に掲載された死亡者名簿から二十歳以上五十九歳以下の男女の名簿を作り、「この人たちの遺児が必ずいるはずだ」と一軒一軒回り、五七三人の遺児を見つけました。一人の遺児を探すのに避難先などを五度回ったというケースもありました。こうした作業を進めたのは育英会の職員や全国各地から集まってきた遺児奨学生たち、さらに一般学生やボランティアたちでした。それは大変なエネルギーでした。

そして私たちは高校生や大学生への奨学金貸与にとどめるのではなく、学齢未満児を含む全遺児に激励金を贈ることにし、そのための募金活動を全国で展開しました。二月十八日からの二日間でなんと一億一〇〇〇万円も集まりました。

その後、「震災遺児を励ますつどい」を有馬温泉で開いたりしましたが、そうした活動や体験を通じ、震災遺児を支援するうえで最も重要なことは「心のケア」つまり心の傷を癒してあげることだと気付きました。神戸市内の喫茶店跡に常駐していた育英会の職員たちからも「遺児たちからの『心のＳＯＳ』に応えることができるデイケア・センターを作りたい」「遺児たちがいつ来ても安心できる駆け込み寺があるといい」との声が出てきました。

——そうした声を受けて造ったのが、一九九九年一月に神戸市東灘区に完成した「神戸レインボーハウス」だったわけですね。

そうです。

「レインボーハウス」を建設

――「レインボーハウス」は米国オレゴン州ポートランドの「ダギーセンター」[*19]をモデルにしたそうですね。

そうです。建設資金もすぐに集まり、レインボーハウスの第一号となりました。

＊19　一九八二年にへベリー・チャペル夫人が創設した非営利、無宗派の民間施設。「ダギー」は脳腫瘍のため十三歳で亡くなったダク・トゥルノ君の愛称。同センターでは、親と死別した子供たちの心のデイケアを行っている。

玉井氏は同センターの活動内容を新聞報道とテレビ番組で知り、実際にセンターを視察したり、あしなが育英会の職員を研修のために派遣したりした。

そして九五年十月からレインボーハウス建設のための「虹の千円レンガ（レンガ一個分）募金」の募集を開始。遺児奨学生による緊急募金活動や有名な芸能人による建設支援コンサートなどを開催して約一五億円を集めた。九九年一月にオープン。開設当初は震災遺児やその家族が年間約二五〇〇人、「ファシリテーター」と呼ばれる心のケアのボランティアが約五百人集まった。

両陛下のご訪問で名誉が回復された

――そうした活動が評価され、二〇〇〇年五月に第五四回神戸新聞平和賞を受賞。さらに二〇〇一年四月二十四日には天皇・皇后両陛下がレインボーハウスをご訪問されたそうですね。

両陛下は阪神・淡路大震災の復興状況を視察されるために兵庫県をご訪問されたのですが、その際、レインボーハウスにいらっしゃってくださいました。両陛下は遺児や保護者たち一人ひとりにお声をかけ、励ましてくださいました。予定の時間を一〇分以上も延長され、お帰りの際、皇后陛下は私に「今日は胸がいっぱいになって、言葉がうまく出なくてごめんなさい。これからも子供たちのことをよろしくお願いします」というねぎらいのお言葉をかけて下さいました。

両陛下のご訪問の翌日から「撃ち方、止め」という状態になりました。私に対する批判や攻撃がピタッと止まったんです。

——玉井さんの名誉が回復されたということですか。

「天皇家にはこれほどの力があるのか」と思いましたね。

——天皇家のお墨付きを得た？

両陛下が訪問してくださったということは、私に悪事がなかったということでしょう。私を批判・攻撃した人たちは、根拠もないのに私が悪事を働いていると勝手に書き、私を追い出し、交通遺児育英会を乗っ取ったわけですよ。

——それは阪神・淡路大震災での遺児支援活動を天皇家が認めたということであり、それにより玉井さんは復権できたということですか。

そうです。認めてくださったということであり、完全に名誉回復ができたということです。

——このころ玉井さんはレインボーハウスで「遺児の国際的連帯のための交流会」を開くなど、活動の幅を広げていくわけですが、そういう中で二〇〇四年に二回目の「朝日社会福祉賞」を受けたわけですね。

そうです。二回目の朝日社会福祉賞については、朝日新聞社内で「二度も出すのはどうか」と議論があったと聞いています。結局は「前回は玉井義臣個人に出した。今回はそうではなく、あしなが育英会に出そう」ということになったそうです。

——その後、二〇一一年三月十一日に起きた東日本大震災でも津波遺児たちへの支援活動を展開しましたね。これは次の二で詳しくうかがいましょう。

（聞き手＝仮野忠男・今西光男）

二　東日本大震災発生　津波遺児のために集まった八五億円——世界が称賛したスピードと機動力

二〇一一年三月、未曾有の大地震と大津波が東北地方の太平洋岸を襲った。誰もが自然の猛威を目のあたりにして立ちすくみそうになった。しかし、玉井氏は敢然と立ちあがった。全津波遺児を支援しようと——。三・一一以降の活動ぶりを追う。と同時に玉井氏の視点は、遺児を含む被災者の心のケアへと移っている。玉井氏が自らのすべてを懸ける〝ファンドレイジング（資金調達）魂〟に終わりはない。

その日はウガンダの首都カンパラにいた

——二〇一一年三月十一日午後二時四六分ごろ、観測史上最大のマグニチュード九・〇の巨大地震が日本列島を襲いました。そして三〇～四〇分後には北海道から千葉県に至る列島各地に大津波が来襲しました。東日本大震災です。あしなが育英会は津波遺児への支援活動を迅速かつ大規模に展開しましたね。

その点をお話しする前に、まずは二万人近くにも及んだ死者・行方不明者のご遺族の方々に謹んで哀悼の意を表したいと思います。東日本大震災が起きた日、私はアフリカ・ウガンダの首都カンパラにいました。出張のためカンパラに着いたばかりだったんです。ホテルに入り、荷を解き、CNNやBBC、CCTVなどのテレビをつけたところ、経済市況を流していた画面が、急に東日本を襲った大津波の映像に変わりました。黒い波に流され、翻弄される住宅や自動車……。相当高いビルも倒壊したり、壁にスッポリ丸い穴が開いたりしていました。

堤防も水をせきとめられず用をなしていません。

痛ましいのは、引き潮の時、人と思われる〝物体〟がテレビ画面に映し出されたことです。テレビ画面は、思わず目を覆うような残酷なシーンもノーカットでした。家族も親戚も友達も、そして多くの人の想い出のよすがであるアルバムも海の彼方に押し流されていきました。辛い、恐ろしい、悲しい、空しい、黒い光景でした。多数の被災者と多くの津波遺児が出ることが予想されました。思わず私は被災者のために祈っていました。

そこへ東京のあしなが育英会本部の吉田和彦事務局長から電話が入りました。「副会長や常勤理事らと対策を議論しましたが、会長がいないと結論が出せません。いちばん早い便で帰国してほしい」というものでした。カンパラ近郊にあるレインボーハウスに立ち寄る予定でしたが、とてもその時間はありません。トンボ返りするしかないと覚悟しました。

重要なのは着の身着のままの被災者を支援することだ

――翌日、帰国の途についたわけですね。

そうです。日本に向かういちばん早い飛行機は十二日午後四時一五分発のエミレーツ航空しかありませんでした。途中、エチオピアとドバイで止まり、成田空港着は十三日午後五時半です。時差を抜くと所要時間は二〇時間ぐらいになります。大変な長丁場です。

一晩寝て、機中の人になりました。座席ではメモを片手にさまざまな思いをはせました。どうすればいいのかと。しかし、日本の新聞もテレビ報道もない状態です。事態がどう進行しているのかまったくわかりません。それでも問題点を整理しつつ一睡もせずに考え続けました。対策のポイントは、着の身着のままで、ほとんど無一物の状態になった被災者にどう手を差し伸べるかだと想定しました。

帰国後に知ったことですが、東京のあしなが育英会では三月十三日午前中にも三副会長（村山武彦、村田治、藤村修）と小倉良弘弁護士、育英会から事務局長の吉田和彦、監事の山北洋二、理事の林田吉司が参加して緊急支援対策について議論したそうです。しかし、私が不在だったため、具体的な対策をまとめるまでに至らなかったということでした。

遺児一人当たり二百万円の一時金を給付

十三日午後五時三五分、成田空港に到着し、ただちに育英会に向かいました。すぐに副会長会議の結果について説明を受け、私は以下のように断を下しました。

「被害者は〝着の身着のまま〟だということが救済のポイントだ。そのことを考えた場合、①奨学金ではなく、何に使ってもいい『使途自由』の支援金とすべきだ、②それも『貸与』ではなく、育英会初めての『返済不要』の給付にしたい、③対象は、ゼロ歳児から大学院生までの全遺児とする」

私は、ただちに全副会長にこの構想を電話で説明し、承認を得ました。「千年に一度あるかないかという大地震と大津波だ。これぐらい思い切った対応が必要だ」と考えた結果でした。こうして三・一一から二日後に、日本でいちばん早く、いや世界でいちばん早く生活特別一時金の給付が誕生したわけです。

十六日と二十日の二回にわたって記者発表し「ヨーイ・ドン」とばかりにスタートさせました。この時に発表した給付金額は、ゼロ歳児から未就学児童は一〇万円▽小、中学生は二〇万円▽高校牛は三〇万円▽専門学校生、大学生は四〇万円――というものでした。世間はそのスピード決定に驚きつつ拍手してくれました。あしなが育英会は、中央省庁の管理や監督を受けない任意団体です。だからできたことです。国や地方公共団体ではその仕組み上、こんなに早く決定はできなかったと思います。ちなみに給付額については、最終的にゼロ歳児から大学院生まで一律一人当たり二百万円に変更しました。同年十二月二十六日のことです。遺児の数、義援金の集まり具合などを勘案して最終決定したわけです。

被災地で活躍した五班の「お知らせ隊」

――二回の記者発表を終えた後、すぐに被災地での調査に着手したそうですね。

次の重要な課題は、被災地に新制度を知らせ、遺児を探すことでした。津波の爪跡は大きく、阪神・淡路大震災の時のように被災者宅を一軒一軒回るローラー調査は不可能でした。

そこで三月二十三日から二十八日まで、あしなが育英会の林田吉司理事や職員が現地に入って被災状況を調査しました。続いて四月十二日からは、これに遺児学生も加わり、五台の車に分乗して被災地に向かい、五班に分かれて三日間、避難所や役場、公民館などを回り、生活特別一時金制度を知らせるキャンペーンを展開しました。学生の足を自動車に変えたローラー調査と言っていいでしょう。

私たちは、この部隊を「お知らせ隊」と呼んだのですが、各隊は道なき道を進む難行苦行だったそうです。それでも各地にいる大学奨学生たちがすぐに集まり、手伝ってくれました。決めたことにすぐに着手し、実施する。これが、あしなが育英会が注目され、拍手された「スピード決定」に次ぐ「機動力」と言っていいでしょう。その時点で遺児の数は、二千人ぐらいだろうと推定していました。阪神・淡路大震災の時の遺児数は五七三人でしたから四倍近くになるだろうと見ていました。

同時に全国で募金活動を始めました。当初は「六億円ぐらい育英会の持ち出しになるかな」と思っていました。しかし、日本国民だけでなく海外から多くの「あしながさん」が善意の義援金を送ってくださいました。その総計は約八五億円にも達しました。おかげで生活特別一時金給付の目途がつき、先ほどお話ししたように最終的に一人当たり二百万円給付と決めたわけです。

他の大きな慈善団体に寄付しても、いつ、どこで、どう使われるかはわからないものです。その点、あしなが育英会は阪神・淡路大震災以来、遺児を探し当てるノウハウを持っています。生活特別一時金も、その週の木曜日までに申込書が届けば、翌週の月曜日には銀行経由で送金することが可能です、この速さが信用をさらに増し、それがまた「あしながさん」の背中を押すという相乗効果から、予想をはるかに超える義援金が集まったということができると思います。

これらの作業にかかった人件費は職員がボランティアで、送金関係の費用はすべてあしなが育英会から出しました。ですから超クリーンな会計だということです。募金は二〇一二年末まで続ける計画です。

――二〇一一年四月十一日には仙台市に東北事務所を開設したそうですね。

そうです。林田理事に所長になってもらい、彼は単身赴任、ホテル住まいです。現在の職員数は一〇人ですが、津波遺児や被災者の心のケアについては難行苦行の連続のようです。

彼らは、公共施設や学校などを借りて、ファシリテーター（心のケアのボランティア）を養成するため、「ワンデイ・プログラム」や「ツーデイ・プログラム」を始め、現在も続けています。遺児や保護者には大変歓迎されているということです。

――同年十月からは社会学者の副田義也氏（筑波大学名誉教授）が遺児家庭の実情調査を始めたとか？

副田先生は一九七二年から交通遺児、さらには災害遺児などの実態、特に進学と家計、母子家庭の健康、学力、進学阻止要因などについて調査を毎年一、二回のペースで続けてきた人です。大概の問題は調査し終えたと思っていたところ、東日本大震災が起きました。津波で家や人が流され、多くの行方不明者が出ました。これまでの調査とは条件がまったく違い、多くの困難が壁となって立ちはだかりました。

しかし、副田先生は「遺児調査の集大成」のつもりで調査に着手しました。調査には副田先生の門下生である藤村正之上智大学教授、副田あけみ関東学院大学教授（前東京都立大学教授）、樽川典子筑波大学准教授らが参加。かつてない強力な布陣を敷いての大プロジェクトを展開中です。

副田先生は「今回の調査には新しい局面が多い。具体的には、①死別体験が即遺体さがしという痛ましい状況にあった、②災害の発生場所が三県にまたがるなど広域である、③被災者の生活再建の前提として、地域社会の再建が要請されている」などと言っています。

調査はようやく緒についたところです。結果が出るまで一〇年ぐらいかかるかもしれません。しかし、世界に例を見ない貴重な結果が出るのではと期待しているところです（本巻第一二章参照）。

ニューヨークのタイムズスクエアで街頭募金

――この間、二〇一一年六月十五日には米国ニューヨークで津波遺児たちが街頭募金をしましたね。

ニューヨークでは内外のメディア八〇社の記者を前に会見を行いました。そしてタイムズスクエア前で津波遺児とニューヨークでの九・一一テロ遺児が一緒になって街頭募金を行いました。このテロ遺児は、かつて日本で開催した「国際的な遺児の連帯をすすめる交流会」に参加してくれた学生たちです。

三五度の暑さの中で津波遺児五人、テロ遺児一人、ハリケーン遺児一人が参加し、海野佑介学生募金事務局長、櫻井洋子Pウォーク実行委員長と一緒に私も声をはりあげました。道往くニューヨーカーは陽気でやさしく募金に応じてくれました。約四五年前、交通遺児を励ます会の岡嶋信治さんらとともに東京・数寄屋橋と池袋駅東口で旗揚げ募金をした時のことを想い出し、感無量でした。

日本の新聞は、これを日本国内に向けて配信し、大きく取り上げてくれました。「ニュースの巨人」と言われるＣＮＮも何回も世界に配信し続けました。その後、ＡＢＣが追っかけ取材に加わり、英国のＢＢＣも、過去六〇年間続いている人気番組「PANORAMA」用に取材してくれました。日本の小さなＮＧＯであるあしなが育英会が「世界のＡＳＨＩＮＡＧＡ」になった瞬間と言っても過言ではありませんでした。

外国からの寄付も増えました。世界最大の教科書会社で辞書でも有名な「ピアソン社」は、英国のフィナンシャル・タイムズ紙に半ページを使って「ＡＳＨＩＮＡＧＡ」の広告を出してくれました。

二〇一一年九月、中国・大連で開催された夏季ダボス会議（ユース部門）に津波遺児が招待され、十月には米国ワシントンで開催された日米有識者会議にも招待されました。世界で「ＡＳＨＩＮＡＧＡ運動」を評価する声が高まっているということです。これもニューヨーク効果だと思っています。

――二〇一二年二月下旬から三月にかけて女優の紺野美沙子さんが主宰している「朗読座」の皆さんが岩手県陸前高田、宮城県石巻、福島県会津若松の三都市で、朗読と映像音楽を一体にした「さがりばな」（横塚眞己人作）を公演したそうですね。

紺野さんから「東北三県の被災者を励ましたい」という提案を受け、あしなが育英会もソフトバンクと一緒に後援しました。「さがりばな」とは沖縄県・西表島で一夜だけ花を咲かせる植物です。花は夜明けとともに落ちてしまいます。舞台の前半は、紺野さんが軽い笑いをとり、被災者を元気づけ、ポケモンのぬいぐるみが子供たちを喜ばせました。後半は朗読とともに中村由利子さんのピアノ演奏。「皆つながって生きている」という思いが静かに広がっていきました。

公演後、紺野さんは「命のつながりを表現でき、被災者に喜んでもらえてよかった。来年も続けたい」と言っていました。子供たちも「お家流(うち)されちゃった。でもねピカチューが来てくれて嬉しかった」（三歳女児）などと喜んでくれました。

二〇六三人に約四一億円を送金

――東日本大震災で給付した一時金はどれくらいになったのでしょうか。

集まった義援金約八五億円のうち約五五億円を一時金に充て、二〇一二年九月現在で二〇六三人の遺児に総額で四一億二六〇〇万円を送り終えました。残りの約一四億円は遺児が成長し、高校や大学に進学する際の一時金として使う考えです。

――政府のカネを一銭も使わず、これだけの募金を集め、送金し終えたというのは凄いことですね。

募金額では日本赤十字社に負けますが、制度の中身とスピードについては完全に勝ったと思っています。現に中身については国の内外から高い支持を得ましたし、スピードについても「日本一速い、いや世界一速い」と評判になったほどです。それに海外からの寄付が急増しました。役所の場合、見舞金を出すのでも五通ぐらいの文書を提出しなければなりません。しかし、私たちの場合は書類は一通ですみます。学校長が印鑑を押してくれれば、それでＯＫです。ですから速いわけです。

東北地方三か所にレインボーハウス建設へ

――次の目標は東北地方の三か所にレインボーハウスを建設することだそうですね。

阪神・淡路大震災の時の経験を生かし、遺児の心のケアのために被災地に建設する予定です。集まった義援金約八五億円のうち残りの三〇億円を建設費および維持費に充てる考えです。しかし、全部で三五億円ぐらいかかりそうです。まだ五億円足りません。募金を継続しているところです。三か所の建設候補地にもほぼ目途がつきました。設計を始め、二〇一三年中に完成させます。

二〇一二年八月、震災から一年五か月が過ぎ、二回目のお盆がやってきました。あしなが育英会東北事務所の林田吉司所長や職員によりますと、彼らはこの夏休み中、石巻市と陸前高田市のレインボーハウス建設準備室の建物やトレーラーハウスを遺児らに開放しました。子供たちはふだん、壁も薄く狭い仮設住宅で息をひそめ生活しています。しかし、準備室に来た子供たちは猛暑にもかかわらず、体を動かし、よく遊んでいるそうです。保護者も話しだしたらとまらず、深い悲しみと無念、憤り、これからの生活への不安を持っています。

今回、日本国内はもちろん海外からもたくさんの義援金が集まりました。世界の人々も、津波遺児の行く末を心配し、見守ってくれています。そうした世界中のあしながさんの気持ちを、レインボーハウスでのケア活動に早く反映させなければならないと考えています。

いちばん根気のいる仕事は、東北人の老若男女を〝癒やしのボランティア〟にするという壮大な計画です。三か所のレインボーハウスで、きめ細かいファシリテーター養成講座を開きたいと考えています。「千年に一度」の津波です。百年がかりで東北人をみんな〝癒やし人〟にするという夢を実現したいと思っています。東北地方には、東北伝来のやさしい顔と心があるはずと考えるからです。いずれにしても、こうした新しい道を踏みしめながら世界で二億人いると見られている遺児の救済と共生に向けて、さらに歩を進めようと考えているところです。

――アフリカでの活動も含めて〝玉井ファミリー〟がさらに世界中に広がっていきそうですね。

一九六九年以来四〇年間あまりのあしなが運動で集めた寄付金（募金）総額は約九百億円を超え、高校、大学に進学した奨学生の数は九万人いるわけですからね。

交通遺児育英会とあしなが育英会の寄付金の推移は

――最後にうかがいますが玉井さんが出た後の公益財団法人・交通遺児育英会はどうなっているんでしょうか。

ここに、あしなが育英会が作成した「公益財団法人・交通遺児育英会とあしなが育英会の年間寄付額の推移」を示した**表**（四三三頁参照）があります。

交通遺児育英会は、一九六九年の設立時から二〇一〇年までの四一年間で総額約四一八億円（千万円単位を四捨五入）を集めたことになります。

一方、一九八七年にスタートしたあしなが育英会の年間寄付金は増加していき、スタートからの二三年間で集めた寄付金の総額は約三八九億円です。つまりわずか二三年間で交通遺児育英会の四一年分とほぼ肩を並べたことになります。表には二〇一一年度分は記載されていませんが、交通遺児育英会の同年度の寄付額は推定で三億円ぐらいと思われます。一方であしなが育英会は同年度中に約九五億円を集めました。この九五億円を加えれば、肩を並べたどころか、私たちの方がかなり多くなるはずです。

――双方のこれまでの推移を見ますと、交通遺児育英会の年間寄付額は一九九四年を境にして減り始め、ここ数年は二億～四億円止まりです（中央の右の列の太いケイで囲われた部分）。

他方、あしなが育英会は一貫して増え続け、ここ数年は二〇億～三〇億円も集めています（右側の網がかかった部分）。どうして交通遺児育英会の年間寄付額はこんなに減ったのでしょうか。

一九九四年に私が交通遺児育英会の専務理事を辞任したからです。寄付が私たちあしなが育英会の方に移ってきたということですよ。私が辞めた後、交通遺児育英会は事業を膨らませることもなく「横バイでもいい」という姿勢で静かに仕事をしているのが実態であり、一定の役割を果たし終えたということではないでしょうか。

三五〇億円の資産はどこに？

私の推測では、私が交通遺児育英会を辞めた時、三五〇億円以上の資産と心塾があったと思います。

公益財団法人「交通遺児育英会」と「あしなが育英会」の年間寄付額の推移

（あしなが育英会作成）

（単位：100 万円）

年　度	交通遺児育英会	あしなが育英会
1969（昭和44）年	1,111	
1970（昭和45）年	458	
1971（昭和46）年	771	
1972（昭和47）年	577	
1973（昭和48）年	594	
1974（昭和49）年	820	
1975（昭和50）年	590	
1976（昭和51）年	923	
1977（昭和52）年	829	
1978（昭和53）年	563	
1979（昭和54）年	1,675	
1980（昭和55）年	1,369	
1981（昭和56）年	1,365	
1982（昭和57）年	1,880	
1983（昭和58）年	1,827	
1984（昭和59）年	1,709	
1985（昭和60）年	2,179	
1986（昭和61）年	2,200	
1987（昭和62）年	2,250	222
1988（昭和63）年	2,185	331
1989（平成元）年	2,296	558
1990（平成2）年	2,252	463
1991（平成3）年	2,169	810
1992（平成4）年	1,799	1,048
1993（平成5）年	1,412	1,168
1994（平成6）年	526	1,230
1995（平成7）年	480	1,769
1996（平成8）年	416	1,761
1997（平成9）年	359	1,449
1998（平成10）年	309	1,898
1999（平成11）年	293	1,749
2000（平成12）年	195	1,880
2001（平成13）年	305	2,038
2002（平成14）年	347	1,951
2003（平成15）年	783	2,399
2004（平成16）年	234	1,869
2005（平成17）年	227	2,061
2006（平成18）年	200	2,026
2007（平成19）年	477	2,227
2008（平成20）年	165	2,246
2009（平成21）年	374	2,667
2010（平成22）年	293	3,099
合　計	41,786	38,919

（注）交通遺児育英会の寄付額には補助金・助成金が含まれている。あしなが育英会にはそれらが含まれていない。

この資産は、四五年前に「交通遺児を励ます会」を立ち上げた岡嶋信治さんや私、さらには全国の大学の自動車部員や交通遺児の学生と一般学生が街頭に立ち、各地のあしながさんから集めた寄付金です。この資産は、埋蔵金として今も残っていると思われますが、交通遺児育英会は実際のところを明らかにしていません。同育英会は、私たちの運動に応える形で政府が設立したものです。そうであれば、政府として、そうした実情を調べ、街頭で募金を呼び掛けた大学生や遺児をはじめ、あしながさんや国民に説明する必要があるのではないでしょうか。

（聞き手＝仮野忠男・今西光男）

第一二章　私の「玉井義臣論」1

――玉井義臣は、日本人の人間性、思いやり、愛情と正義を引き出した――

元筑波大学副学長・名誉教授　副田義也

人はいくつもの顔を持っています。玉井義臣にはいくつの顔があるのでしょうか。玉井義臣とはいったい、何者なのでしょうか。

玉井義臣とあしなが運動を、運動の中から、あるいは運動の外からともに歩み続け、見続けてきた一五人に語ってもらいました（本巻第一二章、第一三章）。ある人は言葉少なに、ある人は雄弁に玉井義臣論を語ったのです。それらは、社会運動家としての玉井義臣の実像に迫るものではありましたが、五〇年来の仕事仲間であった副田義也筑波大学名誉教授がため息をつきながら語った「その才能がどこから来ているのかわからない。社会学的に分析できない。誠に困った人ではあります」が、もっとも正確な「玉井義臣論」ではないでしょうか。

本章では、まずは、副田義也筑波大名誉教授の玉井義臣論と、玉井・副田を結び付けた、長年の蓄積ともいうべき遺児調査報告書を見てみましょう。

一　玉井義臣さん、七つの性格特性とあしなが運動

二十一世紀の時代に類まれなカリスマ性

あなたは、類まれな天才的社会運動家です。交通遺児育英会を創設、一時挫折のやむなきにいたりましたが、粘り強く働き、創設したあしなが育英会をはぐくみ、あしなが運動再生をはたしました。日本ＮＧＯ史上、最大の資金を集め、多くの遺児たちを進学させたことがその証明です。

あなたは、スケールの大きな社会構想力の持ち主です。その実例は、あしながさん制度、心塾、つどい、街頭募金、アフリカ遺児高等教育支援１００年構想など、あしなが運動五〇年の歴史に見られます。

あなたは、ジャーナリストです。交通遺児育英会、あしなが育英会ともに機関紙を有力な運動武器とし、有能かつ独裁的な編集長として君臨してきました。時代の本質を見抜くことに長けていて、遺児作文集など、数多くのベストセラーとなった単行本も刊行しています。

あなたは雄弁家です。毎月一回の玉井研究会では、ひとりで数十人の事務局員を説得する力技を見せました。五〇年前、一介の青年だったあなたは言葉の力で交通評論という新しい分野を開拓し、モータリゼイションの時代がうんだ社会批判の旗手となりました。

あなたは組織の管理者として優れています。それは一緒に働く仲間の心情の、細やかな動きを想像することができるからです。実力未知数の若者に、とてつもなく大きな仕事を任せ、成功の甘美な体験を味わわせてきました。

あなたは愛情のひとです。最愛の母親を故なくして交通事故に奪われたあなたは、弔い合戦として交通遺児育英会を創設、晩婚だった結婚生活は妻のがん死でその純愛も短く終わりましたが、それをきっかけに災害遺児、病気遺児を救済するあしなが育英会創設につながっていきます。ふたりの女性への深い愛情は、あなたの社会運動の原点といえましょう。

以上、六つの性格特性に加え、あなたのカリスマ性も見逃せません。あなたは子飼いのスタッフたちを、献身的に働かせながら。仕事をすすめます。あなた直属の部下であるならば、これはさほど驚くに当たらないかもしれません。驚くのは、部下たちがあなたのもとをはなれて、それぞれの道を歩みはじめてからでも、一朝ことあれば、子飼いの時代と同じように集結し献身的に働くことです。二十一世紀の時代に、これは類まれなカリスマの威力といえましょう。

あなたは、私の持ち合わせている日本人の知己の中でもっとも個性的人間です。その性格特性を七つ挙げてご紹介しました。これら、性格特性をもとにして、あしなが運動をかんがえてみます。

「思想的正当性」と「思想的有効性」

社会運動に関するかんがえ方をおおきくふたつに分けると、ひとつは「思想的正当性」であり、もうひとつは「思想的有効性」となります。

「思想的正当性」とは、その運動が理論的かつ実践的に正しいかどうか、であり、「思想的有効性」とは、その運動が社会、または個人に取って有益であるかどうか、を示します。これまでの日本においては、「思想的正当性」が重視され、「思想的有効性」にかんしては、ややもすれば軽視する傾向が見られました。「正しいこと」が「有益なこと」より上位におかれることは、社会運動にかぎらずめずらしいことではありません。

あしなが運動は、「あしながさん」とよばれる市井の人々からの寄付により成り立ち、国や地方公共体、いわゆる「官」からの補助はいっさい受け取らない、純粋な民間ＮＧＯです。あしながさんの厚意を「やさしさ」という言葉であらわし、「やさしさこそ福祉の原点であり、それは人間の証しである」としています。また、「幸福は自ら切り拓く」、つまりは自助努力するよう遺児たちを教育し、その結果、「ひとの世は、情けの貸し借り」として、あしながさんからのやさしさ（情け）を受けた遺児たちは、自発的に日本のみならず世界の遺児救済運動をはじめることになりました。

このようなかんがえ方のもと、あしなが運動は五〇年にわたる社会運動で、一千百億円の寄付金を集め、交通遺児、病気遺児、震災遺児たち一一万人に高等教育への道をひらきました。国に先がけて「給付型奨学金制度」を採用し、後世に語りつがれるべき東日本大震災や新型コロナウイルス感染による生活苦を救おうと、巨額の一時金を支給しています。

こうした手厚い支援により、高等教育を卒業した遺児たちは、政財官マスコミ界にはばたき、大きな業績を残しました。この結果を見ただけでも、申し分のない「思想的有効性」が認められましょう。民間ＮＧＯとしては例を見ない圧倒的な実績は、たびかさなる一部政官マスコミなどからの異論を退け、あしなが運動の「思想的正当性」をも証明したのです。

今、あしなが運動は「アフリカ遺児高等教育支援１００年構想」（以下「１００年構想」）という、壮大な計画を実現しつつあります。「１００年構想」は、極貧にあえぐサブサハラ四九か国から、毎年、各国数人の学生を選抜し、先進諸国の高等教育を受けさせ、彼らの力で、アフリカを二十一世紀の大国へと導こうとするものです。

日本国内において「思想的正当性」を証明したあしなが運動は、世界においてもそれを証明しようとしています。

「100年構想」の「100年」とは、玉井義臣さん独特の韜晦でしょう。私は、アフリカまで二度調査に行きましたが、さまざまな困難はあるにせよ、近い将来に軌道にのるとみています。すでに幾人かの卒業生を出していて、これから、何人もの俊英が、故国アフリカの大地で活躍することになるのでしょう。

あしなが運動は、運動開始五〇年後の今、日本社会から発し、世界社会に邁進しはじめているのです。

二　人物としての器の大きさ

玉井さんの横顔を、これまで行った交通遺児育英会、あしなが育英会の調査報告書や、遺児作文集のあとがきから描いてみます。

最初にこれだけは書いておきたいのは、調査でもっとも重要な調査票に関してはもちろん、調査に関する費用、報告書内容、それに報告書締め切りに至るまで、五〇年間、ただの一度足りといえども、玉井さんに言葉をはさまれたことがなかったということです。

大学人で、調査を依頼されたことがあるものなら、これがいかに常ならざるものかわかるでしょう。高額の調査費を支払うのだから、己が組織に都合の良いデータを欲しがることはふしぎではない。ところが、玉井さんは、常に全面的な信頼をよせてくれたのです。

その集大成ともいうべき事柄が、交通遺児育英会から追われた玉井さんが、社会運動家として不死鳥のごとき甦りを見せ始めたころに、私が書いて岩波書店から刊行した『あしなが育英会と玉井義臣』に見られます。百人以上の交通遺児育英会、あしなが育英会関係者にインタビューを重ねるための仲介の労を取り、また、両育英会が所蔵する書類、記録写真は、私が求めるまま、どんな目的で使うか、いっさい聞かず、無条件で貸し出してくれました。そのような協力のもと、社会学者として、この巨大な社会運動家を描いたのですが、刊行されるまで、玉井さんは原稿に関してひとことの言葉もはさまなかった。それどころか、チェックもしなかったのです。私も、下手に遠慮して筆が鈍ったら、玉井さんに失礼に当たると、その長所欠点を思いのまま書きました。

初版を届けて数日後、玉井さんから一席を設けたいと声をかけられました。席上、自分の至らぬ点がいくつも書かれていた、これからのあしなが運動に、この本はよきガイドブックになるだろうと言うのです。

その人物としての器の大きさに、脱帽しました。組織人として甘い部分、時に口がすべることもありますが、その器の大きさの前にはなにほどのこともありません。

では、これまでの調査報告書のなかからいくつかを選んで紹介します。これらは、先に言いましたように、調査票作成からその分析、調査費に至るまで、私の、思うがままの結果であり、かつ、私のいつも通りの表記方法としています。そして、これらを許す、玉井さんの器の大きさの証明でもあるのです。（二〇二〇年十二月記）

1　交通遺児家庭の生活危機

交通遺児育英会がおこなっている交通遺児家庭の調査に、私は、この一一年間、企画と分析の仕事で責任者として参加してきた。仕事はやりがいがあるが、もどかしさがたえずついてまわる。

年々の調査は、交通遺児家庭がかかえる生活問題が次第に深刻化していることをあきらかにする。マスメディアはそれを報道し、世論は関心をよせてくれる。しかし、事態はいっこうに改善されないのだ。どうしたらよいのか。

端的な例をあげよう。

深刻化する貧困問題

毎年の調査で主要な柱のひとつは家計調査である。これは、最初は、交通遺児家庭の母親たちに呼びかけて、日々つけている家計簿を貸してもらい、それを集計することからはじまったのである。のちには、あらかじめ協力者の母親をつのり、そこに二か月分の家計簿を送り、記入してもらうようになった。

職業と家事の両立のために、時間的にも体力的にも無理をかさねている母親たちが、家計簿の記入のために、さらに大きな負担を背負うのである。私たちは、ただ、その協力に感謝するほかない。

しかし、そうやってえられた交通遺児家庭の家計の数字は、その生活問題の深刻化をもっとも雄弁にものがたる。昨年（昭和五十九年）十月のばあい、交通遺児家庭の勤労者世帯の実収入は一五万五八五二円、実支出は一九万二八〇四円で、差し引き三万六九五二円が赤字である。赤字を出している世帯は六三・六％におよぶ。赤字は借金、貯金引き出しで埋める。

この交通遺児家庭の実収入を世帯員数の平均で除すると、世帯員ひとりあたりの実収入は四万一〇一四円になる。これを一般勤労者世帯のばあいと比較してみよう。この稿をかいている現在、入手することができるその家計についての最新の資料は、総務庁統計局の「家計調査報告」の昨年九月分である。これによると、一般勤労者世帯の実収入は三四万七二三二円、世帯員ひとりあたりの実収入は九万一六一八円となる。

世帯員ひとりあたりの実収入では、一般勤労者世帯のそれを一〇〇％とすると、交通遺児家庭のそれは四四・八％となる。一般の人々の生活水準の半分以下で暮らすことを、交通遺児家庭の人びとは強いられているのだ。この比率の動きを、昭和五十年から追ってみよう。五十年八〇・一％、五十一年六七・一％、五十三年五九・七％、五十四年五九・四％、五十六年四六・五％、そして昨年、五十九年は、さきにみたように四四・八％である。

交通遺児家庭と一般家庭の生活水準の格差はひらくばかりである。世間の人びとがそれなりにゆたかな生活を実現してゆくなかで、交通遺児家庭は次第に貧困の深みに落ちこんでゆく。事態が改善されないとは、こういったことである。調査はその事態をあきらかにするが、それ以上のことができない。もどかしい。

母親の労働条件の劣悪さ

こうして深刻化してゆく交通遺児家庭の貧困問題をもたらす基本的原因は、母親がついている職業の労働条件の悪さである。それは端的に職業収入の低さにあらわれる。

収入の手取り月額を五十七年の全国調査でみると、五万円未満七・二％、五万円以上一〇万円未満三七・三％、一〇万円以上一五万円未満三二・五％、一五万円以上二〇万円未満一〇・一％、二〇万円以上四・二％、無回答八・五％、となる。

この年、大学を卒業した女子が公務員になったばあい、初任給は一〇万円程度であった。若い女性がひとりで暮らしてゆくことができる収入が、その金額であろう。母ひとり、子ども二人、計三人が平均的構成である交通遺児家庭の五四％以上が、若い女性ひとりのための収入を下回る収入で、暮らしていかなければならないのだ。

どういう仕事で母親たちは働いているのか。国勢調査の職業大分類でみれば、技能工、生産工、労務作業者がもっとも多く二九・一％である。つづいて事務一七・一％、サービス業一六・八％、販売一四・七％、などが並ぶ。ブルーカラー、肉体労働者が多い。

しかし、母親たちの仕事の条件の悪さを直接的に示すのは、従業上の地位についてのデータである。働く母親たちは、雇われて働いているもの七一・〇％と、自営業で働くもの二六・三％に区分される。雇われて働いているものを一〇〇%としたとき、その従業上の地位は、常雇い七〇・〇%、臨時雇い六・〇%、日雇い六・〇%、パート・タイマー一四・九%、となる。

一般に、臨時雇い以下の三つを不安定就労層と呼ぶが、その小計が二六・九%になる。これは、身分の保障がないこと、収入の低さなどに特徴づけられる層である。

自営業で働くものは、雇い人がいない自営業主五一・三%がもっとも多い。ついで内職の二六・五%がある。収入が比較的たかいとおもわれる、雇い人がある自営業主はわずか一一・六%である。ほかに家族従業員が六・一%となる。

どうして母親たちは、このように悪い条件で働かなければならないのか。

まず、年齢の問題がある。四〇代の母親がもっとも多く、これに三〇代、五〇代が加わる。この年代の女性では、過半数は義務教育修了のみの学歴である。現在、四十五歳の女性が中学校を卒業した三〇年まえ、女子の高等学校進学率は全国平均で三〇%台にとどまっていたのである。当然、大多数の母親は専門技術をもちあわせない。彼女たちのほとんどすべては、娘時代に働いた経験をもっているが、結婚を機会に、あるいは最初の出産を機会に、職業をはなれている。そして、五年から一〇年、あるいはそれ以上の年月がたち、ある日、おもいがけない交通事故が夫の生命をうばった。彼女たちは働くことになる。

中高年、低学歴、専門技術はない、職業経歴には長いブランク、これらの事情をあわせもつ女性が求職する。例外的な幸運がないかぎり、彼女がみつけた職業の労働条件は劣悪なはずである。それを彼女たちの責任というのは酷であろう。日本社会が高学歴化し、工業化、都市化する過渡期にあって、女性にたいする差別が、彼女たちにそれらの事情を集中させたのだ。そのマイナスの影響が、交通遺児家庭の母親として働かねばならなくなって顕在化する。

これは、交通遺児家庭の母親のみでなく、すべての母子家庭の問題である。母子家庭の福祉政策は、その母親に、標準的な報酬をもたらす安定した雇用を保障する方策を含まなければならない。母子家庭の母親の雇用促進法がつよく望まれる。

遺児の教育問題

交通遺児家庭の現在の自立のために、もっとも重要な条件が母親への職業保障だとすれば、その将来の自立のために、もっとも重要な条件は遺児への教育保障である。進学の意欲をもつすべての遺児に高等学校への進学、大学への進学を保障することが、かれらに将来の働きがいのある職業、安定した生活を可能にする職業を約束する。

昨年の家計調査の十月分で、交通遺児家庭の実支出はさきにいったように一九万二八〇四円である。これを支出費目別にみると、教育に関連するものとしては、教育費一万二六九円、教養娯楽費九一七五円、交通通信費一万五五九一円などとなる。総じていえば、実支出の二割ちかくが、教育のために費やされている。

一般勤労者世帯の支出費目別の支出金額と対比すると、交通遺児家庭の勤労者世帯では住居費がもっとも切りつめられており、ついで食費が切りつめられている。ケース・インタビューで母親たちの声をきくと、切りつめるのが難しい費目として、教育費、交際費、光熱費・水道料が多くあげられる。

切りつめるのが難しい教育費は、そのために一定額の支出がおこなえないということになると、教育そのものを断念することになる。五十五年の全国調査は、母親たちに、子育てでもっとも辛かったことを、ひとつ答えてもらっている。子どもに進学をあきらめてもらったこと四・一％、子どもが望むところとは別の学校に進学してもらったこと五・六％、子どもの教育費（授業料、本代、塾の費用など）が十分になかったこと一四・七％……。

この答の重みは、パーセンテージでは十分に伝わらないのではないか。全国で交通遺児家庭が六万世帯という。これによって、さきのパーセンテージを実数に換算すれば、進学を断念させた母親は二四六〇人、進学を心ならずも変更させた母親は三三六〇人、教育費が足りない経験をした母親は八八二〇人である。

高等学校の生徒である遺児たちに進学の希望をきいてみる。それがきまっているもの八三・八%——内訳は、大学までゆく二四・二%、短大までゆく七・六%、高等学校までにする三九・〇%、専修学校にゆく一三・〇%となる。

大学までゆくと答える遺児は、低所得階層になるほど減少する。逆に、高等学校までにすると答える遺児は低所得階層になるほど増加する。遺児たちは、自らの家庭の家計状況をみながら、貧しいものほど進学をあきらめることが多くなるのだ。

遺児にはよい子が多い。母をみて子が思うことをきくと、経済的に楽をさせてあげたい八九・九%、母の健康を心配している八三・七%、年老いた母の扶養については、どんなことをしても養うと答えるものが、五二・一%である。一般青年の調査では、これは三四・五%であった。交通遺児は親おもいである。また、学級活動への参加でも、リーダーシップをとるもの、積極的なものが、交通遺児には多い。

彼らに、望むように勉強させてやりたい。彼らのための授業料の減免のいっそうの拡大、奨学金制度のいっそうの充実を切に願うものである。

（一九八五年十月記）

2　災害遺児家庭の生活実態

災害遺児の父親死亡原因

現在、日本には、災害によって父親か母親、あるいはその双方が死亡して、遺児として残された十九歳以下の子どもが、少なめに推計して六万五千人いる。そのうち、小学校・中学校に在学している者は、約三万一千人であろう。

以下では、それらの遺児を災害遺児と呼び、かれらの家庭を災害遺児家庭と呼ぶ。災害遺児には父親を亡くした子どもが多く、したがって、かれらの家庭の大部分は母子家庭である。

ここでいう災害には厳密な規定があり、先の推計はそれにもとづき、おこなわれている。しかし、理解の便をはかるために多少やさしくいいかえると、災害とは、つぎのようなものである。

①自動車事故以外の交通事故（鉄道事故、船の沈没など）。
②ついらく（高所からのついらく、井戸へのついらく、転倒など）。
③溺死、窒息。
④火災・火焔。
⑤自然災害（落雷、洪水、地震、津波、寒さ、暑さ、飢えなど）。
⑥中毒（ガス中毒、アルコール中毒、薬品中毒など）。
⑦犯罪による被害。
⑧その他。

自動車事故も広い意味での災害に属するが、これについては交通遺児、交通遺児家庭という概念、呼び方が確立しているので、ここでいう災害には、自動車事故はふくめないことにする。

災害遺児家庭の生活は苦しい。その母親たちは恵まれない労働条件で働いている。遺児たちは学費・教育費が充分にあたえられず、進学がおもうにまかせないことも多い。災害遺児のための奨学金制度をつくらなければならない。また、かれらの母親たちのための職業の保障が必要である。これらの事実や要望は、早くから一部の人びとに知られていたが、このところ、社会的注目を集めるようになってきた。

交通遺児育英会は昭和六十一年、手持ちの災害遺児にかんするリストをつかって、全国の災害遺児家庭を対象に調査をおこなった。この調査は二部門にわかれ、全国調査と事例調査から成っている。全国調査は郵送法により、全国各地の災害遺児家庭、三五四八世帯を対象にして、一一二七世帯から回答をえた。その結果の概要の一部を以下に紹介する。事例調査は訪問・面接法により一三五事例でおこなわれた。

父親の死は収入低下に直結

まず、どのような災害によって父親が死亡したのか。具体的な回答があったもののうちで、もっとも多かったのは「自動車事故以外の交通事故」二三・二%である。これにつづく主要なものは「ついらく」一六・八%、「溺死・窒息」一五・九%などがある。ほかに、「自然災害」三・六%、「犯罪による被害」三・四%、「火災・火焔」二・四%、「中毒」一・八%などがある。なお、全体の四分の一、二五・一%では、準備されていた具体的な回答がえられなかった。これらの災害のうち、どれくらいが労働災害と認定されたか。

「労働災害と認定された」ものは五二・六%である。ほかは「労働災害と主張したが認定されなかった」二・二%、「本人の仕事が自営業で、あるいは勤め先が労働災害保険に加入していなかったので、労働災害にならなかった」

一一・〇％、「仕事中の災害ではなかったので、労働災害にならなかった」二二・三％、無回答一一・九％、である。

災害が労働災害でないものは、補償金が支払われないので、その後の経済的困窮がとくにはなはだしい。これは、データはいちいち紹介しないが、資料によってあきらかに確認できる。

災害による主な稼ぎ手である父親の死亡は、ほとんどのばあい、災害遺児家庭において、収入水準、生活水準の低下をひきおこす。一か月あたりの世帯総収入を訊いたのにたいして、対象の五六・〇％が回答をよせてきた。その平均は約二〇万六千円である。回答をよせたものを全体とすると、当然のことながら、約半数は、この平均額より低い収入でくらしている。それらは「一五万円以上二〇万円未満」二六・五％、「一五万円未満」二〇・五％とわかれる。生活保護基準以下で暮らすものは、おそらく二〇％前後であろう。

生活水準の低下は、つぎのテーマからも示唆される。父親の死亡前の生活水準を判定させると「上流」一・〇％、「中流上」一七・三％、「中流下」三四・〇％、「下流上」八・七％、「下流下」三・三％であった。ところが、現在の生活水準を判定させると、「上流」〇・一％、「中流上」五・九％、「中流下」二二・五％、「下流上」二一・九％、「下流下」一六・四％となる。上流、中流が減少し、下流が増加している。

不況下に働く母親たち

母親とその職業や労働条件に目を転じよう。

母親の年齢は「四〇代」六七・四％が過半数を占め、これに「三〇代」二一・七％がつづいている。これは、対象を中学生、高校生がいる災害遺児家庭にかぎったせいもあろう。しかし、母子家庭の母親の年齢は、一般的にみても、四〇代がもっとも多い。

母親の健康状態は「健康である」六五・四%、「病弱である」一七・七%、「病気で治療中である」一三・六%、「病床についている」〇・三%、となる。後三者の合計は三一・六%まで達する。

四〇代の少なからぬ部分が更年期をむかえつつあり、それが影響している数字であろう。母親の学歴は「中学校」五一・六%がもっとも多く、義務教育のみのものが過半数である。ついで「高等学校」三三・三%、「短期大学」や「大学」はあわせて三・五%しかいない。これも中年期の女性の学歴では一般的傾向である。

母親が収入のある仕事をしているかどうかでは、「している」七九・一%、「していない」一八・四%にわかれる。職業別にみると、比較的多いのは「技能工・生産工・単純労働」二四・四%、「事務」一四・九%、「販売」一三・七%、などである。

労働条件は、さきにふれた年齢、健康、学歴などの状況から当然予想されることであるが、劣悪なものが多い。まず、従業上の地位でみると、身分が比較的安定している「常雇い（正式社員）」は三六・二%にすぎない。「臨時雇い」五・八%、「日雇い」六・八%、「パート」二二・八%、これらは不安定就労と一括されるものであるが、その合計は三五・四%となる。

不安定就労では、地位が安定せず、賃金は低く、社会保険などもないのが一般的である。自営業でも比較的安定している「他人をつかっている自営業」はわずか二・六%で、「自分ひとりの自営業」九・〇%、「内職」五・八%、「親兄弟その他がやっている自営業の手伝い」四・〇%となる。最後の二者では収入はきわめて低い。

雇用されている母親の八〇・五%が中小企業、零細企業ではたらいている。仕事をもっているすべての母親の、その仕事による収入の平均が約一〇万五千円である。その低収入をおぎなうために、内職、アルバイトなど二つ目の仕事をもつものが、一三・一%もいる。

しかも不況による影響がある。その影響として高い頻度であげられているものは、つぎのとおりである。「収入が減った」二一・〇%、「仕事がきつくなった」一八・〇%、「仕事が減った」一五・五%、「昇給しなかった」一一・九%、「労働時間が短くなった」六・八%。そのほか、数は少ないが、倒産、馘首（かくしゅ）、配置がえ、給料の遅配、辞めさせようとしてのいやがらせなども、報告されている。

また、仕事についての不安は、五二・八%がうったえている。主要なものは「収入が減る不安」二三・九%、「仕事が減る、なくなる」二一・〇%である。

つよく望まれる奨学金制度

災害遺児家庭のこのような経済状況のもとで、遺児たちの教育費の確保は容易なことではない。

災害遺児の高校生のばあい、入学時にかかった費用は平均して私立普通高校で三一万一五〇〇円、公立普通高校でも二〇万七九〇〇円である。

前者の内訳は「入学金・授業料などの一括納入金」一六万二〇〇〇円、「教科書・制服などの指定品の購入費」七万八四〇〇円、「その他、学業に必要で購入した品物の費用」三万六三〇〇円、「部活動に入部して購入した品物の費用」三万四八〇〇円などとなっている。後者の内訳は一括納入金が一〇万円ほど低いが、ほかは大差ない。

また、かれらの毎月の学費は、私立普通高校で三万九三〇〇円、公立高校で三万二〇〇〇円である。前者の内訳は「授業料・実験費などの学納金」二万四九〇〇円、「交通費」一万一八〇〇円、「学用品、参考書代」二六〇〇円、となる。これに部に入っていると、さらに五千七百円が部活動にかかっている。後者の内訳は、学費が約一万円低く、ほかは大差ない。

これらの費用を災害遺児家庭は、文字通り総力をあげてつくっている。毎月の学費の出所でいえば、「母親の勤労収入」五四・八%、「災害の補償金」三〇・八%、「父親の生命保険など」二六・二%、「奨学金」二一・八%、

「母子福祉資金など」一一・五%、「子どものアルバイト収入」七・四%、「兄姉の勤労収入」四・八%、ほかに、借金、教育ローン、親戚、知人からの援助もある。

このような状況下で、災害遺児の高校生のための奨学金制度がつよく望まれている。制度の設立については「希望する」四四・四%、その金額で希望がもっとも多いものは「二万円」の三一・一%、などとなっている。

（一九八六年十一月記）

3　震災遺児家庭の生活実態報告（阪神・淡路大震災遺児作文集『黒い虹』のあとがきにかえて）

震災被災者の実態を多面的に示す

一九九五年八月、あしなが育英会はボランティア八一二人を動員して、阪神・淡路大震災による震災遺児家庭二〇四世帯の訪問調査を行った。その調査によってあきらかにされた震災遺児家庭の生活と心理の実態の報告が、震災遺児作文集『黒い虹』のあとがきの主要な内容となっている。

私は、その調査を企画立案し、私が主宰する研究グループがそのデータの学術分析を行っているが、本書はそのデータ自体を、その社会的意義を考えて一足先に発表するものである。そのようないきさつがあって、私は本書全体の監修の役割を引き受けた。監修者として、本書について三つの感想を記しておく。

第一は、本書であきらかにされる震災遺児家庭の真実の姿についてである。ここで、はじめて震災遺児家庭の親や子ども、親族などが、震災体験、親やきょうだいの死、残された家族の心の傷、現在の生活の苦しさなどを率直に、時に生々しく語っている。

今回の大震災は、この半世紀の間で日本を襲った自然災害の代表例の一つであるが、その被災者の実態がほかで例がないほど多面的に示されている。それはステロタイプのマスコミ報道によっては、けっして伝えられなかったものであった。

われわれはこれを読んで、震災遺児家庭への経済的援助と心のケアの双方の必要を認識するとともに、震災遺児家庭の残された家族が互いに支え合い、遺児達の少なからぬ者が不幸の体験をも心の糧として成長しつつあることに感動するのである。私は、これを読みながら、何度も、人間は立派な存在だ、家族は良い集団だと思った。

ボランティアとあしなが育英会の存在意義

第二は、本書で報告される調査に参加し、働いたボランティアの意義についてである。

この調査ではじめて震災遺児家庭は真実を語った。その主要な理由は二つあると思う。一つは、各家庭があしなが育英会にたいして持っていたそれまでの実績にもとづく信頼感である。これは次でふれる。いま一つは調査に従事したボランティアの主力があしなが育英会の大学奨学生で病気遺児、災害遺児であり、震災遺児家庭の人々と親を失った悲哀や苦悩を共通して持っていたことである。

震災遺児家庭の親子は、訪れてきたボランティアが自分達と同じ経験をした人間であるのを知って、はじめて心を開く気持ちになったのだ。この人ならわかってくれると思ったのだろう。聞き手の遺児のボランティアも、その話からあらためて自らの親の苦労などを考え、学ぶところがあった。

なお、この調査にはあしなが育英会が全国から募集した一般学生のボランティアも参加したが、彼らにとってもこの調査の体験は大きい学習と成長の機会であった。

第三は、本書で報告される調査を成し遂げたあしなが育英会の存在意義についてである。

今回の大震災による震災遺児家庭にたいする社会的救援活動において、同会は常に先導的な役割を果たした。

ほかで具体的に紹介されているので詳しくはそちらで見てほしいが、震災遺児家庭を発見するためのローラー調査、遺児の心のケアのための訪問活動やつどい活動、震災遺児への奨学金特例措置や激励募金など、同会は必要な活動を適切な時期に次々と展開していった。これらの活動が、先に言った震災遺児家庭の同会にたいする信頼感を形成したのである。

あしなが育英会がそれらの活動から今回の実態調査までを行うことができたのは、同会の中にこの三〇年近く展開されてきた交通遺児、災害遺児、病気遺児の救済活動を通じて得られた運動のノウハウが蓄積されているからであろう。ボランティア活動への社会的注目が高まる中、あしなが育英会自体が日本社会の貴重な財産になっていると思う。

（一九九五年十二月記）

4　ガンによる家族の喪失体験（ガン遺児作文集『お父さんがいるって嘘ついた』あとがきにかえて）

一九九七年六月から八月にかけて、あしなが育英会は全国のガン遺児家庭三〇八三世帯を対象にして、ガンによる家族の喪失体験を主題にした調査を実施した。

ガン遺児家庭とは、ガンによって父親あるいは母親、または両親に準じる保護者が死亡したあとに残された遺児家庭をいう。そこでの家族の喪失体験は、残された妻や夫にとっては配偶者の喪失体験であり、残された子どもにとっては親の喪失体験である。

その調査によってあきらかにされたガン遺児家庭の心の傷手（いたで）といやしの実態の報告が、ガン遺児作文集『お父さんがいるって嘘ついた』あとがきの主要な内容となっている。私は、その調査を企画立案し、私が主宰する研究グループがそのデータの学術分析をおこなっているが、本稿はそのデータ自体を、その社会的意義をかんがえて、一足先に発表するものである。そのようないきさつがあって、私は作文集全体の監修の役割を引き受けた。監修者として、二つの感想を記しておく。

第一は、本章であきらかにされるガン遺児家庭の、ガンによる家族の喪失体験の真実についてである。これまで、ガンによって死亡した患者の遺家族を対象にした大規模調査はいくつかおこなわれてきているが、その内容は疾病と医療の実態、医療費やインフォームド・コンセント、告知の実態にかんするものであった。

われわれは今回の調査において、それらの事実に一定の関心をはらいながらも、むしろ主力を、愛する配偶者や親を失う苦しみ、それによって生じる悲しみや怒り、その心の傷手をいやし、また、いやされてゆく過程の解明に注いだ。

ガン遺児家庭のこのような心理面、精神面にかんする調査の先例はない。したがって、われわれは、今回の調査でつかった調査票では、自由回答欄を三か所で設け、なるべく幅広く主題に接近しようとした。この試みは功を奏した。調査報告書はその自由回答の記述を多く活用して、ガン遺児家庭の心のリアリティをいきいきと描き出している。

第二は、この調査を実施したあしなが育英会の存在意義についてである。

同会は病気遺児・災害遺児などの高校進学・大学進学を援助するために奨学金を貸与し、あわせて、かれらへの教育活動を多様な方法でおこなってきた。あしながさんというボランティアの動員体制に基礎づけられた同会のありかたは、日本の福祉社会を支えるボランティア運動の将来像を示している。

このあしなが育英会が、新しい活動領域のひとつとして、遺児家庭の心のいやしに注目しはじめている。この動きは、同会が昨年・一昨年と阪神・淡路大震災による震災遺児家庭の社会的支援にとりくんだのをきっかけに、あらわれてきた。もちろん、それにさきだって、交通遺児育英会の時代から、いやしにかんするノウハウが蓄積されてきており、それらが活用されているのを見逃せない。
あしなが育英会の今後のいっそうの発展のために、今回の調査と本書の刊行はひとつのステップになるとおもわれる。

（一九九七年八月記）

5　自死遺児の心の傷とケアに関する調査——一四の発見

二十歳未満の遺児推計九万人

二〇〇一年度、あしなが育英会は、自死遺児の心の傷とケアに関する調査・研究を行った。調査の主要な方法は三つで、一、政府の各種統計による自死遺児数の推計、二、自死遺児の大学生を対象とした事例調査、三、自死遺児の高校生・大学生を対象とした大量観察、である。これらの調査による主要な発見は次のとおりである。

①『人口動態統計・下巻』『国民生活基礎調査』および『自殺死亡統計』などによって推計すると、二〇〇〇年に新しく発生した二十歳未満の自死遺児数は九八〇八人となる。一日平均約二七人の自死遺児が出現している。二十二歳未満ならば、一万七八八人。

②二〇〇〇年に存在している二十歳未満の自死遺児の全数は約九万一〇〇人と推計する。二十二歳未満ならば、約九万九一〇〇人。

③自死遺児の事例調査から、そのライフ・コースにおける六つのトピックスを選んだ。まず、親の自死の予感が表れ、しだいに成長していく時期がある。その多くでは自死する親はうつ病治療中であるが、効果は上がっていない。他方で、自死の原因は深刻化する。自死に向かう親は、自死を阻止してほしいとシグナルを出すようになる。自殺未遂はそのシグナルのひとつである。家族は自死を防ごうとして疲れはててしまう。

遺族に強烈な心理的衝撃

④親が自死して、残された家族は強烈な心理的衝撃を受ける。とくに自殺現場の目撃は、凄惨な体験となる。遺児たちの多くは、自死の報知のあと、非現実感に襲われており、一定期間の記憶が欠落している。そのあとの心理として多く言及されているのは、後悔、不安、恨み、悲しみなどである。後悔は自死のシグナルに気づきながら、自死の阻止に失敗した後悔であり、それは極限化すると自分のせいで親を自死させたという罪悪感となる。

⑤自死遺児たちは、親の自死について、話したくない、話したいという両義的な動機をもっている。話したくないという動機により、他者に対して沈黙が守られる。他者は友人、知人、教師などであるが、ときには家族の場合もある。それは、何よりも他者に存在する自死を忌まわしい死、恥ずかしい死とみる偏見のせいである。自分が自死遺児であることを他者に知られ、自他の間の普通の人間関係が失われるのを、自死遺児は恐れている。

⑥しかし、他方では、自死遺児たちは親の自死と自分や親の心理的苦悩について語りたいのである。その死別体験を語って、体験をいくらかなりと客観化し、その体験から解放されることを彼らは望んでいる。そのため、彼らは共苦関係に入ってくれる聞き手に対して、自分史を語りたいのである。彼らは、他者が心の傷を興味本位にながめ、共に苦しむことなく与える同情を嫌う。

自分史語りの効果

⑦あしなが育英会の高校奨学生、大学奨学生の「つどい」における自分史語りは、自死遺児たちが自分や親の

死別体験と、それに伴う心理的苦悩を語るよい機会になっている。そこで初めて自分史を語ることができたという遺児も多い。それは聞き手が親との死別を体験しており、自分の苦悩を正しく理解してくれるだろうと期待するからである。

⑧自死遺児たちにとって、自死は両義的である。親の自死はすでに起こった、かけがえのない独自の死である。彼らは、それに後悔、不安、恨み、悲しみなどの感情をもつが、それらと共存して、親の自死に対する容認、寛容、理解に到達している例もある。また、人々の自死は、これまでに起こった、あるいはこれからも起こる一般的な自死である。自死遺児たちは、その自死がなくなるように、あるいはなるべく減少するように願っている。

「自分も死ぬのでは……」不安が二割

⑨二〇〇一年夏、あしなが育英会は「つどい」に参加した高校奨学生、大学奨学生一五二五人を対象に、死別体験とそれをめぐる心理的苦悩、ライフ・コースに関する調査を行った。そこには自死遺児九五人が含まれていた。

これだけのまとまった数の自死遺児の調査は我が国で最初のものである。まず、遺児になった時期で、自死遺児はその他の遺児に比較して、中・高校生期に、つまり、遅く遺児になった者が多い。自死遺児では学齢未満期一一・七％（他の遺児二四・八％）、小学生期三三・八％（同三九・〇％）、中・高校生期五〇・五％（同二一・八％）。

⑩死別後の心理は、「悲しかった」六三・二％、「つらかった」五八・九％、「寂しかった」五六・八％、「納得できなかった」四七・四％、「怖かった」三四・四％（複数回答）。自死遺児の回答比率がその他の遺児のそ

れを上回っているもののうち、とくに差が大きいのは「納得できなかった」「怖かった」「自分も死ぬのではないか」。

遺児の三割「親の自殺は自分のせい」

⑪自死した親への感情は、「信じられなかった」六〇・〇%、「残された親も死ぬのではないか」三四・七%、「自分のせいと思った」三二・六%、「腹が立った」二六・三%、「情けなかった」一五・八%（複数回答）。自死遺児の回答比率がその他の遺児のそれを上回っているもののうち、とくに差が大きいのは、「自分のせいと思った」「腹が立った」「残された親も死ぬのではないか」。この設問で自死遺児の心理の特性が最もはっきり出ている。

⑫「つどい」で、亡くなった親のことなど自分史を語った感想は、「ちゃんと話を聞いてくれてうれしかった」五一・六%、「近所や学校の友だちに言えないことを話した」四八・四%、「いろいろ話すことができてスッキリした」四四・二%、「誰にも言っていけないと思っていたことを話せてホッとした」二〇・〇%、「少ししか話せなかった、もっと話したかった」一八・九%（複数回答）。一位から四位までの回答に自分史語りのカタルシス効果が表れている。

⑬「つどい」の効果は、「遺児仲間と出会えてよかった」六一・一%、「自分を見つめ直せた」五〇・五%、「残されたお母さん（お父さん）の苦労を考える」五〇・五%、「これからの生き方を考えてみよう」四六・三%、「リーダーのような人間になれるよう頑張ろう」三三・七%、「亡くなったお父さん（お母さん）の生き方を考える」三〇・五%（複数回答）。「つどい」で仲間とリーダーに出会い、過去と現在の自分を見つめ直して、将来の生き方までを考え、ひとり親の苦労に感謝して、亡くなった親の生涯を懐かしむ。遺児たちの自助活動を通

じて、彼らが精神的に再生する過程が示されている。

「虹の家を利用したい・必要だ」八割が回答

⑭身近に遺児の癒しの家「レインボーハウス」のような場所があれば利用したいか。自死遺児の場合、「利用したいと思う」四六・三%、「利用しないが、遺児のためにはぜひ必要だと思う」三五・八%。約八割が利用の意欲、必要の認識を示している。あしなが運動の近未来の目標としての「東京レインボーハウス」の建設、長期的目標としての各地でのレインボーハウスの建設の必要性を示唆するデータである。

(二〇〇二年四月記)

6 死がひそむ日常生活（東日本大震災遺児作文集『お父さんの顔』『3月10日まではいい日だったね』あとがきにかえて）

遺体は死の現実、墓は死の象徴

遺児の作文に共通する主題がある。それは死がひそむ日常生活ということだ。かれらはその死をめぐって、うけいれられない、うけいれられるの争いにさいなまれている。

中一の女子Mさんはつぎのようにかいた。

「昨年のしん災でお父さんを亡くしました。突然の出来事。津波で死んでしまったのと遺体もみていないので、本当に死んだという気持ちがわきませんでした（中略）。私はお父さんが亡くなってからお父さんには会ってません。この間一周忌をやった時もお母さんには『お墓にいく？』と聞かれたのですが、私はなんか行く気になれませんでした。理由はわからないのですが……」

大正期の哲学者は、その代表作のなかで、遺体は死の現実だが、墓は死の象徴であるといった。この女の子は、遺体をみていないという理由にとりすがり、父の死を現実のものとしてうけいれていない。それなのに、墓にゆけば父の死の象徴に直面しなければならない。それは父の死のうけいれのはじまりである。

彼女は本当に理由がわからないのか。おそらく、意識の表面では理由がわからないとしつつ、意識の深層では理由がわかっているにちがいない。

中一の男子E君はつぎのようにかいた。

「ぼくは昨年、津波で父を亡くしました。(中略) つい二か月前までは、亡くなったことをうけ入れられなかったです。最近になって、うけ入れられるようになってから、苦手な社会の教科を教えてもらえたらな……や、また出かけたり遊んだりしたかったです」

この男の子は、父の死をうけいれられない、うけいれられるという精神状態を区別しているのが、われわれの興味を惹く。かれは、父の死をうけいれて、父にもっと勉強を教えてもらいたかった。いっしょに遊んでほしかったという気持ちをはじめておぼえたという。これは裏返すと、父の死をうけいれられないあいだは、父の記憶やイメージをふくむ想像力のはたらきが心にうかばないということである。それはどんなに苦しい心理状態であったことだろう。

死がひそむ日常生活

大二の女子Uさんは、震災当日、アメリカのカリフォルニアにいた。一週間目に両親の行方不明を電話で聞かされる。まさか自分の親が、と想像したこともなかった。震災のあと、毎日、泣く日々、悩む日々がつづいている。こうかいたあと、Uさんはつぎのようにいう。

「けど、私が（妹も）生きている事は、奇せきに近いことだし、両親が妹を生んでくれて、本当に感謝している。一人っ子だったら、やっていけなかったと思う。又、周りの人たちにも感謝している。とにかく、人生は人と人とのつながりで成り立つということを震災という形ですごく理解できた」

私の感想。震災、津波、両親との死別、このうえがない残酷な試練に出合って、悲しみ、苦しみながら、この娘は結果として大きく成長している。子どもとは不思議な可能性をもつ存在だ。彼女がそのように生きてくれることを、だれに感謝するべきか。

中二の女子Sさんは、大震災で、母、祖父母、おばさん、曽祖母を亡くした（男たちは出稼ぎにゆき、女たちが地元に残っていた家族が多い）。三月十一日、母と最後にかわした会話は、「いってきます」「いってらっしゃい」だった。震災のあと、母は学校に迎えにこなかった。

「私が妹に会ったのは三月十三日でした。（中略）そこで妹が、『ママは？』と聞いてきて一瞬自分の中で時間が止まりました。妹は『一緒じゃないんだ……』と小さな声でつぶやきました。そこでなぜかわからないけれど妹に『ごめんね』と謝っている自分がいました」

私の感想。Sさんはなぜ「ごめんね」といったのか。妹をかわいそうにおもう「ごめんね」。妹を母と会わせてやれない自分の非力さを詫びる「ごめんね」。自分も母の死の予感におびえつつ、妹をさきにおもいやる姉としての「ごめんね」。

まだ、口がひらけない子どももいる。父を亡くした小六の男子S君はいう。つどいで父の死について話せなかった理由についてふたつ。

「一つは、自分にとってすごく悲しい事だったからです」

「もう一つは、なぜかその時だけ涙が出てきたからです」

Ｓ君、話せるようになるまで、いつまでも待つよ。

死がひそむ、あるいはあらわになる日常生活にたえて生きる遺児たちよ。

あしなが育英会は、つどいの開催やレインボーハウスの建設で、できるだけ、君らをバック・アップする。しかし、さいごに頼るのは、君らの生命力と精神力のみである。


（二〇一二年二月、十一月記）

三　ひとことで言えば天才的な社会運動家だ

ここまで、玉井義臣さんに依頼されたいくつかの調査報告書とあとがきをまとめてきたが、もう一度、私と玉井さんの関係についてふりかえってみたい。

以下の稿は、「メディアウオッチ１００」の仮野忠男さんによるインタビューに答えて、それをまとめた聞き書きを引用している。

交通遺児育英会を追われた背景

玉井さんとの付き合いが始まってから、すでに四五年間以上に及んでいます。二〇〇三年三月には、財団法人・交通遺児育英会から現在のあしなが育英会に至るまでの軌跡を追った『あしなが運動と玉井義臣――歴史社会学的考察』（岩波書店）を出版しました。あしなが運動の実情を長い間、外から研究・観察してきたわけですが、玉井さんという人はひとことで言えば、天才的な社会運動家だと思っています。私は「我々常人の判断の枠内で、玉井さんを理解しきれる訳がない」と絶えず自分の心に言い聞かせています。どうも大変な人に出会ったもんだとも思っています。

玉井さんとは知り合ったのは一九六〇年代後半のことです。

私が東京女子大学で助教授を務めていたころ「全日本交通科学協議会」という団体がありました。その協議会が交通事故による重度後遺症者の生活実態を調査することになったんです。私は東京女子大学の古谷野正伍教授（社会学）の下にいたんですが、古屋野教授が玉井さんを紹介してくれました。それが始まりでした。

それからしばらくして六九年五月に交通遺児育英会が設立され、七四年に交通遺児家庭の実態調査の依頼が私のところに来ました。その仕事は、それまでは東京大学教育学部の大場義夫教授が担当していたのですが、玉井さんが私に切り替えたようです。その後も九三年まで毎年、交通遺児やその家庭の実態調査をしました。

この間の一九九四年三月に玉井さんは交通遺児育英会の専務理事を辞任しました。玉井さんが交通遺児だけでなく、災害遺児などに救済の手を広げようとしたところ、外部の官僚とその官僚に同調する育英会の内部から、『玉井攻撃』が始まったことが辞任の引き金になったわけですが、私は玉井さんの考え方を全面的に支持していました。というのは、交通遺児育英会が交通遺児の救済だけをやっていたんでは、運動の縮小傾向は避けられないと考えていたからです。

当時は交通事故による死者数が減少する一方、少子化の傾向などが顕著になり始めた時期でした。それらを複合的に考えると、交通遺児の数は少なくなると予想されました。

また、社会運動の論理として「どうして交通遺児だけを優遇するんだ」という声が初めからあったことも事実です。所管官庁だった総理府などは、自らの思惑や国からの補助金問題などを考えて「災害遺児にまで対象を広げるのはまかりならん」と批判したわけです。総理府としては、交通遺児だけに限っておけば、いい天下り先がひとつ維持できるわけですからね。総理府といっても交通事故対策が主な仕事でしかなく、力を持っていたのは警察庁でした。これがポイントです。

交通遺児は突破口だ

「交通遺児だけを優遇していいのか」という疑問に関して玉井さんは当初から「交通遺児は突破口だ。いずれ他の遺児の救済にも手を広げる」と絶えず言っていました。ただし、玉井さんには母親を交通事故で亡くしたという個人的な体験があったことから「交通遺児は突破口だ」と言いながら、他方で「交通遺児は特別な存在だ」という気持ちが若干ながらありましたね。

玉井さんは確かに遺児救済という「突破口」は開きました。しかし、交通遺児の減少に加え少子化と言う時代の流れを鋭く読み取って、あしなが運動の「ジリ貧」をおそれたのではないでしょうか。この「乗っ取り騒動」の五年前、少子化を象徴する一九八九年の「1・57ショック」がありました。「1・57ショック」とは、一九九〇年六月に公表された前年の合計特殊出生率が、それまで最低だった「丙午」の一九六六年の1・58よりも低い、戦後最低であったことを表わしています。そうならないための、災害遺児から病気遺児への対象拡大と私は見ています。

玉井さんは先を見る目、時代状況に対する鋭い分析力を持っている人です。玉井さんの活動ぶりを見ていると、やや不謹慎な例えになるかもしれませんが、軍隊における司令官みたいですね。軍事の面では、幕僚、指揮官というものは陸軍大学、今では防衛大学校で養成できます。しかし、将の将たる軍司令官、あるいは参謀次長、参謀総長については「天性の才能を持つ人物を見つけて、その人物が育つのを待つしかない」とよく言われます。玉井さんを見ていると、そのことを感じます。

玉井さんの周りには優秀で若い運動家たちがいますが、彼らは陸軍大学や防衛大学校を卒業した秀才の青年将校、若手幕僚といったところです。彼らはたいそう優秀ですが、戦争指導はできない。大戦争に際して彼らを指揮し、戦略的見地から戦争指導できるのは玉井さんしかいないと思います。

その才能がどこから来たのか私にはよく分からない。それが持って生まれたものかどうか。社会学の人間として「持って生まれた」とは言いたくはないのですけどね。何とか学問的に説明したいんですが、説明できない。

交通遺児育英会への未練

その後、玉井さんは交通遺児育英会を辞任する一方、すぐにあしなが育英会（一九九三年四月に設立）に転じるわけですが、この交通遺児育英会からあしなが育英会へのバトンタッチというか、連結というか、これは申し分なくうまく行きましたね。あしなが育英会を一年前に作っておいて、交通遺児育英会を辞めた翌月には、あしなが育英会の副会長に就任することができたのですから。

社会運動家たる玉井さんにとって正しい忠告だったかどうかは分かりませんが、玉井さんが交通遺児育英会を辞めた後、私は「交通遺児育英会のことはもう放っときましょうよ」と言ったことがありました。玉井さんとしては交通遺児育英会にまだ未練を持っていたからです。

玉井さんは「交通遺児育英会には巨額の資産を残してきたし、それがもったいない。心塾の建物や土地の問題もある。それらを取り返したい」と思っていたようでした。ところがある時、酒の場だったかで一杯やった時、玉井さんが私に「交通遺児育英会に執着するのはもうやめようか」と言ったことがありました。

そのころは、あしなが育英会が十分に大きく育ちそうだという見通しが立った時期でしたから、私が「やめていいんじゃないですか。資産を取り戻せば、おカネが入ってくるかもしれませんが、貴重な時間やエネルギーを不毛な争いに使うのはもったいないですよ」と応じると、玉井さんが「じゃあ、やめますか。この争いは」と言ったことを覚えています。

あしなが運動は教育・福祉・道徳運動そのもの

二〇一二年四月、玉井さんに請われてあしなが育英会の副会長に就任しました。

今後は内部から育英会を盛り立てていく立場になったわけですが、育英会の現状を見ていて思うことは「社会的評価が高くなりすぎて怖いぐらいだ」というのが偽らざる感想です。特に昨年三月十一日に起きた東日本大震災に際して、津波遺児二千人以上に一人当たり二百万円の特別生活一時金を給付したのは大変なことでした。よくぞそこまで思い切ったことができたなと、脱帽しました。このことは、日本の社会運動史に残すべき功績ですし、社会的に評価されて当然だと思いますね。

ただし、津波遺児たちに十分なことをしたとしても、玉井さん自身は沈黙していた方がいいのかもしれません。というのも、あしなが育英会の活動に対して心無い評価をする人もいるわけですから、そこは十分に注意を払っておかなければならないとも思っています。

東日本大震災での募金活動については海外から注目を集めただけでなく、世界各国から寄付金が寄せられるようになりました。そうすると、育英会の活動は自ずから日本国内にとどまらなくなってきます。もともと育英会には国際志向がありました。交通遺児育英会の時代に玉井さんはブラジルとの青少年交流を手掛け、あしなが育英会になってからは、トルコや中国などでの地震遺児の救済活動へと手を広げていきました。その国際志向が現在の「あしながアフリカ遺児高等教育支援１００年構想」（以下アフリカ１００年構想）で本格化したと言えるのかもしれませんね。

玉井さんが、あしなが育英会に転じて約二〇年以上が過ぎたわけですが、この間、支援の対象者を災害、テロ、戦争、自死、エイズ遺児などに拡大し、募金額を増やしていきました。それができた直接的な要因として日本国内を中心に多くの善意の「あしながさん」がいたからだと思います。これを社会学の面から見た場合、どう考えればいいか。私の感想を率直に言いますと、日本人の素晴らしさということになりますね。私たち社会学の人間は、ともすれば日本人と日本文化を批判することで、その存在価値を主張しがちです。この点はジャーナリストも同じかもしれませんが、要するに社会学というものは日本人批判、日本文化批判が売り物なんですよ。

しかし、あしなが運動のこれまでを見ていると「日本人というのはまんざらではないな」と思いますね。玉井さんの著書『だから、あしなが運動は素敵だ』の中で書いたことですが、玉井さんはあしなが運動を通じて日本人の人間性や思いやり、愛情、正義を引き出したのだと思います。言葉を変えれば、あしなが運動は、教育・福祉運動であり、思想・道徳運動でもあると言っていいでしょう。そういう脈絡の中であしなが運動というものを考えるべきだと思いますね。

玉井さんが言ってきたことは、交通事故で命を奪われた母親の「敵を討つ」だとか、募金に応じてくれたあしながさんに「恩返しをする」など結構古めかしい発想が多いんです。しかし、日本人の泣かせどころを知っているわけで、そこは大変うまいですね。

際立った反対意見はなかったアフリカ１００年構想

今、玉井さんはアフリカ１００年構想を提唱し、それに取り組んでいますが、私が聞いている限りでは、理事会の中で際立った反対意見はなかったと思います。

アフリカ問題に関して、最初にこの構想を聞いたとき、私個人は「アジアなど、もっと近いところから始めたほうがよいのでは」とかんがえていました。私は筑波大学の副学長時代、アフリカからの留学生と話し合ったことがあり、国民性の違いから、なかなか理解し合えなかったからです。

玉井さんは「サブサハラの四九か国から遺児の秀才を一人ずつ選んで、世界の大学に留学してもらう」と言っています。そのこと自体は結構なことなのですが、問題はその選考をどうするかです。放っておくと現地の有力者の息子や娘が選ばれかねません。玉井さんに「気を付けた方がいい」と忠告したら「選考には十分に気をつける。極貧国の遺児という縛りをかけるから大丈夫」と言っていました。

いずれにしても「アジアでやればいいのでは」という私の考え方は常識論でしかないんです。アフリカ100年構想について私は「あの天才が言うんだから、ちゃんとした見通しがあるんだろう」と受け止めています。彼は結構リアリストですから大丈夫でしょう。

繰り返しになりますが、いま私が持っている感想は「まあえらい人に出会ったものだ」というものです。とはいえ「何をやったらあの天才運動家の役に立つか」と考えながら、副会長のひとりとして、組織を動かすという面で何がしかの助言をしようと思っているところです。

（聞き書き＝仮野忠男）

第一三章　私の「玉井義臣論」2

――共助の灯をともし続けた玉井義臣の心意気――

岡崎祐吉　岡嶋信治　工藤長彦　紺野美沙子
桜井芳雄　篠田伸二　竹下景子　武田千香
津田　康　藤村　修　堀田　力　村田　治
山折哲雄　渡邉文隆

（五十音順・敬称略）

前章では、玉井義臣が莫逆の友と言う、故・副田義也筑波大名誉教授の「玉井義臣論」をまとめてみました。本章では、一四人の目を通して描かれた「玉井義臣論」が誌面に躍ります。いったい誰の「玉井義臣論」が、もっともその実像に近いのでしょうか。こんな疑問を持つこと自体が、玉井義臣に惹きつけられた証左と言えるのではないでしょうか。

亡き父が出逢わせてくれた

あしなが育英会理事
岡崎祐吉

二歳で父を交通事故で失った。

遺されたのは生後六か月の弟と無職だった母の三人。

極貧生活は北九州の「母子寮」で始まった。配達料一本一円の牛乳を朝三時半から配る母を罵り、不良仲間と共に授業をサボっては好きな野球だけで過ごした中高時代だった。

夢も希望もなかった私が、奨学金だけを頼りに受けた偏差値最低ランク大学に奇跡の合格。

そして、東京のあしなが学生寮「心塾」へ。そこでの玉井義臣会長との出会いが、我が人生を劇的に変えることになった。

大学を一年休学してイスラエルへ。湾岸戦争を経験し、卒業後にあしなが育英会職員に。五年後、玉井会長から休職許可をもらい、ニューヨークへ発った。

一日一七時間勉強でＮＹ大学大学院の修士号を得て帰国。二〇〇〇年からはアフリカおよび世界の遺児と日本の遺児との連帯を進める事業を、玉井会長の指導で推し進め、二〇か国以上を一緒に行脚させていただいた。

十八歳で出逢い、玉井会長が語る理想的な社会のあるべき姿を必死に追い求め、ただただ愚直に実践してきた三七年間。

「考え、動く、考動人を目指せ」

「リーダーは夢を語れ」

「世界中が応援する国際組織にせよ」

「教育でアフリカの貧困をなくせ」

など数えきれない教えを受け、今もウガンダの地で働く私の原点となっている。

玉井義臣会長は、亡き父が自分の命と引き換えに出逢わせてくれた、世界で最も尊敬する大恩人である。

四五年前、玉井先生と出会えて本当に良かった

交通事故遺児を励ます会会長
岡嶋信治

二〇一二年は、親代わりだった私の姉が交通事故で亡くなってから五〇年、玉井義臣先生と知り合ってから四五年の節目の年です。その年に玉井先生について語るというのは感無量のことです。

交通遺児への支援活動を通じて私が玉井先生に感じたことは「この人は本ものだ」ということであり、先生に出会えて本当に良かったと思っています。先生がいなければ、交通遺児育英会はできなかったし、その後のあしなが育英会もできなかったに違いありません。玉井先生はファンドレイジングの天才であり、これほどの人は、日本国内はもちろん世界的に見ても珍しいのではないでしょうか。

交通遺児を励ます会を作ったものの……

姉の事故死から半月後の一九六一年十一月三十日付『朝日新聞』「声」欄に、私の投書「走る凶器に姉を奪われて」が掲載されました。この投書に対して全国から一三一通の励ましの手紙が届きました。その手紙に支えられて私は立ちなおったのです。その恩返しとして同じ境遇の遺児を励まそうと、六七年四月に一六人の仲間と「交通事故遺児を励ます会」を作りました。

私たちは活動の柱として、①他の交通遺児に手紙を出したり、訪問したりして励ます、②遺児の高校進学を経済的に援助するため街頭募金を行う、③地方の遺児たちとの交歓会を開く、④交通事故ゼロに向けた討論会を開く⑤遺児の作文集を出し、交通事故は「公害」だと世論を喚起する——の五点を定めました。

そして交通遺児をさがし始めたのですが、どこに何人いるかがつかめません。当時の「全日本交通安全協会」や東京都内の小中学校一九校に問い合わせても、無回答か、返事があっても「該当者はいない」というものでした。

活動は暗礁に乗り上げてしまい、二、三か月が過ぎると、一六人いた仲間は半分に減っていきました。「どうにかしなければ」と思案していた時に出会ったのが、玉井先生が書いた『交通犠牲者——恐怖の実態を追跡する』（弘文堂。第Ⅰ巻所収）でした。たまたま立ち寄った東京・新宿区内の本屋で見つけたのです。

その本を読み、「玉井先生は私と同じ悲しい体験をしている。この先生なら力になってくれるのではないか」と思い、出版社経由で「会ってほしい」と手紙を出しました。

今も残る玉井先生の右手の温もり

一九六七年七月三日午後一時、日本教育テレビの玄関前で、私は玉井先生とようやく会うことができました。

私が二十四歳、玉井先生が三十二歳の時です。このとき、先生からもらった名刺を今も持っています。

先生が案内してくれた喫茶店で、私は「励ます会」の目的や実情などを必死に説明しました。「この人に断られたらあとがない」と切羽詰まった気持ちでした。最後に「顧問か相談役になってほしい」とお願いしました。すると先生は「分かりました。協力いたしましょう」と相談役を引き受けてくれました。私たちは右手を出して握手しました。四五年たった今でも、先生の右手の温もりを感じることができるほどです。

この年の十月二十二日から八日間、秋の交通安全運動にあわせて東京・数寄屋橋と国鉄池袋駅東口で一回目の街頭募金を行いました。

玉井先生から、

「街頭募金のような『旗揚げ興行』をやらないと、世間には『励ます会』の存在はわからない」

と指摘されたからです。

その後の二年間は、交通遺児育英会を立ち上げるために街頭募金やチャリティーショー、バザーなどを猛烈にやりました。一千万円が集まり、全額を交通遺児育英会に寄付しました。それが育英会の種銭になったわけです。

その後、交通遺児育英会で官僚ＯＢたちによる乗っ取り事件があり、玉井先生は専務理事を辞めることになったのです。しかし、私は支援の対象を交通遺児だけでなく、災害遺児や病気遺児などにも広げるという先生の考えに全面的に賛成していました。と言いますのは、交通事故は社会公害であり、遺児はその被害者だという考えから、まずは交通遺児にスポットを当て、地盤・基盤を作ったうえで災害遺児や病気遺児に広げていくのがいいと思っていたからです。

素晴らしいあしながアフリカ遺児高等教育支援100年構想

玉井先生はかねがね、

「社会運動家である限り終わりはない。その場合、他の人と違う社会運動家でありたい」

という気持ちを持っていました。人と同じことをやっても意味がないということです。

歌手の水前寺清子が「男なら、人のやれないことをやれ」と歌った『いっぽんどっこの唄』そのままをいっているわけです。

いま、玉井先生は「交通遺児からすべての遺児へ」「日本国内から世界の遺児へ」と、活動の幅を広げています。

私は、これにも大賛成です。

二〇一一年三月、あしなが育英会が派遣した第三次アフリカ調査団の一員として、私はウガンダに行きました。そのとき、東日本大震災が発生し、玉井先生は災害遺児支援の陣頭指揮のため、飛行時間だけで四四時間をかけてトンボ返りしましたが、私たちは残ってウガンダ・レインボーハウスなどを視察しました。

電気も水道もない現地の実情を見て、ウガンダのエイズ遺児たちを支援し、外国の大学で学んでもらい、いずれは地元のリーダーとして帰すというのは素晴らしいことだと思いました。こうした活動が成功すれば、五〇年後、百年後には世界は変わり、フィランソロピー（やさしい人間愛）に満ちた世界が実現するのではないでしょうか。

絶対に消さないでほしい松明リレー

あしなが運動に取り組ませてもらい四五年経ちました。いうまでもなく、この運動は私一人でできたものではなく、若い人から次の若い人にバトンタッチされて四五年間続いたということです。こういう社会運動が、ここまで続いた例はほかにはないと思います。ほとんどは五年、一〇年で消滅していきます。

あしなが育英会も、発足してから二〇年近く経ちました。かつて交通遺児育英会であったような問題が起きないとも限りません。そういうときは、玉井先生に全権力を集中して、乗り越えていってほしいと思います。

私は高校奨学生や大学奨学生の「つどい」に招かれて、話をすることがあります。その時に話すのは、「あしながの松明リレーを絶対に消さないでほしい」「あしなが運動の伝承者よ、次々と生まれてほしい」ということです。そして親を亡くした時の悲しみや苦しみを片ときも忘れないでほしいと思っています。玉井先生も同じ考えだと思いますが、社会運動である以上、前に進み続けなければならないとも考えています。

（聞き書き＝仮野忠男）

「共に働こう。仲間の無念を晴らせ」

あしなが育英会理事
工藤長彦

大人社会と政治の冷たさに対する怒り

裏山から八郎潟干拓の推移を望みながら育った私は、農業技術者に憧れて一九七二年四月、宇都宮大学農学部に入学した。だが、学生運動の過激派のなだれ込みで入学式が潰され、出鼻をくじかれた。

その翌日、同じ下宿に暮らす教育学部四年の池澤勤から「おい、これ読めよ」と交通遺児作文集『天国にいるおとうさま』を渡された。実は不承不承にページを開いたのだが、何か圧倒的な力でぐいぐい引き込まれ、とうとう一晩で解説や評論も含め隅から隅まですべて読了していた。ボロボロ涙がこぼれた。

自分が生活しているこの日本に、最愛の父親を亡くして毎日悲しみにくれているだけでなく、母親も交通事故で死んでしまうのではないかと怯えながら、お金がなくて人並みに勉強もできない子どもがたくさんいる。そういうことに少しも気付かずに、自分の望みを叶えるために高校・大学へ進学することは当然のことだと、ノホホンと、かつ傲慢に生きてきた自分が実に情けない。

そして同時に、それまで一度も感じたことのない種類の感情が込み上げた。それは、そういう子どもたちを大量に生み出し、何もしないでほったらかしにしている当時の大人社会と政治の冷たさに対する怒りだった。

このとき、学生運動に没頭する人の気持ちが少しだけだが理解できたような気がした。

結局私は、池澤先輩に誘われ、「宇都宮交通遺児を励ます会」活動に飛び込む。週二回の家庭訪問、会報発行、ハイキング、クリスマス会、奨学金支援の学生街頭募金、文集発行……。夏休みも冬休みも返上するほど多忙だったが、子どもたちから「お兄ちゃん」と慕われる喜び、「おれたちがやらなければ誰がやるんだ」という自負の方が勝っていた。

さらに、大学一年の一月、長野市で開かれた「励ます会全国会議」で出会った交通遺児育英会の玉井義臣専務理事（当時）の地球規模のものの見方・考え方に対する深い尊敬が拍車をかけた。

衝撃的だった仲間の交通事故死

「励ます会」の代表を務めた大学三年の十二月のこと。私は、「励ます会」と同時に開催される障碍児施設のクリスマス会のために保育専門学校生の会員を二グループに分け、一つを施設に派遣した。

ところが、派遣された四人が、クリスマス会を終えての帰路、バス停に立っていたところを、酔っ払い運転のダンプカーに襲われてしまったのだ。二人は何とか命を取り留めたが、あとの二人はダンプの下敷きになり、顔も分からないほどズタズタにされて死んだ。ひとりは十九歳、ひとりは二十歳だった。

私は酷い自責の念に苛まれ毎晩泣いた。昼は授業にも出ないで腑抜けのようになっていた。翌年、大学三年生の三月、「もはや活動は続けられない」と観念して、その決心を遺児家庭訪問で伝えることにした。すると、お母さん方から、

「世間は振り向いてもくれないのに、あなたたちは初めて私たちに真剣に向き合ってくれた。それが本当に嬉しかった。それなのに、そちらの都合で勝手にやめてしまうなんて、結局、あなたたちも世間と同じように私たちを見捨てるのね」

と、胸倉を摑まれるような勢いで非難された。

目が覚めた私は、必死で仲間を増やし活動を再開し後輩を育てた。

しかしまだまだ鬱々としていた大学四年の六月、玉井専務がわざわざ宇都宮まで来ておっしゃった。

「共に働こう。仲間の無念を晴らせ」

と。

私の道はそのとき決まった。

このように、あしなが運動に取り組んできた私の心の底には、遺児家庭と出会った責任、死んだ活動の仲間二人に対する自責の念が混じりあって地下水のように流れているように思う。ただ、その流れが年月を重ねるにつれて清らかになるのを感じるのは、やはり、玉井義臣という純真無垢な人間と半世紀余りも一緒に歩ませていただいているお陰である、と、しみじみ思う。

「支え合い」が世界に広がりますように

俳優
紺野美沙子

早い決断に驚くばかり

玉井先生、朗読座の活動をいつも応援してくださりありがとうございます。二〇一二年初め、朗読と音楽を通じて、厳寒の東北で避難生活を強いられている人々に心の温もりを届けたいという私の思いが、あしなが育英会の皆さんとともに「東北応援公演」という形で実現することができました。

「子どもたちの未来のためにという思いは同じ」とおっしゃってくださった玉井先生のおかげです。東日本大震災被災三県でささやかではありますが、希望の種をまく活動をこれからも継続していきたいと思っています。

あしなが育英会は、二〇一一年三月十一日以降、被災した子どもたちの調査のために真っ先に現地に入られたそうですね。そして地震・津波で親を亡くした子どもたちのために、何に使ってもいい使途自由で返済不要の生活特別一時金を給付しました。心の面で子どもたちを長く支えるための、東北レインボーハウス三か所の建設計画も驚くほど早い決断でした。

玉井先生とはもう二〇年以上のお付き合いになりましたね。

きっかけは私の夫でした。夫が学生時代、日本ブラジル交流協会の交換留学生としてブラジルに、一年間留学した時に、玉井先生に大変お世話になったと聞いています。夫とともに玉井先生のもとへ結婚のご報告にうかがった時、先生のこれまでのご活動をうかがいました。あしなが運動を始められたきっかけやお母様のこと、奥様のこと……。

「人は悲しみが多いほど、人には優しくできるのだから」という「贈る言葉」の歌詞が浮かびました。

玉井先生はこれまで、どれほどの哀しみや悔しさを乗り越えてこられたのか。さまざまな痛みを乗り越えて、情熱を持って前に進むお姿に私は心動かされ、ずっとあしなが運動を応援していきたいと思っています。皆さんも同じ気持ちだと思います。

私は、あしなが育英会の活動を紹介するビデオやACのコマーシャルのナレーションの担当をさせていただいています。学生の皆さんと街頭募金やPウォークに参加したことも良い思い出です。皆さんご存じかと思いますが、Pウォークとは、フィランソロピー（やさしい人間愛）・ウォークの略字で、一九九一年年十月十日の体育の日に、病気遺児の高校進学支援を掲げて全国約六〇コース（一コース約一〇キロ）で初めて実施、寄付を募りました。その後も毎年行っており、二〇一一年までの寄付総額は約四億八〇〇〇万円に達しています。累計参加者数は約四九万人と聞いています。

軽々と国境を越えて

いつも精力的な玉井先生のお仕事ぶりには驚かされていますが、いちばん驚いたのは一〇年以上前のことですが、「これからは世界の遺児を救う」とうかがった時です。日本国内でも病気や自殺などで親を亡くした子どもたちの心のケアの重要性が高まる中で、世界に目を向けることは大切ですが、容易なことではありません。

特にアフリカには極度の貧困や気候変動による自然災害、内戦、テロなどの問題が山積しています。しかし、有言実行の玉井先生のことです。すでに地球を何周もなさったのでは?、と思えるほど軽々と国境を越えていらっしゃいますね。

夢のような計画、「あしながアフリカ遺児高等教育支援１００年構想」が着実に成果をあげているのです。特にウガンダには、あしながの事務所ができたと思ったら、レインボーハウスが完成。現在では経済的な貧しさゆえに初等教育さえも受ける機会のなかった多くの子どもたちが、大学進学の夢に向かって学んでいます。

私は一九九八年秋に国連開発計画（ＵＮＤＰ）親善大使に任命され、これまで九つの途上国と地域（中東・パレスチナ）を親善訪問しています。アフリカではガーナとタンザニアの二か国にまいりました。そこで極度の貧困の中で生活する人々を目の当たりにしたのです。満足に食べるものもなく、医療施設も乏しく、働く場もない最貧困の人々の現実には、言葉を失いました。

さまざまな問題がある中で、私は何よりも大切な支援は「教育」だと思います。世界中のすべての了どもたちが平等に初等教育を受けられることです。

教育は世界の子どもにとって生きる希望

経済的な貧しさゆえに、小学校にさえ通うことができない場合、その子どもは母国語を読んだり、書いたり、簡単な計算さえも学ぶことができません。そして読み書き計算が身についていないことで、きちんとした職場を得る機会もなく、生涯、貧困生活から抜け出すことができない可能性が大きくなります。

「教育」は世界中のすべての子どもたちの生きる希望です。そして、ますます厳しさを増す社会で生き抜くための礎です。子どもたちが、自由におおらかに自分を信じて成長するには「師・仲間・居場所」が必要です。

玉井先生、これからも「あしなが運動の師」としてのご活躍、大いに期待しております。

そしてあしながファミリーの「支え合い」が世界中の子どもたちに広がりますように。

学生募金の始まった日

あしなが育英会常任顧問
桜井芳雄

チャリティーラリー寄付先の選定

一九六九年、秋田大学祭はその準備を開始した。この年は、メンバーが偏り、地質学科六名からなる新しい実行委員会が立ち上がった。メンバーは、自らフェニックスと名乗った。

イベントは、竹村健一氏、羽仁五郎氏による講演会。また、屋外では唐十郎氏が率いる赤テント劇場を企画した。さらに、これらのイベントだけでなく、全国を対象とするチャリティーラリーを開催しようと計画し、全国チャリティーラリーの寄付先の選定は私の担当となった。

間もなく私の足は東京・霞が関の警視庁の玄関前にあった。私は交通安全対策担当者の前で話を聞いた。推薦対象の一番目は、役所と協力をして交通安全運動をしている超大手団体。次に紹介されたのは、私たち学生にはほとんど聞いたことがない名称の団体だった。担当者は言った。

「この交通遺児育英会というのは、玉井さんという人が熱心に力を入れている団体です。確かな団体というのなら、どちらも問題はないでしょう」

と。

彼が見せてくれた多数の資料から、私はこの二つの団体のどちらかに決めようと思った。

遺児作文集に電気が走る

次に私は、交通遺児育英会を訪ねた。近くに国会関係の建物が立ち並び、政治の香りがする一角だった。交通遺児育英会は小ぶりのビルの六階にあった。とりあえず説明を聞いて、資料をもらってエレベーターで降りようとして足を止めた私に、玉井さんが文集の冊子を渡してくれた。そのときは単なる文集にしか見えなかった。

その日の私の宿は交通遺児育英会のすぐ近くにある町村会館。地方の町村会議員が上京したときに宿にするユースホステルのような造りの宿舎だった。

その一室で、育英会から渡された文集を二~三ページ読んだとき、体中に電気が走った。目からあふれる涙が止まらなくなった。私は迷うことなく廊下の角に置いてあった赤電話に一〇円玉を差し込んで、秋田の大学祭事務所に自分の気持ちを伝えた。

結論は交通遺児育英会だった。早速、フェニックスの六人は東京に集合し話し合って、最初に全国募金、それに次いで一週間の自動車ラリーで日本全国を結び、チャリティーラリーをしようと決めた。四月二十一日には、傘下の大学の自動車部は二一校になっていた。

しかし、計画を進めるにしたがって難問が立ちはだかってきた。自動車部を使ってのラリーは交通事故の危険性から免れることが難しい。土壇場ではあったが、ラリーを中止することになったのを、大学自動車部は快く承諾してくれた。

第一回学生街頭募金は一二六万円

こうして一九七〇年五月十日、自動車部など三九大学が参加して募金を実施した。募金額は一二六万円だった。五月二十八日、玉井さんを秋田県民会館に招いて募金の贈呈式を行った。翌二十九日、秋田空港まで見送った。

玉井さんは、我々実行委員一人一人と握手をしたが、なぜか余韻の残る握手だった。それは今も忘れられない。

募金は一度だけのつもりだったが、あちこちで「募金を続けよう」という動きが次々に起きた。七月四日、地方からの修学旅行に参加する生徒たちが利用する旅行会館に、先の募金に参加した大学自動車部を中心として、第一回の募金会議が行われた。

秋田大学のフェニックスのメンバーも、育英会の片隅に事務机を置いて募金事務局を開いた。フェニックスのメンバー六人は六方面の担当を決めて、リュックに遺児の作文集や資料をめいっぱい詰めて募金オルグ活動を開始した。

当時、大学・短大・各種学校などの数は約八百校、参加したのは四七五校、参加した学生は約一万人。募金総額は二二八六万三五四八円。これが、二〇二四年四月で一〇七回を数えた「あしなが学生募金」の源である。

三つのエピソード

以来今日まで、玉井さんと共に「あしなが運動」に取り組ませていただいて五五年になる。玉井さんの魅力については多くの方々が語っているので、私はちょっとしたエピソードを添えることにしたい。

一つ、私が育英会に就職を誘われたとき、近くの喫茶店で玉井さんにコーヒーをごちそうになった。おそらく五百円程度だったと思う。

同じく誘われた他のメンバーに話を聞いたところ、ハンバーグステーキだったとか、いや水だけだったとか、いろいろ人によって違うのだ。「それはないよ、玉井さん」と不平が出そうなのだが、実は安いものをごちそうになった人ほど自慢したがる。不思議である。

二つめ、学生募金会議後の懇親会で、玉井さんが全国から参加した学生たち百人近くと一献を酌み交わすのを多く見た。しかし、泥酔したところを見たことがない。なんという酒豪であろうか。とてもかなわない。

最後に、人のことを細かいことまでよく見ているし、気遣い方が並ではない。私が機関紙編集を担当していたとき、なんとペンタックスの一眼レフを買ってくださった。やる気が湧かないわけがない。

「他者のために力を尽くせ」

氷見副市長、日伯研修生ＯＢ
篠田伸二

今でも初めてお逢いした日のことを鮮明に覚えている。

日本ブラジル青少年交流協会、第三期研修生のための合宿の場だった。退屈な学生生活をおくっていた凡庸な若者にとって、やたら肌艶の良い、声のデカいおっさんの気宇壮大なホラ話。唖然と聞いた。けれど、超刺激的だった。そのとき、きっと自分の目は輝いていたと思う。そして、迷うことなくブラジルへ渡った。

エキサイティングな日々がそこには待っていた。若い頃の色鮮やかなシーンは、なんぼ歳を食っても決して色褪せない。それが若者の血肉となる。まだ何も見えていない自分の未来にとって、それは決定的な出逢いだった。

玉井さんから私が受け取ったものは無数だけれど、煎じ詰めるとこうなる。

「他者のために力を尽くせ」

私が眺めてきた玉井さん、そして彼のあしなが運動にかけてきた想いを凝縮させたものが映画『シンプル♪ギフト〜はじまりの歌声〜』に昇華した。彼への想いを、ボクなりにありったけの愛を込めて、けれど抑制的に、あれからの三八年を九〇分の映像に込めた。二〇一七年に映画が完成後、一年の準備を経て、その作品を抱えて全国の映画館、教育機関など上映会に自らも足を運んだ。

そして、丸二年間ずっと玉井さんのことを想い、上映会場で、時にはメディアに向かって、玉井さんのことを語り続けてきた。

上映会の予定は東北大津波から一〇年の節目を迎える二〇二一年三月まで、全国各所で予定が入っていたが、コロナで全てが中止となった。その先の予定が一気に真っ白になる。

さあて、これからどうするか……と深呼吸をしたら、時を同じくして自分のアンテナにピクッと引っかかる情報が天から落ちてきた。

「富山県氷見市で副市長を公募」

元々自分は地方出身者であり、これまでささやかにでも培ってきたものを地方創生に力を尽くしたい、そんな思いが近年募っていた。だから、一も二もなくエントリーをしたら、あれよあれよと決まってしまった。これは神の差配のような気がした。

その数週間後には横浜の自宅から単身、富山県氷見市へと移住した。市民の総幸福量をあげること、これが自分に課せられた役割と任じ、現在も毎日、山のような行政案件に向かっている。

パブリックに力を尽くすチャンスを「天からの贈り物」として受け取った。若い頃のエキサイティングな経験が今では背骨の一部になってボクを支えてくれている。それを与えてくれたのが玉井さんなのである。

だから、一生、頭が上がらないのだ。

レインボーハウスは善意の結実

俳優
竹下景子

震災遺児の安否確認に奔走

一九九五年一月十七日。阪神・淡路大震災のあの朝、私はいつものように朝の支度に追われていた。地震発生のニュースにも、それほどとは思わず家を出た。未曽有の災害と知ったのは何時ごろだったろうか。その夜、芦屋に転勤した従兄弟に電話したが、つながらなかった。

三日後、撮影所内の公衆電話でかけてみた。携帯電話はさほど普及していなかったから、この緑色の電話に頼るしかない。ルルル……呼び出し音、出た！「モシモシ」と呼びかけようとしたその時、受話器の向こうから、けたたましいサイレンの音が飛び込んできて、変わりない日常にいる私とはひどくかけ離れた彼の地の現実に足がすくんでしまった。幸い従兄弟家族は無事で、住まいも半壊と知ってホッとした。

同じ頃、あしなが育英会では玉井さんの決断のもと、早くも初動がスタートしていた。遺児学生ボランティアが中心となり、瓦礫の街をぬって震災遺児の安否確認に奔走した。このローラー作戦によって、五七三人の遺児のいることが明らかになった。経済支援と心のケアが急がれた。

子どもからのSOS『黒い虹』

しばらくして、芦屋在住の友人から復興支援コンサートへの協力を求められた。私に何ができるのか見当もつかなかったが、即、参加を決めた。

一九九九年一月十八日。「第一回　竹下景子　詩の朗読と音楽」神戸かんしんホールにて（主催　震災復興支援コンサート実行委員会）。

公募の詩を朗読する。主催者も演奏家も、お客様も被災者だ。会場がひとつになった瞬間は忘れられない。多くの善意に支えられてのコンサート。後援の中には、あしなが育英会の名前もあった。これまで何度か奨学生の皆さんと街頭募金に立ったが、コンサートでは私達が支えられる側にいるのだった。

そして、竣工まもない神戸レインボーハウスを訪ねる機会にも恵まれた。レインボーハウス設立のきっかけは『黒い虹』（廣済堂出版）に詳しい。表題の下には震災遺児「かっちゃん」の描いた黒い虹の絵がある。子どもからのSOSを目の当たりにして、神戸事務所所長代理（当時）の樋口和広さんは心のケア活動の拠点となる施設を切望した。

この本には、遺児作文集とともに被災二〇四家庭の実態調査の事例と分析がまとめられている。監修は筑波大学副学長（当時）副田義也先生。実は、副田先生は東京女子大学で私の卒論の指導教官でもある。不肖の学生だったけれど、恩師の名前は懐かしく、ゼミ生になったつもりで一生懸命読んだ。フィールドワークに、また、調査の分析・研究に携わった皆様の労苦に心から敬意を表したいと思う。

東灘区の一角に、翼を広げるようにしてレインボーハウスは建っていた。こぼれんばかりの笑顔で樋口さんが迎えて下さった。子ども達はのびのびと活動しているように見えた。玉井さんの信条『WORK HARD』と多くの善意の結実がここにある。かっちゃんの黒い虹が七色に輝きますように、と祈らずにはいられなかった。

WORK HARDからの薫陶

二〇二〇年一月二十四日。大震災から二五年の節目の年に、兵庫県公館において「第一八回　竹下景子　詩の朗読と音楽の夕べ」が催された。朗読者を公募して、私は初めて三百人を上回る応募の中から選ばれた五人の皆さんとステージに上がった。そのうちの二人が、学生寮「虹の心塾」の塾生江口仁さん（関西学院大学三年／当時）と上野明日香さん（関西学院大学一年／当時）だった。震災を知らない若者の参加によって、次世代へとバトンがつながった。二二年間のコンサート活動で何より嬉しい贈り物を貰った一日だった。

玉井さん、これまで六〇年にも及ぶ社会運動を通して、私達はどれほどの忍耐と、忍耐が紡ぐ寛容と、その先に見える希望に救われ、癒され、励まされてきたことでしょう。

奨学生の皆さんは、玉井さんのWORK HARDの薫陶を受け、全国の「あしながさん」からの善意を勉学への熱意に代えて、果敢に社会へと羽ばたいていきました。さらに、あしなが運動は「アフリカ遺児高等教育支援100年構想」を発足させ、着実に成果を上げつつあります。これらの希望は決して失望に終わることはないと信じています。

玉井さん、遺児の皆さんのご健康とご活躍を祈りつつ、応援団の一人としてこれからもエールを送ります。

（二〇二〇年九月記）

玉井先生と私

東京外国語大学教授
武田千香

人生に決定的な出会い

一九八三年六月、大学三年生だった私は、その時点での長年の夢の実現をかけ、面接に臨んでいた。夢とは、ブラジルへの留学。中学の頃からブラジルに憧れ、大学ではポルトガル語とブラジルの地域研究を専攻していた。あのころブラジルはまだ物理的な距離ばかりでなく、金銭的にも心理的にも日本から遠かった。欧米であれば数多ある留学の道が、ブラジルの場合はほとんどなく、その三年前に発足したばかりの日本ブラジル青少年交流協会（以下「日伯」）の研修留学制度が、私の人生を切り拓いてくれる唯一の頼みの綱となっていた。合格の知らせが届いたときのうれしさは今でも覚えている。とはいえ、その時点ではまだ「研修留学候補生」、本当に行けるかどうかは、そこから九か月にわたって実施される事前研修での成果にかかっていた。

研修の初日、まず出された指示はたしか、それまでの自分の人生にとって重要な存在となった人物を一〇人書き出せというものだった。まだ二十過ぎだった私は、両親や恩師の名前を書いたのを覚えている。

もし今だったら……？　確実にその一人に玉井先生の名前を書く。それが五人でも書くと思う。玉井先生との出会いは、私の人生に決定的だった。

大きく生きることを学ぶ

ある出会いが人生を変えるかどうか、それはタイミングも関わる。当時の私は人生を模索していた。いい大学に行って、いい会社に就職して、いい結婚をするのが幸せな人生である、そんな風潮がまだしっかりと社会に根づいていた時代。定番のレールに乗る気になれず、ふつうでない人生を模索し、もがいていた。日伯の研修留学候補生となり、玉井先生に出会ったのは絶好のタイミングだった。

とりわけ転機になったのは、日伯の事前研修だった。それは「研修」というより「鍛錬」と言った方がいい。四回にわたる合宿、五〇冊読書、「天声人語」の要約、『ザ・ジャパニーズ』の章ごとの要約、大雪の中の二四時間ビバークとその直後の厳寒五〇キロ行軍。数々の講話。玉井先生の話は、毎回の合宿のほか、懇親会などでたびたび拝聴した。それは、海外に送り出す人間として恥ずかしくない精神・肉体、知性の準備、大学では得られない学び。心身ともに鍛えられた。

何を以て私の人生が変わったのか。人生が変わるほどの教えとは何だったのか。今、考えてみるに、いくつか細かいことは思い浮かぶ。だが、それらすべてを言い当てるいい言葉が見つからない。あえて一言で言えば、大きく生きることを教わったということだろうか。

寛い心と長い目

たとえば、これは単なる一例に過ぎないが、玉井先生の口から飛び出る人名、活動の規模にまず驚いた。経団連会長の土光敏夫氏、武田豊氏、渡辺美智雄氏……。間接的ですらまったく接点のない遠い世界の人たちの名前が次々と親しげに飛び出した。新聞やテレビの中でしか知らない人たちが、とたんにリアルな存在になった。もちろん一介の学生にとっては相変わらず遠い存在だったが、玉井先生の世界に入れていただくことで、少なくとも想像力や発想の射程と射幅がぐっと広がった。

そしてそれを推進するための力もいただいた。夢見る自由、挑戦する勇気、夢に向かって飛翔するための行動力、同士を集めるための組織力、コミュニケーション力。俗に「人間力」と言われているものである。そして人生を生き抜くための忍耐力、強い意志を貫く根性、逆境に打ち勝つ負けじ魂、心折れないしなやかさ、最近唱えられ始めたレジリエンス（再起力、回復力）である。こうした力の醸造のための工程を玉井先生は準備し、ときに絶妙に突き放したかと思うと、温かく包み込む懐の深さを以て、ニタニタとお見通しの目で、寛い心で長い目で私たちを見守ってくれた。

完全に身につけられたとは思っていない。だが、少なくともあのとき玉井先生に出会っていなければ、現在のこのわずかな力もなく、こじんまり平々凡々に生きていた思う。

果さざりし志、「恨みは果しなき空に」

元毎日新聞編集委員
津田　康

個人史・玉井義臣

昭和十年二月、大阪・池田市の金網職人の一一人の子の末子に生まれ、府立池田高校を経て三三年、滋賀大経済学部卒業。証券会社勤務のあと東京で〝株式評論家〟をしていた三十九年末、母親が池田市の自宅近くで小型トラックにはねられ一か月後に死亡。その母の交通事故死を恨みながら書いた論文「交通犠牲者は救われていない」（『朝日ジャーナル』掲載、第Ⅰ巻所収）が経済学者・都留重人らに評価され三十歳になったばかりの彼は一転〝先駆的〟交通評論家としてテレビの交通問題キャンペーンにレギュラー出演する。

四十四年、交通遺児育英会を創設。以後育英会専務理事として十余年、数十億の助成金、募金を集めまくり、それで育英資金をつくりこれまで約二万人の交通遺児たちを〝人並みに〟高校、大学に通わせ、卒業させた。

四十七年秋から翌年にかけては「自動車は殺人機械だ！」「地球はクルマに滅ぼされる！」と叫んで「ゆっくり歩こう運動」を提唱。全国の若者一〇万人を歩かせた。

彼の造語「ユックリズム」は、一時マスコミの流行語にもなった――。

これが、これから書く玉井義臣という男のざっとした個人史である。

こだわりのない現実主義

玉井に初めて会ったのはいつだったか記憶にないが、多分、昭和四十五年、私が主に公害、交通問題を追いかけており、玉井が交通遺児救済募金のために「交通遺児を励ます会」のオルグづくりに各地を駆け回っていたころ、大阪府警の記者室あたりだったかと思う。

「交通遺児に進学の夢を」というパンフレットをやたらにくれるのはええけど、財界の〝大御所〟（永野重雄）を会長にかついだり、大学の自動車部の学生に「交通犠牲者を救おう」と叫ばせたり、なんやマッチポンプみたいなことしよるなあという印象はあったが、玉井たち育英会の職員が企画し、「励ます会」の自動車部員大学生らが現場に立つ救済募金運動を取材に行って、不思議に不愉快な気持ちになることは一度もなかった。

《〝公害企業〟への一株運動が盛んだったころからだからもう四、五年前の話。株主総会を前に〝告発集会〟を開くというので、夜、大阪市内の公会堂へ行くと、玄関にいた女子学生が、こわい顔で「カンパして下さい」と紙箱を突き出した。ポケットをさぐったが、五百円札一枚と十円玉一つ。夜食もまだだし、まさか「つりをくれ」とは言えない。「十円やけど」とおずおず十円玉を紙箱の穴に落とし、会場に入ろうとすると、背中の方で冷笑があった。「十円やて。フッフッフ、ブル新記者のくせにねぇ……」(中略)こんな薄汚れた〝ブル新記者〟にもいつも笑顔で付合ってくれる若者のグループがあった。「交通遺児に進学の夢を」をキャッチフレーズで毎年春夏になると、盛り場で街頭募金をする「交通遺児を励ます会」の若者たちである。募金箱に入れるお金が十円玉でしかないときでも「ありがとうございます」とていねいなお辞儀と笑顔が返ってきた。(中略)「大阪産業大学自動車部」のネーム入りのおそろいコートを着た男子学生が、ずらり募金箱を手に立っていた。クルマが好きでたまらず、毎日ブンブン乗り回している若者が交通遺児救済を呼びかける。見方によってはおかしな風景だが……。(中略)このこだわりのない現実主義は多分に「励ます会」の実質的な運営者、玉井さんの体質の反映だろう。「理屈より行動でっせ」という玉井さん。「わたしは無思想、無節操。全国に一二万の交通遺児がいる。それを救済したい。それにはなんぼでも金がほしい。ただそれだけですねん」と言っていたこともある。もちろん、こんな玉井イズムにはきびしい批判もある。が、このずぶとい現実主義が、こわばった〝正義〟を押売りして、やたらに他人に自己批判ばかりを迫って、閉鎖的になってしまった社会運動団体のような陥穽(かんせい)に落ち込むことを免れさせてきたし、運動の輪を開放的にした。「励ます会」が集めたお金で、ともかく全国で五千人もの交通遺児が大学、高校へ通っている。〝ブル新記者〟もひけ目を感じずに若者と話し合えたし、おのが〝罪〟をおのれで批判する偽善をしなくてすんだ……》

以上は五十一年十一月十三日付のある私の記事だが、玉井はそれ以前も以後も「カネ、カネ、カネ」と叫び続けてあの「一日一善おじさん」の船舶振興会や〝敵〟であるはずの自動車工業会などの財界から巨額の寄付をさせる一方、全国の大学生などの「正義感」あるいは「人情」に訴えて、ボランティア活動させた。玉井によって、ボランティアという名の〝ただ働き〟をさせられた若者は、育英会発足一〇周年の昭和五十四年までで三〇万人、募金に応じた国民は述べ四千万人（玉井自身の記述による）という。

白亜の交通遺児育英寮「心塾」

五十三年四月には、東京・日野市に交通遺児育英会寮「心塾（こころ）」をつくり、玉井は塾長におさまった。総工費は一三億円。全国から上京して、首都圏の大学に通う男女の交通遺児約百人が寝起きしている。

ある日、この寮に講師にやってきた明治大学野球部監督・島岡吉郎は「こんなすごい寮があるとはねぇ。わが野球部寮なんかとは比べものにならんよ」と絶句して帰って行ったが、武蔵野台地の一万平方メートルの敷地に、白亜の鉄筋四階建が三棟、広い廊下やロビーはまるで一流ホテルなみで、〝球界のドン〟島岡ならずとも驚く豪華な寮である。

「世のため、人のため働き、二十一世紀の日本を根底で支える人材、仁義礼知信をかねそなえて、しかも国際感覚をもった若者をこの塾からどんどん出したい」

テレもヒネリもなく語る玉井に、聞く側の私の方がいささかうろたえたが、大勢の人と巨額のカネをどこからかかき集め、たちまち自分のやりたいことをやってしまう能力には驚嘆せざるをえない。

会えば、私は、玉井が「ユックリズム」の提唱者であるにも拘らず、いつもタクシーであわただしく動き回って、ガソリンを〝浪費〟し、食糧資源を食いつぶす大メシ食らいぶりをヤユしてはいるが……。

それにしても、玉井は一体、なぜ、かくもストレートでエネルギッシュな力で仕事をし続けるのだろう。私はやっぱり十数年前の、母の交通事故死という「怨み」に発しているのだと思う。

《その母、七十三歳。播州滝野の百姓の長女に生まれる。性、温和そのもの。不平不満の一つも言わず、ただ黙々と運命に従う、古い日本女性の典型ともいえる。無口で、いつもニコニコしていた母。親元を離れて好き勝手な仕事をし、ちっとも落ちつかないわたしのことだけが心配で「あの子に嫁はんもろたるまでは絶対死なれへん」と秘かに叔母に話していたという母。そんな母が、どうしてこんな目にあわなくてはならないのか。どうして交通事故なんかに……》

《親元を離れて十余年のわたしは母の誕生日にプレゼントを贈ったことは一度もなかった。母はただ子供のためにだけ生きる、あまりにも〝日本的な母〟であり、わたしはその恩に報いることを知らぬ親不孝な子供であった。無言で眠るだけの母の前で、わたしは大きな後悔をした。わたしに残されている道はただ一つしかない》

《夜、病室に入ってわたしはギクリとした。母の眼がこちらを見たのだ。右の眼だけがパッチリと開いていた。そんなはずはない。もう一度よく見た。たしかに間違いない。「わかってる。お母ちゃん！　お母ちゃんの言いたいことはみんなわかってる」。わたしはたまらなくなって右手の指で母の瞼を合わせた。このとき、わたしは母のためにペンをとることを心に固く誓った》

《一月二十七日、死は目前に迫っていた。午前五時半頃、ものすごく苦しみ出した。大きく身体をゆすり、うめき声を上げて苦しんだ。母は、燃え尽きんとする生命の火で、最後の訴えをしているようだった。わたしは、一個の人間の、最愛の母の「死」を凝視していた。火は静かに燃え尽きた。午前八時五分。三十六日もの長い長い闘いは終わった。あの苦悶の表情はすっかり消え、母は美しかった。母の死を無駄にしてはならない。わたしの胸のなかで、大きな怒りが雲のように拡がっていった》

（以上いずれも玉井著『交通犠牲者』より）

なんとも古風な子の母を思う情だが、日記スタイルのこの一途な手記には註釈はしない方がいい。
玉井の母を〝殺した〟ドライバーの実家は近所の〝億万長者〟だった。しかし、加害者は金を出し惜しんだ。

玉井の表現では「加害者の兄はニヤニヤ笑いながら、すこしでも母の値段を安く買いたたこう、という態度」であり「死者の冥福を祈る気持ちなどまったくなく、一つの商取引をいかにしてうまく結ぶかという気持ちが言動に現れていた」という。

結局、示談は成立したものの慰謝料はわずか五〇万円。それも「こちらがまるで罪人のように、辞を低くしてもらわねばならなかった」そうだ。

三原脩と玉井義臣

当時、玉井は〝株式評論家〟をしていたというが、実態は個人的に株を売買したり、『1、000万円財産つくりの本』とか『オール投資教室・株で絶対損をしない法』とかあやしげな本を書いては自分で売り歩く〝浮き草〟のような青年であり、東京の安アパートに一人暮らししていたらしい。

まさに、母の悲惨な死が玉井義臣という若者の生き方を方向づけたといえるし、その母の死によって燃えさかりはじめた怨みの業火が、玉井の身と心を十数年、しゃにむに動かし続けてきたのである。

「わたしのやってることは、要するに母親の弔（とむら）い合戦ですわ」

酒をいっしょに飲みながら、私は何度か、玉井からそんなセリフを聞かされた。

島岡吉郎は「心塾」のことを「社会福祉施設としてはぜいたくすぎる」と批判したが、あの豪華な建物を、親不孝だった息子が母の死で後悔し、その菩提寺として建てたのだ、と考えれば、また見方もかわってくるのではないか、と私は思う。

ところで、交通ジャーナリストとしての玉井の最初の著書『交通犠牲者』を読むと「先方のあまりの不誠実さ」とか「誠意が甦ったのではなかった」とか「誠意」という文字がしきりに出てくる。

この「誠意」で、私が思い出すのはかつてのプロ野球の名監督、三原脩についての次のようなエピソードだ。ある年の契約更改で、三原は球団オーナーともめた。「球団はもっと誠意を示してほしい」という三原にオーナーは「誠意とは何か?」と質問した。これに対する三原の答えはこうだった。

「誠意とはお金です」

私はプロ野球史上で最も魅力的な監督は三原脩だと信じている。尊敬する人物だ、といってもよい。合理精神の持主である三原は、不確かで変わりやすい人間の言葉とか心よりも、ずっと確かな強さをカネに見ているのだと思う。三原の言葉はカネの何たるかを知っている人の言葉だと私には思える。

玉井もまた、母の命が買いたたかれたあの〝地獄〟の交渉の場で、「誠意」の何たるかを骨身にしみて知り、カネをほんとうに学んだのではなかったか。

「気の毒なことをしました」とか「反省してます」という言葉を涙ながらに何べん繰り返してみても、そんなものは屁のつっぱりにもならないよ、カネこそ「誠意」なんだ、ということを玉井は二十九歳にして知ったのだ、と私は思う。

その意味で、交通遺児たちの〝敵〟であるはずの自動車メーカーから玉井は何億かの寄付金をとってきても「矛盾」ではなくむしろ「合理的」といえるだろう。玉井は、その合理的な〝金銭哲学〟に母を奪ったクルマへの怨念をミックスして、自動車メーカー側に「誠意」(すなわち億の単位の金)を求め続けてきたのだ。

といっても、三原や玉井のような切実な対決の経験がまったくない私には、かなしいかな、三原あるいは玉井が身につけている〝金銭哲学〟を的確に説明する筆力を持ち合わせていない。

「愛情」も「誠意」も根源的には同じ

ごく最近読んだ北原武夫（作家＝故人）の『告白的女性論』という本に、おそらく、こんなことではないかナ、という一文にたまたまお目にかかったので、引用させていただく。

《金銭というと、単に物質的なものに考え勝ちな傾向が、まだ一般から抜け切れずにいるが、多少とも金銭について何かを知っている人間なら、それは単に金額を表示する紙幣のことではなく、肉体も精神もこめて、その人間の生存の意欲を注入した、何よりも切実な生（せい）のエネルギーだということを痛感しているだろう。膏血（こうけつ）をしぼった金、という言葉があるが金銭とは、最も率直な意味で、人間の膏血の換算されたものに他ならず、そしてそれはそのまま、最も正当な意味で、人間のエネルギーの別名に他ならない》

北原はこの文章を、芸者に惚れた大阪の旦那が多量のカネ（エネルギー）を芸者に注ぎ込むことによってさらに「愛情」を高めていく男女の力学の機微の解説として、そんなことを書いているのだが、この「愛情」を「誠意」にかえれば、三原や玉井の〝金銭哲学〟になるだろう。もっとも私は、根源的なところでは「愛情」も「誠意」も同じものだ、と考えているが。

同じ文章の中で、「僕の場合は、金ではないのだが……」と北原はこんな自分の体験を書いている。

《一か月近くも女のアパートを訪ねずにいたのに気がとがめ、純粋にただその女を慰めるつもりで、僕は手紙を書き出した。およそ便箋十枚近くにもなっただろうか。すると、奇妙なことに、その手紙を書き終えた頃、当の僕自身がその女の知り合った最初の頃にも劣らぬほどの激しさで、彼女に恋い焦がれている状態にあるのに気づいたのである。僕はその手紙を投函する代りに、僕自身その手紙となって、急いで彼女のアパートに車をとばした》

男女のことなので、つい力が入り過ぎて、引用が長くなってしまったが、そちらの方の心理は私にも経験がある（といっても純粋に、対玉井、または交通遺児の関係においてだが）。

「またタマイか」

知り合って以来、玉井は数え切れないほどの電話を会社や私の家にかけてきた。たいがいは、募金運動や「ゆっくり歩こう運動」の取材をして新聞に大々的に載せてくれ、というたぐいのものだった。

気弱な私は、はじめは不承不承、現場に行き、しぶしぶ原稿を書いていたが、同じような原稿を書き重ねるうちにいつの間にか、「玉井義臣」と「交通遺児」は私の取材対象の主要なテーマになってしまい、とうとう離れられなくなってしまったのである。

「愛着」というものであろう。こんどは玉井に頼まれもせずに、私は、本降りの雨の中の「ゆっくり歩こう運動」に加わって、何時間も歩き続けたり、交通遺児救済募金の打合わせをする若者たちの会合に、何度か深夜まで付き合ったこともあった。

そして、私の新年原稿には毎年、「玉井義臣」がでてきて、「またタマイか」と同僚からは私と「タマイ」の癒着ぶりをからかう、というより非難された。それでも、私は意地になって、玉井が言ってくるままに「タマイ原稿」を書き続けた。同僚がいないすきを見計らって「タマイ原稿」を、デスクを通さず、直接、ゲリラ的に整理部員に渡したこともあった。私の心の中で「玉井義臣」が消えることのない存在になったのは、もっぱら「タマイ原稿」を書き続けてきたためであろう。

「人間関係にあっては身体を使うことが実に想像以上に大切なことであり、愛情や恋情という心情の問題も大抵の場合その現実の動きに支配される」という作家・北原の言葉を私は、至言だと思う。

いまにして思えば玉井は、カネのない私には「身体を使うこと」で「誠意」を求めていたのだ。私は、実にうまく玉井にエネルギーを使わせられたのだ。

もっとも、これは私に対してだけそうであったのではなく、玉井が知り合ったマスコミ関係者全部にそうであったはずであり、募金運動にかり出された皇族や吉永小百合、森光子らの俳優その他の有名人にもそうだったはずである。募金キャンペーンのためのイラストをただで何度も描かされたイラストレーターの真鍋博も、募金運動に街頭に立たされた三〇万人の大学生、勤労青年たちも、みんな「身体を使うこと」で、交通遺児に「誠意」を示したのである。そして、それぞれが「身体を使うこと」によって、交通遺児への「愛情」とはいわずとも、少なくとも関心を深めたであろう。

「哲学的戦略家」玉井義臣

私の考えすぎではなく、玉井義臣という男は大した〝哲学的戦略家〟なのだ。私が玉井とは、やっぱり縁があるのかナと思ったのはブラジルである。

昭和四十八年末から四十九年はじめにかけて、永年、念じていた最初のブラジル旅行から帰国して間もなく、私はリオ・デ・ジャネイロ発信の「いま、ブラジルにいます」という玉井の絵はがきを受取った。世界一周旅行の途次に立ち寄ったブラジルにいっぺんに惚れた、とも書いてあった。交通遺児問題やユックリズムに没頭したときに匹敵するほどのエネルギーで、こんどは、玉井はブラジルに熱中しはじめている。

「金儲けしたいという若者にブラジルほど可能性のある国は世界中にありませんよ。戦後、ハダカ一貫で移住した青年のなかにも五百ヘクタールの大地主や億万長者になったのもかなりいる。仕事は山ほどあるのにブラジルでは人材が育っていない。学歴社会でコンクリートみたいにびっしり上が詰まった日本社会と違って、ブラジルには夢がある。明治維新の希望の持てる国ですわ。人種差別がないし、国土も広い。日本の工業高校出の技術者なら、ブラジル社会でどんどん伸びて行けますわ」

またしても、ストレートな剛速球的ブラジル観が、私には重たすぎる感じだが、玉井はどんどん「行動」を進めている。

まず、日本ブラジル青少年交流協会設立、ブラジルへの農業研修留学生、サッカー留学生の派遣、ブラジル・サッカーチームの日本招待、交通遺児高校生の冬休みブラジル研修大学派遣。すでにこれだけのブラジル関係の事業をやってしまった。

「日本の若者を、一人でも多くブラジルで大きく育てたい。今世紀末に予想される世界の食糧危機を救う地球の〝救世主〟を育てたい」――玉井はいつもそういう。玉井ほど胃袋が丈夫でなく、エネルギーのない私には、ふしぎな気負いとしか映らないが、玉井は純粋にそう考え、また、それが「生きがい」でもあるらしい。

私の妻が、玉井の何枚かの写真を見ながら「この人の目には濁りがないわね」と言った。

母親を悲惨な交通事故で亡くしながら、その「怨み」をみごとに「若者へのはてしない夢」に昇華してしまった使命感の人、玉井義臣を、私はやっぱり得がたい日本人だと思う。四十六歳のいまも、玉井の心は青春のままであるのかも知れない。私は、もう玉井のストレートさや「矛盾」をヤユするのはやめよう。

ただ、これは書いておこう。それは、玉井みたいな人物が上司や身辺にいなくて助かったということだ。シンドくて仕方ない。それにしても、いまだに独身の玉井のことを天上か地下かの玉井の母親はどう思っているのだろう。「怨み」は、ひょっとしたら、まだ母の方にあるのかも知れない。

（敬称略）

玉井さんは戦後最大のファンドレイザー

元民主党衆議院議員、元内閣官房長官
藤村　修

一〇年ひと仕事

私が玉井さんに最初に会ったのは一九七〇年春、広島大学のキャンパス内でした。それ以来、四〇年以上の交流を続けています。

玉井さんについては、いろいろな人がいろいろなことを言っていますが、共通しているのは、戦後における最大の民間ファンドレイザー（基金の募金係）だということです。財団法人・交通遺児育英会から現在のあしなが育英会までを通じて、それらを成功に導いたのは玉井さんひとりの力と言っても過言ではありません。それぐらい人の心をつかんできたということです。善意のおカネを集める天才と言ってもいいのではないでしょうか。

私たちを含む玉井さんのチームは、時に「玉井教」と呼ばれたこともありました。

二〇〇九年四月十七日付の『日本経済新聞』の「交遊抄」というコラム欄に玉井さんについて書いたことがあります。見出しは「一〇年ひと仕事」です。私は、広島大学を卒業後、交通遺児育英会に就職したわけですが、玉井さんはよく「自分の使命と見定めた仕事に打ち込め！」「そして一〇年間で大仕事をひとつやれ」と言っていました。コラムにはそういうことを書いたわけですが、それはまさに「玉井教」の教えのひとつと言っていいですね。

広島大学自動車部に入部

私は一九六九年四月に広島大学工学部に入学し、すぐに体育会の自動車部に入りました。当時は、第二次反安保闘争が全国の大学に広がっていた時代でした。「中核派の東の拠点は東京大学、西の拠点は広島大学」と言われていた通り、広島大学も学生たちがバリケード封鎖していました。このため入学試験や入学式は学外で行われ、入学式で学長が「半年間、休講します」と宣言したほどでした。

実家は大阪府吹田市で零細企業を営んでいました。実家に自動車があった関係で、運転免許も早くに取りました。自動車が好きだったのです。

自動車部は大学本部から歩いて四、五分の工学部キャンパスに学生運動から避難していて、ちゃんと活動していました。自動車部に入るために広島大学を選んだようなものでしたから、迷わず、入部しました。この当時、広島大学自動車部は受験雑誌の『螢雪時代』といった本の中で「名門」と紹介されていました。全国の大学の自動車競技大会で何度も優勝していたからです。

自動車部と聞くと、ドライブを楽しむだけのクラブと思われがちですが、そうではありません。全国競技大会では「フィギュア（安全運転）」「ラリー」「整備」の三部門があり、そのために練習したり、街頭のカーブミラーを磨くボランティア活動や、献血活動に取り組んだりしました。体育会系の部活ですから規律も厳しかったですね。

部員は自動車好きばかりでしたが、「大学はどうあるべきか」といった議論を展開したり、文明の利器としての自動車の光と影の部分を話し合ったりもしました。それは「開かれた大学を目指すべきだ」「自動車は経済成長の大きな柱として日本経済を引っ張った。その反面、交通事故が多発し、犠牲者は増えるばかりだ」といった具合でした。

「こういう遺児がいることを君たちは知っているか」

そうした中で一九七〇年春、私が二年生の時、玉井さんが大阪のボランティア飯野俊男さんを連れて、大学にやってきました。玉井さんは、交通遺児の作文集『天国にいるおとうさま』を持ち出し、「こういう子がいるのを君たちは知っているか」と切り出しました。そして「交通遺児の問題に関心を持つべきなのは君たち大学の自動車部の学生ではないか。君たちも立ち上がらなければならない」と情と理で説かれました。

それで私たちも遺児支援のための募金活動を始めたんです。この年の秋、全日本学生自動車連盟（本部・東京）が全国的な募金活動を呼び掛け、私たちもそれに参加しました。しかしその後、私たちの中から「募金をして集まったおカネを東京に送るだけでいいのだろうか」「その時だけ何かいいことをしたと思うばかりで十分なのか」「広島県内にも交通遺児がいるのではないか」という意見が出始めました。

そこで広島県庁の交通事故対策室に行き、遺児を捜して一軒一軒訪ねて名簿をつくり、「広島の交通遺児を励ます会」を結成しました。

そのころ、遺児の数は一〇人ぐらいでしたが、自動車部のバスを使ってピクニックに連れて行ったり、作文集を作ったりしました。その後、全国組織としての「交通遺児を励ます会」が作られ、東京で開かれたその全国協議会に出席したこともありました。遺児の支援活動は卒業間際まで続けました。

その後、一九七三年三月に大学を卒業し、「高千穂バロース」（当時）というコンピューター関係の会社に就職することが内定しました。単位取得の関係で、入社は同年四月ではなく、三か月遅れの七月ということになりました。六月に入ったある土曜日、東京・半蔵門にあった同社の人事部を訪ね、「七月から出社する」と挨拶しました。

同社での用件が終わった後、そこから交通遺児育英会の事務所が距離的に近いことを知り、永田町にあった事務所に立ち寄りました。学生時代、お世話になった玉井さんに「就職が決まりました」と挨拶をしておこうと思ったんです。

玉井さんの意気を感じ交通遺児員会に就職

ちょうど玉井さんは事務所にいました。夕方からは居酒屋に行き、さらに玉井さんの自宅まで行って、夜中まで話し込みました。玉井さんの話は、

「コンピューターの会社に入るのはやめておけ。そういう仕事は三十歳までの人間しか使いものにならない。あとはお払い箱だ」

「男と生まれたからには、一生をかけて面白い仕事をするべきだ。そういう仕事のひとつとして交通遺児育英会がある」

「人生をでっかく、面白く生きるために何か一緒にやらないか」

というものでした。この話に意気を感じ、高千穂バロースへの入社を断りました。玉井さんの人間性やリーダーシップ、魅力に引かれたのです。

七三年は、私のほか桜井芳雄さん（秋田大学）、山本孝史さん（立命館大学）、山北洋二さん（福岡工業大学）の四人が学卒新人職員として交通遺児育英会に入りました。全員、学生時代に交通遺児の支援活動に参加した者ばかりでした。

このうち山本さんは、お兄さんを交通事故で亡くした人でした。交通遺児育英会は財団法人ですから、中央省庁から天下りで来たお年寄りもいました。ぺーぺーは私たち四人だけで、朝早くから夜遅くまで働きました。ま

るで働きバチみたいに。そんな時を過ごしました。

日本とブラジルの青少年交流に尽力

その後、一九七九年十月に任意団体「日本ブラジル青少年交流協会」が作られた際、玉井さんの指示を受けて、その事務局次長になりました。事務局長は玉井さんでした。事務所は交通遺児育英会が入居していたビルの真向かい、広さ八畳あまりの小さな部屋でした。

この当時、私はすでにブラジルに行ったことがあり、ブラジルに魅せられていました。それで喜んで事務局次長を引き受けたわけです。

どうしてブラジルに行ったかというと、交通遺児育英会は、日本ブラジル青少年交流の前に「海外研修大学」という事業をしていました。このころ、大学進学率はまだ低く、ましてや大学まで進む交通遺児はより少なく、高校卒業後は就職するというケースが一般的でした。そのため、育英会は、高校生の遺児に奨学金を貸与する事業が中心でした。

しかし、そうした遺児の中には優秀な高校生が数多くいました。そこで交通遺児育英会として「将来、役に立つように世界を見せよう」という企画を作り、高校三年生の時に「海外研修大学」を実施したのです。それは優秀な高校生二〜三〇人を全国から選抜し、先進国ではなくブラジル、中国などの開発途上国に連れていくというものでした。

私は、ブラジル担当ということになり、一九七六年に高校生を引率して初めてブラジルに行きました。そこでブラジル人のおおらかさ、「二十一世紀には大国になるだろう」と国際的に認められていたブラジルの可能性、移民の国としての文化の多様性、日系人の活躍ぶりなどに触れて「いずれはブラジルに移住したい」と、ブラジルに熱中したほどでした。結局、移住はちょっと横において、青少年交流を進めることにしました。協会の初仕事としては、一九八一年には第一期生一三人を送り出し、さらに八九年には青少年交流協会を、社会的信用度の高い「社団法人・日本ブラジル交流協会」に衣替えしました。

ブラジル移民一〇〇周年を機に解散

しかし、この社団法人は二〇〇五年に第二五期生・四八人を送り出したのを最後に、〇九年に解散しました。というのは、学生の派遣を重ねているうちに、最初のころの学生と比べてブラジルに対する熱意が低下してきたからです。

当初はブラジルに送り出す前に、玉井さんと私とで一か月間の事前研修をしていました。しかし一九九三年に私が衆院議員になったこともあり、研修もままならなくなってしまったこと、応募してくる学生の質が下がってきたことなどがあったからです。

当初はブラジル側も「非常に真面目な学生を派遣してくれてありがとう」と言っていたのに、だんだんいい加減な学生が出てきたりして、ブラジル側から「もう来年は派遣しなくて結構です」と言われたりするようになったのです。それで二〇〇八年の「日本人のブラジル移住一〇〇周年」を機にスパッと解散に踏み切ったのです。「二五年間やった。ひと区切りがついた」という思いもありました。社団法人を解散した直後、外務省の人間が飛んで来て、

「これだけの実績があるのにもったいないですよ」

と残念がるという場面もありました。それでも第二五期生まで総計七五〇人を送り出し、日本とブラジルとの間に、ひとつの人物交流史を作り得たと、今でも自負しています。

青少年交流に協力してくれた渡辺美智雄衆院議員

日本とブラジルの関係促進では渡辺美智雄衆院議員（一九二三～一九九五）が協力してくれたことも忘れられません。渡辺議員は、一九七〇年代後半に農林水産相を務め、ブラジルにおける「緑の開発」と呼ばれ、農学史上二十世紀最大の業績と認められる「セラード農業開発」に携わったことがありました。セラードは、ブラジルの首都ブラジリア一帯からアマゾン川にかけた熱帯サバンナ地域を指します。「何も育たない不毛の土地」とされていましたが、大規模な農地造成事業により、南半球最大の農業地帯に生まれ変わっています。

日本政府は、この開発事業にＯＤＡ（政府開発援助）を供与しましたが、事業開始の式典でスイッチを押したのが渡辺議員でした。それ以降、渡辺議員はブラジルへの関心を持ち続けていました。

ですから私は渡辺議員のところに通ったものです。玉井さんから「新聞記者のように渡辺さんの家に朝駆けをかけろ」と言われ、実際にそうしました。私の顔を見た渡辺議員は「今は朝駆けなんてする時代じゃないよ」と言いながらも「お茶でも飲んでいけ」と言って、自分でほうじ茶をいれてくれました。それ以来、話しやすくなったことを覚えています。

その後、二度ほど渡辺議員と一緒にブラジルに行ったこともありました。また八九年に「社団法人・日本ブラジル交流協会」を設立した際も、渡辺議員が協力してくれました。

日本新党から衆院選に出馬し、初当選

この間の一九九三年七月に行われた衆院選に細川護熙氏（一九三八～、元首相）が率いる日本新党から初出馬し、当選しました。その経緯を説明しますと、こうでした。

一九九二年、細川さんから「交通遺児として苦労し、奨学金のおかげで高校・大学に進んだ若者を、東京都議選や衆院選に出してほしい」と玉井さんに要請がきたのです。そこで、玉井さんの指示により、私と山本孝史さんで候補者探しを始めました。都議選は九三年六月で、遺児ＯＢで学生募金活動をやり、交通遺児育英会の職員になっていた寺山智雄（一九六七〜）さんに東京・世田谷区から出馬してもらったところ、最年少ながらトップ当選だったのです。

そうしたら細川さんから「衆院選には何人でも出してくれ」と言ってきました。しかし、遺児たちは皆、まだ若い人ばかりです。特に衆院選となれば大変です。都議選の比ではありません。出てくれそうな遺児を捜したんですが、いなかったんです。その結果、私と山本さんの二人が地元に戻って出ることになりました。

出馬を迷う気持ちはまったくありませんでした。そもそも交通遺児育英会に就職した時から玉井さんが親分でしたから、親分が「こうだ」と言えば、「はい」と答えるのが子分の私たちの役目だと思っていたからです。落選したら、日本ブラジル交流協会に帰ればいいとも思っていました。

選挙戦自体は、訳もわからずという状態でした。突然、玉井さんから「出ろ」と言われ、準備期間も短かったからです。選挙ビラの経歴に「あしなが運動二〇年」と入れましたが、これが唯一のウリでした。遺児学生たちが応援に来てくれました。結果的には日本新党ブームに乗り、五人区（旧大阪三区）でダントツの一位でした。山本さんも旧大阪四区で当選しました。

その後、日本新党から今の民主党へと所属政党は変わっていったわけですが、政治家になって良かったのかどうかと聞かれれば、「さまざまな経験をさせていただいたけれども、こういう仕事は長くやるものではないな」というのが現時点での感想です。

交通遺児育英会は官僚に乗っ取られた

私が初当選した後の一九九四年三月、交通遺児育英会の内部で「玉井攻撃」が始まり、結果として玉井さんは専務理事を辞任してしまいました。交通遺児育英会は財団法人であり、財団法人は法律に基づいていて、当時は総理府と文部省が監督官庁でした。そこから天下りの官僚が来ており、玉井さんが災害遺児救済に手を広げることについて「いっさいまかりならん」という姿勢を取ったのです。玉井さんを攻撃することにより、結果として役所が財団法人を乗っ取ったということです。これは問題だと考え、私と山本さんで衆議院交通安全対策特別委員会や文教委員会などで質問しました。

今の交通遺児育英会は、まさに天下りの受け入れ団体であり、おカネはあってもたいした仕事はできない団体になってしまっています。今でいう行革の対象になっています。

しかし、玉井さんが辞表をたたきつけて同財団法人を飛び出したことは、今にして見れば、当然の行動だったと言っていいでしょうね。玉井さんが凄いのは、そこから別にあしなが育英会を作り、今や前の財団法人を凌駕するまでに育て上げたことです。

（聞き書き＝仮野忠男）

未来を拓くあしなが・玉ちゃんの軌跡

前さわやか福祉財団会長、あしなが育英会常任顧問
堀田　力

玉井さんとは

そろってクリクリした目をしているアフリカの子どもたちから、「タマチャーン」としたわれる玉井さんである。ひょうひょうとした風貌、語り口、そして、人なつっこいまなざし。市井の人、つまり、町なかのおじさん。

そんな玉井さんだが、やることはすごい。

玉井さんを定義すれば、「世の中の不条理をまっすぐ受け止め、人の大きな愛で傷口を再生させる、市井のマジシャン」ということになろうか。

定義などという大それたことをしたついでに「なぜ玉井さんがそんなすごいことをやれたか」の答も書いてしまえば、それは玉井さんが「無私の大きな愛」の持ち主だからであろう。

不条理から逃げない

玉井さんがよく語っているように、彼は、伸びざかり、働きざかりの時期に、二つの大きな不条理に見舞われた。母の交通事故死と妻の病死である。

普通の人なら天を恨み、力を失うところであるが、彼は不条理に対する激しい怒りと悲しみをまっすぐ受け止め、逃げることなく不条理に立ち向かった。交通事故に対する厳罰化運動にひとり猛然といどむと共に、交通遺

児に対する学業支援活動を始め、それを病死遺児などにも幅広く広げたのである。

人は不条理との遭遇を避けられない。玉井さんの生き方が万人の心を打つのは、まずもってこの敢然と難事にいどむ心の有様であろう。

人の愛を信じる

玉井さんの挑戦は、あくまで人の大きな愛を信じるところから始まる。信じるからこそ集まる寄付の規模も、街頭で呼びかける遺児たちのパワーも、集めた寄付で実現しようとする支援の質量も、常人の感覚ではありえないほど、大きい。

そして、みんなが見える形で成果が上がっていく。あしなが・玉井さんの六〇年の歴史は、人類がその本質として相互愛、共助・共生の精神を持っていることを証明する歴史である。それを、戦後の経済絶対優先で、自助と公助の二つに絞られていた冷たい社会の中でやってのけたのだから、マジックというほかない。消えつつあった共助の灯をともし続けた玉井さんの心意気が、言葉からも心地よく響いてくる。

人それぞれの生き方を尊重する

玉井さんはとてつもなく大きな人類愛を持つやさしい人だが、不条理に傷ついた人をただ救うだけの人ではない。WORK HARDと彼は遺児たちに呼びかける。共助・共生の支援の手をあたたかく差し伸べながら、彼は「しっかり頑張れよ」と励ます。人は基本に自助の精神を持たないと、依存癖が身につき、尊厳（人としてのプライド）や生きる充実感・幸せを失っていくことを知っているからである。

しかも、彼は、学ぼうと呼びかけても、それで何をせよという指示はしない。「学んだものを自分のため。自分の国のために生かそう」という態度である。学んで自立した相手の判断を信じているのである。

この姿勢により、不条理にも傷ついた人たちがどれだけ生きる勇気を得たことか。

そして、その姿勢は、アフリカ諸国に対しても変わらない。

これこそが、人、そして国に対する本当の愛であり、やさしさなのだと断言したい。

未来を拓くあしなが・玉井史

日本と世界の未来は、経済絶対の競争・格差社会ではなく、経済力・軍事力に基づく覇権争いの国際社会でもないだろう。そうであってはならず、人類は、必ず、共生の精神に基づく平和共存の地域社会・国際社会を実現し、繁栄を維持継続していくだろう。そういう社会を実現する道を示したのが、あしなが・玉井さんの共生の歴史である。

その道を違えず進むために、その折々やさしい言葉で示された共生の精神を、政治家や社会をつくる人々、分析する学者たち、そして何よりも市井に生きるわれわれみんなが身につけていきたい。

私とあしなが運動

あしなが育英会会長代行、前関西学院大学学長
村田　治

母子家庭からの下宿志向

玉井会長との出会いは、今から考えるとある意味では邂逅であったと思う。

その時点では将来研究者になろうとは考えていなかったが、大学院への進学を視野に入れ大学二年生から経済学の勉強を始めてはいた。三年生の春休みには、大学院の受験を控え本格的な大学院入試の勉強をするために下宿することを考えていた。

母一人子一人の母子家庭であったので、案の定、母親は私が下宿するのに猛反対であった。

私自身は、「経済学を学ぶことによって自分自身をどこまで鍛えられるか」と少々大上段に構えた覚悟を持っていた。「覚悟を持っていた」というのは、下宿することによって、経済的にも精神的にも自立をし、かつ大学院への受験勉強という挑戦を自分に課すことを意味していた。すでに学費はアルバイトと奨学金で賄っていたが、学費に加えて下宿代と生活費を稼ぐ必要があった。

転機となった『あしなが育英会遺児実態調査』

このような時期に、ちょうど、大学三年生の春休みの「山中湖のつどい」が開催された。第二次石油ショックが始まろうとしていた一九七九年の春のことであった。

「つどい」の最後の夜に、玉井会長の講話があった。その話の中で今でも覚えているのが、「君ら遺児は、母親しかいないので厳しさが足らず甘い。精神的にも弱い。君らがすべきことは経済的自立だ」という玉井会長の言葉だ。経済学者カール・マルクスの「下部構造（経済）が上部構造（政治制度・文化・思想等）を規定する」という言葉を知っていたこともあり、自分が考えていた下宿するという経済的自立の選択は間違っていないと確信した。

その後、大学院に進み研究者になり、OBとして、経済学者として「あしなが運動」に関わることになる。その大きな転機となったのは、二〇〇六年度から開始された『あしなが育英会遺児実態調査』であった。この調査研究の目的は、それまでほとんど蓄積されてなかったあしなが育英会の大学奨学生母子家庭の年収データ、大学奨学生の卒業時点での就職状況データの収集、一九八九年以降の高校奨学生のデータの整理、高校奨学生の大学進学者と未進学者の違いの要因分析、さらには、あしなが育英会奨学金の経済効果の分析などであった。調査に当たっては、当時、奨学金担当をされていた工藤長彦氏（現あしなが育英会理事）に大変お世話になった。

大学進学が困難な高校奨学生

調査の結果、一九九二年度～二〇〇五年度までの一般世帯の年収の平均値約五二四万円に対して、大学奨学生母子家庭の年収の平均値は約二〇一万円で、その比率は三八・四%と四割にも満たないことが明らかになった。樋口美雄（一九九二）「教育を通じた世代間所得移転」（『日本経済研究』No.22）、青幹大・村田治（二〇〇七）「大学教育と所得格差」（『生活経済学研究』第二五巻）などの先行研究に基づいて、大学奨学生母子家庭の年収から大学奨学生の生涯期待所得の推計値を求め、実際の奨学生OB・OGの生涯期待所得と比較すると、あしなが育英会の大学奨学金の経済効果は一人当たり約二三五〇万円となり、これは母子家庭の年収から推計された生涯期待所得約二億五五〇〇万円の約九・二%にあたることが明らかとなった。

また、一九八九年度～二〇〇五年度の高校奨学生母子家庭の年収の平均値は一三五・四万円と大学奨学生母子家庭の年収を大きく下回り、四年制大学、短期大学、専門学校に進学した高校奨学生と進学しなかった高校奨学生の母子家庭の年収の差は約六五・六万円になっており、高校奨学生が高等教育を受けることが難しくなっている現実が浮き彫りになった。この調査研究結果は『あしなが育英会遺児実態調査二〇〇八年度報告書――格差の世代間移転の阻止をめざして』に纏められている。

奨学金の有効性への関心

実は、二〇〇五年当時、日本学生支援機構のデータを用いて、わが国の奨学金は遊興費等に無駄に使われており、経済効果がないとの研究結果が報告されていたこともあり、あしなが育英会の奨学金が有効に使われていることを示す必要があった。この『あしなが育英会遺児実態調査』の結果を踏まえ、一九九七年～二〇〇七年の日本学生支援機構のデータを用いて奨学金の有効性について研究発表したのが、下山朗・村田治（二〇一一）「奨学金給付と学生の消費行動――学生生活実態調査の個票データを用いて」（『生活経済学研究』第三三巻）である。この論文では、一九九七年～二〇〇七年のデータを用いて、奨学金受給者は勉学費や貯金を増やす傾向が高いことを明らかにした。

『あしなが育英会遺児実態調査』に端を発する奨学金の有効性への関心は、最適な奨学金制度とは何かという問題意識に繋がっていった。この問題意識は、本会の理事にも就任されている奨学金研究の第一人者である小林雅之先生（東京大学名誉教授）と共同で文部科学省中央教育審議会における「日本版ＨＥＣＳ奨学金」についての提案にも結びついている。

「日本版ＨＥＣＳ奨学金」は大学授業料の「後払い制度」であるため、この制度がわが国に導入されると、あしながが育英会の奨学金は授業料以外の教材費・通学費や生活費に充当することができ、これまで大学に進学できなかった高校奨学生をより多く大学に進学させることが可能となる。

このように、私にとってあしなが運動は、奨学金研究を含む「高等教育の経済学」という現在の研究テーマに繋がり、大学の学長として、さらには文部科学省中央教育審議会大学分科会の副分科会長として日本の大学教育の在り方を考える大きな結節点となっている。

「あしなが」の翁、玉井義臣さんへ

国際日本文化研究センター、国立歴史民俗博物館、総合研究大学院大学、各名誉教授
山折哲雄

六〇年の　時の流れ
世に稀な
「あしながさん」を
つとめたまいし翁よ

許しがたき不条理を耐え
重たい十字架を　にないたまいし翁よ

この世の恵まれぬ　遺児たちのため
その苦しみ　悲しみをはげまし
慰めつづけたまいし翁よ

いつも温顔をたやさぬ
不撓不屈の意志をもちつづける翁よ
いつ出会うても　疲れをしらぬ
豪放果断の翁よ

ことし　八五年の　めでたき寿を迎えたまう
全身に　ユーモアの温風をたたえたまう
底なしのお人柄

人たらし
触れなば落ちん
魔法剣

この国には　かつて
挽歌と相聞歌の
二つの　大きな調べが　ありました

絶望と悲嘆に沈む遺児たちを　若者たちを
慈愛と福音の岸辺にいざなう
妙なる泉でした

この国の山河にむかって捧げつづける
無量の歌人たちの
魂の叫びでした

その旋律の輝きを
この喧噪渦巻く　現代の世に
あますところなく　注ぎたまいし翁よ

今　遺児たちの頭上に
希望の星が　のぼる
若者たちの顔、顔、顔に
歓喜のまなざしが　またたく

手と手が結んで
大きな輪となり
渦となり
海をわたり

世界にひろがり
うねりをつくり
アフリカへ　アジアへ
ヨーロッパへ　アメリカへ

ニッポン列島を包みこみ
地球をめぐる「あしながおじさん」の

世にも稀な　転生の物語

アフリカで
玉ちゃん　玉ちゃん
大合唱

民族をこえ
国境をこえ
文化も宗教もこえ

今なお
世界の若者たちの希望の星
「あしなが翁」の一筋道
まっしぐらに疾走しつづけたまう翁よ

私とあしなが運動

ファンドレイザー、信州大学特任講師
渡邉文隆

CHARITYとPHILANTHROPY

私は大学に入学した二〇〇〇年にあしなが学生募金を体験したことをきっかけに、この二〇年のあいだ寄付募集にかかわっている。

就職した会社でマーケティングの仕事に就いたので、その経験を活かして友人のＮＰＯを手伝ったり、二〇一三年からは京都大学でｉＰＳ細胞研究の寄付募集（ファンドレイジング）に関わってきた。

二〇二〇年の四月からは、働きながら社会人大学院生として、大学院の博士後期課程に在籍して研究者という視点からも寄付について考えている。多くの心ある寄付者の方々、あしなが運動を通じて出会った遺児、遺児の親御さん、社会を変えようと奮闘する人々との出会いが、強く自分をこの分野にひきつけてきた。

日本語では「寄付」とひとまとめになっているが、大学院で調べていくとCHARITYとPHILANTHROPYがかなり違う概念だとわかってきた。CHARITYとは、「いま困窮している人への、主に感情的な動機による短期的な寄付」だといわれる。それに対してPHILANTHROPYは広い概念で、CHARITYも含むことがあるが、どちらかというと「より良い社会に向けた、主に合理的な動機による長期的な寄付」だという。

多くの人が賛同しやすいCHARITY

人間のニーズは、水、食事、安全な住居、初等教育などある程度普遍的であるため、CHARITYは多くの人が賛同しやすい。「なるほど、あしなが学生募金で困窮する遺児家庭への奨学金を募るのはCHARITYだったのか」と回顧している。

一方、PHILANTHROPYは「より良い社会」という抽象的な目標への支援であり、人は政治的な志向性や社会的な立場によってまったく目指すものが違うため、特定の社会像に共感する人の数はどうしてもCHARITYに共感する人よりは少なくなるだろう。「だからPウォークは難しかったのか……。日本ブラジル交流協会も良い社会を目指していたが、CHARITYではなかったのだな」などと、ついつい振り返ってしまう。

CHARITYは支援する側・される側という立場を固定化して受益者の自立を阻害する、本来は政府のすべき役割を代行してしまっている等の批判がある。PHILANTHROPYでは、巨額の寄付をロビイング等と組み合わせ、自己の望む社会像を民主主義によらず合法的に推進できる富裕層が現れてきた。また、富裕層が必ずしもCHARITYを好まず、自分の社会的地位を高めることのできるような寄付先を社会全体の便益でなく「好み」によって選定することも指摘されている。そのため、ある種のPHILANTHROPYは欺瞞的な寄付だとか、財政民主主義への脅威である、という批判も見られる。

玉井義臣会長から受け取ったバトン

こうした自己批判の目で日本国内を見たとき、むしろ欠けているのは「寄付がまだ量的に足りないことを意識するべきだ」という建設的批判だと私は考えている。CHARITYもPHILANTHROPYも、日本において不足しているのは量だ。もっと多くの困窮者にさまざまな支援が届くべきだし、もっと多くのPHILANTHROPYが優秀な人材を引き付けて、多様かつ魅力的な社会像を構想・実践してほしい。

そのためには、寄付という大きな伸びしろのある市場（日本の寄付市場は名目ＧＤＰと比して小さい）がより深く理解されねばならず、寄付募集の現場では、もっと効果的な活動が展開されるようになってほしい。政策的な議論も重要だが、個々の非営利組織の活動によって集まる寄付額や受益者へ提供される価値が大きく変わることは、あしなが育英会が実証してきたとおりである。以上のように考え、私は経営学の観点からの寄付研究、研究に基づくより良い寄付募集を目指している。

寄付や非営利組織運営への尽きない好奇心は、私が玉井義臣会長から勝手に受け取ったバトンだ。玉井会長は、人間のはかない善意を集め、困窮する遺児のニーズに応えながら社会という山を動かし（つまりCHARITYとPHILANTHROPYを同時に走らせ）、一一万人の遺児を強く優しい大人に育てた。これほどに、「寄付の力」を実証した人物はいない。

私にとってのあしなが運動は現在も続いており、このバトンを誰かに渡すまで続くものと考えている。

第一四章　もうひとつの共生、「独白」玉井義臣

――四〇年、共に生きた同志群像――

人生、そう単純に黒白つけられない

『玉井義臣の全仕事』第Ⅲ巻は、あしなが育英会設立からのあしなが運動（交通遺児と災害遺児、病気遺児、阪神・淡路大震災遺児、自死遺児、そして海外遺児との進学支援と心のケア）と、僕のその時々の思いや記録である機関紙連載コラム「共生」を中心に、私をよく知る人たちによる、いくつかの原稿を書き下ろしたり、転載したものである。コラムを主に校正しながら他人の原稿のように客観しつつ読んでみたら、実におもしろかった。人間は何かのきっかけで怠惰にもなり、真面目にも生きられるものである。そのターニングポイントはやはり「愛する人との死別」であり、ひとの人生にとってこれほど重い瞬間はない、といまさらながら感じた。

でも振り返ると、くっきり「善」一筋のころと、「灰色」めいた時期が判然と分かれている。日頃自分では考えもしなかった面で、これもおもしろい。僕自身、高校三年間だけは可愛いいほど真面目で、大学受験の失敗からはこれほど脆弱かと思うほどポキッと折れて「悪」に落ちる寸前までの遊惰な生活だった。それでも救いなのは、兄弟姉妹たちの貧乏ゆえに教育を受けられなかったことへの悲憤と、弱者が理由なく強者に押し潰されていくことへの強い抵抗（レジスタンス）を感じていたことだ。それが後の人生を決定づける。「弱者、貧者への教育の絶対的必要性」が体にしみついていたので、いわばベンチャー（企業）のような初期のあしなが運動を若い同志と共にあきらめずに教育事業にまで仕上げていく。

また、「政」「官」のほぼ絶対ともいえる権力による強烈な潰しを辛うじてドローにまでもち込んだ「乗っ取り一〇年戦争」（以下一〇年戦争）での粘りと、結果的な大勝利も、貧者の教育を守り抜かねばという反骨ではなかったか。これは灰色の生活の中でも本能的に培っていた、不真面目な中での真面目の成果なのかもしれない。人生はそう単純に黒白つけられない味なものである。

四〇年——長いようで短い歳月ではあった。この間、僕を支え、励まし、時に叱咤してくれた先達、同志を、思いつくまま書きつらねてみよう。なお、肩書き・年齢は、『だから、あしなが運動は素敵だ』（批評社刊）から転載したこの稿を書いた二〇一〇年五月現在であることを追記したい。

「七人の侍」と「三人の恩人」

岡嶋信治さんとの出会いを始め、山本孝史、山北洋二、藤村修、桜井芳雄、吉川明、林田吉司、工藤長彦の諸君らいわゆる「七人の侍」があしなが運動の草創期の核となった。秋田大学グループ、全日本自動車連盟の高橋重範、ライオンズクラブに属する多くの皆様。森光子さん、吉永小百合さん、竹下景子さん、紺野美沙子さん、東ちづるさんらには〝あしなが女優さん〟として世論を喚起していただいた。伊藤正孝、曽我健、田村勝夫、菊地良一、吉家義雄、神原彰二、増田真郷、青木公、神塚明弘の無敵のジャーナリスト諸氏には、ペンとマイクで応援いただいた。

あしなが運動の本家を支えてくださった、「三人の恩人」は永野重雄先生、武田豊先生、緒方富雄先生。新井裕、星野芳郎、宇井純、真鍋博、斉藤広志、俵萠子、堀正二、田中健一郎、小倉良弘、西功、平野仁、山田規矩子、内橋克人、山岡義典、高見裕一、松原明、名賀亨、篠田伸二、藤崎雄三、和田浩巳、上田郁美、樋口恵子の諸先生（以上、肩書略、順不同）。

堀田力先生（さわやか福祉財団理事長・弁護士・元検事）、いまあなたは日本の社会福祉のまとめ役のおひとりですが、日本はなかなかよくやっていると思います。行政がでしゃばらず、弱きを助ければ、アメリカよりいい福祉社会ができそうです。ご指導ください。僕が「朝日社会福祉賞」をもらったとき、先生から過分の推薦の弁を受賞式で頂きました。光栄でした。奥様ともに末永くご鞭撻下さい。

遺児の大恩人は桂小金治師匠

心塾のカリキュラムの草創第一号は僕のデビュー作の論文を『朝日ジャーナル』に採用した、編集部の影山三郎氏であった。氏は学芸部長時代に「ひととき」欄をつくった。僕は引退後の影山氏に一番大切な「心塾講座」を任せた。以後、新聞記者の名筆、NHKアナウンサーなど一流ジャーナリストが講師を務め、心塾生は就職試験で評価され、年齢相応以上の文章を書き、話しができるようになり、一生の武器となっている。これから挙げる諸先生の心をこめた指導教育に、敬意と深謝を申し上げる。

心塾では、影山三郎（元『朝日ジャーナル』編集長）、小倉貞男（元『読売新聞』編集委員）、三木正（元『サンデー毎日』編集長、元武蔵野女子大学講師）、津田康（元『毎日新聞』編集委員）、佐藤光房（元『朝日新聞』編集委員）、鈴木健二（元NHKアナウンサー）、酒井広（元NHKアナウンサー・草創期から現在まで）。あしなが心塾では、森治郎（元『朝日新聞』メディア研究担当部長）、神塚明弘（元『朝日新聞』東京本社大阪本社編集局長専務取締役）、石田徹（元『朝日新聞』大阪本社学術部長）、神野峯一（元『ＡＥＲＡ』副編集長）、長谷川徹（(株)朝日カルチャーセンター社長）、横地泰英（元『朝日新聞』名古屋支社代表室長）、菊地良一（元NHKディレクター）、井上憲司（元『読売新聞』記者）、津武欣也（元『毎日新聞』記者）、岩橋豊（毎日フォーラム）、野村寛臣（元NHKアナウンサー）。虹の心塾は、森本章夫（元『神戸新聞』論説委員長）、慶山充夫（『神戸新聞』論説室副委員長）、前川昌夫（元『神戸新聞』編集局長）、山口一史（元『神戸新聞』経済部長）、梶川伸（元『毎日新聞』編集委員）、高梨敬一（元NHKアナウンサー）、鈴江晴彦（岐阜放送アナウンサー）、山神義昭（キャリアカウンセラー）。

七四年以来、遺児の調査を担当指導いただいた、筑波大元副学長で名誉教授の副田義也先生には小生の伝記『あしなが運動と玉井義臣』（岩波書店刊）をご執筆いただき、本巻第一二章でも運動と小生への過分の評価を賜った。多くのお弟子さんの名を挙げない失礼をお許しいただきたい。令弟護さんにも本著作集成の編集を快諾して頂いた。心から感謝します。

おっと忘れていたわけではありませんが、「アフタヌーンショー」の桂小金治師匠（八十四歳）は三年近いレギュラー出演、取材・構成の現場修行でお世話になった。今私のジャーナリストとしての背骨となっており、師匠と番組なくしてあしなが運動もあしなが育英会もなかったと思う。深甚な敬意と謝辞を申しあげます。遺児の大恩人です。

いまガンと闘いながら、高校・大学時代から応援してくれた畏友山地一男、富岡隆夫（『ＡＥＲＡ』初代編集長）の両君のご本復の近いことを祈念します。清原瑞彦、三杉隆敏と神戸の友人、高校・大学時代の友人、中国で留学生のお母さん役をやって頂いている朱美珍さんら老朋友（ラオポンヨウ）と仲間の皆様。

とてもとても多くて書き切れません。運動を支えていただいた同志の方々ごめんなさい。お許しを。

あしながに集う俊英たち

あしながの第一世代は「無」から「有」を生み、多くの俊英を輩出した。

例えば、故西本征央。東大医学部卒後、日本で各病院での修行のあと、スタンフォード大で〝武者修行〟。その後ハーバード大ＭＤＨでの研究で急速に実力をつけ三十五歳で慶応大学医学部の教授となり、薬理学教室を仕切った。惜しくも四十七歳のときスキルス性のガンで逝去。〇三年十月十七日。

故山本孝史。学生入局第一号、ミシガン州立大学大学院へ留学。交通遺児育英会事務局長のとき、玉井が細川護熙に推して衆議院議員に当選。参議院本会議で自らがガン患者余命半年であることを告白し、そのあとも酸素ボンベを引きずりながら「がん対策基本法」を通した。この法は実質は山本の議員立法である。〇七年十二月二十二日、全議員、全国民に惜しまれ逝去す、享年五十八。

金木正夫。二〇一〇年三月、あしなが育英会の会長代行に就任して、五副会長とともに、僕を支える。本業のハーバード大学での医学の基礎研究も一五年目、佳境に入っており、「実務は副会長と育英会職員に任せ、運動の思想、哲学を極めたい。そろそろ執筆も始めたい」という。高校、東大全優の秀才も、山中湖のつどいはほぼ出席して後輩を指導。副会長や後輩に極めて信任があつい。

副会長は、村田治。九八年関西学院大学で経済学博士に。現関西学院大学経済学部長、五十四歳。

村山武彦早大理工学術院創造理工学部教授。アスベスト研究の第一人者。理系であの騒がしい心塾の四人部屋を楽しんだ。四十九歳。

青野史寛。慶大経済学部卒。リクルート人事課長を務め人事測定研究所営業部門長を経て、〇五年からソフトバンク㈱人事部長兼社長室長代行。全グループ社八百社の人事を総括。山中湖のつどいに毎年来て、会社はどんな人間を求めているかを大奨生に指導する、日本屈指の人事の第一人者。四十八歳。

藤村修。交通遺児ではないが広大自動車部主務、玉井のオルグをうけて以来遺児と歩んで四〇年。広島遺児を励ます会、社団法人日本ブラジル交流協会理事長。玉井とともに遺児のブラジル研修の現場を一人で預かり、大奨生ら七五〇人を一年留学研修させた。一国の一団体ではなしえない金字塔は、藤村いてこそである。九三年玉井のすすめで衆議院議員初当選。文教一筋で来た。夫人は東京の励ます会出身で、今は茨城キリスト教大看護学部教授。六十歳。

ここで監事の日髙清司はぜひ紹介させてほしい。彼は山本孝史の大阪励ます会に出入りしていた。なぜか「チビタン」の愛称で人気ものだった。弁護士志望で一九八二年三月大阪市立大学法学部卒業、一九八六年十月司法試験合格。パスしてからは人権弁護士として有名な中坊公平弁護士の下でイソ弁（居候弁護士の略）を、香川県豊島の産業廃棄物裁判で修行し、今はわが陣営関西地区の司法関係を助けてもらっている。

「笹川さんよりあしながさんがいい」

理事を紹介する。

まずは、交通遺児から災害遺児に救済対象を拡げるとき、学生グループを率いて「災害遺児の高校進学をすすめる会」の提唱者である小河光治。あしなが育英会（以下「本会」）の理事・総務課長兼任。心塾七期、明大卒。四十五歳。小河と〝恩返し三羽ガラス〟といわれた、吉村成夫。早大卒。『朝日新聞』に首席で入り、橋本龍太郎元首相の「玉井を更えさせよ」の総理府文書の書き手を探索、つきとめた。三羽ガラス、最後は村上憲一。『日本経済新聞』記者、四十五歳。八六年の災害遺児の奨学金制度を財政面で支えた学生募金金局長を務めた。

上村宗弘。東大心理学科卒業後、横浜市立大医学部に入り三十歳で医師となる。一〇年戦争のいちばんテキの攻撃の激しいとき四回連続で学生募金事務局長を務め、竹下登・橋本龍太郎・笹川良一連合が学生が懸命につくりつつある災害遺児育英会（仮称）を横取りしそうになったので、「笹川さんよりあしながさんがいい」という名文句のビラを学生募金の全国街頭募金の場で数百万枚撒き撃退した。しかし心塾落城後、新宿から徒歩三〇分のねずみが走り回るボロ長屋に籠城し、梁山泊よろしく十数人の私塾「新塾」をつくり塾長と医学生を両立させた。今は国立国際医療センターに勤める内科医で、あしながファミリーの医療相談を一手に引き受けている。生後二か月で父を亡くしたが、今は心塾の後輩の亜希子さんと三子を授かり、幸せで超多忙の日々を送っている。三十六歳。

時原千恵子。本会理事。高校英語教諭で本会の入試問題を何回か作成してもらった。長期休暇には海外の井戸掘りボランティアに行く。五十三歳。

芳我徹三。五十六歳。東大冶金科を出て新日鉄㈱へ、工程を簡素化していかにして人員削減するかの半生だったが、その間東大の大河内賞受賞。大分工場のとき世界最大の銑鉄高炉の工場長を務め、現在は君津工場で技術開発本部プラントエンジニアリング部部長。同期の朋子夫人と三子。

岡部亜友子。中学校教諭。体育の先生だが、短大から東京学芸大に編入。クラスの子の一人々々に愛を注ぎ、家庭訪問を欠かさない。

石原孝代。高卒時ブラジル研修大学に参加。その後、准看護師、正看護師と進み、現在は社会福祉士も取り大活躍。本会恒例の百キロハイクは健康面で塾生らをチェックし無事故をほこる。

蛯名浩子。NTT東日本勤務。あしながPウォーク10初の女性実行委員長として、東京レインボーハウス建設募金に企業、労組、団体、学校を精力的にオルグし、一八〇〇万円を全国から集めたガッツあふれる行動派。北海道出身。

岡崎祐吉。心塾一〇期。本会就職後二〇〇〇年、ニューヨーク大学大学院教育心理学を修め復職。〇八年から本会の理事で、国際、教育担当。海外遺児のすべてに関係し、あしなが心塾塾頭として有名なのはご存知の通りなのでコメントは割愛。二歳で東京で父が交通事故死した後、母は〇歳の弟と二人連れ、北九州市の四畳半一間の母子寮で牛乳一本配るごとに一円もらえる仕事と針仕事で生計を立て、厳しく育てあげた。大学時にはイスラエルのキブツ〝共同集団農場〟で研修中湾岸戦争勃発。命からがらエジプト、ギリシャに逃げた。以後そこを買われたのか、戦乱のイラク、アフガン、9・11テロのNYに派遣され、いい仕事をしている。

理事のトリはご存じ「あしながさんイラストレーター」の天野聡美（心塾二期。イラストレーター。四十九歳）で八二年から僕に依頼され、機関紙全号と募金ポスター、ちらしにあのあしながさんのトレードマークと季節を表す中でアボット（遺児）たちが遊ぶ楽しいイラストを描き続けてくれている。機関紙と共に歩み、結婚し子育て後期を、医師である夫の脳出血と共に闘病しつつ元気に過ごしている。

以上の人々をのぞいた理事、評議員、監事も新体制で新世界戦略の要になる。

栴檀は双葉より芳し

古来「栴檀は双葉より芳し」と言う。

つどいで、初めて櫻澤健一（心塾五期、東工大、四十六歳）を見たとき、僕はこの言葉がすぐ脳裏に浮かんだ。現在、警視庁警務部参事官。阪神・淡路大震災での陣頭指揮は、オール警察官僚の鑑と伝説化している。

櫻澤健一発見と同じ夏、〝金鉱〟小林卓を発見した。意志的で聡明で目が澄んでおり、日本のためにきっと何かしてくれると思った。政治を目指し早大政経に入り、筑紫哲也や難しい本も離さなかった。夜は、衆議院議長公邸で電話取りをしながら勉強をした。遺児と母親の大会にはいつも出て来て頑張り、就職は結局ＮＨＫにした。北九州が初任地。じっくり見た九年が宝だ。路地の庶民の食事までわかった。康枝夫人を得た。玲於奈君は僕と同じ十干十二支（えと）の「乙亥」だ。東京では首相官邸、外務省から今は「おはよう日本」の編集長だ。天国の父上も新聞記者だった。喜ばれているだろう。兄の仁は内閣法制局の課長で、学生に何かと教えてくれている。

竪場勝司（東大法。五十二歳）は、次の由衛辰寿と同期だが共に、『朝日新聞』に大奨生で初めて合格した。竪場は東大生にはめずらしくあしなが運動に熱心だった。生活保護家庭で育ちながら東大合格は本会でもまれで、そのためか募金に全力投球しており、最近アフリカ専門の学者が一学年上の彼に〝半強制〟的に街頭募金に立たされたがいい経験になったという話を聞き、さもありなんと思った。アルバイトをしたお金で後輩に酒を飲ませる親分肌だ。でも僕も心塾のカリキュラムで数時間ツルシ上げを食った。正義漢なのだ。『朝日』では名古屋中心に東海地区で社会部で活躍した。そこで一〇年に飛ぶが、三月まで名古屋本社の編集局長補佐だった。二〇一一年四月からは、東京本社の朝日コムなどのデジタル・ビジネス部門のナンバー２を張る予定だ。タフで優しい男、とは彼のような人間を言うのだろう。

通勤途中、街頭募金に立つ大学生らの姿を見ては、昔を振り返り「あのときの自分を忘れない」と語るのは、『朝日新聞』記者の由衛辰寿（五十一歳）。教師を目指して、福岡から京都の大学に進んだ。朝九時から夜九時まで毎日、理学部の研究室にいるより、京都・交通遺児を励ます会で子どもたちと接したり、育英会の活動の方がおもしろかった。とくに大学生のつどいがよかった。超一流の講師、話し合い、懇親とハードスケジュールだが、柔らかい気持ちにぐいぐい入り込んだ。上級生になってリーダー経験はさらによかった。個性豊かな後輩一人ひとりを大切にした。当時、「由衛ファミリー」と呼ばれるほど班の団結は強く、班員からリーダーを多数輩出した。そして、社会で人と接する新聞記者に強い魅力を感じた。「生きる意味は、人のために何をするかだ」と、記者になってからは、医療事故の被害者問題などを取り上げ続けた。立場の弱い患者側から記事を書くという、弱者の立場を代弁するスタンスを貫いている。

「遺族といっしょに泣ける記者」をめざす

藤井俊宏（心塾一四期・三十七歳）はＮＨＫカイロ支局特派員。福岡県出身。学生時代にイスラエルほか世界を一年間〝バックパッカー〟し、強靭な精神とタフさを身に着けた。ＮＨＫに入って五年間、山口県山口放送局に勤務、警察担当（サツ回り）、県政を担当後、沖縄放送局に異動、アメリカ軍、沖縄県政を担当した。普天間基地をはじめとした、在日アメリカ軍の再編成問題を沖縄県、米軍のそれぞれの方向から取材。日本で唯一、一般市民が国策によって戦闘に巻き込まれた戦争の実情を伝えるべく、彼の粘り強い取材で重い口を開く戦争経験者も多く、遺言を聞くつもりで、ひとことひとことを逃さぬように書き取ったと言う。現在のカイロ支局は、アフリカ大陸を含め、トルコ、シリア、レバノン、ヨルダン、イラクと、ＮＨＫの中で最も多い国々をたった二人の記者でカバーしている。今、アフリカは豊富な資源と九億人という市場で数年前とは比べられないほど、世界から注目を浴び、めざましい経済発展を続け、関心も高まっているが、貧困や飢餓、紛争といった課題も相変わらずで、貧富の差は開くばかり。弱者の救済という重い課題の解決が国際社会におざなりにされないか、という新たな懸念も心配する。こうしたアフリカの古くて新しい問題を、これまでと違った視点で伝え、日本の人たちにも問題意識をもってもらうことが重要な使命だと力説する。自身も学生時代に一年を過ごし、紛争の火種を抱える中東問題も、常に弱い人たちに寄り添うことに徹底的にこだわったリポートを出すことを日々、目指しており、六月には南アに入り、ワールドカップの直前取材をする世界を駆けるジャーナリスト。

「イマジン（ジョン・レノン）」を制作した小宮善彰（ＮＨＫ）は、アマゾンが逆流する「ポラロッカ」もつくった。いい記者だ。

石田博士（『朝日新聞』、筑波大）は三〇行の記事を百行に書く天才（失礼）。貪欲さこそ命。

水津有理（東外大、四十四歳）は三つの大学で中国語を教える。夫君は細田修二（青山学院大、心塾七期、四十四歳）。ＮＨＫに入り、〇七年〜〇九年まで、「司法クラブ」キャップを務め、現在、報道局社会部副部長。「毎日、事故や災害、事件など様々な報道に携わる中で、常に、生活者や弱い立場の方々の現場の視点を忘れないよう心がけています。この姿勢は、学生時代にあしながが運動に取り組んだからこそ身についたものです」。将来の社会部長の噂。いい夫婦である。神戸、大阪、東京でも応援団長だが、いつでも怒鳴ってばかりいた。

我らが大将、北澤和彦（四十六歳、初代心塾六期）。これはちょっと大物だ。募金で夜遅くなると上智大学の堤で下級生集めて缶ビールをふるまう〝ガキ大将〟を偉くしたようなものだ。現在はＮＨＫテレビ「ニュース７」や「週刊ニュース」のチーフプロデューサー（ＣＰ）を務めている。「ニュース７」で、政治、社会、スポーツなど担当デスクに指示を出してニュースを作り上げる仕事を担当。「週刊ニュース」では、編集責任者として、一週間の主なできごとの中から、どのニュースを、どんな見せ方で、視聴者にわかりやすく伝えるのかに知恵を絞る。「多くの視聴者が信頼して見てくださっている。大災害でもし判断に間違いがあると人が亡くなるかもしれない。責任が重く緊張します」「貧乏だから地元国立大しか無理と思っていたが、東京の私大に進むチャンスをいただいた」のが交通遺児の学生寮・初代心塾だった。学生募金事務局長として活躍。「あしながおじさん募集」の記事が『読売新聞』のコラムに掲載され反響の手紙が三百通もあった。「マスコミの力ってすごい。世の中を変えられる、メッセージを伝えていく仕事っていいな」とＮＨＫに報道記者として就職した。ＮＨＫに勤務して二三年。ＪＲ福知山線事故のときは、大阪で遺族担当デスクを務めた。「ご遺体が帰ってきたばかりの遺族に遺影を借りて、話を聞いて来い」と記者に命じた。「何の落ち度もない乗客一〇六人が死ななくてはならなかった無念を伝えなくちゃいけない。一見非常識だと思われるかもしれないが、あえてやるんだ！」と檄を飛ばした。「僕を担当デスクに指名した上司は、僕の生い立ちを知っていて『この担当はお前しかいない』とね……」と言う北澤は、「遺族と一緒に泣ける記者じゃないとダメだ」との信念で仕事に打ち込んでいる。

菅原直志は山本、藤村、寺山智雄に次いで心塾のある日野市の市会議員に五回連続当選している。次回は日野市長当選の噂もある。

中村友美は「山が動いた」と大躍進した選挙で社会党愛知から出て県議四期の五十歳。鹿児島県議の桐原琢磨（五十六歳）は小児マヒながら山中湖で富士登山を敢行した。当選四回ガッツな仲間だ。

借金してでも大学に行け

武田千香は東京外大のポルトガル・ブラジル学科の准教授。勉強一筋の女性。でもポル語の習い方をＮＨＫでやったし、大人のポルトガル小説を繊細な筆で翻訳した楽しい仲間である。

駿地真由美は京大河合教授（故人）の弟子で、神戸の震災遺児ローラー調査のとき指揮をとった。立派な心理学者になると思う。

学者・大野浩一（東大大学院卒、北大助教）。福代孝良（東京農工大卒、東大大学院卒、外務省二等書紀官）、駐伯日本大使の〝鞄持ち〟をしている。小男だが物おじせず、最後の大物になるとの評判。三石誠司も東京外大からブラジルへ。帰国後して全農入り、ハーバードとか世界のシンクタンクで勉強して、ついに県立宮城大学准教授として「中小企業と経営」を書いた。日本の食糧が先行不安のとき、三石の更なる活躍が期待される。

大学では出来なかったが、オペラ舞台の両脇に「セリフが鮮明にでる仕掛け」をつくったのは奥出昌次。命を賭けてカメラかついで世界で働く男、渋谷敦志と八木沼卓もいる。

「酒、タバコ、シンナー、暴走族、どうしようもないワルの中高生だった」という目時修（四十六歳、初代心塾五期）は、千葉県の公立高校教諭。秋田県で生まれた。中三の模擬試験で校内ワースト3。「どの高校も行けない。働け！」と担任の先生に言われ、一日二時間勉強することを決意し実行。県五〇位の成績に急浮上し、能代市立能代商業高校へ進学したが、再びワルの世界に。三年間で二〜三百日は遅刻した。就職試験で都市銀行を受験したが遅刻の多さで撃沈。仕方なく交通遺児大学奨学金予約試験を受けたが、面接官は当時、鬼と呼ばれた林田吉司・心塾塾頭。「テメーのようなどうしようもなくて貧乏なヤツは心塾に来て、授業料免除のある国士舘大に入る以外ない」と通告を受けた。推薦入試を受けたがやはり失敗、一般入試で合格した。大学卒業後、入社二日前に内定している会社を蹴って、新設の私立高校の教員に。しかし、お金がなく心塾同期生の下宿に居候のスタートだった。二十七歳の春、「自分に厳しい方に逃げよう」と夜間大学院に進学。三十二歳の春、千葉県教員試験を受験し、二五倍の競争倍率をクリアした。生徒には「仕事には高卒ではなれないものがある。借金してでも大学に行け」と口酸っぱく言う。とくにひとり親家庭の子には「ひとり親だからこそ大学行け」と言う。「どうしても就職なら、僕が歩いて就職先を探す。最近は生徒のプライバシーが何とかって言うけど、担任持った以上は生徒を徹底的に面倒みる」と心塾魂ここにあり。

伊藤源太（早大法卒、三十九歳）は唯一のＮＨＫアナウンサー。九一年六月、ボランティアウォークをやろうと、ＮＹに僕、山本孝史、寺山智雄、岡崎祐吉と共に調査へ行き、ＮＹでボランティア活動に熱心な三井マリー晶子さんに、ウォークと寄付のアメリカ事情をお話いただく。ボランティアとか寄付の老舗だと思っていたら、米国も銀行など一部企業の儲け過ぎが問題になり、〝免罪符〟を買う形でボランティアや企業寄付が増えたという。帰国したその年の十月十日には全国百コースで一〇キロを歩く「Ｐ（フィランソロピー＝やさしい人間愛）ウォーク10」を一斉に実施。伊藤が実行委員長を務めた。以後五回続けて、伊藤がトップを張った。就職はマスコミを狙い、新聞は大手三紙パス、ＮＨＫ記者もアナウンサーも合格し、結局アナウンサーを選んだ。早大出の父上がアナウンサー志望だったからというのがどうやら真実のようなだ。妻の敦子さん（三十九歳）との間に二子がある。「地球の中でちゃんと生きてる人をそのまま育てたい」。

徳丸政嗣（ＮＨＫ記者、三十二歳）は新宿で貧乏生活の中、暇をつくって新聞の拡販員をし、そのお金でマスコミ塾に通い、ＮＨＫを見事パス、香川県からのブラウン管から歯切れのいい声でニュースを送っていた。海外遺児を安倍晋三首相に会わせたときは政治部記者として取材してくれた。今も官邸で沖縄の空港問題、政局を取材している。

編集長賞二本の敏腕記者

『朝日』の蛭牟田繁（四十歳）は高校野球で大垣日大高で頑張っていたが、予約試験であまりの好青年ぶりに一日に二人位にしかつけない「Ａ」をつけた。心塾でも人気者で、難しい役をこなしてくれ、『朝日』を受け、カリキュラムが効いたのか作文で「A」をとり、あと二回の面接もパスして無事入社。高知、京都、長野を経て東京へと順調に昇り、いい記事を書いた。近々結婚とか、おめでとう。

松谷慶子（慶応大、二十八歳）は大学時代、貧乏だったので、東京から湘南までの通学は片道二時間かかり、あしなが運動も積極的なのとアルバイトもあり寝る時間もなく、二日に一回しか布団の中では寝なかったという伝説がある。ブラジルにも一年留学研修した。『朝日新聞』は徳島を振り出しに、いまは「ひと欄」に京の芸妓「小柳さん」を取材。その記事で京都にいるのが判明。東北の後輩へ、「京都はいいですよ。関西の大学へ進学して、神戸の心塾に入りなさい」。

山本太一（関学大、三十歳）は愛媛県宇和島の産。父を二歳の誕生日の六日前、肝臓ガンで亡くす。野球で有名な土佐高に入り野球漬け、それが関西では名門私大の関学に入り、虹の心塾から通う。一年のとき「人生の価値は？」と問うと、「お金」と答えた。素直なのだろう。それでマスコミを受け、『毎日新聞』に入った。面倒くさいのか、僕が煙たいのか、僕には近寄らなかった。『毎日』の先輩津田康さんに注意され年賀状が来るようになった。初任地は成田空港。「タイチが編集長賞をもらったらしいぞ」との話に沸く。任地も千葉市に上がってきていた。自慢するでもなく、また二本目の賞をもらったらしい。それが警視庁クラブに変わる。近くでも顔を見せないのはシャイなのか。「それでどんな記者になりたい」「事件被害者や遺族のことを深く書ける記者になりたい」。七年間の記者生活で現場をしっかり歩き見てきたのだろう。冒頭の「金が好き」などよく考えずに言ってしまったのだろう。これからいい記者になりそうである。

漆間晃（早大。心塾三期、現『読売新聞』湘南支局長。四十八歳）。おとなしくもの静かな少年だった。本が好きで、日野と高田馬場の往復でハードカバー一冊を読みこなすというから凄い奴と思っていた。熱海かどこかにいるときは、話を聞いたが忘れてしまった。それからどこで仕事しているか誰も知らなかった。今回の企画で、工藤長彦君が心塾を出たことの感想を聞くと「学生時代、特に心塾の先生方から教わったことが現在の仕事に非常に役に立っている。ありがとうございます」。

古関良行（河北新報本社報道部記者、四十四歳）。秋田大学時代は災害遺児救済運動で活躍。災害遺児家庭を訪問して集めた作文集『災害がにくい』（八四年）刊行に貢献。このときの体験から新聞記者を志した。論説担当としてコラムを三年間担当、現在は報道部遊軍班キャップとして、特に宮城沖地震を想定した防災キャンペーン記事を担当している。著書に島の歴史と文化を題材とした『飛島ゆらゆら一人旅』（無明舎出版）がある。

米澤勇輝（ウガンダ研修第三期生、二十五歳）。札幌大学三年を終えたあと、ウガンダでの一年間の留学研修へ。極貧のエイズ遺児家庭に下宿し、ウガンダ・レインボーハウスでボランティアに従事する。北海道をこよなく愛す〝道産子〟にとって全てが衝撃の毎日。本人はそれを「価値観の再構築」と呼ぶ。目の当たりにした世界の現状を、世の中の人に知ってもらわなければと報道の道を選び、大学卒業後はインドネシアの『じゃかるた新聞』（インドネシアの民主化と共に生まれた邦字新聞）」に就職。現在編集部記者として下積み中。「何でも書きます」という本人の弁のとおり、インドネシア中を飛び回る。

美貌の女医は元TVレポーター

山口正大（三十六歳）。あしながとアフリカの縁が生まれる以前、学生ながら独立心旺盛であった彼は一人アフリカを目指した。ルワンダ虐殺から逃れてきた人々があふれかえった難民キャンプで約一年間ボランティアに従事する。帰国後、世界中で虐げられ苦しんでいる人々の為に出来る事を模索した結果、早大工学部、順風満帆であったエンジニアの道を捨て、一から国際協力を学びなおすために渡英。ブラッドフォード大学で平和学の修士号を修得。さらに、世界銀行の奨学金でオックスフォード大学で開発学を学んだ博覧強記の人物。あしながの〝国遺連〃立ち上げの際には、本会職員と共にコソボや中東などの紛争地域に入り、遺児の招へいに尽力した。世界最貧国の一つであるシエラレオネでは国連ボランティアとしてＤＤＲ（武装解除）に携わる。その時のタンザニア人の同僚が現在の上司。今は、ケニアを拠点に東アフリカの平和構築の分野で活躍。「五〇年後に評価される仕事をしたい」と話す。世界中どこでも通用する、この分野の、あしながファミリーのトップランナー。

尹玲花（いんれいか）（三十一歳）は「日本一の乳ガン専門医になります」と言い放った。神戸市出身。在日韓国人として差別を受ける父母の姿を見て漠然と医師を目指す。その目標がはっきりしたのは、中三の時、阪神・淡路大震災で長田区は火の海になり、母は無念の死を遂げた。一生懸命勉強したが一年浪人。九九年四月、愛媛大学医学部に進学した。「心と行動力のある医者になりたい」。奨学金を受けながらミス松山として地元ＴＶのレポーターなどをして学費を工面。山中湖のつどい、国遺連でもリーダーや通訳として活躍。現在は東京の聖路加国際病院乳腺外科医師。患者さんだけでなくその家族、人生と向き合いながらいのちの現場で奮闘中。最近、よく応援してくれる記者の奥さんが、聖路加の救急に入院したら、当番で彼女がいて触診をし、本で調べ、一生懸命務めた。「今時、あんなに丁寧な医者はいない。彼女、あしなが出身でしたか」と記者夫妻の賞賛しきり。うれしい話だ。

川村岩（五十二歳）。デルモンテアジア社（シンガポール）副社長・財務担当理事。心塾生ＯＢ会「ヒポクラテスの会」会長。学生時代はあしなが学生募金事務局長を務める一方、その力量を玉井に買われ初代「心塾」の塾生長として心塾草創期をリードした。埼玉大学卒業後、八〇年、米国インディアナ州立大学入学。不眠不休で猛勉強し八二年にＭＢＡを習得。八三年にキッコーマン入社し、〇一年から現職。「世界万人を幸福にする、世界に誇れる商品を扱いたい」と意欲を燃やす。

人生の目標はノーベル賞

堀口敏宏（四十六歳）は、国立環境研究所化学環境部主任研究員。環境ホルモン学会評議員。あしなが育英会評議員。大学奨学生の「山中湖のつどい」で、公害学者・宇井純先生（故人）の「ひとの心の痛みがわかり五体満足な遺児だからこそ社会的弱者のためにできることがある。遺児に期待する」との熱いメッセージに武者震いした。東京水産大学卒業。九三年、東京大学大学院農学系研究科水産学専攻博士課程修了。国立環境研究所化学環境部主任研究員。専門は生態毒性学で巻貝類など海産生物の生殖機能障害（インポセックス）を研究している。特技は極真空手、その鉄拳を環境問題解決に向ける。環境ホルモンの犠牲となった巻貝を見つめ「おまえのカタキは俺がとってやる」と涙する優しさと正義感のかたまり。著書に『ダイオキシンと環境ホルモン』などがある。

濱田剛（三十五歳）は、長崎大学先端計算研究センターの准教授。〇九年十一月十九日、スーパーコンピューター分野のノーベル賞「ゴードン・ベル賞」（米国電気電子学会）を受賞、偉業を成し遂げた。北海道網走市出身。牧場を営んでいた父は、八七年、トラクターの下敷きとなり亡くなる。九四年、奮闘努力し東京大学に合格。年明けて九五年一月、阪神・淡路大震災が発生。彼は、本会からボランティアとして被災地に赴く。震災遺児支援のため、ホームページを全て自らてがけ『あしなが運動』に導入した先駆者だ。長崎大学での彼の成果は、「天文物理学」で星の動きを計算するのに活用される。安価なスパコンで日本一の計算速度を達成し、現在、政府の「事業仕分け」や世界的に一石を投じている。

竹丸憲一（四十一歳・心塾一〇期生）はニューヨーク州立大学准教授。人口二万人の大分県豊後竹田市で生まれ、十三歳の時に父親を亡くした。中学は野球に没頭し、高校は剣道部。しかし地元ではツッパリ、ヤンキーでならし、頭はリーゼントだった。大学は宮崎大を蹴って東京農工大へ。東京の心塾で、「人生、目標を持て」という私の言葉を聞き、心塾のカリキュラムや大学の授業を懸命に両立、そして三年次のブラジル一年研修で人生の足腰を鍛えた。東大大学院は落ちたが、総合研究大学院大学の国立遺伝研究所で博士号を経て、渡米。六年間、ノーベル賞クラスの先生の元で寝ずに研究し、世界三大科学雑誌『ネイチャー』に論文が掲載されるまでになった。全米一の大学から誘いが来たが、子どもの環境を考え、ニューヨーク州立大学を選ぶ。スイミングプールもあるサッカー場ほどの広さの大邸宅に同大学研究者の中国人妻と子ども二人の四人で暮らしている。大学ではタンパク質の経路の研究を進める一方、薬学原理などの講義を持つ。昨年、日本のパスポートを諦め、アメリカ人になった。「今の人生の目標は、ノーベル賞」。

関亨江(ゆきえ)は仙台生まれ、山形大出の理系、横河・ヒューレットパッカードで外国人にもまれ、今は大阪でフランスの会社に勤務。あしなが運動でも「ヨーロッパになら私にお任せ」と頼りになる。こんな女性が増えれば嬉しいのだが。いや、増えるね。

研修で親切だったブラジルへ恩返し

是永かな子（東京学芸大卒）。弱者を切り捨てない社会に憧れ、清原瑞彦先生の指導で、学生の時からスウェーデン一筋。現在は高知大学准教授。主に北欧の教育・特別ニーズ教育、また日本の特別支援教育を研究している。「交通遺児も子どもも弱者、決して他人ごととは思えない」と子どもの問題を社会全体で解決すべき課題と考える。学生にも負けないエネルギーで「高知で頑張ることが、日本への挑戦となる」と意気込む。

遺児ではないが、日伯の岡田麻衣。ブラジルに行く前に、高校はロータリークラブから英国の女学校へ。大学は立教大で、阪神・淡路大震災の時、ボランティアの元締めをやった。ブラジルから帰ってからは、藤村修議員の秘書を一年、ＪＩＣＡでアフリカで一年、国連で一年、今年は母校立教大の総長室で働いている。キャリアは自分で得るもの。

酒井鈴子（三十九歳）は中国語翻訳家。満州鉄道で働いていた祖父と満州生まれの母親の影響もあり、大学では中国語を専攻した。一般企業に一〇年勤め結婚退職。夫の海外駐在で北京と上海に二年住み、中国語への思いが再燃。中国の大学で猛勉強し帰国後、民間企業専門の「翻訳センター」に就職。〇八年、あしなが育英会が「中国四川大地震遺児の心の癒し使節団」を派遣するとき、交流と癒しに必要な資料の中国語翻訳を買って出、中国人ボランティア三〇人を集め短期間で翻訳を完了した。「今後も日本と中国の遺児の橋渡しをしたい」。

鈴木祥子（初代心塾七期生、四十五歳）は多文化保育園マネージャー。大学生のとき一年間ブラジルで研修し、日系の子どもたちに日本語を教えた。東京農業大学農学部栄養学科卒業後、キューピーマヨネーズに就職。結婚退職後、ブラジルピザ店で日本語の先生を依頼されたことがきっかけで、日本に在住しているブラジル人のためのボルトガル情報誌を作り、健康や生活に関する情報を提供した。〇七年、国籍に関係なく安心して利用できる多文化保育園の開設に携る。現在、保育園には二〇人のブラジル人の子どもたちが通っているが、学生時代お世話になったブラジルへの感謝の気持ちを込めてサポートしている。神戸レインボーハウスで講演、国境と文化を越えた人のつながりの大切さを、体験を通して熱く語った。

渡邉文隆（二十八歳）。郷里青森から「虹の心塾」へ。京都大学在学中は、ブラジルとウガンダにそれぞれ一年ずつ研修。以来エイズ問題に取り組んでいる。ブラジルとウガンダのNGO活動についての論文・プレゼンテーションで第二四回昭和池田賞（優秀賞）など在学中に受賞。大学卒業後は、持続可能社会の実現をミッションとする「アミタ株式会社」に入社、マーケティングを担当している。二〇〇八年四月からは、都内のデジタル関係の大学院に通い、ウェブサイト構築などを学び、昨年には、企画・制作を担当したアミタの企業サイトが第四回アックゼロヨン・アワードで入賞。このほか数々の賞を受賞した。センスのよさは抜群との評判である。

石井たみ子（四十七歳）。地域情報誌・デザインホームページ制作会社社長。七八年、高卒で就職する遺児高三生の中から「海外研修大学ブラジル」研修生に選ばれる。商業高校卒業と同時に大手情報会社入社。八〇年に結婚し二男一女の母に。しかし九〇年に離婚。昼は派遣社員、夜は深夜まで綿棒工場で働く。四十歳を前にした〇一年、「人のために役立ちたい」と一念発起し生活情報誌などの制作会社を設立。深刻な赤字を抱え倒産の危機を迎える一方、交通事故で障害を負うなど幾多の苦難を乗り越えた。現在も朝九時から働き、就寝は翌朝の三時か四時。食事は一日一度の弁当だけという〝おばちゃん社長〟奮闘記が続いている。息子を大学卒業させたことが喜び。

ケータイは二四時間ONの「命の守り神」

鈴木啓之（五十三歳）は鈴木診療所医師であしなが育英会評議員。八一年、三重大学医学部卒業。関東逓信病院研修医、ネパール山岳隊付き医師、ボルネオの日本企業診断医、アルジェリアでの医療活動など一九年に及ぶ長い就業時代を経て二〇〇〇年、宮城県の無医村の公民館に診療所を開業。〇歳から百歳までの村民の〝命の守り神〟として常に携帯電話はONにしている。心の悩みから就職や結婚も含め、鈴木診療所はまさに〝人生百般相談所〟となっている。

向井登志広（新塾七期）。長崎県出身。兄弟で大学進学したのは彼一人。大学は東京農工大へ。二年次に大学を一年休学して、ブラジルへ渡り、人類のルツボのあの国で、視野と心がグーンと広がった。四年次は、インド洋大津波最大の被災地バンダ・アチェで、津波遺児と共に寄宿学校で一年を過ごした。その時親身になって面倒を見た二人が、現在早稲田大学に通う、ラフマットとミキアル・マウリタだ。心塾では塾生長として全塾生をまとめ上げ、卒塾後は東京工大大学院に進学、国際開発を学ぶ。「世界のため、人のため」に働きたいと、内定先の三井住友銀行を断り、今は大学院博士課程を目指して猛勉強中。学生時代に新塾で初めて読書に目覚め、目つき顔つきが変わった。本を通じ外国留学で物事を多角的に深く考えられるようになった、芯の強い知的な努力家である。

寺山智雄（元あしなが育英会職員、東京都議会委員、日本盲導犬協会専務理事。四十四歳）。学生時代は進んであしなが運動に献身していた。日本新党が衆議院に進出するとき、山本孝史、藤村修君らと細川党首が会食する場があり、寺山は自ら希望して同席した。「私は都議会に立候補したのですが……」と突然申し出た。衆議院の選挙で頭が一杯のはずの細川さんが何と言われたかよく覚えていない。選挙は皆で精一杯応援した。結果は、最年少当選で、得票は五万八六四二票。何とトップ当選を果たした。四年を無事に過ごしたが、参院選で落選後、再び立候補の意思は示さなかった。その後、聡明な女性と結婚し、二子を授かったが、そのうち「日本盲導犬協会」に就職した。TVドラマなどで「盲導犬クイール」が有名になった。その協会で育った犬の物語だった。協会はどんどん成長し、彼は専務理事になった。余り会う機会がなくなったが、政治が混迷している今こそ〝我らが寺山〟の政治復帰を熱望する。

樋口和広、しばし待て！

ああ、もうこれまでにして、どんな偉いのが出て来ても、近日中に刊行予定の『遊友録』にまわしたい。ワシントン州立大学准教授で活躍している竹丸憲一、ちょっと待ってて。もう一〇年も経てば、すばらしい業績をあげるOB・OGは百人は出る。

不世出の大物、樋口和広のことはいずれ必ず書く。僕自身楽しみにしている。

このほか書きたい人は山ほどいる。「人」はあしなが運動では教育の成果でもある。何も僕たちだけが「人」をつくるのではないが、高校、大学など多感でみずみずしい時、さまざま生き方を伝えたのがその人の背骨、「人となり」になっていたときこそ、僕にとって「醍醐味」である。こんな魅力的な連中と、あしなが運動の中で、共に濃密な時間を共有できるのが嬉しい。

だから、あしなが運動は止められないのだ。

最後の最後に、本会の事務局長の吉田和彦は早大を出て日本鉄鋼連盟のほぼトップまで登りつめた。若い運動家ばかりで事務が苦手の本会で、「本陣」をしっかり守ってくれている。「十年戦争」での守備陣は悔いが残る。林田・工藤・小河・岡崎の理事と山北監事と高橋非常勤理事はすでに出ているのでコメントしない。次に中村精一、大塩啓二、伊藤寛、東田健一、田中敏、佐藤弘康、角田諭史。東田は守備範囲が広い。神戸の塾頭、募金は全国のまとめ、今年からは国際課で中国、ウガンダ、アメリカ、どこへでもいくナイスガイだ。ウガンダを守るのは沼志帆子、父転勤で中学はドイツ、高校はニューヨーク、大学はボストンで、卒業後は青年海外協力隊。現在、あしながウガンダ副代表。泣く子も黙る男まさりにして、女より女らしい素敵なウガンダ守備隊長だ。山田優花は今年度中に本会の〝花嫁修業（基礎教育）〟を終え、沼副代表の下で補佐する。

女子職員を軽く見るのは日本社会の遅れである。対等になれば努力倍増、いい仕事が出来る。

本会女子職員を紹介する。平澤満寿美、野頭彩子、佐藤春菜、柏木真奈美、皆川亜貴、山田美保、加藤麻菜、田村早希、副田菜穂子、足立裕美。あなた方あればこそ男のノーテンキも一人前にさせて頂いております。

東京・日野市百草のあしなが心塾レインボーハウスは西田正弘、吉沢高、八木俊介、若宮紀章、鷲田等、渡辺善夫、長尾健太郎、冨樫康生、松井佳、寺岡将文、石田貴子。神戸のレインボーハウスでは柳瀬和夫（課長・虹の心塾塾頭）、伊藤道男、吉田重雄、富岡誠、三宅美奈子、國廣美穂、峰島里奈。

これだけ働いていただいているのに、コメントの一つも一人々々につけ加えるところなのだが、紙面の都合で書けなかった。ごめんなさい（敬称略、順不同）。

第Ⅲ巻原稿に目を通し、校正、編集作業を終えた今、若かりし日々と多くの同志を想いだした。ある者は、運動に対する考え方の違いから袂を分かち、ある者は長い歳月を僕と共にしている。

青臭い理想論を語りあい、街頭募金に立ち、議論し、ときには取っ組みあいまでしたころを想い出すと、四〇年前の熱き血潮が甦った。「貧者への教育の絶対的必要性」を信じて、同志と共に戦ったかつての火の玉小僧魂が再びざわめき始めている今、まずはアフリカだ。

絶対的貧困にあえぐアフリカにあしなが運動の灯が輝くまで、あしなが育英会会長の責務として、歯を食いしばってでも陣頭指揮をとって行きたいと思う。遺児諸君に自助努力せよと「WORK HARD」を勧めるならば、自らもまた「WORK HARD」を実践しよう。

国際化するあしなが運動最前線で、野戦指揮官として奮闘中の僕を、これまで支えてくれたあしながさんにも見ていただきたい。それが、僕からあしながさんへ、また自助努力を惜しまなかった遺児諸君への念である。

おわりに——日本発世界行、あしなが運動

二〇二四年、一世紀以上にわたり世界中で愛読されてきた米国の小説『あしながおじさん』（ジーン・ウェブスター著）は、出版されてから一一二年を数えます。

小説のヒロイン、孤児のジルーシャ・アボットが、あしながおじさんに支えられ、大学進学の夢をかなえて夢をつかむ物語は、発足以来五五年間で国内遺児一一万人超が「あしながさん」の愛を受けて社会へ巣立っていったあしなが運動の歴史そのものともいえます。

そのあしなが運動が国際化するプロセスは、第Ⅲ巻第Ⅰ部にまとめた機関紙コラム「共生」で随時とりあげていきました。第Ⅱ部では、『あしながおじさん』一〇〇周年を迎えた二〇一二年から、世界の遺児、とくに地球上での最貧国アフリカ大陸のサブサハラ四九か国の遺児たちを、日本だけでなく米国や中国、欧州などの大学にも留学させる運動「あしながアフリカ遺児高等教育支援１００年構想」を開始しました。海外を舞台とする「これまでと、これからのあしなが運動」について、あとがきにかえて、少し詳細に説明しましょう。

震災遺児による「国遺連」発足

神戸の阪神大震災は五七三人の震災遺児を生み、遺児のひとりが描いた、暗闇の夜空にかかる虹「黒い虹」に

象徴される深い心の傷を残しました。その傷ついた心のケアをするための神戸レインボーハウス建設を、私たちあしながファミリーに教えてくれたのです。そしてそれは、運動の幅をより広くし、日本だけでなく多くの世界の人々に警告と教訓を残したのです。

また、遺児捜しのローラー調査は遺児学生やボランティアの足腰を鍛えなおしてくれ、一時期、崩壊寸前とも思えたあしなが運動は、不死鳥のように甦りました。あしなが運動のルネサンスともいうべき時期が過ごしてからの勢いは皆様ご承知の通りです。善を愚直に、ただただ、愚直に実行したことを、天は見ていてくれた、ということでしょうか。

その後、外国からの義援金に感謝して神戸の震災遺児は「海外遺児」への恩返し運動を始め、全国の遺児学生らとあしながさんが積極的に応援しました。ひとことでいえば、それ以降の大きな災害、大震災、洪水、戦争・紛争・津波、エイズ等の疾病が起きたら、募金をただちに行い、その国に集まった善意の募金を遺児代表が持参し大統領、ファーストレディー、政府要人らに自ら手渡し、遺児同士の交流をしたのです。

この流れから、二〇〇〇年八月、「国際的な遺児の連帯をすすめる交流会（国遺連）」を実施しました。コソボの紛争遺児を加えた、トルコ、コロンビア、台湾の四か国の遺児ら三二人を招待して神戸でスタートしたのです。同じ悲しみを持つ遺児同士が、言葉や文化や宗教の壁を超え、心励まし合い、元気を分かち合いました。あしなが運動では初の国際遺児交流会は、大成功に終わりました。

翌〇一年八月、世界最多数の遺児であるエイズ遺児をアフリカ・ウガンダから六人招き、前年の四か国と合わせて五か国で第二回目を行ないました。

〇二年の第三回では、六か国の遺児たち三八人があつまりました。このとき、口絵でも紹介しましたが、ニューヨーク同時多発テロ遺児とアフガン紛争遺児が、無邪気に笑いながらふざけ合っていた光景は、人種、宗教、国家などを超えた遺児同士の連帯として、見る者だれもが心打たれました。

〇三年の第四回には、イラク空爆遺児も加わって、六か国三三人が神戸の震災遺児たちと交流しました。イラク空爆遺児、NYテロ遺児、アフガン紛争遺児らの「もう父さんを殺さないで」と訴えたメッセージは、世界二〇か国で報道されました。

第五回は、一年飛んで、阪神大震災からちょうど一〇年にあたる〇五年一月に、神戸で実施しました。参加国も一気に増え、一〇か国から震災、戦争、テロ、エイズ遺児ら、三三人が来日しました。

このような「国遺連」を行っていく中で、一番成長したのは招待の準備からプログラムまで不眠不休で打ち込んでいった、神戸の震災遺児たちでした。はじめは、いまひとつ踏み込んでいけなかった遺児同士でしたが、五年もたつと、会った瞬間からすべての垣根を取り払い、「遺児である」ことだけで、心を許し合える仲間となっていったのです。

運動は海外遺児の日本留学へ

全国の遺児たちにもこの素晴らしい交流会を広げたいと、第六回〜第八回（二〇〇五年八月から〇七年八月）は、世界の遺児と全国の遺児との心の癒し交流会「つどいコラボレーション」（サマーキャンプ）を過去最大級で行ないました。

インド洋大津波遺児や米ハリケーン遺児、アフリカ・ニジェールの遺児、パキスタン、ジャワ島震災遺児などを招き、日本の遺児三千人が彼らを迎え入れ、世界の遺児が全国の高奨生のつどい会場を回って交流を深めたのです。阪神大震災遺児が呼びかけ始まった国際遺児交流会は、二〇〇〇年から二〇〇七年までで、二一か国から四三六人が参加したことになります。このサマーキャンプで被災国の子らが心癒されるとともに、それを受け入れた日本遺児も積極性が増し〝外向き〟になったことは、望外のよろこびでした。

やがて、それは海外遺児の日本留学へと発展しました。その前触れとして、あしなが育英会は二〇〇〇年一一月、海外拠点としたアフリカのウガンダに調査に入り、〇三年一二月には、ウガンダ・レインボーハウスを建設し、岡崎祐吉さんを現地に乗り込ませて総指揮を任せました。岡崎さんは、今もあしなが育英会国際担当理事としてウガンダに駐在し、陣頭指揮をしています。

〇六年四月、国際遺児交流会に参加した遺児の一人で、ウガンダから早稲田大学国際教養学部に留学したナブケニャ・リタさんの言葉を紹介しましょう。

「Education is my future（教育が私の未来）。アフリカ人にとって、勉強をする、教育を受けることが自分の将来につながります。それが、アフリカの将来にもつながります。日本で学べるチャンスを大切に、世界の遺児を代表してWORK HARD（一生懸命勉強）します」。

その後、〇八年九月には、ウガンダからロナルド・ルベカ君（早稲田大学）とクリスティーンさん（国際基督教大学）がそれぞれ留学生として来日しました。ロナルド君は、〇二年の国際遺児交流会シンポジウムに初来日したとき、

「エイズで、両親、親戚など五人を亡くし、希望も何もない。私の前には問題が多すぎて、今は何もない」と泣き崩れ、その痛々しさに私たちは、言葉を失ったものです。

クリスティーンさんは、片道三時間半歩いて中学、高校に通い、日本留学の栄冠を勝ち取りました。岡崎さんが、母親に「子育てで一番大切なのは？」と問うたとき、間髪入れずに「教育」と答えたそうです。

インド洋大津波遺児のラフマット君（インドネシア）、ミキアエル・マウリタさん（同）、チャンディマさん（スリランカ）は、津波で家族も家も笑顔も夢も流されましたが、日本での国際遺児交流会で笑顔を取り戻し、希望

を持ち帰りました。英語のハンディを克服し、WORK HARDの後、日本留学を果たし、三人とも早稲田大学に入学したのです。国際交流会に参加した中から九人が日本留学の夢を果たし、東京の本会学生寮「あしなが心塾」から早稲田大学、国際基督教大学にウガンダ、インドネシア、スリランカの遺児七人が通っていました。

関西では、関西学院大学にウガンダのエイズ遺児二人（ジュリアス君、アイリーンさん）が入学し、関西大学はハイチ地震遺児の受け入れを承諾。同志社大学は一一年四月から本会推薦の遺児五人の受け入れを決定しています。英語で学位を取得できる日本の大学も年々増え、海外からの留学生の門戸をもっと広げていくことを、あしなが育英会では海外戦略の本命としています。

「WORK HARD」な生き方を、身体の髄まで叩きこんだ

ここまで書いて、半世紀以上、私が心血をそそいだ日本の遺児学生たちにも触れておきましょう。交通遺児育英会では、心塾とブラジル中心の海外研修制度で遺児学生たちを鍛えあげました。その甲斐あって、第一四章でも触れましたが、ＯＢ・ＯＧたちからは、次つぎに政財官界から学界まで俊英が輩出しました。

交通遺児育英会は「政」と「官」の連合軍に奪われ、私は追放されました。しかし、いかな「政」「官」といえども、ＯＢ・ＯＧまでは奪えず、彼らは、私と共にあしなが運動を、今日まで推し進めてくれたのです。

四半世紀後発のあしなが育英会ＯＢ・ＯＧも、社会の中核となりつつあります。彼らには、あしなが心塾で日本のみならず広く世界に眼を向けよと勧めました。人類愛とは、理想社会のありかたとは、という、あしなが哲学を、感受性豊かな時期に説きました。どんな困難にも立ち向かい、挫折しない、もし挫折することがあっても、再び立ち上がる「WORK HARD」な生き方を、身体の髄まで叩きこんだのです。

そんな若者たちだからこそ、壮年となった今、世界に飛翔し、政・官・財界から学界までのあらゆる分野で頭

角をあらわしているのです。同時に、あしなが育英会が、今、もっとも強く推し進めようとしている「アフリカ遺児高等教育支援１００年構想」を、あらゆる面で支えていける力も持ち始めました。

これまで、日本では交通遺児に始まり、病気、災害、自死遺児たちとその母親、父親、祖父母も含めて一一万人を、あしながさんのご協力を得て、救済運動してきました。あしなが育英会遺児ＯＢ・ＯＧが世界に飛翔しようとしているとき、あしなが運動も世界に眼を向けなければならないでしょう。

開発途上国の貧困は眼をそむけさせるものがあります。貧困だけではありません。それを更に悪化させているのが、政治家、軍人、一部財界人の醜行です。これを解決するには、先述のクリスティーンさんの母親の言葉を借りれば「教育しかない」のです。国民すべての教育水準をあげ、クリーンなリーダーを作るためには、優秀な人材を育成する必要があります。「アフリカ遺児高等教育支援１００年構想」はこの考えから生まれてきたのです。

残念ですが、世界の災厄に終わりはありません。今も中東パレスチナ自治国ガザ地域、ウクライナ東部、北部では、戦火が絶えず、なんの罪もない幼子が、地雷に、銃弾に、ドローン爆弾に倒れ、それと同時に親を奪われることも珍しくないでしょう。

子らを絶望の淵から救い出し、希望の夜明けを迎えさせる——言うは易いが実現は難しいと思います。難しいことは誰よりわかってはいますが、人生は終りなき闘いです。くじけることなく、「WORK HARD」で理想を追い求めたい。世界の遺児たちを教育の力により救済する日まで、あしなが育英会会長としての責務をはたし、陣頭指揮に立って粉骨砕身努力します。

それが、これまで支えてくれた、あしながさんへのささやかな僕の恩返し運動でもあります。

二〇二四年七月

玉井義臣

初出一覧

＊収録にあたり、題名や文中の字句・表現は一部修正した。

総序、第Ⅲ巻の序　書き下ろし

第一章〜第九章　あしなが育英会機関紙『NEWあしながファミリー』連載コラム「共生」一九九四年五月一日号（創刊号）―二〇二四年五月三十日号（創刊号から二〇一〇年五月十七号は、玉井義臣『だから、あしなが運動は素敵だ』批評社、二〇一〇年に再掲）

第一〇章・第一一章　メディアウオッチ100編『志高く　WORK HARDでがんばらなあかん――玉井義臣　あしなが運動のすべてを語る』同時代社、二〇一二年

第一二章

副田義也「玉井義臣さん、七つの性格特性とあしなが運動」書き下ろし

同「交通遺児家庭の生活危機」　玉井義臣編『あしながおじさんへの手紙　交通遺児作文集4』サイマル出版会、一九八二年

同「災害遺児家庭の生活実態」　玉井義臣編『災害がにくい　災害遺児作文集』サイマル出版会、一九八七年

同「震災遺児家庭の生活実態報告」　あしなが育英会編・副田義也監修『黒い虹――阪神大震災遺児たちの一年』廣済堂出版、一九九五年

同「ガンによる家族の喪失体験」　あしなが育英会編・副田義也監修『お父さんがいるって嘘ついた――ガン・闘病から死まで、遺族たちの心の叫び』廣済堂出版、一九九七年

同「自死遺児の心の傷とケアに関する調査――一四の発見」　自死遺児編集委員会・あしなが育英会編『自殺って言えなかった。』サンマーク出版、二〇〇二年

同「死がひそむ日常生活」　あしなが育英会編・発行、副田義也監修『お父さんの顔』『3月10日まではいい日だったね』（東日本大震災遺児作文集1・2）二〇一二年
同「ひとことで言えば天才的な社会運動家だ」『志高く　ＷＯＲＫ　ＨＡＲＤでがんばらなあかん』前掲

第一三章

岡崎祐吉、工藤長彦、桜井芳雄、篠田伸二、竹下景子、武田千香、堀田力、村田治、山折哲雄、渡邉文隆
書き下ろし

津田康　『樽』たる出版㈱、一九八一年九月十五日号

岡嶋信治、紺野美沙子、藤村修　『志高く　ＷＯＲＫ　ＨＡＲＤでがんばらなあかん』前掲

第一四章　『だから、あしなが運動は素敵だ』前掲

おわりに　『だから、あしなが運動は素敵だ』前掲

著者紹介

玉井義臣（たまい・よしおみ）

1935年大阪府生まれ。滋賀大学卒業後、経済ジャーナリストとしてデビュー。母親の交通事故死から被害者の救済問題を提起し、日本初の「交通評論家」として活動開始。TVワイドショー「桂小金治アフタヌーンショー」出演をきっかけに、69年に財界重鎮・永野重雄氏と民間ボランティア団体「遺児を励ます会」等の協力を得て「財団法人・交通遺児育英会」を設立、専務理事に就任する。94年同育英会への官僚天下り人事に抗議する形で専務理事を辞任。災害・病気・自死遺児など全ての遺児の支援のために設立した「あしなが育英会」の副会長に就任。98年、会長に就任。現在は支援の対象を国内に止めず、世界の極貧地アフリカのサブサハラ49か国から優秀な遺児を毎年1国1人選抜し、日本と世界の有数大学に留学させ、帰国後国づくりに参加させ、ひいては世界の貧困削減につなげる「アフリカ遺児高等教育支援100年構想」に邁進している。

69年以降の玉井主導募金額1100億円で高校・大学等に進学した遺児は11万余人に上る。2012年、遺児進学と東日本大震災での迅速な遺児支援活動、アフリカ遺児への教育支援100年構想に対し「世界ファンドレイジング大賞」。2015年、日本及び世界の遺児に教育的サポートを行ない、遺児を貧困の連鎖から解き放つ運動を展開し、人権の擁護に努めたことに対し「エレノア・ルーズベルト・ヴァルキル勲章」。2018年、日本国内外を問わず、現代において後藤新平のように文明のあり方そのものを思索し、それを新しく方向づける業績を挙げたことに対し「第12回後藤新平賞」を受賞している。その他受賞多数。

著書に『愛してくれてありがとう』（2020年）、『玉井義臣の全仕事　あしなが運動六十年』（全4巻・別巻一、2024年—）、編著に『何があっても、君たちを守る　遺児作文集』（2021年、いずれも藤原書店）他。

〈玉井義臣の全仕事（たまいよしおみのぜんしごと）　あしなが運動六十年（うんどうろくじゅうねん）〉
III　あしなが育英会の誕生と発展（いくえいかいのたんじょうとはってん）　1994–2024

第2回配本（全4巻・別巻一）

2024年8月31日　初版第1刷発行©

著　者　玉井義臣
発行者　藤原良雄
発行所　株式会社　藤原書店

〒162–0041　東京都新宿区早稲田鶴巻町523
電　話　03（5272）0301
FAX　03（5272）0450
振　替　00160 - 4 - 17013
info@fujiwara-shoten.co.jp

印刷・製本　中央精版印刷

落丁本・乱丁本はお取替えいたします
定価はカバーに表示してあります

Printed in Japan
ISBN978–4–86578–432–9